여석 이기백 선생 탄신 100주년 기념문집
민족과 진리

여석 이기백 선생 탄신 100주년 기념문집

민족과 진리

이기백 선생 탄신 100주년
기념문집 간행위원회 엮음

경인문화사

간행사

이기백(1924-2004) 선생님이 돌아가신 지 꼭 20년이 되었다. 선생님 묘소를 제자들이 모여서 함께 참배하기도 하고, 어떤 때는 개별적으로 찾아가기도 하였다. 선생님의 가르침을 되새기고 좋은 연구를 하고자하는 마음가짐을 갖고자 함이었다. 제자들은 정년을 하고 연구에는 멀어지는 형편이 되었지만 가르침을 잊지 말아야겠다는 생각은 늘 가지고 살아가고 있다.

마침 올해로 탄신 100주년을 맞이하면서 제자와 후학들이 선생님의 가르침을 되새기자는 의미에서 간행위원회를 꾸며서 기념문집을 만들어 보고자 하였다. "민족에 대한 사랑과 진리에 대한 믿음은 둘이 아니라 하나다"라는 선생님의 말씀을 받들어 제목을 『민족과 진리』라 이름하고 선생님의 학문세계를 살핀 논문과 선생님에 대한 제자, 후학들의 회고담으로 구성하고자 하였다.

선생님은 평안북도 정주에서 태어나 종고조부 이승훈 선생이 세운 오산학교를 졸업하고 일본 와세다대학 사학과 재학중에 징병으로 징집되었다가 만주에서 소련군 포로로 1여년 억류되었다 풀려나 1946년에 서울대 문리대 사학과에 편입하고 졸업하였다. 이화여대 교수를 거쳐 1963년에 서강대 사학과로 옮기신 뒤 22년을 재직하고 1985년에 한림대학으로 옮겨 1995년에 퇴직하였다. 대한민국 학술원 회원, 한림학술원 객원교수, 이화여대 석좌교수를 지내고 2004년에 영면하였다.

선생님이 생전에 쓰신 저서와 논문, 논설의 편수는 1954년부터 2004년까지 48권 449편의 글에 달한다고 한다. 선생님의 대표적인 업적은 20세기 한국을 대표하는 명저로 손꼽히는 『한국사신론』일 것이다. 초판이 나오고 개정판, 신수판, 한글판으로 모습을 바꿔오면서 우리나라의 대표적인 개설서가 되었으며, 외국어로도 여러 나라에서 번역 간행이 되어 한국의 역사를 세계에 알리는 길잡이 역할을 하고 있음도 주지의 사실이다.

그리고 선생님의 저서와 논문들을 모아 저작집으로 간행하였는데('이기백한국사학논집') 모두 17권에 달한다. 이를 구분해보면 고대사(정치사회사, 사상사), 고려사(정치사회사, 병제사), 사학사(사학사, 사론, 논설)의 세 분야로 집약할 수 있겠다. 선생님의 연구는 그대로 학설이 되어 한국사를 이해하는 데 필요한 주춧돌이 되어 있다. 아울러 식민주의 사학의 극복을 넘어 신민족주의사학의 계승과 발전이 요구된다는 선생님의 사학사적 시각은 작금의 저급한 국수주의사학, 명분만 과잉인 민중사학의 폐해를 일소하는데 큰 도움이 된다는 사실은 부인할 수 없다. 선생님이 주관하신 『한국사 시민강좌』는 이러한 노력의 소산일 것이다.

선생님은 호를 餘石이라 하여 자그마한 돌이라고 겸손을 보이셨지만, 한국사의 흐름을 파악하는 데 큰 기둥돌이 되고 있는 것이 현재 한국사학계의 현실이라 할 수 있겠다. 선생님의 학문적 업적을 '이기백사학'이라 명명할 수 있을 터인데. 제자와 후학들이 선생님 연구분야를 한 꼭지씩을 나누어 맡아 연구의 내용과 특징, 학설사적인 위치, 사학사적인 의의 등을 담아보려고 하였다. 이는 선생님의 연구가 앞으로도 계속 참고가 되었으면 하는 바램을 보태보려는 의도가 담겨있기도 하였다. 그리하여 '이기백사학'의 면모를 확연히 알게 하고, 이를 바탕으로 정량평가에 목을 매어 파편화되어가는 요즈음의 한국사학계에 경종을 울리려는 의미도 담아보고자 한 것이다.

　이 책의 제1부에는 이기백 사학과 관련된 학술적 검토를 담았다. 이미 발표된 논문도 있고, 이 책을 위하여 작성된 논문도 있다. 재수록을 수락해 주신 선생님들께 감사드린다. 제2부는 선생님을 추억하는 글들이다. 선생님의 학은을 입은 분들이 보내온 회고담은 개인적인 추억을 담은 글들로 선생님과의 인연을, 아울러 선생님의 또 다른 모습을 알게 되는 소중한 기회가 될 것으로 생각한다.

　기념문집을 간행하면서 공연한 일을 한다고 선생님이 지하에서 책망을 하시지 않을까 죄송한 마음이 든다. 제자들이 선생님을, 선생님의 가르침을 그리워하는 마음을 담아보려고 한 것이라 여기시고 너그러이 헤아려주시길 바랄 따름이다.

　귀중한 원고를 작성해준 분들에게 깊은 감사를 드린다. 그리고 책의 출간을 흔쾌히 맡아준 경인문화사에도 고마움을 전한다.

2024년 10월
이기백 선생 탄신 100주년 기념문집 간행위원회

차 례

간행사 5

제1부 논문

차하순 여석과 그의 역사세계 13
이성시 이기백사학의 역사적 배경에 관한 일고찰 25
에드워드 슐츠 이기백의 학문 - 영문 논저를 중심으로 - 49
김영한 이기백 선생의 꿈과 이상 61
김한규 李基白史學과 동아시아사 79
김당택 李基白史學과 民族問題 110
노용필 李基白의 中石器時代論 比較史的 硏究 131
곽승훈 신라 중대 불교와 전제왕권 184
류창규 공양왕대·세종대 성균관 유생의 척불 집단 상소 배경, 210
그 지향점 -『한국사신론』제8장「신흥사대부의 등장」과
연관하여-

제2부 회고

이인성 아버지의 유서 273
이만열 이기백 선생님을 추모함 279

민현구	이기백 선생의 학술 봉사활동	285
정구복	이기백 교수 추모의 글	302
박경자	餘石 李基白 선생님께 올립니다	311
김두진	민족에 퍼 나른 진리는 학은의 강물이 되다	322
이종욱	이기백 선생님의 더없이 큰 은혜와 가르치심에 감사드린다	330
김당택	주위선 鶴같은 분, 제자들에겐 공포의 대상	338
윤희면	『동국지리지』논문 이야기	341
변동명	李基白 선생님을 回憶함	346
김세윤	李基白 선생과 나의 첫 논문 「高麗後期의 外居奴婢」	359
하영휘	"사서삼경을 공부하는 것은 몸에 至寶를 지니는 것입니다"	366
최기영	문일평 연구와 이기백 선생님	371
노용필	2003년 10월의 대면 담화와 우송 소포	378
곽승훈	이기백 선생님의 가르침과 나의 학문	386
다케다 유키오	한 일본인 역사학도가 본 이기백 선생	412
에드워드 슐츠	이기백 선생 - 나의 스승, 우리 모두의 교사	423

제1부
논 문

여석과 그의 역사세계

차하순 서강대학교 명예교수·대한민국학술원 회원

1.

여석餘石 이기백과의 인연은 그가 서강대학으로 전임한 1963년 9월부터 시작되었다. 그때까진 서로 개인적인 면식이 없었다. 그는 1958년부터 재직한 이화여자대학을 떠나 신설 대학으로 옮기는 데 상당한 결심이 필요했을 것임에도 내 권유에 선뜻 응낙하였다. 새로 세워진 서강대학의 사학과로서는 유능한 기성학자를 절실히 필요로 하였다. 여석이 서강대학 사학과에 합류함으로써 이른바 '서강학파'가 확고한 위치 매김을 할 수 있었다. 그 이래로 그의 별세까지 반세기 동안 그의 인품과 학문 세계에 접하게 된 것은 나의 큰 행운이다. 1963년 가을부터 1985년 이른 봄까지 22년간은 동료 교수로 함께 있으면서, 1985년 여름부터는 비교문화연구회의 세계문화유산 답사여행을 통해, 그리고 여석이 한림대학으로 전적한 후에는 공·사석에서 자주 만나면서 우리는 역사이론이나 연구방법론에 관해 의견을 교환하였다. 비록 한국사와 서양사라는 대상이 다를 뿐, 역사학이라는 넓은 학문 분야에서 우리는 기탄없이 의견을 나누면서 역사이론이나 연구방법론에서 공감하는 부분이 많았다.

그럼에도 나는 그의 역사연구를 체계적으로 분석하거나 역사관을 명확하게 설명할 수 있는 입장에 있지 않다. 한국사에 대한 그의 업적이 사료와 증거를 중시한 이른바 사실주의적인 것이기 때문에 비전공자인 내가 감히 덧붙여 말할 것이 없다. 나의 글은 다만 그의 역사세계의 이곳저곳을 기웃거리면서 나름대로 적은 개인적인 소감이라고 해야 할 것이다.

여석은 2003년 한·일 역사가회의의 전야에 하는 강연 '역사가의 탄생'에 초청되었다. 그때 제목이 「한국사의 진실을 찾아서」이었다. 이 한마디가 그의 역사연구의 평생 목표를 간결하게 표현하고 있다. 그는 오로지 "진리를 탐구하는 것을 목적으로 한다는 평범한 신념"으로 한국사 연구에 전념하였다. 이 신념은 독실한 무교회주의 그리스도교 신자인 도쿄대학교 야나이하라 다다오矢內原忠雄 교수와의 교유를 통해 확인되었다.[1] 그는 일본 유학중 선친의 소개로 야나이하라에게 개인적으로 사사했는데, 그와의 만남은 생애의 중요한 사건이었다. 여석은 일요일의 성서 강의나 토요학교에 참석하면서 학문적인 진리의 중요성을 깨우칠 수 있었다. 이때 그의 마음속에 "진리를 사랑하는 것이 곧 민족을 사랑하는 것이란 신념"이 확고히 자리 잡았다.[2] 그에게는 진리는 곧 진실이요, 진실은 사실과 동일하다. 그래서 그는 모든 글이나 저작에서 진리·진실·사실—이 셋을 구별하지 않고 썼던 것이다.[3] 여석은 어느 학문과

---

1 「한국사의 진실을 찾아서」, 국제역사학 한국위원회·국제역사학 일본위원회 공편, 『역사가의 탄생』, 지식산업사, 2008, p.78.
2 『硏史隨錄』(李基白韓國史學論集 별권), 일조각, 1994, p.234.
3 위의 책, p.3, 33. 역사의 진실을 밝힌 사례로 여석이 즐겨 인용한 것이 르네상스 휴머니스트인 발라Lorenzo Valla가 규명한 「콘스탄티누스의 기진장寄進狀」이었다. 로마 콘스탄티누스 대제가 종교적 통치권을 로마 교황에게 자진 헌납했다는 내용의 이 문서는 중세를 통해서는 사실로 믿어졌으나, 발라는 이 문서가 위작이라는 것을 규명했다. 이를 계기로 근대적인 사료 비판 및 역사연구의 단초가 마련되었다.

마찬가지로 역사학 역시 사실의 참모습을 밝히는 작업, 즉 진리의 탐구라고 생각하였다. 이는 곧 한국사의 올바른 체계적 이해를 의미하였다. 그는 민족의 정체성 위에서 자생적인 역사연구 전통을 수정·계승하여 한국사학이 나아갈 방향을 모색하였다. 그는 역사적 진실의 탐색을 나침반으로 삼아 한국사 전체를 체계적으로 이해하면서 사회 지배세력의 변화를 축으로 하는 새로운 한국사 개설 『한국사신론』을 정열을 다해 쏟아 썼다.

생애를 통해 여석은 한국사학이 학문으로서의 권위를 유지하고 진리 탐구의 사명을 지키기 위한 길을 추구하였다. 역사연구가 학문으로 성립되기 위한 기본조건은 객관성의 존중과 체계적 인식이다. "만일 객관적 사실을 밝히는 것이 불가능하다면, 역사학뿐 아니라 모든 학문은 존립할 근거"만이 아니라 인간 자체의 존립조차 불가능하게 되는 것이다.[4] 이 점에서 객관성의 추구는 비록 '고상한 꿈'이라고 해도 시도해볼 가치가 있다. 전문적 역사가라면 그의 작업의 중심에는 항상 객관성의 이상이 자리 잡고 있는 것이다.[5] 이러한 이상은 여석에게도 절실하였다. 그는 한국사의 올바른 이해를 위해서는 역사적 사실의 객관적 인식이 중요하다고 확신하였다. 그러나 체계성도 이에 못지않게 중요하다. 개별적인 사실들이 하나의 체계 아래 연결되어야 하며 비로소 보편성이 성취되는 것이다.[6] 역사적 진실이란 "다른 사람도 인정할 수 있는 근거", 즉 보편성을 지니는 것이어야 하였다. 이 점에서 진리는 체계성과 직접적 관계가 있다.[7] 한마디로 객관성·보편성·체계성은 여석의 역사세계를 뒷

---

4 『韓國史像의 再構成』(李基白韓國史學論集 3), 일조각, 1991, p.68.
5 Peter Novick, *That Noble Dream*(노빅, 『저 고상한 꿈』), Chicago : University of Chicago Press, 1988, p.1.
6 『韓國史像의 再構成』, pp.69-70.

받침한 세 기둥이었다.

2.

여석이 중요시한 체계화의 기본 수단은 시대 구분이었다. 그것은 역사 과정에 대한 체계적 인식을 위해 불가피하게 해결해야 할 문제이다. "시대 구분의 필요성은 역사의 큰 흐름을 단계별로 이해할 수 있는 계기를 마련해준다는 데 있다." 시대 구분은 역사의 "방향과 흐름에 있어서 그 전환과 구분이 어디에 있는지에 따라 선을 긋는 역할"을 하기 때문이다.[8] 그는 관례적인 시대 구분에 만족하지 않고 새로운 시대 구분의 원칙을 찾으려 하였다. 그의 기본 원칙은 절대적 기준의 배척, 역사적 사실의 시공간적 연관성 및 논리적 일관성이었다.[9]

1966년 초부터 1년간 여석은 하버드대학 소재 케임브리지에서 지내게 되었다. 그런데 나는 그 전해 가을 서강대학을 휴직하고 브랜다이스대학 사상사학과 History of Ideas Program에서 박사과정을 시작하고 있었다. 그는 이때 『한국사신론』에 대한 대대적인 개정을 준비하고 있었다. 브랜다이스가 있는 월섬 Waltham과 케임브리지는 이른바 '대 보스턴' 지구 안의 왕래가 잦은 인접지역이기 때문에 나는 종종 그의 댁으로 초대되는 일이 생겼다. 이럴 때면 『한국사신론』을 중심으로 자연스럽게 역사이론에 관한 이야기가 오고 갔다.

『한국사신론』의 개정을 염두에 둔 그가 가장 신경을 쓴 것이 시대

---

7 『研史隨錄』, pp.5-7.
8 『韓國史學史論』(李基白韓國史學論集 15), 일조각, 2011, p.5.
9 『民族과 歷史』(李基白韓國史學論集 1), 일조각, 1971, pp.56-59.

구분이었다.[10] 그는 왕조 중심 아닌 인간 중심의 역사 서술을 계획하였다. 3분법이라는 거시적 시대 구분보다는 주제별로 시대의 흐름을 파악하는 세분된 역사구분이 서양사의 경향이라는 내 생각에 여석은 큰 흥미를 나타냈다. 나는 1969년 귀국 후 여석의 권유에 따라 역사학회 10월 월례발표에서 「시대 구분의 이론적 기초」를 발표하고, 다음 해 3월 『역사학보』에 게재하였다.[11] 여석도 같은 시기에 「한국사의 시대구분의 문제」를 『한국사 시대구분론』(을유문화사, 1970)에 발표하였다.

그 후에도 시대 구분의 원칙에 대한 여석의 탐색은 계속되었다. 1993년 말 한림대학교 한림과학원 주최 심포지엄을 열고 각 분야의 전문가들과 함께 한국사의 시대 구분 문제를 학문적으로 정리하기로 한 것이다. 그에 따르면 한국사의 경우 "역사적 사실과 일치하지 않는 관념적인" 시대 구분이 횡행하고, 구체적 사실과 어긋나는 이론에 토대를 둔 시대 구분을 절대적인 진리로 믿는 경향이 있다는 것이다. 그래서 "한국사의 진실을 이해하는 데 도움이 되어야 할 시대 구분"이 도리어 그 올바른 이해를 저해하는 방해물이 되었다.[12] 대표적인 예가 유물사관의 공식을 따른 경우였다. 그는 "생산력의 발전을 기준으로 하는 역사발전의 시대 구분"이 있을 수 있으나, "그것만이 유일한 시대 구분이라는 배타적인 주장"에는 결코 찬동하지 않았다.[13]

---

10 「한국사의 진실을 찾아서」, p.75.
11 『歷史學報』 45, pp.139-147.
12 차하순 외, 『韓國史 時代區分論』, 소화, 1995, p.5.
13 「한국사의 진실을 찾아서」, p.68.

3.

여석은 역사에서의 법칙의 존재를 믿었다. 그는 역사발전의 법칙이 존재할 뿐 아니라, 법칙이란 보편성을 갖는 것이라고 믿었다.[14] 동시에 역사법칙의 복수성을 인식하였다. 역사를 올바르게 인식하기 위해서는 여러 법칙의 종합적 관찰에 의존해야 한다고 생각하였다.[15] 그의 말을 직접 인용하면, "인간사회는 우리가 미처 모두 헤아려 밝힐 수 없는 많은 법칙의 지배를 받고 있는 것이다. 이들 법칙은 물론 모두 보편적인 성질의 것이지만, 그들 법칙이 결합하는 양상은 늘 같을 수가 없는 일이다."[16]

사상사는 여석의 역사연구의 출발점이었다. 이는 그를 역사의 길로 인도한 인물이 신채호와 함석헌이라는 데서 알 수 있다. 그는 신채호의 『조선사연구초』를 열심히 읽었고, 함석헌의 「성서적 입장에서 본 조선역사」에서 감명을 받았다. "하나는 낭가사상이라는 민족의 고유정신을 중심으로 우리 역사를 이해하였고, 다른 하나는 도덕을 중심으로 우리 역사를 이해한 것"이었다. 이것이 그가 한국 사상사를 연구하게 된 배경이었다.[17]

그리고 그의 사상사는 불교사상의 연구로 시작되었다. 대학 졸업논문은 『삼국유사』 가운데 '흥법'편을 중심으로 고찰한 불교의 수용 과정에 관한 것이었다. 그는 뒤에 손질을 가하여 발표한 이 논문에 대해 "내가 쓴 몇 편의 논문들 중 처음으로 정열을 기울여 쓴 것이었던 만큼" 일생 애착을 갖고 있다고 술회한 바 있다.[18] 비교문화연구회에서는 중국

---

14 『民族과 歷史』, p.42.
15 『民族과 歷史』, p.57.
16 『民族과 歷史』, p.172.
17 『研史隨錄』, pp.230-231.

문명 유적지를 답사하기로 하고 1994년 7월 말부터 2주 동안 여행하였다. 답사 중심은 다퉁大同의 윈강석굴雲岡石窟과 둔황敦煌의 모가오쿠석굴莫高石窟이었다. 윈강석굴에서 장대한 불상(노천대불)을 앞에 두고 여석은 보기 드물게 흥분을 감추지 않았다. 그가 국제회의에서 발표한 논문 중 하나도 불교에 관한 것이었다. 예컨대 그가 1985년 8월 독일 슈투트가르트에서 개최된 국제역사학대회에서 발표한 「고대한국에서의 왕권과 불교」가 그것이다. 삼국시대에는 국왕을 중심으로 현세 이익을 추구하는 불교가 주류였으나, 통일 후에는 사회적 분화작용으로 몰락 귀족이나 평민 및 노비 계층을 중심으로 극락왕생을 기원하는 정토신앙이 유행하였다.

사상사는 물론 그 밖의 역사 과정의 보편성을 발견하기 위해서는 비교사적 방법이 중요하였다. 그는 역사이론 자체가 비교사학의 터전 위에 서 있다고 생각했는데, 비교는 역사이론의 옳고 그름의 판단 기준이었다.[19] 서양사학계와 우리나라 역사학계의 역사이론을 비교하기 위해 출판한 『역사란 무엇인가』의 편집에서 이 점이 잘 나타나 있다.[20] 이 책은 1976년 문학평론가 김병익 씨가 출판사 '문학과지성사'를 시작하면서 그의 청탁에 따라 여석과 함께 공동 편집한 것이었다. 이 책은 20년 이상이나 중쇄를 거듭하여 문학과지성사의 기반을 다지는 데 일조를 하였다.

1996년 3월 발족한 비교문화연구회의 잡지 『비교문화』에 실린 「한국 고대의 '동성불혼同姓不婚'」이라는 제목의 글에서 여석은 『삼국지三國志』 「동이전東夷傳」에 나오는 동성불혼에 관해 말리노프스키Bronislaw

---

18 『硏史隨錄』, p.3, 7, 242.
19 『韓國史學의 方向』(李基白韓國史學論集 2), 일조각, 1978, p.165.
20 이기백·차하순 공편, 『역사란 무엇인가』, 문학과지성사, 1976.

Malinowski[*Crime and Custom in Savage Society*(『미개사회의 범죄와 관습』)]에 따라 트로브리안드 섬 원주민의 족외혼과 비교하였다. 이 글에서 그는 역사적 사실을 더 잘 이해할 수 있게 하는 비교사학의 필요성을 강조하였다.[21]

    비교문화연구회 답사와 관련해 생각나는 것이 있다. 1985년 8월 역사가들로 구성된 일행이 국제역사학대회 참석을 위해 슈투트가르트를 최종 목적지로 하여 한 달 가까이 세계문화유산 답사에 나섰다. 그때까지 개방되지 않던 해외여행의 기회였으므로 우리는 다양한 일정을 소화하였다. 인도의 타지마할, 이집트의 피라미드, 그리스의 아크로폴리스 등과 같은 대표적인 세계문화유산을 비롯해 프랑스와 독일의 역사적인 중소도시를 두루 살펴보는 강행군이었다. 우리는 공항 라운지에서 자주 대화를 나누었다. 여석이 나에게 공동 편집인을 제안하면서 『한국사 시민강좌』에 관한 구상을 밝힌 것도 이때의 일이었다. 2년의 준비 끝에 『한국사 시민강좌』 첫 권이 세상의 빛을 보게 된 것이 1987년이었다. 그 이래로 이 잡지는 25년 동안 50집까지 간행하는 성과를 거두면서 한국사 대중화에 기여하였다. 이는 오로지 자신의 온 정열을 다해 편집을 구상한 여석의 노력이 그 기반을 이루어 비로소 가능하였다.

---

21 『비교문화』 창간호, 비교문화연구회, 1996, pp.2-5. 말리노프스키(1884-1942)는 폴란드 출신의 학자로서 20세기의 가장 중요한 인류학자로 간주되는 학자이며, 구조적·기능주의적 사회학에도 커다란 영향을 끼쳤다. 1926년에 출판된 이 책은 그 후 반세기 이상이나 염가판으로도 널리 읽히고 있다

4.

여석은 한국사학의 당면 문제가 민족에 있다고 믿었다.[22] 민족 문제를 역사학의 관점에서 어떻게 올바르게 이해하는가는 모든 한국사가에게 공통된 사명일 것이다. 그러나 그는 이 점에서 누구에게도 뒤떨어지지 않았다. 따라서 여석이 자신의 저술들을 묶은 사학논집을 내면서 첫째 권을 『민족과 역사』로 한 것은 지극히 당연하다. 민족을 핵심으로 한 역사철학 위에서 그는 '한국사학의 방향'을 가늠해보고 또 '한국사상의 재구성'을 시도하였다. 한국사의 주체로서의 민족이란 "열등의식의 산물"이나 "허황한 자만심의 소치"가 아닌, 진정한 민족의식에 입각한 민족이었다. "한국민족의 운명에 대한 따뜻한 관심 속에서 이루어진, 그리고 인류사회의 발전에 대한 투철한 인식을 토대로 한 정당한 비판적 정신 속에서 이루어진 학문적 성과를 통하여서만 한국사의 올바른 인식은 가능"하다.[23] 그에게는 "한국사 나름대로의 특수성"과 함께 "민족의 발전 과정을 어떻게 이론적으로 체계화하느냐"가 중요하였다. 한국사의 발전 과정에 대한 올바른 인식은 곧 "민족의 새로운 발견"을 의미하며, "인류의 한 식구"로서의 한국민의 발견이었다.[24]

그가 역사에의 길을 택한 것은 민족에 대한 사랑과 자랑, 자긍심에 있었다. 그의 일관된 신념은 "민족사의 현시점에서 우리 스스로를 올바로 인식하고 이 터전 위에서 민족의 장래를 올바로 이끌어나가기 위해 우리는 무엇을 어떻게 해야만 하는 것일까"였다.[25] 신라사를 비롯해 고

---

22 『民族과 歷史』, p.41.
23 『民族과 歷史』, p.11.
24 『民族과 歷史』, p.22.
25 『研史隨錄』, p.15.

려시대사에 이르는 많은 그의 업적을 꿰뚫는 기본 노선은 항상 이러한 '민족'이었다. 따라서 그가 한국사의 올바른 체계적 이해를 위해 무엇보다도 주력한 것은 식민주의사관을 비판하고 일본학계가 왜곡한 한국민족의 상像을 바르게 잡고자 한 것이다.

다른 한편, 식민주의사관 비판의식은 일본 지배의 '역사적' 소산물을 혐오하는 데 이르렀다. 1990년대 중반 김영삼 정부는 경복궁 내의 옛 조선총독부 건물을 해체하기로 결정하였다. 나는 당시 내한 중인 브랜다이스대학 라인하르츠Jehuda Reinhartz 총장 일행을 안내하면서 이 건물이 곧 헐리게 될 것이라고 말했는데, 역사가인 그에게는 철거 이유가 납득되지 않았다. 어떤 이유에서든 역사 기록이나 유적은 멸실되지 않아야 한다는 나의 의견과 같았다. 옛 총독부 건물의 해체를 우리나라 지식인 대부분이 찬성하였으며, 극소수만이 역사적 자료의 소멸을 우려하였을 뿐이었다. 이때 여석도 철거를 찬성하는 쪽이었다. 어느 날 우리는 이 문제에 관해 의견을 주고받은 적이 있었다. 나는 해방 이래로 일본의 식민주의 지배의 현장, 예컨대 남산의 조선신궁이나 예장동의 조선총독관저 등이 사라진 것은 유감이라고 말하였다. 그러나 여석은 단호하였다. 다른 것은 모르겠으나 식민 지배의 현장인 조선총독부 건물은 그대로 놔둘 수 없다는 것이 그의 대답이었다. 일본 식민 지배에 대한 '혐오'는 '역사적 자료의 보존'이라는 객관적 역사가의 사명을 압도하였다. 이는 여석뿐 아니라 아마 거의 모든 한국사 연구자에게 공통되는 심정일 것이다.

일본 식민지 시대의 유물·유적은 우리 자신의 역사의 현장이기도 하다. 옛 조선총독부 건물은 일본 식민 지배의 지휘본부일 뿐 아니라 역대 정부의 행정 중심의 청사였다. 9·28 수복 때 국군이 태극기를 제일 먼저 게양한 곳이기도 하다. 늦은 감은 있으나 우리 사회는 이러한 역사유적의 가치를 인정하기 시작하였다. 그 증거로 서울역사의 복원을 들 수 있다. 서울역은 일본의 식민 지배 시대의 경성역으로, 그 설립 주체는 남만주철도주식회사였다. 그것은 일본과 만주를 잇는 식민지 경영의 관문이며, 1920년대의 일본 식민지 정책을 상징하는 것이다. 거대한 규모와 정교한 장식을 갖춘 이 건물은 조선총독부 청사와 함께 일본이 조선을 착취하기 위해 건립한 대표적인 건축물이었다.[26]

그럼에도 여석이 강조하는 민족은 폐쇄적이며 배타적인 개념이 아니었다. 그는 민족을 하나의 단일한 개인과 같이 생각하는 주장에는 찬성할 수 없었다.[27] 또 민족의 고유성과 배타성을 강조하는 '민족지상주의' 사관도 받아들이지 않았다. 민족과 민족문화에 대한 그의 이해는 신축성 있고 개방적이었다. 이에 관해 그의 말을 직접 인용하면 다음과 같다. "한국문화를 논함에 있어서 그것이 원래 한국에 고유한 것인가, 외래한 것인가 하는 점은 그렇게 중요한 것이 아니다. 필요한 것은 그것이 민족의 역사적 현실에 적합한 것인가 아닌가 하는 데 있는 것이다. 한국이 그때그때의 역사적 현실에 적합한 문화를 받아들였고 또 발전시켰다면, 그것은 훌륭한 한국문화요 한국의 민족문화인 것이다."[28]

여석은 한국사 연구방법으로 근대 한국에서 전통적으로 내려온 민족주의사관, 유물사관, 실증주의사관의 셋을 아울러 새로운 한국사학을 수

---

[26] 유물과 유적은 '그들의 것과 우리의 것'의 구별 없이 사료로서의 가치가 인정되어야 한다. 이 점에서 유럽은 타산지석이다. 역사적 흔적이 고스란히 함께 남아 있는 하나의 예가 스페인이다. 그리스도교도와 이슬람교도가 번갈아 점령한 지역이었지만 지배자가 바뀔 때마다 상대방의 문화적 흔적을 말살하지 않았으며 단지 가장 중요한 지점에 자신들의 존재를 최소한으로 알리는 데 그쳤다. 그 결과 스페인에는 인류사에 빛나는 수많은 문화적 유적이 남아 있다.
[27] 「한국사의 진실을 찾아서」, p.69.
[28] 『民族과 歷史』, p.172.

립하려 하였다.[29] 그에게는 민족주의사관·유물사관·실증주의사관 —그 어느 것이나 만족스러운 것이 아니었다. 민족주의사관은 정서적이고 추상적이고, 유물사관은 사실과 부합되지 않는 공식과 법칙이며, 실증주의 사관은 체계와 이론이 결핍된 것이었다.[30]

여석의 역사세계는 매우 광범한 것이다. 그는 젊을 때 이래로 여러 분야에 다양한 관심을 보이고, 열린 시야를 갖고 공부하였다. 학문과 인생을 논한 그의 글들은 동서고금의 문헌을 두루 인용하고 있다. 『논어』에서 『신곡』, 톨스토이에서 퀴리 부인, 『굿바이 미스터 칩스』와 성서에 이르기까지 그의 지식의 범위는 고전, 문학, 철학, 인류학에 걸친 것이다. 그러므로 여석은 단순히 '한국사가'라기보다는 '역사학자'였다. 그가 강조하는 보편성에의 추구 역시 이러한 그의 넓은 식견과 안목의 산물이었다.

민족과 역사적 진리는 참으로 그의 역사세계의 튼튼한 기반이었다. 민족에 대한 자긍심은 그가 즐겨 입던 한복에서 잘 나타나 있다. 우리나라의 전통과 문화에 대한 자랑은 그의 학문의 바탕이다. 민족의식을 기초로 한 그의 역사적 진실에 대한 추구는 일생 계속되었다. 여석은 자신의 호를 '쓰다 남은 돌'을 뜻하는 여석餘石이라 했으나, 이는 지나친 낮춤이다. 그의 역사세계의 넓이와 깊이로 보아 참으로 우리나라 학계에 우뚝 솟은 거석巨石이라 해야 옳다.

[『한국사 시민강좌』 50, 2012]

---

29 「한국사의 진실을 찾아서」, p.70.
30 『韓國史學의 方向』, pp.75-76.

이기백사학의 역사적 배경에 관한 일고찰

이성시 와세다대학 명예교수

들어가며

역사가 이기백의 연구 인생을 검토할 때 그 방대한 전 저작은 먼저 참조해야 할 텍스트이다. 본고는 이기백의 모든 논저를 관통하는, 사람과 학문의 역사적인 배경을 살펴보기 위한 예비적인 작업으로서 주로 이기백 자신이 남긴 자서전적 에세이「학문적 고투의 연속」(『한국사 시민강좌』 4, 일조각, 1989, 초출 :『연사수록』이기백한국사학논집 별권, 일조각, 1994 재수록)과 만년의 장시간에 걸친 인터뷰「한국사신론의 저자 이기백 선생이 말하는 한국사의 대세와 정통」(『월간조선』, 2001년 11월호)을 단서로 고찰을 시도하는 것이다.

두 글은 발표 기간에 12년의 간격이 있지만, 모두 연대순에 따른 연구 인생의 회상으로 되어 있어 기본적인 사실관계는 완전히 부합한다. 두 글을 대조해 보면 알 수 있듯이 사실의 불일치는 발견되지 않으며, 말하자면 상호보완적인 관계를 이루고 있다.

필자는 이미 졸고에서 언급한 바와 같이 1975년 다케다 유키오武田幸男가 착수한 이기백의 대표 저서인『신라정치사회사연구』(일조각, 1974)의 일본어 번역을 분담하면서 그의 연구를 본격적으로 접하게 되었다.[1] 그 후『한국사신론』(일조각, 1967)의 일본어판 간행(學生社, 1979)에도 관여했고, 1978년에는 와세다대학 백년사 편집에 참여한 것을 계기로 이기백 선생과 처음 인연을 맺은 이후 25년이라는 긴 세월에 걸쳐 학은學恩을 받아왔다. 대학 학부 학과의 동문이기도 해서 직접 유학시절의 추억과 관련된 회상을 종종 듣는 일도 적지 않았다. 이런 입장에서 이기백 선생의 인물과 학문의 역사적 배경을 검토하는 것은 한국 내 논의와 겹치면서도 그것들과는 다른 새로운 지견知見을 더할 수 있을 것이라 믿으며 고찰을 시도해보고자 한다.

1. 일본 유학시절의 심상풍경

이기백의 자전적 에세이 「학문적 고투의 연속」(이하 '자서전'으로 약칭. 이하 인용문은 『연사수록』에서 발췌한 것)를 한번 읽어보면 우선 느낄 수 있는 것은, 많은 업적을 이루어 온 이른바 '대가'의 자서전이라고는 믿기지 않을 정도로 음울한 톤으로 그려져 있다는 점이다. 이를 상징하는 것이 마지막 장인데, 저자의 심정은 깊은 고독감을 안고 있는 것처럼 보인다. 특히 마지막 장의 첫머리에 인용된 정지용의 시 〈조약돌〉은 이기백의 자서전 「학문적 고투의 연속」에서 말하는 자서전 전체를 규정하는 것이 무엇인지에 대한 실마리를 던져주는 것 같다는 생각이 든다.

왜냐하면, 이 시 〈조약돌〉은 자서전이 쓰인 1989년 시점의 '현재'와 청년기 내지內地[2] 유학 3년을 상징하는 심정의 저류를 이루는 고독감을, 정지용의 1920년대 일본 유학시절에 가탁하는 것처럼 그려져 있으며,

---

1 이성시, 「일본에서의 이기백한국사학의 수용과 그 영향」, 『이기백한국사학의 영향』, 한국사학, 2015.
2 일제강점기 제국신민의 구분이 내지와 외지로 나뉘었던 것에 근거한다.

나아가 이기백 자신의 호 여석餘石의 유래이기도 하다는 것을 이기백이 직접 여기서 밝히고 있기 때문이다.

실제로 이기백 자신도 정지용과 마찬가지로 "비 날리는 이국 거리를 탄식하며 헤매"는 체험을 했다는 것을 시의 문장과 함께 자신의 유학시절의 체험을 구체적으로 서술하고 있는 것으로도 뒷받침된다.

우선 문제 삼고 싶은 것은 정지용의 시 〈조약돌〉을 이기백이 언제 어디서 만났느냐는 것이다. 그것이 당시의 심상풍경을 대변하고 있다고 볼 수 있기 때문이다. 그러한 '현재'를 규정하는 시 〈조약돌〉과의 만남은 이후 이기백의 내면세계를 결정짓는 무언가가 있었을 것으로 추측된다.

그런데 이기백과 정지용의 시 〈조약돌〉의 만남은 정지용의 첫 시집 『정지용시집』(시문학사, 1935 ; 시의 첫 발표는 『동방평론』 2호, 1932.7.)에 근거한 것으로 생각할 수도 있다. 이기백은 자서전 첫 장에서 어린 시절부터 한국 시집을 즐겨 읽었음을 강조하고 있기 때문이다. 만약 시집 발간 당시라면 이기백이 유학하기 전인 15세 이전이 된다.

그러나 이기백은 유학시절에 자신이 비에 흠뻑 젖어 고독감을 맛본 체험과 정지용의 〈조약돌〉을 중첩시키고 있는 것으로 볼 때, 이러한 실제 체험 이전부터 정지용의 시 〈조약돌〉을 이미 알고 있었고, 유학시절 자신의 체험을 회상하고 있다고 보기는 어렵다. 오히려 그 반대로 자신의 체험을 전제로 비로소 정지용의 시 〈조약돌〉의 의미에 강한 공감을 불러일으켰다는 생각이 성립될 수 있을 것 같기 때문이다.

만약 그렇다고 한다면 이기백은 정지용의 시 〈조약돌〉을 유학시절에 접한 것이 아닐까. 그렇다면 가장 가능성이 큰 것은 1943년 김소운이 일본어로 번역하여 출판한 『조선시집』(興風舘)을 통해서 일 것이며, 이기백이 와세다대학에 재학 중이 된다. 다시 말할 필요도 없이, 그것은 정지용의 한국어 시 〈조약돌〉이 아니라 김소운이 번역한 일본어 시 〈石

ころ〉(이시코로)가 된다.

주지하다시피 정지용의 시 〈조약돌〉은 1932년 그가 한국어로 발표하기 전에 일본어로 발표했다는 사실이 2015년에 밝혀졌다. 즉, 일본어 시 〈いしころ〉(이시코로)는 『도시샤대학 예과 학생회지』 4호(1925.11.)에 실렸다는 것이다.[3]

여기서 김동희가 소개한 정지용의 일본어 시와 김소운의 번역시를 비교하면 다음과 같다.

```
いしころ ころころ                    石ころ ころ ころ……
そは わが たましひ の              こは わが魂のかけらなり｡
かけら なり｡
                                  病めるピエロのかなしみと
やめる ピエロ の かなしみと         初旅にやつれたる
はつたび に つかれし                青つばめのおぼつかなき囀りと,
つばくらめ の                                       つね
さみしき おしやべり もて｡          抓りて紅みさす血に凝りて
つめつて なほ あからむ              吹降りの異國の町を
ち に にじまれて,                  嘆きつゝさまよふ
あめ の いこくまち を
われ さえづり さまよふ              石ころ ころ ころ…………
                                  こは わが魂のかけらなり｡
いしころ ころへ
そは わが たましひ の              ―김소운 역, 〈石ころ〉(이시코로)
かけら なり｡

- 정지용 작, 〈いしころ〉(이시코로)
```

---

3 金東僖, 「植民地体驗と翻譯の政治學─『朝鮮詩集』に收錄された鄭芝溶の作品を中心に」, 『立命館言語文化研究』 33卷1号, 2023. 또한 정지용의 시 및 연보는, 권영민 편, 『정지용 전집』 1·2·3, 민음사, 2016에 따름.

먼저 이기백이 유학시절 접한 정지용의 시 〈조약돌〉이 한국어가 아닌 김소운의 일본어 번역시라고 가정하여 검토해 보자. 이기백 씨가 자서전의 마지막 장에서 인용한 첫머리는 다음과 같다.

조약돌 도글 도글……
그는 나의 魂의 조각이러뇨.

이 한국어 시 〈조약돌〉에서는 그 뉘앙스가 직설적으로 전달되지 않아 단정할 수는 없지만, 정지용의 시 〈조약돌〉은 일본어로 된 시작詩作이 먼저 있었고, 훗날 한국어 시가 만들어졌을 가능성이 크다. 왜냐하면 정지용이 직접 해당 부분을 일본어로 다음과 같이 적고 있기 때문이다.

いしころ ころころ (이시코로 코로코로)
そは わが たましひ の (소하 와가 타마시히 노)
かけら なり。(카케라 나리)

한국어 시 〈조약돌〉은 이 일본어 시가 선행되지 않았다면 성립될 수 없는 수사를 구사하고 있다. 즉, '이시코로'(いしころ)와 그것이 굴러가는 모습을 묘사한 의성어 '코로코로'(ころころ)는 밀접불가분의 관계에 있다. 필자에게는 한국어에서는 그러한 밀접한 관계성이 일본어에 비해 떨어지는 것처럼 느껴진다('돌'과 '도글도글'이 연결된다는 생각이 있을 수도 있다).

그럼 정지용의 일본어 시 〈いしころ〉(이시코로)를 분석해 보자. 즉, 일본어로 '이시코로'는 '가치 없는 것으로서의 조약돌'(『일본국어대사전』)을 의미하며, 어원적으로는 이시코(石子) + '로(ろ)'(접미사)이다. 또 한자표기는 '石轉', '石塊'(いしくれ, 이시쿠레)라고도 쓴다. 다만, '코로'

(ころ)는 주사위를 뜻하는 '사이코로'(サイコロ)라는 말이 있듯이 '구르다'라는 뉘앙스가 있다. 그렇기 때문에 '이시코로'는 '石轉'이라는 일본의 한자표기가 성립한다. 따라서 첫 구절의 '이시코로 코로코로'는 그러한 일본어를 전제로 한 문구라고 봐도 부자연스럽지 않다.[4]

그리고 시의 첫 구절인 '이시코로 코로코로'에 이어 '소하 와가 타마시히 노 카케라 나리'로 되어 있는데, '내 영혼의 조각'(わが魂のかけら)을 뜻하는 '와가 타마시히 노 카케라'는 '이시코로'의 또 다른 한자표기인 '石塊'(이시쿠레→이시노 카케라)라는 일본어 한자표기로부터 자연스럽게 도출할 수 있는 어휘이다. 즉, '石塊'(이시쿠레)→'가치가 없는 것으로서의 조약돌→가치가 없는 존재'라는 정지용의 한국어 시 〈조약돌〉의 뉘앙스가, 일본어의 'いしころ'(이시코로)에서 파생되는 것은 일본어에 능통한 독자들이라면 아주 자연스럽게 이해할 수 있을 것이다.

따라서 일본어에 통달한 김소운으로서는 당시에는 거의 볼 수 없을 정도로 구하기 어려웠던 일본어 시가 아닌, 정지용의 한국어 시에서 정지용 자신이 만든 일본어 시와 거의 동일에 가까운 번역시를 만들어낼 수 있었을 것이다.

첫 번째 질문으로 돌아가서, 이기백은 정지용의 시 〈조약돌〉을 언제 어디서 만났는지 말한다면, 위에서 언급한 일본어 시 〈いしころ〉(이시코로)의 원래 뉘앙스를 이해할 수 있는 일본 유학시절 중에 김소운의 일본어 번역시 〈石ころ〉(이시코로)가 아니면 안 되는 것이 아닐까.

이 문제는 단지 이기백의 정지용의 일본어 번역시와의 만남이라는

---

4 '코로코로'(ころころ)라는 일본어 의성어는 일본인이라면 동요 '동그리 코로코로'(どんぐりころころ, 도토리 데굴데굴)의 첫 가사 '동그리 코로코로 동그리코'를 떠올린다. 아오키 나가요시青木存義가 작사한 시기는 1921년 내지는 1922년이므로, 정지용이 유학시절에 이 동요를 들었을 가능성이 크다.

작은 문제가 아니다. 후술하겠지만, 누구보다 민족의 언어와 역사를 중시한 이기백의 사상형성의 배경과 그 구체적 과정을 아는 데 있어 놓칠 수 없는 중요한 문제이기도 하다. 이기백의 역사학에 대한 사색을 깊게 하는 결정적 계기가 유학시절에 있었고, 그 체험을 자서전의 마지막 장에 굳이 담아낸 것으로 추측하기 때문이다.

그리고 이기백은 한국사 연구의 학문적 고투를 논하는 자서전에서 전쟁 말기 일제의 마지막 순간에 학업을 닦은 것, 그 과정에서 민족적 갈등을 겪은 것에 대해 그 고통 등을 직접적으로 표현하지 않고 일부러 비유적으로 고백하고 있다. 예를 들어 징병검사를 핑계로 고향으로 돌아가기 위해 현해탄을 건너면서, 다시는 이 바다를 건너가지 않는다고 맹세를 했다고 적고 있다.[5] 또 서울대학교에 입학한 후 한국인 교수에게 한국어로 한국사를 배운 감동을 이야기함으로써 그 이전의 유학 중 학업이 얼마나 고통스러웠는지, 결코 긍정적으로만 바라볼 수 없음을 독자에게 호소하고 있는 듯하다.

자서전 「학문적 고투의 연속」은 매우 절제되어 있지만, 식민지 지배 하에서 내지 유학을 경험한 것의 고통을 고백하는 서술은 자서전 전체에 깔린 침통하고 비관적인 톤의 기조를 이루고 있다고 할 수 있을 것이다.[6]

그러나 한 걸음 더 나아가 이기백의 한국사학연구의 전체상을 파헤쳐 연구해 간다면, 이기백의 업적 전체에서 내지 유학이 차지하는 비중과 그 크기는 자서전의 마지막 장에서 상징적으로 다루어진 정지용의 일본어 번역시와의 만남에 대한 해석이 중요한 실마리가 되지 않을까 하는 예감을 갖게 한다. 이 점을 다음에서 다루어 보고자 한다.

---

5 실제로 이기백은 해방 후 세 차례 일본을 방문했지만, 모두 본인의 의지가 아니었다. 이성시, 전게서 참조.
6 이 점은 『월간조선』 2001년 11월호의 인터뷰 기사와 비교해 보면 알 수 있다.

2. 일본 유학시절의 학문의 심연

이기백 선생이 자신의 업적을 되돌아볼 때, 이를 네 가지로 나누어 볼 수 있다. 한국사상사 연구, 『한국사신론』으로 결실을 맺는 한국통사 개설서의 집필, 고려병제사 연구, 신라정치사회사 연구가 될 것이다.

그것들에는 이기백 자신의 우선순위가 있다. 특히 앞의 두 연구에 대해서는 그 고뇌의 과정이 상세히 기술되어 있다. 그중에서도 먼저 눈에 띄는 것은 한국사 전체를 어떻게 파악해야 하는지를 기술한 부분인데, 거기에 열거된 문헌은 헤겔, 마르크스, 엥겔스, 랑케, 마이네케, 마셀 그라네, 야나이하라 다다오矢內原忠雄, 가와카미 하지메河上肇 등, 이들은 말하자면 동시대 일본의 역사학 연구의 교양체계라고 해야 할 성격을 지니고 있다.[7]

물론 이기백은 두 번째 장에서 유학 전 중학생 시절 신채호, 함석헌 등 계몽기 역사가들의 한국사를 열심히 읽으며 그것들에 감화를 받았다는 점을 강조하고 있다. 그러나 학술적 훈련의 기초는 유학시절에 이루어졌다는 것이 수강한 수업내용 등과 함께 상세히 기술되어 있으며, 이러한 교양이 훗날 1960년대에 결실을 맺는 『한국사신론』의 체계적인 통사를 논술할 때의 참조항이 되었다는 것은 틀림이 없다. 이기백의 역사가로서의 소양은 일본 유학 중 동시대 교양체계 속에서 일본어를 통해 이루어진 것은 부정할 수 없는 사실일 것이다.

통사 이외에도 특히 주목되는 것은, 자서전에서 자신의 사상사연구와의 관계에 있어서 쓰다 소키치津田左右吉에 대해 직접적으로 언급하지

---

7 다만 마르크스, 엥겔스, 가와카미 하지메 등은 해방 직후의 혼란기에 읽은 것으로 되어 있다. 그러나 그것들이 일본어 번역 혹은 일본어 원본임은 틀림없다.

않고 강조하지는 않았지만, 쓰다의 존재가 이기백의 사상사연구에 있어서 빼놓을 수 없는 존재였다는 사실이다. 그 구체적인 모티브가 된 것은 자서전에도 당시 정독했다는 언급이 있는 『지나사상과 일본』(支那思想と日本)에 있다고 단언해도 좋다고 필자는 생각하고 있다.[8]

쓰다의 『지나사상과 일본』에 대해 간단히 소개하자면, 이 책의 중심이 되는 목표가 중국 문화권으로부터 일본을 독립시키는 데 주안점을 두고 있다는 것이다. 다시 말해, 일본문화를 자기 문화의 원천인 중국 문화권 안에서 파악하려는 전근대 이래의 전통적 사고를 끊어내는 데 큰 목적이 있다고 할 수 있다.[9] 양자를 단절하기 위한 수단으로 제기된 것이 서양 문명과 근대 일본의 유사성과 동일화이며, 따라서 중국 문화권에서 이탈한 일본이야말로 열강제국과 어깨를 나란히 하며 세계를 견인하는 일본의 현재와 미래에 있어서 중요하다는 것을 널리 국민에게 환기하려고 하는 것을 목적으로 한 저작이다.[10]

쓰다의 담론에 따르면, 역사적으로 볼 때 중국문화가 일본에 미친 영향은 지배층 일부에 의해 수용된 일시적인 것이며, 이와는 별개로 문화의 진정한 주체는 외래문화인 중국문화와 거리를 둔 계층에 있고, 게다가 일본 고유의 문화를 담당하는 계층이 점차 증가해 나간다는 것이다.

---

[8] 필자는 이기백 선생이 서강대 재직 중 강의에서 『지나사상과 일본』을 언급했다는 말을 수강생으로부터 전해 들었다. 또 이 책은 이기백 선생이 재직하였던 한림대학교의 일본학연구소에서 『중국사상과 일본사상』(한림신서 일본학총서 6, 남기학 역, 1996)으로 제목을 바꾸어 출간되었다.

[9] 쓰다 소키치의 『지나사상과 일본』의 구판 머리말에는 '이제까지의 일본과 지나의 문화, 일본인과 지나인의 생활이 전혀 다르며, 두 민족이 전혀 다른 세계의 주민이었던 점, 그와 함께 또 일본인에게 독자적인 정신과 현대문화, 현대과학 및 그 정신이 결코 서로 어긋나지 않음'을 강조하고 있다.

[10] 이성시, 「근대 일본의 아시아 인식—쓰다 소키치의 중국·한국 인식을 중심으로」, 『투쟁의 장으로서의 고대사』, 삼인, 2021.

그 구체적인 연구가 바로 쓰다의 대표작『문학에 나타난 우리 국민사상의 연구』(전4권, 1916-1921년 간행, 개정판은 1951-1955년)이다.

『지나사상과 일본』은 1938년 이와나미 신서岩波新書의 첫 출간에 맞추어 출판되었는데, 그 내용은 이미『문학에 나타난 우리 국민사상의 연구』에서 서술된 내용을 말하자면 축약하여 이와나미 강좌「철학」과「동양사조」에 각각 발표된 두 개의 논문「일본에서의 지나사상 이식사」(「日本に於ける支那思想移植史」, 1933),「문학사상에서의 동양의 특수성」(「文學史上に於ける東洋の特殊性」, 1936)으로 구성되어 있다.

쓰다에 따르면, 바야흐로 서양 문명을 우리의 것으로 만든 일본은 단연코 '미개한 중국'과는 전혀 다른 세계에 있는 것으로, 중국을 혐오하는 쓰다에게 있어서 중일전쟁 당시의 슬로건인 '일지(일중)일체'日支(日中)一體와 같은 시대적 이데올로기는 결코 용인할 수 없다고 강력히 훈계하고 있다. 이러한 당시의 쓰다의 심정은 전후에 신화화되게 된다. 요컨대, 쓰다는 '학문적 신념에 입각하여 시국에 철저하게 항거해 투쟁했다'는 신화가 되어 가며 오늘날까지 이어져 내려오고 있다.[11]

그러나 동시대 쓰다의 중국론에 관련된 강연을 들었던 이기백은 쓰다의 학문에 중국 민족에 대한 레이시즘(배외사상)이 매개된 결함을 내포하고 있다는 것을 세키 요사부로關与三郎의 강의 수강을 통해 깨닫고, 쓰다의 학문을 상대화하려는 의식이 싹트게 되었다고 한다.[12]

---

11 상동.
12 이기백,「학문적 고투의 연속」,『연사수록』, p.232. 덧붙여 사회학자인 세키 요사부로는 1906년 와세다대학 문학과를 졸업하고, 와세다대학 재직 중 1920년부터 4년간 영국, 독일, 프랑스에서 공부하고 귀국 후 철학과 주임으로 복직했다. 귀국 후 제1차 세계대전 후 유럽의 황폐화에 대해 세키 요사부로는 다음과 같이 언급하고 있다. "한마디로 말하면 편협한 국민주의(nationalism), 즉 전쟁 중에 일어난 이기적인 배타주의가 경제적으로나 정치적으로 오늘날 유럽을 지배하는

그럼에도 불구하고 이기백이 훗날 한국사상사나 한국통사를 논할 때 쓰다의 일본문화를 중국 문화권으로부터 분리, 독립시킨다는 발상은 적잖이 참조되었을 것으로 추측된다. 즉, 쓰다에서 전형적으로 볼 수 있듯이, 근대 일본이 국민국가를 형성할 때 역사상 밀접불가분의 관계를 맺어온 중국문화와 거리를 두고 '자립'을 꾀하는 것은 필수 불가결했다. 다만 이러한 방법론을 단순히 쓰다의 학문에만 수렴시키거나 혹은 근대 일본의 사례로 서술한다면 '친일'이라는 편견에 휘말릴 위험이 있다. 그래서 비슷한 문제를 서양의 맥락에서 한 번 짚어보고자 한다. 즉, 서구 국가들이 라틴어 성경에서 벗어나 속어 성경 번역을 완수함으로써 국민의식을 형성했다고 하는 역사적 사실을 상기해 보자.[13] 다음 절에서 자세히 설명하겠지만, 자기 형성의 모태가 된 압도적인 라틴어 문명권에서 이탈하지 않고서는 유럽 국가들의 국민국가와 국민의식의 형성은 있을 수 없었다.

원래 자기의 역사, 자기의 언어를 어떻게 파악할 수 있을까? 그런 물음은 자기 세계에만 몰입한 자에게는 전혀 이해의 대상이 될 수 없다. 자신이 살고 있는 세계 밖으로 한 번 나가서 보지 않으면 인식의 대상이 될 수 없다. 쓰다는 20대 시절 세계사 개설을 시라토리 구라키치白鳥庫吉를 대신해 대필한 경험이 이후의 쓰다의 사상형성에 큰 역할을 했다고 전해진다.[14] 그것은 쓰다의 일본문화사를 세계문명사의 맥락에서 파악

주류로 남아 있기 때문에 이것이 오늘날 유럽을 괴롭히는 주된 원인이라고 생각한다.", 『早稻田學報』 342号(1923.8.10.), p.16.
13 ベネディクト・アンダーソン(白石隆・白石さや譯), 『想像の共同体』, リブロポート, 1987, pp.72-84. (Benedict Anderson, *Imagined Communities*, Verso, 1983.)
14 栗田直躬, 「津田左右吉先生の學問と人」, 上田正昭編, 『人と思想 津田左右吉』, 三一書房, 1974, p.78.

할 수 있게 했다고 한다.

한편, 이기백이 집필한 한국사 통사『한국사신론』은 선인의 유산 위에 세워진 통사가 아님을 그의 자서전을 통해서도 알 수 있다. 특히 흥미로운 점은『한국사신론』의 간행에 앞서 이기백의 첫 한국통사 집필은 해방 후 1950년대에 이홍직의 이름으로 간행된 중학교 역사교과서(이홍직,『우리나라 역사』, 민교사, 단기4289(1956)), 고등학교 역사교과서(이홍직,『우리나라 문화사』, 단기4289(1956))였다는 사실이다. 그 집필의 토대가 된 것은 유학 시절 일본의 대학에서 배운 교양체계였으며, 자서전에는 헤겔, 마르크스, 엥겔스, 랑케, 마이네케 등의 이름이 거론되어 있다. 그들은 인류사를 구상한 사람들이며, 한국통사를 구상함에 있어서 그 선인들로부터 무엇을 배웠는지를 언급하고 있다. 따라서 이기백의 한국통사는 말하자면 선인들이 지은 집을 수선하거나 증축하는 작업과는 차원이 다르다. 어떤 집을 지어야 할지, 공터에서부터 도면을 작성하고, 기초부터 집을 구축한 것과 같은 통사이다. 그 과정에서 동시대 일본의 역사학 연구상의 교양체계가 소재가 되어, 그것들을 비판적으로 검토한 후 자신의 구상에 따라 독자적인 체계를 이루는 통사를 구축했다고 서술하고 있다. 그런 까닭에 이러한 자신의 독자적인 통사에 대한 비판은, 보다 구체적으로 이루어져야 한다고 엄격하게 평론가들에게 요구하고 있다.

이렇게 말하면 이기백의 역사학은 근대 일본 역사학과 친화적이라는 비판이 생길지도 모른다. 유학 당시의 일본 역사학계의 조류나 쓰다 소키치의 사유방식에 배울 점이 있다는 사실은 그런 안이한 비판을 불러일으킬 가능성이 있다. 그러나 그것은 크게 빗나간 논의이다. 그렇기에 또 하나의 단서로서 자서전 서문에 언급된 덴마크의 사상가 니콜라이 그룬트비Nikolaj Frederik Severin Grundtvig(1783-1872)를 보조선상에서 논의해 보기로 한다.

3. 쓰다 소키치를 매개로 한 그룬트비와의 재회

이기백은 국민고등교육에 깊은 관심을 갖고 있던 아버지 이찬갑이 그룬트비의 "그 나라의 말과 역사가 아니고는 그 민족을 깨우칠 수 없다"는 말을 자녀들에게 들려주었던 것을 적고 있다. 또 이기백은 자신을 회상할 때에도 그룬트비의 교육사상을 반복해서 언급하고 있다. 실제로 그룬트비는 오늘날 덴마크의 국민의식 형성에 지대한 역할을 하고 위대한 공헌을 한 인물로 알려져 있다. 덴마크가 배출한 동시대 인물인 키르케고르나 안데르센에 비해 인지도가 높지는 않지만, 현대 덴마크를 대표하는 지식인 중 한 명이다.

여기서 주목하고 싶은 것은 그룬트비가 훗날 큰 영향을 끼친 덴마크인을 만드는 데 있어서 중요한 '모어母語'와 '국민적인 것'의 파악 방법에 대한 당시의 역사적 배경과 그 맥락이다. 즉, 덴마크는 프로이센과의 전쟁에서 패배(1864)하여 그 영토의 3분의 2를 빼앗기는 상황에 처해 있던 중에 그룬트비가 호소한 것은, 먼저 라틴어의 사슬로부터 덴마크를 해방시켜야 한다고 호소했다는 사실이다. 대학입시자격을 얻기 위해 청소년 시절부터 라틴어를 습득하고 있던 그룬트비에게, 이런 상황 속에서 그의 주장은 라틴어를 추방하는 것이 아니었다. 라틴어와 덴마크어를 모두 가질 수 있다고 해도, 생명의 언어여야 할 모어가 대학 등 교육기관에서는 라틴어의 노예가 되고, 쓰여진 말(라틴어)의 노예가 되어, 본래 말하여지는 것이 중요함에도 불구하고, 쓰여지는 것에 중점을 둔 착각에 경종을 울리고 있었던 것이었다. 라틴어의 노예가 되는 것이 아니

라 라틴어를 지배하고 자신들에게 종속시킬 수 있는지가 문제가 된 것이다.[15]

즉, 19세기에 이르기까지 덴마크의 자립은 정치적으로 매우 어려운 가운데 언어적으로는 라틴어권으로부터의 자립과 독일어권으로부터의 자립 등 덴마크어의 확립은 큰 과제가 되고 있던 것이었다.

잘 알려진 바와 같이, 루터의 독일어 번역 성경이 판을 거듭하면서 비로소 진정한 대중적 독자와 만인의 손길이 닿는 대중문학이 형성되었다고 하지만, 실제로 속어가 문학에서 높은 지위에 오르기까지는 몇 세기를 더 필요로 했다. 이런 상황에서 그룬트비의 1829년부터의 영국 유학은 그의 자국의 언어와 역사에 대한 대처에 있어 중요한 계기가 되었다고 한다. 그룬트비가 방문한 영국에서는 이미 17세기 초에 북부 스코틀랜드에서조차도 영어권 지역이 되어 있었다.[16] 그룬트비는 영국의 공업화, 근대화된 생활을 목격하면서 영국을 매개로 덴마크에 대한 애국 감정이 강해졌고, 덴마크 국민이 본연의 모습을 되찾는 것의 중요성을 인식했다고 한다.[17]

애초에 한 시대의 내실은, 그것이 그 시대를 살아가는 사람들이 알고 있는 유일한 생활양식이라면 그 사람들은 알지 못한다. 다른 생활양식과 대조시키거나, 혹은 자신의 생활양식 변화를 통해 자기의 모습이 비

---

15 灰垣春奈,「デンマーク近代國家の成立とグルントヴィ教育思想」,『創価大學大學院紀要』34, 2012.
16 ベネディクト・アンダーソン, 전게서, p.155. 또 岩井淳,「二つのブリテン帝國と連合王國－近世のスコットランドとイングランド」,『國民國家と帝國』, 山川出版社, 2005에 따르면, 잉글랜드의 스코틀랜드에 대한 식민지화와 또 아일랜드 북동부로의 정착사업에 의해, 스코틀랜드인의 브리튼인 의식이 생겨난 것을 역사적으로 증명하고 있다.
17 灰垣春奈, 전게서, p.256.

로소 생겨나고 드러나는 것이리라.[18]

그룬트비가 영국으로 유학을 떠남으로써 덴마크란 무엇인가에 대한 사색이 깊어졌다는 사실을 모방하여 말하자면, 이기백은 일본 유학 중에 '한국이란 무엇인가'에 대한 사색이 깊어졌다고 말할 수 있을 것이다. 마치 그 당시 일본은, 바로 일본이란 무엇인가를 세계의 맥락에서 파악하려 했던 시기였다.[19] 그러한 시대의 역사가 중 한 명에 쓰다 소키치가 있었던 것이다. 특히 『지나사상과 일본』에서 볼 수 있듯이, 중국 문명권에서 일본을 떼어내는 것은 천 년이 넘는 중국 문명권 내 역사에서 볼 때 위대한 비상이었다.[20] 그 과정에는 우여곡절이 있었지만, 특히 획기적인 것은 1860년대의 '서양·중국 복합경험'(일본인의 상하이 등을 경유한 서양과 중국과의 접촉으로 이루어진 중국의 상대화), '양행형洋行型 중국경험'(일본인의 런던 등에서의 중국에 관련된 직접적인 견문)으로, 이로 인해 일본의 서양상이 크게 전환되었고, 이와 연동하여 중국상도 크게 변용되었다. 그것은 화이적 세계상으로부터 서양을 정점으로 하는 단선적·계단적 발전의 세계상으로의 전환이었는데,[21] 쓰다에게 전

---

18 아서 단토Arthur C. Danto는 "역사의 아버지 헤로도토스가 유명한 대여행가였다는 것은 우연이 아니다"라고 말한다. アーサー・C・ダント, 『物語としての歷史 －歷史の分析哲學』, 國文社, 1989, p.320.
19 역사학계뿐만 아니라 더 넓게는 일본의 논단과 국민화의 심화에서 배운 사람들 중에 양계초, 최남선이 있었던 것에 대해서는, 李成市, 「韓國から見た「雜種文化論」」, 三浦信孝・鷲巢力編, 『加藤周一を21世紀に引き継ぐために』, 水聲社, 2020.
20 쓰다 소키치 이전에는 일본에 무엇인가 고유한 문화가 있었던 것처럼 생각하는 것은 오류이며, 중국문화는 일본문화의 모태라고 생각했다. 上田正昭 編, 전게서의 上田正昭의 발언(「討論津田左右吉の學問と思想(貝塚茂樹, 家永三郎, 司會：上田正昭)」, p.30), 山尾幸久의 발언(「津田史學の批判的繼承ということ」, p.397)을 참조.
21 松澤弘陽, 『近代日本の形成と西洋経験』, 岩波書店, 1993.

형적으로 나타나는 화이적 세계상으로부터의 이탈, 즉 중화문명권으로부터의 이탈과 국민의식의 형성은, 쓰다의 일본문화론의 핵심을 이루는 것이었다.

오늘날 쓰다의 역사학은 반드시 일본 역사학계의 주류라고는 할 수 없다. 그러나 흥미로운 것은 전후 일본을 대표하는 일본사상사 연구자 마루야마 마사오丸山眞男의 말년의 일본문화론인 고층론古層論은 거의 쓰다로부터 영향을 받은 것으로 볼 수 있다는 점이다. 마루야마의 사상사 구상은 일본문화론에 폭넓게 도입되어, 예를 들어 '통주저음通奏低音'[22]이라는 문구는 일본문화론을 이야기할 때 자주 등장하는 상투어가 되고, 나아가 문화론의 키워드가 되기도 한다. 마루야마의 강의노트에 그려진 도식에 따르면, 여러 계층으로 구성된 일본사회의 상층부에 외부에서 유입된 사상이 최상층 사람들에게 수용되면서도, 그와 동시에 한편으로는 고층의 부분에 맥맥히 이어져 내려오는 문화야말로 '통주저음'이라 불리는 대상을 가리키며, 수용된 외래문화도 고층과의 관계 없이는 있을 수 없다고 간주한다.[23]

그런데 한국전쟁 중에 집필되어 이기백이 처음 발표한 논문 「삼국시대 불교 전래와 그 사회적 성격」(1954, 졸업논문을 증보했다고 자서전에 기록되어 있다)에서는, 재래의 전통적 신앙 위에 외래종교로서의 불교가 언제, 왜, 어떤 사상으로 진골 귀족에게 수용되었는지 그 과정이 논의되

....

22 마루야마 자신은 '집요저음執拗低音', 고집저음(Basso Ostinato)을 사용했지만, 왜인지 잘못 사용된 '통주저음'이 일반화되어 있다. 또한, 마루야마 마사오가 쓰다의 영향을 받은 것이 분명하다는 지적은 家永三郎, 『津田左右吉の思想史的研究』, 岩波書店, 1972, p.117 참조.
23 安丸良夫, 『現代日本思想論』(岩波書店, 2004), p.174에는 마루야마 마사오의 지론에 대해 강의노트에서 인용한 도판이 실려 있다.

어 있다.24 한편, 쓰다에게 있어서 중국으로부터 유입된 문화를 어떻게 수용했는지는 국민사상의 역사에 있어서 가장 큰 관심의 대상이 되었는데, 그것은 재래의 문화를 근본적으로 변화시킨 것이 아니라 상위 계층에서 수용한 것이며, 그러한 외래문화의 수용은 일본 역사에서 통시적通時的으로 볼 수 있는 것이라고 한다. 다만, 그 외래문화는 일본의 문화를 근저에서 변화시킨 것은 아니었다고 한다. 더욱 중요한 포인트가 되는 것은, 일본 문화의 주체가 시대를 거칠 때마다 귀족, 무사, 평민으로 확대되는 시대상 속에서 문화의 추이를 이야기하고 있다는 것이다.

이기백은 『한국사신론』의 시대구분 지표는 역사의 전개를 지배세력(이후 '주도세력'이라 함)이 확대되어 가는 과정으로 보고 있는데, 이러한 구상은 거시적으로 보면 쓰다의 대표작인 『문학에 나타난 우리 국민사상의 연구』가 귀족, 무사, 평민으로 전개되는 국민사상과 닮은꼴이라고 볼 수 있다.25

다만 이기백이 쓰다와 크게 다른 점은 이기백이 생전에 국수주의와 식민사관은 같은 것의 표리로 간주했던 것처럼,26 쓰다의 배외주의적 사고를 상대화하는 시점을 가지고 있었다는 점이다. 그것은 자서전에서는 결코 강한 어조는 아니지만, 앞서 언급한 바와 같이 쓰다의 동료였던 세

---

24 이기백에게 사상사연구에서 누가, 왜, 어떤 사상을 가졌는지를 밝히는 작업이 가장 근본적인 문제의식임을 밝히고 있다. 이기백, 「학문적 고투의 연속」, 『연사수록』, p.242.
25 栗田直躬, 「津田左右吉先生の學問と人」, 上田正昭編, 전게서, p.28에는 쓰다의 「국민사상의 연구」가 각 권을 귀족·무사·평민의 세시대로 나누어 일본 민족을 형성해 온 역사의 핵심을 파악하고, 「유럽사에서 만들어진 고대·중세·근세라는 형식에서 벗어나 얼마나 참신한 것이며, 어떻게 당시 학계에 충격을 주었는지, 또한 그 의미가 일부 학자들에게는 이해되지 않았다」는 사실을 소개하고 있다.
26 이인성, 「아버지의 유서」, 『대산문학』, 2008년 겨울호(통권30).

키 요사부로의 비판에 대한 이기백의 소감에서도 엿볼 수 있다. 이기백에게 있어서 쓰다의 사상사적 방법론은 전혀 새로운 만남이라기보다는 오히려 그룬트비가 민족의식 함양으로 향하게 한 맥락을 다시 한번 의식하게 한 것이 아닐까.[27]

이미 지적이 있듯이, 이기백 사학의 진면목은 역사의 도식적 해석이나 배외주의적 사관을 배제하고 사료비판이라는 절차를 거침으로써 누구나 공유할 수 있는 사실에 입각한 역사학이었다는 것이다. 굳이 배외주의적 언사를 서슴지 않았던 쓰다와 '민족절대지상주의나 배타주의, 국수주의의 애로를 극복하려고 하는' 노력[28]을 기울인 이기백 사학은 전혀 입장을 달리하는 것이었다.

4. 만년의 고립감을 가져온 내면세계

이기백은 한국통사, 사상사, 고려사, 신라사를 중심으로 많은 성과를 거두어 온 연구활동을 회고하면서 왜 자서전의 마지막 장에서 절망적일 정도로 비관적인 고독감을 자기고백하며 자신의 자서전을 마무리했을까? 필자에게는 이것이 큰 의문이다. 그러나 이기백의 자성과 혹독한 자기비판(한국 역사학계 비판)은 비단 자서전에만 국한된 것이 아니다. 방

---

27 上田正昭編, 전게서에는 쓰다의 사상사적 공적으로서 중국사상과 일본사상의 성립에 대한 언급이 있다.
28 다케다 유키오도 이기백의 『민족과 역사』, 일조각, 1974의 일본어 번역본의 해설문(『民族と歷史－現代韓國史學の諸問題』, 洽勝美 譯, 東出版, 1974, p.324)에서 이 점을 지적하고 있다. 이성시, 「일본에서의 이기백한국사학의 수용과 그 영향」, 전게서, 2015.

대한 사학사를 논할 때 종종 고립무원의 심정을 토로하고 있다.[29]

해방 후 10년이 넘도록 새로운 한국문화사를 만들어내지 못하는 것에 대한 절망감을 토로한 에세이가 있다. 거기에서는 일제하의 식민사관을 극복할 수 없는 조바심을 솔직하게 서술하고 있다.[30] 또 한국사를 학문으로써 정립하기 위해, 세속적인 것에 관심을 돌리지 않도록 금욕적인 연구생활을 스스로에게 부과한 것에 대해서도 많은 연구성과를 세상에 내놓은 후에 회고하고 있다.[31]

다만, 일본 유학시절에 대해서는 야나이하라 다다오의 가르침을 받아 온 것을 특필하고 있는데, 이는 유학 중 빼놓을 수 없는 추억으로서 이후 자신의 학문에 대한 신념, 진리에 대한 사명감이 되었음을 언급하고 있다. 그러나 그것이 결코 이기백의 일제 치하에서의 체험의 전부를 말하고 있는 것은 아니다. 필자는 우연히도 1998년의 한국 체류 중 이기백 선생과 매달 만날 기회가 있었는데, 그중 한 번은 일본 유학이 얼마나 굴욕적이고 용서할 수 없는 체험이었는지를 짧게 말씀하신 적이 있었다.

원래 이기백의 일본 유학은 창씨개명의 협상에 이용당했다는 악몽 같은 추억이었다. 필자는 이기백 선생이 유학생활에 대해 말씀하실 때의 고통스러운 말투에서 자신의 유학이 자랑스러운 가문을 더럽혀버렸

---

[29] 자서전의 마지막 장에는 "인생이라는 것 자체에 절망하는 그런 기분이 점점 가슴을 메워오는 것이다", "마음속에 남아 있던 인생에 대한 사랑과 희망이 지금은 점점 무너져버리는 듯한 허무한 기분이 그 자리를 넓혀 가고 있는 것이다" 등의 서술이 보인다. 이기백, 「학문적 고투의 연속」, 『연사수록』, pp.250-251.
[30] 이기백, 「민족문화연구의 현단계(상·하)」, 『조선일보』 1957년 2월 4~5일자(석간). 이 글은 고등학교 교과서 『우리나라 문화사』를 집필한 직후에 쓴 글이다. 집필에 있어 의거할 만한 연구가 없었음을 토로하고 있는 것으로 받아들여진다.
[31] 이기백, 「샌님의 넋두리」, 『서강타임스』 1975년 9월 1일자.

다는 회한을 느끼지 않고는 들을 수 없었다. 자신의 유학을 위해 친척들이 창씨개명에 응했다고 하는 추억을 분노에 찬 목소리로 말씀하신 적이 있는데,[32] 그때까지 오랜 세월에 걸쳐 면담을 요청하는 일본인 연구자를 단 한 번도 거부한 적이 없었던 이기백 선생의 모습으로부터는 상상할 수 없는 분노의 심정을 드러내셨다.

또 한편으로 이기백의 식민지기 경험은 다른 형태로 표현되기도 한다. 우연히 알게 된 사실이지만, 환갑 후 옮겨간 한림대학교에서 이기백 선생이 학생들 앞에서 두 번이나 눈물을 흘린 적이 있다는 사실이 교수들 사이에서 화제가 된 적이 있다고 한다.

그 이유는, 학생들이 왜 면학에 힘쓰지 않는가, 왜 화장실을 청결하게 사용할 수 없느냐는 것이었다고 한다. 이 사실을 알려준 젊은 동료교수[33]는 그런 문제로 이기백 선생이 눈물을 흘리며 학생들을 질책한 것을 전혀 이해할 수 없는 일이었다고 말한다.

그러나 전후 일본사회에 살고 있는 필자에게 그러한 이기백의 생각을 짐작하는 것은 어렵지 않다. 늘 한반도라는 지정학적 환경결정론을 비판해 온 이기백은 당시 일본인들의 조선인에 대한 차별적 담론을 비판해 왔다.[34] 그러나 이러한 담론은 전후 일본에서도 계속 회자되고 있

---

32 李成市,「植民地支配の實態はなぜ必要なのか」, 國立歷史民俗博物館編,『「韓國併合」100年を問う』, 岩波書店, 2011, p.83.
33 당사자는 이기백 선생과 40살 가까운 나이 차이가 난다.
34 이기백,『민족과 역사』, 일조각, 1971. 또『월간조선』(2001월 11월호)에 실린 인터뷰 내용 중 소련군에 붙잡혀 경험한 포로수용소 생활을 회상하며, 과거 일본인이 우등민족과 열등민족으로 이분화하여 상투적으로 강조해 온 '청결'이라는 것이 허구였음을 드러낸 적나라한 현장이었다고 언급하고 있다. 여기서 단적으로 드러나듯이, 일본인들의 조선인에 대한 '열등민족'라는 고정관념이 어떤 것이었는지 모른다면 이기백의 학생들에 대한 분노를 이해할 수 없을 것이다.

으며, 재일한국인은 이러한 담론을 부정하기 위해 과도하게 행동하는 것은 어떤 사람들에게서 종종 볼 수 있는 일이었다.

즉, 1980년대 한림대에서, 식민지기의 조선인 차별에 저항하며 살아온 이기백에게 있어서 나태하고 비위생적인 생활 태도를 하고 있는 것처럼 보이는 학생들의 행동은 식민지화의 고정관념을 되살리는 견딜 수 없는 일이었다고 생각된다. 감수성이 풍부한 청년기에 3년간의 유학 생활을 하던 중, 이기백의 고독감은 그런 일본사회로부터 받은 차별도 한 몫했을 것으로 추측한다.

그러나 이기백의 해방 전 일본에서의 경험에는 어두운 면만 있던 것은 아니었을 것이다. 거기에는 야나이하라 다다오와의 만남을 통해 각성된 진리에 대한 탐구심이라는 빛의 부분도 분명히 존재했다. 말하자면, 유학 경험에 빛과 어둠의 교차가 있었기에 이기백의 사고의 세계가 성립했을 것이다. 부정적인 계기의 매개가 희미한 빛을 더욱 빛나게 하는 일이 있지 않을까. 그러한 빛과 어둠의 교차가 이기백 자신의 역시연구에 배어 있음을 스스로 인지하고 있었을 것이다. 이러한 입장이 있었기에 이데올로기에 휘둘리지 않는 새로운 기축을 제시하는 연구활동이 가능하지 않았을까 짐작해 본다.

다소 도식적으로 말하자면, 자서전 마지막 장의 비장한 고독감은 모순된 계기들의 상호 매개에 의해 서로를 비추고 지양해가는 과정이며, 부정적인 것에 부딪혀 구체적이고 현실적인 자아를 깨닫게 되고, 그로 인해 이미 이전의 자기가 아니게 되는 과정에서 새로운 역사적인 세계를 만들어낸 것이 아니었을까?

이기백은 해방 후 뼈를 깎는 노력으로 양극을 배제한 해방 후 역사학을 구상하고 구축해 왔음에도 불구하고, 1980년대에 민중을 중심으로 한 열광적인 배외주의적 민족사의 발흥에 크게 당혹하고 실망했다.[35] 이후 결코 쉽지 않은 『한국사 시민강좌』(1987년 창간)의 책임편집인을 장기간에 걸쳐 맡은 것도 일종의 자기 소외감에서 비롯된 것이 아니었을까. 여기서 말하는 자기소외란 말의 본래 의미대로, 자기가 자기라고 해서 자기일 수 없다는 함의에 있어서이다. 자신을 갈고닦아 자부심을 가지고 세상에 내놓은 『한국사신론』이 새로운 국민사의 지평을 열었다고 평가받았음에도 불구하고, 전혀 양립할 수 없는 비역사적인 역사관이 민중 속에서 터져 나오는 당시 한국사회의 모습은, 이기백이 가장 혐오하는 일본 제국주의나 광신적인 해방 직후의 사회[36]로 역행하는 것처럼 보였을 것이다. 그것이야말로 가장 큰 고립감이 아니었을까 추측해 본다.

그런 이기백의 절망적인 상황은 아직도 불식시키지 못한 현재진행형의 문제로 우리 앞에 계속 남아있는 것 같다. 그러한 상황을 극복하기 위한 방도는 이기백에게 배운 자들에게 남겨진 숙제이다.

나가며

이 글은 이기백의 방대한 논저에 대한 이해를 돕기 위해 자서전과 만년의 인터뷰 기사를 바탕으로 이기백의 인물과 학문에 대한 역사적 배경을 살펴보는 것을 목적으로 한 것이다. 말년의 『한국사 시민강좌』의 출간은 1980년대 국사 교과서 파동과 관련하여 국회에 소환된 것이

---

35 인터뷰 기사에는 "최근 한국사학의 국수주의와 진보주의의 좌우 양측으로부터 협공을 받고 있다는 느낌이 강해지고 있다"고 언급하고 있다.
36 자서전에는 이 시기에 경성여상에 취직하여 연구의 세계로부터 도피한 것이 언급되어 있다. 이기백, 「학문적 고투의 연속」, 『연사수록』, p.240.

큰 계기가 되었음을 우연히 들었다. 고조선을 둘러싼 국수주의의 고조는 배외주의와 공식적 역사이론을 배제하고 보편적 다원주의로부터 한국사를 파악하려 했던 이기백에게 견디기 힘든 고통이었을 것으로 짐작된다.

또 한편 식민지 말기 내지유학을 경험한 이기백에게 견디기 힘든 고통은 식민주의가 필연적으로 만들어내는 부조리였음에 틀림없다. 특히 어린 시절부터 민족교육의 요람에서 보낸 그룬트비의 삶을 좌우명으로 삼았던 이기백에게 종주국의 언어와 민족 언어의 '이중언어' 세계에서 살았던 경험은 이기백사학을 고찰할 때 무시해서는 안 될 큰 시점이 아닐까 싶다.

다만 이중언어로 살아간다는 것의 어려움은 단순하지 않다. 왜냐하면 "넓은 의미의 근대 서양문화, 특히 19세기에 세계 각지에서 탄생한 내셔널리즘, 국민, 국민국가의 모델을 손에 넣을 수 있었던 것은 이중언어를 구사할 수 있는 능력에 힘입은 바 크다"고 일러져 있다.[37] 또 이 이중언어를 구사하는 지식인은 "이미 한 세기 이상 거쳐온 미국과 유럽 역사의 거칠고 혼란스러운 경험에서 증류된 국민, 국민이라는 것, 국민주의의 모델을 알 수 있었다"[38]고 한다. 그룬트비가 영국에서의 체험을 매개로 얻은 것처럼, 혼돈의 경험에서 '증류된 국민의식'은 번역 가능한 어떤 종류의 보편성을 인정할 수 있지 않을까. 본고의 첫 장에서 이기백과 정지용의 시와의 만남을 다루었는데, 누구보다 민족의 말과 마음을 중시해온 이기백에게 있어서, 만약 김소운의 일본어 번역시를 통해 자신의 깊은 내면의 심정과 공명하는 것을 느꼈다면 그건 과연 어떤 심정

---

37 アンダーソン, 전게서, p.199.
38 アンダーソン, 전게서, p.229.

이었을까. 정지용의 시 〈조약돌〉에 묘사된 '비 내리는 이국 거리를 탄식하며 헤매'는 체험은 더욱 깊은 고독감으로 받아들여졌을 것으로 추측된다.

　인류사에 있어서 19세기에서 20세기에 이르는 시기에 전 세계에 전파된 국민국가와, 이를 뒷받침하는 국민의식 형성기의 한창일 때, 내지 유학이라는 가혹한 체험과 그것이 가져다준 깊은 고독 속에서 이기백사학의 역사 사상이 배태된 것이 아닐까.

이기백의 학문
- 영문 논저를 중심으로 -

에드워드 슐츠 Edward J. Shultz 하와이대학교 명예교수

이기백은 서양에 잘 알려진 한국사학자 중 한 명이다. 그의 삶과 학문은 여러 논저들에 소개되어 있지만, 영문으로 작성된 그의 연구 성과에 대한 소개는 드물다. 그의 가장 유명한 연구 성과는 에드워드 와그너 Edward Wagner 교수와 나에 의해 1980년대 초에 영역英譯된 *A New History of Korea*이지만, 다른 그의 영문 논저들 또한 주목받을 만 한 가치가 있다.

이 교수는 서양에 아주 잠시 동안 머물렀을 뿐이지만, 이때의 경험을 통해 그는 영어를 읽고, 이해하고, 번역할 수 있을 정도로 충분히 영어 실력을 향상시켰다. 그는 1960년대 중반 하버드-옌칭Havard-Yenching 연구소에서 1년 동안 머물렀다. 이때의 경험은 그가 서구 학계와 접촉할 수 있도록 해주었으며, 그의 학문적 역할을 확장시키는 데 있어서도 중요한 계기를 마련해 주었다. 제한된 기간이었음에도 불구하고, 서구 대학에서의 삶과 연구는 그에게 지적 자극을 제공해 주었음이 분명하다.

이 교수는 그의 연구들이 영어로 번역되었던 첫 번째 세대이다. 그 중 내표적인 저널은 한국에 있는 한국연구원Korea Research Center에서 발행되는 *Journal of Social Sciences and Humanities*이다. 이 곳에 이 교

수는 12년 동안 "The Crime of Jealousy in Puyo"와 "Historical View of Nationalism in Korea under the Japanese Occupation", "Confucian Political Ideology in the Silla Unification and Early Koryŏ Periods"의 세 논문을 게재하였다. 이들 중 한국고대사에 대한 두 논문에서 이 교수는 당시의 고정된 해석을 검토하고 이에 도전하였으며, 새로운 결론을 제시하였다. 한국사에서 유교의 부상과 관련하여서, 그는 신라부터 초기 고려까지 전통 사회 안에서 유교가 진화해온 과정에 대해 정치하게 설명하였다. 그의 논문들 중 학문적으로 가장 도전적이었던 논문은 20세기 한국에 대한 역사적 관점에 대한 논의이다. 이러한 연구 성과들은 모두 한국어로도 번역되었다.

*Korea Journal*은 이 교수가 논문을 개제하였던 또 하나의 영문 저널이다. "Northern Invasion and Korean Resistance"라는 논문에서, 그는 한국이 지속적으로 외국의 압력에 굴복하였다거나, '아부정책'이라는 꼬리표가 붙어 있는 '사대주의事大主義'에 대한 기존의 통설에 도전하였다. 고려의 대외정책을 단순히 '사대주의'라고 이름 짓는 대신에, 이 교수는 고려의 대외정책들은 외국의 압력과 더불어 한국의 내부적인 필요 모두로부터 비롯된 것이라고 주장하였다. 고려는 자국의 영토 확장이라는 목표를 조심스럽게 추구해나갔는데, 이 과정에서 마찬가지로 영토 확장에 대한 이해관계를 지니고 있었던 북방 민족들과 갈등을 빚기도 하였다. 고려인들은 강력한 이웃 국가들에 대한 '굴복 정책'을 추구하지 않았으며, 오히려 강력한 '자주'와 '민족적 독립'에 대한 인식을 가지고 있었다. 논문에서 이 교수가 지적하였던 것처럼, 북방민족의 침입에 대한 '저항'은 고려의 대외정책에 있어서 중요한 요소이다. 이러한 모든 논저들은 한국의 과거에 대한 신선한 관점을 제공해주었으며, 한국에 대한 기존의 통념적 관점들을 바꾸고 싶어 하는 그의 열망을 보여주었다. 이

교수의 논의들은 이론적으로 제시되었으며 그 시대 한국의 학문을 잘 반영하고 있었다. 영어로 된 그의 논저들을 통하여, 이 교수는 서구 학계에서 한국사학의 떠오르는 신성으로 부상하였다.

　1971년에 하와이 대학의 강희웅-Hugh H. W. Kang 교수는 한국에 대한 새로운 학문을 서구 학계에 소개하기 위한 목적에서 전통시대 한국에 대한 컨퍼런스를 조직하였다. 이를 위해 강 교수는 한국의 저명한 학자들에게 그들의 전공에 대한 논문을 써줄 것을 요청하였다. 이때 이기백 교수는 "Korea - the Military Tradition"을 작성하였다. 이 글에서 이 교수는 당시 그의 성공적인 학문적 성과였던 『고려병제사연구』를 요약하는 한편, 한국 고대에서부터 조선왕조에 이르는 기간 동안의 한국의 군사적 전통에 대한 관점을 제공하였다. 그의 많은 논저들에서 반복적으로 언급되고 있는 이 주제에서, 이 교수는 한국의 군사적 전통이 삼국시대의 귀족적 전사 계층에서부터 고려의 전문적인 무인 계급을 지나 조선의 병농일치兵農一致로 변화해 갔다는 명백한 진화의 과정을 발견하였다. 이 글에서 이 교수의 관심을 끌었던 몇몇 주제들은 그의 다른 논저들에서도 나타났다. 이 교수는 왕조의 역사 그 자체에 주목하기보다는 한국의 왕국과 왕조들 내부에서 작동하였던 지배계층의 변화에 대해 고찰하였고, 이러한 틀 안에서 한국의 군사제도사에 대해 연구하였다. 한국의 군사적 전통에 관한 이 글을 비롯한 그의 많은 논저들에서, 한국사는 각각의 새로운 시대마다 이전 시대가 전복되고, 과거에 대한 걱정 및 문제제기로부터 새로운 지배계층이 성장하는 역동적 변화로 그려진다. 요컨대 이 교수는 한국사의 본성을 매우 발전적인 것으로 보고 있다. 이를 군사적 측면으로 국한하여 살펴보면, 이 교수는 한국의 군사적 전통을 지배 엘리트들을 지지하고 영속시켜주는 장치로서 바라보았다. 서구 학계에서 간행된 이 교수의 최초의 논저들 중 하나인 "Korea - the

Military Tradition"은 그 후에 한국어로도 간행되었다. 역사적 사실들에 대한 그의 뚜렷한 소개와 변화에 대한 깔끔한 분석들을 통하여, 서구의 독자들은 한국의 학문에 대한 긍정적인 인상을 갖게 되었다. 이 교수는 한국사를 공부하는 데 있어서 보편주의자로서 뿐만이 아니라, 한국의 군사제도에 대해 천착하는 전문가로서의 면모를 보여주었다.

이 교수의 학문에 대한 가장 중요한 영어 번역은 당연히 *A New History of Korea*이다. 이 교수가 케임브리지Cambridge에 체류하는 동안, 그는 그의 잘 알려진 한국사 개설서인 『국사신론』을 교정하였다. 이 교정 작업의 와중에 그는 하버드 대학의 한국사 교수인 에드워드 와그너와 『국사신론』의 영어 번역 가능성에 대해 논의하였다. 1960년대 후반까지도 한국사에 대한 영문 저서는 매우 드문 편이었다. 역설적이게도 이에 앞서 출판되었던 것은 일본인 학자인 하타다 타케시旗田巍의 『朝鮮史』를 일본어에서 영어로 번역한 것이었다. 이어서 한우근의 『한국통사』 또한 영어로 번역되었으며, 뒤이어 다른 영어 저서들 또한 출간되었다. 이 중에서도 이 교수의 *A New History of Korea*가 특히 매력적이었던 것은 그가 새로운 관점으로 한국사를 바라보려 하였으며, 그 제목에서부터 한국의 과거에 대한 새로운 해석을 제공할 것을 암시하였기 때문이다.

이 교수는 영어로 된 탄탄한 한국사 교과서가 필요하다는 사실을 잘 알고 있었다. 얼마 뒤 앞서 언급하였던 하타다 타케시의 『朝鮮史』가 번역 출간되자, 이 교수는 이에 대한 서평을 *Korea Journal*에 실었다. 다른 학자들과 마찬가지로, 이 교수는 한국사에 대한 영어로 된 첫 번째 개설서들이 일본어 개설서들에 대한 번역서였다는 사실로 괴로워했다. 그는 외국 학자들이 한국사에 대한 그들의 해석이 한국 학자들의 그것보다 더 설득력있을 것이라고 생각하는 것에 대한 두려움에 대해 언급했다.

그뿐 아니라 이 교수는 자신의 한국사 개설서가 "우리(한국인들)의 민족적 감정을 억누르고" 한국인들에 대한 공감을 얻어낼 수 있는 틀을 제시해 줄 수 있기를 희망했다. 그의 다른 논저들에서 반복되었던 것과 마찬가지로, A New History of Korea에서 이 교수는 확실한 사실의 제시와 더불어 객관적인 태도를 유지하기 위해 노력하였다.

그의 저서를 읽어본 사람들이라면 누구나 알 수 있듯이, 이 교수는 처음부터 한국의 과거를 세계사의 한 부분으로 보고자 노력하였다. 그는 한국의 과거가 어떠한 점에서 다른 나라들의 역사와 비슷한지와 더불어 한국의 과거가 어떠한 점에서 독특한지를 제시하며 한국사의 보편성과 특수성에 대해 소개하였다. 이 책을 번역하였던 에드워드 와그너 교수와 나는 이 부분을 영문판 A New History of Korea에서 제외하였지만, 이 교수의 이러한 생각은 여전히 내가 한국의 과거를 생각하는 데 많은 영감을 준다.

내가 A New History of Korea의 번역 작업에 관계되었던 것은 서강대학교에 대학원생으로 있었던 1970년부터 시작되었다. 유학생으로서 내가 해야 할 첫 번째 업무들 중 하나는 이 교수의 『한국사신론』을 '한국어 교재'로 활용하며 읽는 것이었다. 처음에는 정두희 교수와, 이어서는 김종완 교수와 함께 나는 1970년 여름의 대부분을 이 책을 읽으면서 보냈다. 이때 나는 방대한 양의 메모를 작성하였고 많은 양의 단어 리스트들을 작성하였는데, 이러한 작업은 1976년에 내가 박사학위를 받고 『한국사신론』에 대한 번역 작업에 대한 아이디어를 고안해 내었을 때까지 끝나지 않았다. 그 당시까지도 이 책에 대한 영어 번역이 없었기 때문에, 나는 이 책을 번역하기로 결정하였다. 이후 우리는 와그너 교수에게 연락하여 그가 이 책의 일부분을 함께 번역하는 것에 대해 논의하였고, 나는 이 책의 대강적인 번역 작업을 시작하였다. 와그너 교수 또한 마침내 그의 일정을 비우고 진지하게 이 작업에 참여하였다.

1982년에 우리는 번역 작업을 완료하였고 이 책의 출판을 위한 준비를 시작하였다. 『한국사신론』의 한국어판 출판사인 일조각의 한만년 사장은 Havard University Press에서 『한국사신론』의 영문판을 출간하는 것에 동의하였다. 와그너 교수와 나는 우연히 1983년 초에 서울에 있었고, 출판을 준비하기 위해 조판소에 있었다. 출판 과정에서 가장 끔찍했던 경험 중 하나는 이곳에서 A New History of Korea 원고의 조판들을 교정하는 일이었다. 컴퓨터가 등장하기 이전 인쇄 기술의 특성상, 원고 조판의 교정은 위에서 한 줄을 교정하면 아래에서 새로운 오류들이 연속적으로 발생하였기 때문이다. 나는 와그너 교수와 한만년 사장의 아들과 함께 출판 작업이 최종적으로 마무리되기 전까지 끝없는 시간을 이 조판들을 수정하고 또 수정하는 데 소비하였다. 이러한 지루한 작업은 A New History of Korea가 1983년 여름에 한국에서 출판되고 서울의 베스트셀러가 되는 순간 보상받았다. A New History of Korea의 Havard University Press 판은 1984년에 출간되었다.

어떤 사람들은 우리에게 어째서 1970년 중반에 이미 다섯 종류의 영어로 된 한국사 개설서가 있었음에도 불구하고 『한국사신론』의 번역을 추진하였는지에 대해 물어본다. 하지만 우리의 대답은 간단하다. 다른 한국사 개설서들이 높은 수준을 지니고 있다 하더라도 우리는 A New History of Korea가 그 중에서 가장 우수하다고 생각했기 때문이다. A New History of Korea는 한국의 과거를 이해하는 데 새롭고 진지한 접근방식을 제공하였다. 우리가 A New History of Korea의 '역자의 말'에서 "이 계속되는 개정의 과정은 저자의 서술과 해석상의 목적들을 부드럽게 옮기는, 정련된 서술 구조로서 결론지어질 것이다"라고 하였듯이, 이 교수는 한국사에 대한 기존의 통설적 해석들을 수정하기 위해 끊임없이 노력하였다.

그뿐 아니라 우리는 이 '역자의 말'에서 어째서 한국사에 대한 새로운 영어 개설서가 필요한지에 대해 언급하였는데, 이러한 점들은 여러 방면에서 이 교수의 연구와 저술에 대한 근본적인 강점을 보여준다. 우리가 "『한국사신론』은 정치·사회·경제사에 대한 서술들과 유기적으로 연결되어 있는 문화사 서술에 대한 시도로 인해 주목할 만하다"라고 하였듯이, 이 교수는 문화적 발전에 대해 이를 독립적인 것이라기보다는 한국의 역사적 경험이 축적된 결과로 이해하였다.

이 교수는 단순히 역사적 사실들을 제공하기보다는 한국사에 대한 하나의 '해석'을 제공하기를 원했다. 우리가 "저자는 한국사가 진행될 때마다 지배 계층의 구성 및 한국 사회 정치권력의 중심지가 변화해 가는 과정을 통해 보편적인 발전적 과정에 대한 관점을 보여주기 위해 노력하였다"라고 서술하였듯이, 이 교수가 대부분의 한국사학자들이 고수하는 왕조적 구조에 대해 전적으로 부정하지는 않았다고 하더라도 그는 한국사의 각 시대를 '지배 엘리트계층의 진화'라는 관점에서 파악하였다. 예를 들면, *A New History of Korea*의 고려 부분을 보면, 이 교수는 고려의 지배계층이 호족에서 문벌귀족, 무인정권을 거쳐 사대부 계층이 등장하는 것으로 이해하였다. 영어권 독자들에게 있어서 이러한 시기 구분은 한국의 과거를 전반적으로 재구성하는 데 큰 자극이 되었다.

나는 언젠가 『한국사 시민강좌』에 다음과 같이 언급하였다. "이 책은 한국의 과거에 대한 연구와 서술들에서 나타나는 흥미로운 변화들을 전적으로 보여준다. 1960년대와 1970년대 초에는 많은 고고학적 발굴들이 이루어졌으며, 이러한 발견은 해마다 한국의 기원을 점점 더 앞 시기로 당겨나가게 해주었다. 그뿐 아니라 한국의 구석기와 신석기 시대의 뉘앙스 차이에 대한 이해 또한 나타났다. 그리고 이전에는 존재하지 않았던 것으로 여겨졌던 한국의 청동기 시대 또한 조명받기 시작했다.『한국사신론』은 이러한 한국사에 대한 새로운 부분들을 잡아내었다. 대부분의 한국사학자들과는 달리, 이 교수는 신라와 고려시대사에 대한 특별한 관심을 보였다.『한국사신론』에서 신라와 고려의 역사는 분명하게 정리되었으며, 독자들로 하여금 처음으로 초기 한국에 대한 보다 자세한 이해를 제공하였다. 다른 이들에 의해 훨씬 더 많이 연구되었던 조선시대사의 경우에도 이 교수의 손을 통해 마찬가지로 새롭게 재구성되었다."

*A New History of Korea*이 지니는 또 하나의 강점은 이 교수의 서술 스타일이다. 이 교수는 종종 혼란스러울 수 있는 길거나 난해한 문장들을 피하고, 매우 간결하고 직설적인 문체로 설명하였다. 이러한 서술 스타일은『한국사신론』의 번역을 쉽게 해주었을 뿐만 아니라 한국의 역사적 사실들을 더욱 잘 이해하는 데에도 도움이 된다.『한국사신론』에는 본문에 덧붙여 많은 표와 지도들 또한 첨부되어 있었는데, 이 교수는 여기에 더해 각 주제에 대한 추가적인 참고문헌 또한 제시하였다. 여러가지 이유로 와그너 교수와 나는 이러한 부분을 *A New History of Korea*에 싣는 대신 영문으로 된 광범위한 참고문헌들을 책에 싣는 방식을 택하였다. 한국사 관련 용어들을 한국어에서 영어로 번역하는 것은 또 하나의 성가신 문제가 되었지만, *A New History of Korea*에 이와 관련된 용어 사전과 색인 목록을 넣어 둠으로써 이러한 중요한 문제들을 극복하려 하였다. 이때 만들어진 용어들에 대한 번역이 지금까지도 많은 영문 번역본들에 기본적으로 사용되고 있다는 사실을 언급해두고싶다. 그리고 *A New History of Korea*의 마지막 부분에는 이 교수가『한국사신론』에서 제공하였던 각 왕조의 계보들을 수록해 두었다. 이는 서양의 독자들에게 한국의 왕족들과 왕실의 계승에 대해 빠르게 참고할 수 있도록 해주었다.

또한, 나는 앞서 언급하였던 『한국사 시민강좌』의 글에서 다음과 같이 언급하였다. "이 교수는 역사적 사실들이 반드시 이유를 밝혀줄 것이라는 사실을 믿었다. 그리고 최근에 몇몇 학자들은 『한국사신론』에 비판적이기는 하지만, 이 한국사 개설서는 당대의 시대적 배경에서 이해되어야 한다. 『한국사신론』은 한국의 과거에 대한 새로운 시각을 보여주었다. 이 책은 한국의 학자들이 한국의 과거를 재발견해내기 위해 분주하였을 때인 1960년대 후반의 역동성과 긍정성을 대변해준다. 이러한 이유들과 더불어 그 밖의 많은 이유들로 인해 우리는 이 책이 *A New History of Korea*라는 이름으로 번역되어야 한다는 사실을 깨달았다. 1983년 *A New History of Korea*의 출간을 통해 영어권 독자들은 한국의 역사와 문화에 대한 새로운 창을 발견할 수 있었다. 그리고 서구인들에게 이는 아마도 이기백 교수의 굉장한 유산이다."

이 교수와의 긴밀한 협조가 없었다면 번역 작업은 성공적이지 못했을 것이다. 여기서 다시 한 번 그의 영어 실력에 큰 도움을 받았다. 그는 *A New History of Korea*의 각 장을 면밀하게 살펴보았으며, 그의 의도를 제대로 전달하지 못할 수도 있는 번역들에 대해 질문하였다. 번역 과정에서 한국어판과는 다른 예상 밖의 변화가 발생하였을 때면 그는 명확하게 그가 의도하였던 점들을 짚어주었다. 많은 한국의 역사 용어들은 한국 학자들 그들 스스로도 그 용어의 의미를 명확히 이해하지 못한 채, 그 용어가 처음으로 등장하였던 연구로부터 무비판적으로 수용된 것이었다. 이러한 용어들의 의미나 그 역사적 중요성을 조사하는 것은 와그너 교수와 내가 "그의 귀중한 도움이 없었다면 『한국사신론』의 번역작업은 전혀 완성될 수 없었으며, 우리는 질적으로 더 많은 괴로움에 시달려야 했을 것이다"라고 했던 것처럼 이 교수가 열정적이고도 철저하게 수행하였던 기념비적인 작업이다.

서구의 독자들에게도 *A New History of Korea*을 이해하는 데 있어 몇 가지 문제점들이 있었다. 언급하였듯이 한국의 가장 유명한 한국사 개설서 중 하나인 『한국사신론』은 많은 학교의 수업에서 활용되었다. 이 수업의 가장 일차적인 청중은 한국의 대학 학생들이었다. 이러한 사실은 한국인 독자들이 한국의 과거를 이해하는 데 있어서, 비한국인 독자들은 공유할 수 없는 강력한 이해의 틀을 이미 확립하고 있다는 사실을 보여준다. 따라서 많은 서구 학생들은 그들에게는 이국적일 수밖에 없는 이름이나 장소들의 반복에 압도되었다. 따라서 이 책을 한국사를 처음 배우는 외국 학생들에게 교재로 사용하기 위해서는 한국사상의 중요한 정보와 그렇지 않은 정보들에 대한 신중한 지도가 요구된다.

게다가 『한국사신론』은 1960년의 학생 혁명(4·19 혁명)에서 끝난다. 이러한 사실은 2차 세계대전 이후의 사건들에 대한 연구가 거의 없었던 사실에서 기인하며, 21세기의 학생들에게 이 책을 덜 중요한 것처럼 보이게 만든다. 이러한 현대사 부분의 누락을 극복하기 위해 『한국사신론』이 출간되고 나서 몇 년 후 와그너 교수는 20세기사를 전공하는 학자들의 도움을 얻어 *Korea, Old and New : A History*를 출간하였다. 이 책은 요약된 형태로 *A New History of Korea*의 11장의 기본적 토대로 활용되었다. 이 과정에서 19세기 후반부터 현대에 이르기까지의 역사를 서술하기 위해 유영익, 마이클 로빈슨Michael Robinson, 카터 에커트Carter Eckert 교수의 저서들 또한 포함하였다. 와그너Wagner 교수는 독자들의 참고를 위해 *A New History of Korea*의 앞부분에 "하지만 안타깝게도 이 교수의 『한국사신론』이 포괄하는 현대사의 범위는 1960년에 멈춰 있으며, 더욱이 역사적 한국에 대한 이러한 논의는 많은 영어권 독자들에게 지나치게 자세하게 서술되어 있었다"라고 서술하였다. 이러한 개정 과정에서 이 교수는 이 업무를 진지하게 수행하였으며, 결론 부분에 대해서도 면밀하게 검토하였다. 이 과정에서 해석상의 충돌이 발생하거나 그가 동의할 수 없는 용어가 사용되었을 때면 그는 번역에 문제를 제기하였으며 그가 결과에 만족할 수 있을 때까지 번역된 내용에 동의하지 않았다. 이러한 개설서들은 서양 독자들에게 지금도 꽤 유명한 개설서들로 남아있으며, 여전히 영어권 국가의 수업 등에서 광범위하게 사용되고 있다. 이후『한국사신론』은 영어뿐만이 아니라 일본어와 중국어로도 출간되었다.

이 교수는 한국어로 한국사의 다양한 양상들과 한국 사학사에 대한 방대한 연구들을 저술하였다. 이러한 대부분의 연구 성과들은 영문으로 출간되지 않았다. 하지만 그의 초기 저작들은 비한국인 독자들과 일반인들에게 그의 연구 주제를 알려주기 위한 목적에서 영문 초록abstract의 형태로 번역되었다. 비한국인 독자들은 이러한 간단한 초록들을 통해 다양한 양상들에 직면해 있는 한국고대사의 몇몇 중요 논점들에 대한 즉각적인 통찰을 얻을 수 있었다.

그뿐 아니라 이 교수는 한국인들이 서양 학자들의 저작들을 더욱 널리 탐독할 수 있기를 희망했다. 이러한 목표 하에 그는 Andrew Grajdanzev의 영문 저서인 *Modern Korea*를 한국어로 번역하였다. Grajdanzev의 책은 2차 세계대전의 절정에 해당하였던 1944년에 출판되었다. 이 교수가 그의 번역서의 서문에서 언급하였듯이, 그는 이 책을 1951년 부산의 한 도서 가판대에서 발견하였고 곧 이 책의 내용에 매료되었다. 당시 그는 이 책을 구매할 여력이 되지 않았고, 실제로 1955년까지 이 책에 대한 복사본을 얻지 못하였다. 그의 서문에 언급되었듯이 그는 다시금 이 책에 대한 번역 작업을 시작하였지만, 이러한 작업은 거의 20년 동안 지속되었고, 동료들의 격려 끝에 마침내 출판될 수 있었다.

이 교수의 영문 논저들을 통해, 전세계의 독자들은 한국의 학문에 대해 소개받아왔다. 글을 쓰는 데 있어서 이 교수는 해석이라는 것은 확고한 사료적 근거에 기반해야 하며 역사적 사실로 감정을 정복할 것을 요구하였다. 마찬가지로 그는 과거 한국에 대한 왜곡된 관점을 가지고 있었던 독자들에 의해 종종 남겨진 잘못된 해석들을 바로잡고 이에 도전하는 것을 두려워하지 않았다. 그의 논저들을 통해 한국사는 역동적이고 발전적인 서술 체계로 거듭날 수 있었다. 그의 특별한 관심은 한국사에서 종종 간과되었던 신라와 고려시대사에 집중되었다. 그리고 그의 저서들을 통해, 한국사는 정치적 조우와 문화적인 개화기가 이루어진 것, 그리고 한국인들의 경험에 대한 기본적인 휴머니즘 그 이상으로 새롭게 등장하였다. 이 교수의 학문은 20세기 후반에 한국이 그들의 식민지 과거에서부터 벗어나, 군사 정권을 지나, 글로벌 시대의 새로운 민주주의로 나아갈 수 있다는 잠재력과 역동성을 매우 잘 반영하고 있다. 이기백 교수의 학문은 한국이 과거와 밀접한 관련을 맺고 있으며, 이것이 현재의 중요한 힘으로 부상하고 있다는 사실을 보여주었다.

[『李基白韓國史學의 影響』, 韓國史學, 2015]

이기백 선생의 꿈과 이상

김영한 서강대학교 명예교수·대한민국학술원 회원

1. 머리말 : 회고

내가 이기백李基白 선생을 처음 만난 것은 학부 3학년 때인 1964년이었다. 서강대에 재직하신 선생은 '고려시대사'를 강의하기 위해 서울대에 출강하셨다. 서양사에 더 관심이 많았던 나는 선생의 과목을 수강신청하지 않고 청강만 할 생각이었다. 처음에는 열심히 강의에 출석했으나 점점 나태해져 결국 중도에 포기하고 말았다.

강의내용 중, 기억에 남는 것은 공주 명학소의 망이·망소이의 난, 청도의 김사미의 난, 개경의 만적의 난 같은 농민과 노비의 봉기에 관한 것이었다. 그러나 이보다 더 기억에 생생한 것은 학처럼 단아한 선생의 모습이었다.

선생을 다시 만난 것은 7년이 지난 1971년이었다. 당시 나는 서울대 교양과정부의 조교로 근무하고 있었다. 교양과정부는 학생을 위한 교양강좌를 정기적으로 개최하였는데 이번에는 이기백 선생을 연사로 초빙하였다. 조교로서 선생을 모시러 간 나는 비로소 선생을 직접 뵙고 인사를 드리게 되었다. 선생은 강연에서 역사에는 법칙이 작용하고 그 법칙은 하나가 아니라 다수라는 점을 강조하셨다. 나는 속으로 "글쎄"하는 생각도 들었지만 확신에 찬 선생의 조리 있는 강연은 매우 인상적이었다.

그런데 다음 해에 나는 뜻밖에도 서강대에 출강하게 되었다. 차하순 선생의 배려로 '르네상스사'를 강의하게 되었다. 강의 첫날, 사학과 학과장인 이기백 선생의 연구실에 들렀더니 반가워하시면서 몸소 나를 강의실까지 안내한 후, 학생들에게 소개하셨다. 당시 나는 2, 3개 대학에 출강하고 있었지만 학과장이 시간강사를 학생들에게 직접 소개하는 일은 거의 없었는지라 선생의 세심한 배려에 몸 둘 바를 몰랐다.

1984년 9월, 나는 10년 가까이 재직했던 한양대학을 떠나 서강대학으로 자리를 옮기게 되었다. 이 무렵부터 서강대학교 사학과에는 서서히 세대교체가 일어나고 있었다. 길현모 선생은 학원민주화운동과 관련하여 해직되었다가 한림대학으로 복직하셨고 전해종 선생은 내가 부임하기 바로 직전에 정년퇴임하셨다. 이기백 선생은 내가 온 지 한 학기 후에 한림대학으로 떠나셨다. 그럼에도 불구하고 선생과의 인연이 지속될 수 있었던 것은 다음과 같은 사연 때문이었다.

하나는 차하순 교수가 주도한 〈비교문화연구회〉의 출범이다. 1996년 3월에 발족한 본 연구회는 문화의 다름과 같음을 좀 더 체계적으로 비교하기 위해 회보 『비교문화比較文化』를 발간하였고 또 한편으로는 세계문화답사활동을 적극적으로 추진하였다. 이기백 선생은 〈비교문화연구회〉의 고문으로 계셨고 나는 회보 『비교문화』의 편집이사였다. 선생은 세계의 역사를 널리 알아야겠다는 생각에서 건강을 무릅쓰고 열심히 답사에 참가하셨다.[1] 선생에게 세계문화답사는 문화의 보편성과 특수성 문제를 재확인하기 위한 일종의 현장실습과 같았다. 선생과의 십 여 차례에 걸친 여행을 하면서 나는 한국사에 대한 견문을 넓히게 되었고 예전에 미처 몰랐던 사실들을 알게 되었다.

---

1 이기백, 『研史隨錄』, 일조각, 1994, p.113.

다른 하나는 한림과학원총서의 발간사업이다. 한림대학은 1990년, 한림과학원을 설립하고 젊은이를 위한 올바른 역사관을 정립하기 위한 작업으로 한국사의 쟁점들을 차례로 연구하여 발간하기로 하였다. 그리고 그 연구책임자로 이 선생을 선임하였다.[2] 선생은 『현대 한국사학과 사관』, 『한국사 시대구분론』, 『한국사상사방법론』, 『역사교육, 무엇을 어떻게 가르칠까』 등을 한림과학원 총서로 간행하였다.

특히 선생은 공동연구를 주관하면서 각 주제마다 세미나를 개최했는데 여기에는 한국사 학자들뿐만 아니라 동양사, 서양사, 인류학 같은 다른 분야의 학자들을 참여시켜 기탄없는 토론을 유발하였다.[3] 한국사를 세계사적 관점에서, 그리고 학제 간 연구의 관점에서 파악하려는 선생의 뜻이 잘 드러나 있다고 하겠다. 나도 선생의 배려로 대부분의 세미나에 토론자로 참석하였고 역사교육을 다룬 프로젝트에는 공동연구원의 한 사람으로 참여하였다. 이 밖에도 학문적 연구성과를 시민과 공유하기 위해 선생이 심혈을 기울여 편집, 발간하였던 『한국사 시민강좌』에 「이상사회와 유토피아」(제10집), 「서양의 대학 : 역사와 이념」(제18집)을 기고하였다.

이상과 같은 학술연구활동을 통하여 이 선생과의 관계가 유지되었지만 그렇다고 개인적으로 각별한 관계라고 말하기는 어려울 것이다. 전공도 다르고 연령도 차이가 있지만 무엇보다도 학문과 인품에서 내가 스스럼없이 접근할 수 있는 분이 아니기 때문이다. 그러므로 선생의 학문적 업적을 논하거나 평하는 것은 나의 몫이 아니다. 사실상 선생의 학문과 역사관에 대해서는 이미 다수의 전문 연구논문들이 발표된 바 있

---

[2] 유영익, 「나와 이기백 선생」, 한림과학원 엮음, 『고병익·이기백의 학문과 역사연구』, 한림대학출판부, 2007, pp.33-34.
[3] 이기백, 『研史隨錄』, p.129.

으므로⁴ 나는 좀 더 자유로운 입장에서 옆에서 보고 느낀 선생의 단면적 모습과 학풍을 나름대로 기술하고자 한다. 주최 측에서 처음 요청한 것은 '이기백 한국사학과 나의 서양사연구'인데 내가 난색을 표하자 제목을 자유롭게 정해도 좋다고 허락해주어서 결례를 무릅쓰고 이 자리에 나왔다. 그러므로 제 발표는 이기백 선생 사학에 대한 체계적 분석이나 종합적 검토와는 거리가 있다고 하겠다.

2. 역사연구, 어떻게 할 것인가?

이기백 사학의 핵심은 『한국사신론』(일조각, 1999)의 「서장 : 한국사의 새로운 이해」에 잘 압축되어 있다. 그 중에서도 특히 「제2절 한국사의 체계적 인식」이 그러하다. 그에 의하면 한국사를 올바로 이해하기 위해서는 우선 일제의 식민주의 사관부터 청산해야한다. 식민주의 사관을 극복하려면 역사적 사실을 정확하게 파악하고 파악된 구체적 사실들의

---

4 이기백 선생에 대해 발표된 글들은 다음과 같다.
민현구, 「민족적 관심과 역사적 진리의 탐구」, 『역사학보』 156, 1997.
백승종, 「진리를 거역하면 민족도 망하고 민중도 망한다」, 『역사와 문화』 9, 2004.
김당택, 「이기백사학을 통해본 한국사의 민족문제 서술방향」, 『역사학보』 190, 2006.
김기봉, 「'모든 시대는 진리에 직결되어 있다'—한국역사학의 랑케, 이기백」, 『한국사학사학보』 14, 2006.
차하순, 「여석과 그의 역사세계」, 『한국사 시민강좌』 50, 2012.
한림과학원 엮음, 『고병익·이기백의 학문과 역사연구』, 한림대학교출판부, 2007. 이 책에는 이기백에 관한 4편의 글이 실려 있다 : 유영익, 「나와 이기백 선생」 : 김용선, 「이기백의 저술과 역사연구」 : 이기동, 「한국사상사 연구자로서의 이기백」 : 민현구, 「민족적 관심과 실증의 방법론」 등이다.

시대적·사회적 연결 관계를 체계화해야 한다.[5] 한국사의 체계적 인식을 위하여 선생이 제시한 명제는 세 가지이다.

첫째, 인간중심의 역사이해이다. "역사는 곧 인간의 역사이며, 한국사는 곧 한국인의 역사이다."[6] 그러므로 한국사 연구는 제도중심보다 인간중심의 이해에 초점을 두어야 한다.

둘째, 보편성과 특수성에 대한 인식이다. 한국인 또는 한국민족은 인류의 한 구성원이다. 그러므로 한 구성원과 다른 구성원 간의 공통점과 차이점, 다시 말하면 보편성과 특수성을 인식하는 것은 한국민족의 역사를 명확하게 이해하는 방법이 된다.

셋째, 한국사의 시대구분론이다. 시대구분론은 한국사를 체계화하려는 노력의 구체적 결실이다. 시대구분의 기준은 다양하지만 선생은 사회적 지배세력 및 주도세력의 변천과정에 기준을 두고 한국사의 큰 흐름을 파악하려 하였다는 점에서 독자적이다.

선생이 제시하는 세 명제는 서로 긴밀한 관계에 놓여 있어 어느 한쪽의 우열을 가릴 수 없지만 그래도 역사연구 과정에서 선생이 역점을 둔 것은 보편성과 특수성, 세계사와 한국사의 인식에 관한 문제였다고 생각된다.

선생에 의하면 역사는 보편적 법칙에 따라 움직인다. 그런데 그 법칙은 일원적一元的인 것이 아니라 다원적多元的이다. 달리 말하면 역사에 작용하는 법칙은 다원적이지만 그 법칙들은 어느 민족에게나 적용될 수 있는 보편적인 것이다. 따라서 역사에 작용하는 보편적인 법칙들에 대한 이해가 깊으면 깊을수록 한국사의 특수성에 대한 이해도 깊어진다.

---

5 이기백, 『한국사신론』, 일조각, 1999. iii.
6 같은 책, p.7.

그러므로 한국사의 보다 깊은 이해를 위해서는 구체적으로 한국사와 다른 나라의 역사를 비교해 보는 비교사학의 방법이 필요하다는 것이다.[7] 이 같은 선생의 입장은 고대문화탐방 여행에서도 그대로 드러난다. 그는 가는 곳마다 그곳의 문화와 우리나라의 문화를 비교하여 그 차이점과 공통점을 찾고자 하였다. 대표적 사례 두 가지를 소개하면 아래와 같다.

사례1. 델피의 아폴론 신전과 요동의 주몽 사당

1993년 1월, 차하순 교수가 인솔하는 고대문화 및 성지聖地 탐방팀은 그리스 아테네에서 버스를 타고 델피신전으로 가고 있었다. 가는 도중, 마이크를 잡은 나는 델피신전에 관한 내용을 간략하게 설명하였다.

1) 그리스의 종교적 중심지는 두 곳이 있다. 하나는 파르나소스산山의 바위 기슭에 세워진 델피의 아폴론 신전이고 다른 하나는 제우스의 영광을 기리기 위해 서부 펠로폰네소스에 세워진 올림피아 신전이다. 올림피아 신전은 4년마다 열리는 경기대회로 유명하고 델피신전은 신탁이 영험하기로 이름이 나있다. 그러나 델피의 신탁은 영험한 대신 그 의미가 모호한 것이 특징이다.

2) B.C 480년, 페르시아의 크셀크세스Xerxes왕이 병력 170만명, 군함 1,000척을 이끌고 그리스를 침공하였다.[8] 스파르트군은 테르모필레 전투에서 레오니다스왕 이하 300명 군사 전원이 장렬하게 전사하였다. 다급해진 아테네는 민회를 소집하여 논의한 결과 우선 델피의 신탁을 알아보기로 하였다. 델피에서 받아온 신탁에 의하면 "많은 도시가 파괴되고 많은 신전이 불타게 되지만 '나무 벽wooden wall'만이 안전하다"는 것이다.

---

7 같은 책, pp.8-9
8 Herodotus, *The Histories, tr. by Aubrey de Selinecurt*(The Penguin Classis, n.d) p.438. 실제 병력은 25-30만으로 추산됨.

그러면 '나무벽'이란 무엇인가?

대부분의 아테네인들은 가시 울타리로 되어 있는 아크로폴리스 언덕을 가리킨다고 생각하였다. 그러나 테미스토클레스 장군이 일어나서 "아니다. 그것은 선박, 즉 함대를 의미한다"고 강력히 주장하였다. 그리하여 아테네인들은 바다로 나가 해전을 준비하였고 마침내 살라미스해전에서 페르시아에 대승하였다.[9] 그 결과 지중해세계를 석권하기 위해 서방으로 진출하려던 페르시아의 꿈은 좌절되고 아테네는 동방 전제지배의 공포에서 벗어나 자유를 구가하는 민주국가로 발전하였다는 말로 끝을 맺었다.

델피에 도착하였을 때 우선 감탄한 것은 우리나라에서는 보기 힘든 자연경관 때문이었다. 뒤로는 높이 솟은 파르나소스산의 절묘하면서도 웅장한 암벽이 그 위용을 자랑하고 있고 앞으로는 멀리 코린트 해안까지 한 눈에 들어오는 탁 튀인 시야가 절로 경탄을 자아내게 한다. 들뜬 기분이 되어 감탄사를 연발하였더니 옆에 계시던 이기백 선생이 나에게 물으신다. "김선생 혹시 문경의 봉암사 가 봤어요?" "아니요. 못 가봤습니다"라고 대답하자 "한번 가보세요" 하시면서 가히 '한국의 델피'라 할 만하다고 말씀하셨다.[10] 선생은 외국에만 있고 우리나라에는 없는 것으로 착각하기 쉬운 역사적 사건이나 사실들이 몰라서 그렇지 의외로 우리나라에도 많다고 강조하시면서 델피신탁에 비견될만한 이야기가 우리의 고대사 문헌에도 언급되어 있다고 다음과 같이 말씀하셨다.

『삼국사기三國史記』 고구려본기高句麗本紀 보장왕 4년(645) 조에 의하면 당나라 장수 이세적李世勣이 고구려를 정복하기 위하여 대병력을 거느리고 처들어와서 요동성을 밤낮없이 공격하였다. 뒤이어 당태종唐太宗 이세민李世民도 친히 정예부대를 이끌고 와서 요동성을 포위함으로써 성이 함락직전의 위기에 처하였다. 성안에는 주몽朱蒙의 사당이 있었는데 사태가 긴박해지자 무당祭官은 미인美人을 부신婦神으로 분장시켜놓고 말하기를 "주몽이 기뻐하니 성城은 반드시 온전하리라"(方圍

---

9 Herodotus, *The Histoires*, pp.461-462.
10 2002년 9월 봉암사를 찾았으나 석가탄신일을 제외하면 외부인 출입 금지로 되어 있어 헛걸음만 하였다.

急 飾美女以婦神 巫言 "朱蒙悅 城必完")고 하였다.[11] 그러나 요동성은 그의 예언과는 달리 곧 바로 함락되었지만 당태종은 양만춘楊萬春이 지키는 안시성安市城싸움에서 대패한 후 분루를 삼키며 회군하지 않을 수 없었다는 것이다.

델피신전의 신탁은 아테네의 승리를 맞추었지만 주몽의 신탁은 그렇지 못했다는 점에서 양자의 차이가 있으나 전쟁의 의의에 있어서는 양자 간에 유사성이 있어 보인다고 선생은 말씀하셨다. 그가 볼 때, 당시 당태종의 야심은 고구려를 정복하여 동양의 패권을 장악하는데 있었다. 그러므로 만일 고구려가 패했다면 백제와 신라도 당의 지배를 받게 되었을지 모른다. 그러나 고구려가 당을 물리침으로써 민족을 위기에서 구출하는 방파제의 역할을 다하였는데 고구려의 승리가 지니는 민족사적 의의가 여기에 있다는 것이다.[12] 페르시아전쟁의 경우도 마찬가지이다. 아테네가 지중해 세계로 진출하려는 페르시아제국의 야망을 좌절시킴으로써 서방 자유문명을보전하는 방파제의 역할을 다하였다는 점에서 문명사적 의의가 크다는 것이다.

사례2. 야자수에서 떨어져 죽다

1996년 1월, 〈비교문화연구회〉는 베트남, 캄보디아, 태국을 탐방하였다. 베트남에서 선생은 도로변에 늘어선 야자수를 보시고 "야자수의 높이가 원래 저렇게 낮습니까? 저 높이에서 떨어져서는 사람이 죽을 것 같지 않은데요?"하시었다. 그런데 캄보디아에서 본 야자수는 키가 컸다. 선생은 웃으시면서 "저런 나무에서 떨어지면 죽겠지요" 하시었다.

---

11 당시 이기백 선생이 말씀하신 것을 정확히 기억하지 못하는 관계로 여기에 실린 내용은 필자가 이병도 역주, 『삼국사기』, 을유문화사, 1977, pp.327-328을 보고 정리한 것이다.
 삼국사기 고구려본기 보장왕 4년조를 보라고 알려준 이는 최병헌 교수이다. 이 자리를 빌어 사의를 표한다.
12 이기백, 『한국사신론』, 일조각, 1999, p.66.

처음에는 선생이 물으시는 의도를 정확히 파악하지 못했으나 그 후 『비교문화』 창간호(1996. 4)에 「한국 고대의 '동성불혼同姓不婚'」이라는 글을 게재하신 것을 읽고서야 왜 야자수 이야기를 하셨는지 알게 되었다.

선생에 의하면 『삼국지三國志』 동이전東夷傳에는 '동성불혼'이라는 구절이 나온다. 이것은 족내혼族內婚을 금하고 족외혼族外婚을 인정한다는 뜻이다. 그러면 고대에서 족외혼의 관습을 어기면 어떤 벌을 받았는가? 기록상으로는 남녀가 간음을 하면 사형이다. 그러나 이 시대에는 이미 가부장적 가족제도가 발생하여 일부다처제가 행해졌으므로 처벌은 여자에게만 가해졌다고 보는 것이 일반적 견해였고 선생 자신도 그렇게 믿었다.

그러나 트로부리안드섬에 살고 있는 원주민들의 족외혼을 연구한 말리노프스키에 의하면 씨족내의 은밀한 성관계는 대체로 묵인되었으나 일단 그것이 공개되어 널리 알려지면 범죄사실로 인식된다는 것이다. 이런 경우, 궁지에 몰린 당사자들은 대부분 불가피하게 자살하지 않을 수 없게 된다고 주장하였다. 말하자면 일종의 사회적 강제력이 작용한다고 보는 것이다.

실례로 16세의 한 청년이 이종사촌 누이와 성관계를 맺었다가 폭로되는 바람에 야자수에 올라가 떨어져 자살하였다는 것이다. 여기에서 주목할 것은 자살자가 여자가 아니라 남자였다는 사실이다. 이러한 사실에 비추어볼 때 우리나라 고대에서도 같은 씨족 안에서 족외혼의 관습을 어기고 남녀가 성적 관계를 맺을 경우, 남녀 모두에게 사회적 제재가 가해졌고 그 형벌은 사형이었다는 것이 선생의 주장이다.[13] 선생은 트로부리안드섬 원주민 생활을 통해 우리의 역사적 사실을 보다 잘 이해하게 된 것을 기뻐하시며 역사의 보편성과 특수성의 이해를 위한 비교사학의 필요성을 재차 강조하였다.

---

13 이 분야에 대한 기술은 이기백, 「한국 고대의 '동성불혼同姓不婚'」, 『비교문화比較文化』, 창간호, 1996, pp.2-5의 내용을 요약 소개한 것이다.

3. 역사교육, 어떻게 가르칠 것인가?

　1994년 2월, 김영삼의 문민정부는 대통령 직속의 교육개혁위원회를 발족하고 1995년 5월부터 '세계화·정보화 시대를 주도하는 신교육체제 수립을 위한 교육개혁방안'을 3차에 걸쳐 발표하였다. 발표안에 따르면 국사과목이 통합사회교과에 편성됨으로써 중등학교의 필수교과목에서 배제되었다. 자연히 역사학계 특히, 한국사학계로부터 강한 비판과 반대가 일어나게 되었다. 여러 학회들이 이에 대한 토론회와 발표회를 개최하였고 한국사교육의 중요성을 강조하였다.[14]

　1996년 3월 23일 세종문화회관 대회의실에서 〈'세계화' 시대의 역사교육〉이라는 주제로 발표회가 개최되었는데 이 발표회 역시 교육개혁안의 문제점을 지적하고 그 대안을 모색하기 위한 학술활동의 일환이었다. 발표회의 주최자는 '한국역사연구회'였다. 주최 측의 요청에 의해 나는 「인문학의 위기와 역사교육」이라는 주제로 발표를 하였다. 발표를 하기 위해 단상에 올라가 청중을 바라보니 뜻밖에도 이기백 선생이 나와 계셨다. 발표를 마치고 선생님께 다가가서 "무슨 일로 오셨느냐"고 여쭈었더니 놀랍게도 "김선생 발표를 들으러 왔다"는 것이다. 예기치 못한 말씀이라 당황한 나는 잠시 말문이 막혀 아무 말도 못하였다.

　나중에 알고 보니 선생은 이미 역사교육에 관한 연구 프로젝트들을 수행하고 계셨다. 하나는 1996년도 학술원의 지원을 받은 '역사교육정책의 연구'이고[15] 다른 하나는 한림대학교에서 지원하는 역사교육에 관

---

14 1996년도의 대표적인 학술발표로는 한국사연구회의 〈교육과정개혁안과 국사교육의 문제점〉, 역사교육연구회의 〈해방50년 역사교육의 변천과 전망〉, 한국역사연구회의 〈세계화시대의 역사연구〉 등을 들 수 있다.
15 이 연구는 6명의 학술원회원이 참여한 공동연구로서 연구자와 그의 연구주제는

한 연구프로젝트이다. 한림대학을 설립한 윤덕선尹德善 이사장은 평소 역사교육의 중요성을 인식하고 이기백 선생에게 역사교육연구를 종용하였다. 그러나 윤 이사장의 갑작스러운 별세로 그 약속을 지킬 수 없었던 선생은 늦었지만 1998년에 역사교육 연구팀을 구성한 후 2000년 말에 드디어 『역사교육, 무엇을 어떻게 가르칠까』라는 책을 내게 되었다. 이 책은 선생이 주관하여 발간한 한림과학원 총서 가운데 마지막을 장식한 작품일 뿐만 아니라 작고한 윤덕선 이사장의 뜻을 이루어 드린 저서라는 점에서 선생에게는 남다른 감회가 어린 책일 것으로 믿는다.

이 책의 필진은 이기백, 김용선(한림대), 이배용(이화여대), 김영한(서강대)으로 구성되었다. 이기백은 '초등학교에서의 역사교육'을, 김용선은 '중학교에서의 역사교육'을, 이배용은 '고등학교 역사교육의 과제와 전망'을 맡았고 '대학에서의 역사교육 : 교양과목을 중심으로'는 김영한이 담당하였다.

선생이 의도한 이 공동연구의 특징은 두 가지로 요약된다. 첫째, 이 연구는 교육부의 교육개혁안에 의해 촉발된 쟁점들과는 경향을 달리한다. 예컨대 역사과歷史科와 사회과社會科의 관계, 필수와 선택의 문제, 이수단위 문제 등은 다루지 않았다. 그 대신 이 연구는 '무엇'을 '어떻게' 가르쳐야 하는가에 초점을 두었는데 그 이유는 이것이 역사교육의 핵심이라고 믿었기 때문이다.

둘째, 이 연구는 역사교육을 전공하지 않는 사람들을 중심으로 수행

아래와 같다.
1. 이기백, 「초·중등학교에서의 역사교육」, 2. 이우성, 「세계화를 위한 교육개혁(안)과 고등학교 역사교육」, 3. 한우근, 「대학교양과로서의 역사교육」, 4. 전해종, 「현대중국 초·중등학교의 역사교육」, 5. 고병익, 「일본의 역사교육」, 6. 민석홍, 「유럽에서의 역사교육-프랑스와 독일을 중심으로」. 이 연구결과는 『대한민국 학술원논문집 : 인문사회과학편』 36, 1997에 게재되어 있음.

되었다. 그 이유는 종래의 고정된 관념의 틀에서 벗어나서 자유로운 발상으로 의견을 제시해 보고자 하는 생각에서이다. 그러나 당연한 일이지만 그러한 의견은 확실한 근거를 가지고 제시될 것이다.[16] 이 점에서 입장과 의견은 상대적이지만 그것이 진리가 되기 위해서는 근거에 입각한 실증성과 객관성이 있어야 한다는 그의 진리관이 엿보인다.

나는 1996년에 발표한 글 「인문학의 위기와 역사교육」에서 "역사교육은 초등학교에서는 가족사, 지역사, 이웃 지역사에 초점을 두고 중등학교에서는 국사에, 대학교에서는 세계사 또는 지구촌사global history에 역점을 두는 것이 바람직하다"고 언급하였다. 왜냐하면 역사교육은 공간적, 지리적으로 가까운 곳으로부터 시작하는 것이 좋다고 생각하였기 때문이다. 이 같은 제의가 적절하다고 판단한 선생은 기본적으로 이 원칙에 입각하여 논의를 전개하였다.

선생은 당시의 초등학교 사회과 교과서 내용을 전반적으로 검토한 후, 가족사와 지역사를 어떻게 가르칠 것인가를 구체적 사례를 들어 논하였다. 그는 가족사 교육의 필요성과 중요성을 인정하지만 족보)에 의한 집안의 내력을 파악하려는 교육에 대해서는 매우 비판적이었다. 왜냐하면 첫째, 족보는 양반집안의 전유물이므로 국민의 대다수를 이루는 농민이나 노비는 족보가 없다는 점, 둘째, 만일 그들의 후손이 족보를 갖고 있다면 그것은 후대에 위조한 거짓 족보라는 점,[17] 셋째, 족보를 보고 집안을 자랑스럽게 생각할 시대는 지났다는 점 때문이다.

옛날 신분제사회에서는 양반들이 능력과 실력보다 혈통과 가문에 의지하여 출세하였지만 현대에 와서는 그러한 특권이 불필요하게 되었다.

---

16 이기백 외, 『역사교육, 무엇을 어떻게 가르칠까』, 소화, 2000, pp.5-6.
17 같은 책, p.16.

다만, 가정의 중요성은 오늘날에도 강조될 필요가 있으므로 학생을 중심으로 한 간단한 가계도를 그리게 하고 부모의 은덕으로 자라고 공부하게 되었음을 깨우치게 할 필요성이 있다는 것이다.[18] 선생은 우리나라 역사를 지배(주도)세력의 끊임없는 확대에 의해 자유·평등을 실현하는 방향으로 역사가 발전해 왔다고 보았는데[19] 역사교육도 이 원리에 따라 실시할 것을 역설하였다.

그러면 지역사는 어떻게 가르칠 것인가.

선생은 초등학교 역사교육은 지역사를 중심으로 하되 지역사의 범위를 광역시와 도道를 하나의 단위로 삼을 것을 제안하였다. 그리하여 역사교육을 통해 애향심이 애국심으로, 그리고 다시 인류애로 확대되도록 가르쳐야 한다는 것이다.

가령 3·1운동의 경우를 예로 든다면 우선 자기지방의 3·1운동을 설명하고 이어 인근 지역의 3·1운동의 양상과 그와의 관련성을 설명한다. 그리고 3·1운동의 근원지인 서울에서의 상황을 설명하고 그것이 전국적인 운동으로 번져간 양상을 설명한다. 더 나아가 3·1운동의 영향으로 중국에서 5·4운동이 일어나고 세계 각지에서 민족독립운동이 일어난 상황을 살펴봄으로써 지역사는 민족사뿐만 아니라 세계사와 연결지어 공부하게 되는 효과를 가지게 된다는 것이다.[20]

초등학교의 역사교육에서 각별히 고려할 것은 역사적 사실과 신화를 혼동해서는 안 된다는 것이다. 초등학생이라고 재미 위주의 교육에 급급해서는 안 되고 어릴 적부터 합리적 사고의 훈련을 쌓도록 해야 한다.

---

18 이기백, 「초·중등학교에서의 역사교육」, 『대한민국 학술원논문집 : 인문사회과학편』 36, 1997, p.163.
19 김태욱 외 엮음, 『민족과 진리를 찾아서』, 한림대출판부, 2014, p.334.
20 이기백, 「초·중등학교에서의 역사교육」, p.164.

역사적 사실에 대한 해석의 문제에서는 현재적 관점보다는 항상 역사적 상황 속에서 이해하도록 노력해야한다는 것이 선생의 일관된 입장이다. 왜냐하면 현재적 관점의 역사는 왜곡되기 쉽고 정치적 목적에 이용되기 쉽기 때문이다.

그러면 중학교에서의 역사교육은 어떻게 할 것인가.[21] 필자는 중학교의 역사교육은 국사에 역점을 두되 정치사가 중심이 되어야 한다고 제안하였다. 이러한 제안은 결국 초등학교의 교육목표는 애향심에 있고 중학교의 교육목표는 애국심에 있음을 달리 표현한 것에 불과하다. 선생은 필자의 전반적인 방향 제시는 수긍할 수 있다고 하시면서 다만 애국심 함양을 효과적으로 달성하려면 무엇보다 정치사 교육, 그것도 사건과 인물을 중심으로 한 교육에 비중을 두어야 한다고 강조하였다.

예를 들면, 삼국통일과정을 설명하려면 고구려의 연개소문淵蓋蘇文과 그의 아들들, 백제의 의자왕義慈王과 계백階伯, 신라의 김춘추金春秋와 김유신金庾信 같은 인물들을 등장시켜 가르쳐야 한다. 그러나 이 경우에 영웅사관에 빠지지 않도록 유의해야 한다. 영웅사관을 극복하기 위해서는 역사적 인물들을 상류층에서만 선정할 것이 아니라 하위층에서도 발굴하여 선택해야한다.

삼국통일과정에서는 신라는 죽죽竹竹이나 눌최訥催와 그의 종의 이야기를 드러내는 것이 좋고 고려시대에는 몽고의 침략에 항거하여 적장 살례탑撒禮塔을 사살한 김윤후金允侯가 거느린 처인부곡민處仁部曲民의 이야기나 지광수池光守가 거느린 충주忠州의 노비군의 이야기 등을 가르

---

21 이기백 선생은 『역사교육, 무엇을 어떻게 가르칠까』에서는 초등학교 역사교육만을 다루었으나 『대한민국 학술원 논문집 : 인문사회 편』 36집에서는 초등학교와 중학교의 역사교육을 모두 다루었다. 따라서 여기에서의 중학교 역사교육은 학술원 논문집에 실린 선생의 글을 참조하여 기술한 것이다.

쳐야 한다. 이 같은 방식은 모든 시대, 모든 사건에 적용되며 현대로 내려올수록 더 많은 인물을 등장시켜 학생들의 정신을 일깨워야 한다. 역사적으로 위대한 인물은 그 시대의 사회적 요구에 호응한 행동을 취한 사람임을 강조함으로써 자연스럽게 위대한 인물들을 통해 역사의 큰 흐름을 이해하게 되고 나아가 진정한 애국심이 무엇인가를 위인들을 통해 깨닫게 된다는 것이다.

그러나 애향심이 자칫 잘못하면 배타적 지역감정을 초래할 우려가 있듯이 애국심은 배타적 민족감정을 조장할 위험이 있다. 이같은 배타적 민족의식을 극복하는 길은 국사를 세계사와 연계하여 가르치는 것이다. 이를 통해 애국심과 인류애를 동시에 키울 수 있는 올바른 역사교육의 길이 마련될 수 있다는 것이다.

결론적으로 선생은 자기 가족을 사랑하고 자기 지역을 사랑하는 마음을 길러주는 것이 초등학교 역사교육의 목표라면 자기 민족, 자기 조국을 사랑하는 마음을 길러주는 것이 중등학교 역사교육의 목표라고 보았다. 그는 이러한 마음이 배타적인 성격이 되지 않고 더 나아가 인류를 사랑하는 마음으로 발전하기를 소망하였다. 이 같은 목표를 달성하기 위해서는 가족사나 지역사를 항상 민족사나 세계사와 연결시키는 노력이 필요하다. 비록 그것은 어려운 과제이지만 내 가족만큼 남의 가족도, 내 민족만큼 남의 민족도 생각하는 정신자세를 갖출 때 가능하다고 확신하였다.[22]

---

22 『역사교육, 무엇을 어떻게 가르칠까』, pp.35-36.

4. 맺는 말 : 이기백의 꿈과 이상

이기백 선생에 대한 평가는 다양하다. 혹자는 신민족주의 계열의 사학자라 하고[23] 혹자는 실증사학자라 부른다.[24] '한국역사학의 랑케'라 부르는 사람이 있는가 하면[25] 진리지상주의자[26] 또는 진리의 파수꾼[27]이라 부르는 사람도 있다. 선생은 자신의 사관을 가리켜 '다원적 보편주의 발전사관'이라고 언급하기도 하였다.[28] 평가가 다양하다는 것은 그 만큼 선생의 학문이 폭이 넓고 깊이가 있다는 것을 의미한다. 그러나 다른 한 면으로 외견상 얼핏 보아도 서로 상충되거나 모순되어 보이는 면도 없지 않다. 예를 들면 민족과 진리, 인간중심의 역사와 실증사학, 역사의 법칙과 다원주의, 역사의 보편성과 특수성, 자유·평등을 향한 역사의 발전론 등은 논란의 여지를 남겨주며 어떤 것은 선생이 강조하는 과학적 역사라기보다 하나의 신념에 가까운 역사의 사변철학이기도 하다.

그럼에도 불구하고 선생은 서로 상충되거나 대립되는 역사의 기본명제들을 절충·통합하려는 노력을 멈추지 않았다. 그리하여 그는 민족과 진리를 결합시키고 보편과 특수를 조화시키려는 포부와 이상을 끝까지

---

23 김용선,「이기백의 저술과 역사연구」, 한림과학원 엮음,『고병익·이기백의 학문과 역사연구』, 한림대출판부, 2007, p.85.
24 김기봉,「'모든 시대는 진리에 직결되어 있다'— 한국 역사학의 랑케, 이기백 」,『한국사학사학보』 14, 2006, p.144.
25 같은 책, p.135.
26 백승종,「진리를 거역하면 민족도 망하고 민중도 망한다 — 역사가 이기백의 '진리지상주의'에 대한 몇 가지 생각— 」,『역사와 문화』 9, 2004, p.301.
27 이기백선생 1주기 추모 좌담회 :「진리의 파수꾼, 이기백 선생」,『한국사 시민강좌』 37, 2005, p.292.
28 김태욱 외 엮음,『민족과 진리를 찾아서— 10주기 추모 이기백사학 자료선집』, 한림대출판부, 2014, p.372.

견지하였다.

역사학자로서의 그의 목표는 한국사를 체계화하는 작업이었다. 이를 위한 구체적 방법은 세계사적 보편성 속에서 한국사의 특수성을 이해하는 것이다. 그에 의하면 민족은 나름대로 독자성을 가진다. 그러나 그 독자성은 인류라는 보편성과 분리하여 생각하기 어렵다. 왜냐하면 각 민족은 인류의 일원이기 때문이다.[29] 따라서 인류라는 보편성 위에서 각국 민족의 특수성이 돋보이지 인류를 배제하고 우리 민족만을 강조해서는 우리 민족이 부각되기 어렵다는 것이다.[30] 그가 『국사신론』을 『한국사신론』으로 바꾸고 우리의 문화유산을 우리의 자랑일 뿐만 아니라 세계의 자랑이라고 한 이유는 민족에는 보편성과 특수성이 아울러 내포되어 있음을 강조하기 위한 것이다.[31]

역사교육자로서의 선생의 꿈은 사랑의 정신을 일깨우는 것이다. 그는 역사교육의 목표가 자기 가족을 사랑하고 자기 민족을 사랑하며 나아가 인류를 사랑하는 마음을 길러주는데 있다고 확신하였다. 이 같은 목표를 달성하기 위해서는 내 조국과 민족을 생각하는 만큼, 남의 나라와 민족도 생각하는 정신적 자세가 필요하다는 것이다. 그는 "역사는 어느 나라의 것이 아니라 인류 공동의 역사"[32]이기 때문에 국사교육 못지않게 세계사교육을 중시해야 한다고 주장하였다.

역사철학자로서의 선생의 이상은 자유와 평등에 입각한 민주국가의 건설이었다.[33] 이것은 선생 개인의 이상일 뿐만 아니라 민족의 이상이기

---

29 이기백, 『민족과 역사』, 일조각, 1994, p.135.
30 김당택, 「이기백 사학과 민족문제」, 『역사학보』 190, 2006, p.330.
31 이기백, 『연시수록』, 일조각, 1994, p.80.
32 김태욱 외 엮음, 『민족과 진리를 찾아서』, p.324.
33 같은 책, p.373.

도 하다.³⁴ 선생은 한국의 역사는 한민족을 주체로 한 자유 평등의 이상을 실현하는 방향으로 발전해 왔고 또 앞으로도 계속 그렇게 될 것이라고 예견하였다. 그러므로 자유와 평등은 한편으로는 우리가 실현해야할 희망이고 꿈이지만 다른 한편에서 보면 역사가 그렇게 진행될 수밖에 없는 대세이며 흐름이다. 동시에 이 같은 흐름은 곧 역사발전의 원리이며 법칙이라고 선생은 강조한다.³⁵

학문의 이상은 진리를 찾아서 그것을 드러내는 데 있다.³⁶ 진리를 드러내기 위해 역사가 이기백 교수의 일생은 "학문적 고투苦鬪의 연속"이었다.³⁷ 그는 평생 동안 민족과 진리, 보편과 특수, 자유와 평등 같은 난제들과 씨름해 왔는데 그 같은 노력이 가능했던 것은 역사는 발전한다는 꿈과 이상을 잃지 않았기 때문이다.

[『李基白韓國史學의 影響』, 韓國史學, 2015]

---

34 이기백, 「역사적 경험에 비춰본 민족의 통일」, 『한국사 시민강좌』 26, 2000, p.110.
35 이기백, 「한국사의 진실을 찾아서」, 국제역사학 한국·일본위원회 엮음, 『역사가의 탄생』, 지식산업사, 2008, p.78.
36 이기백, 『한국사신론』, 일조각, 1998, iii.
37 이기백, 「학문적 고투의 연속」, 『한국사 시민강좌』 4, 1989, pp.158-182.

李基白史學과 동아시아사

金翰奎 서강대학교 명예교수

1. 머리말

이기백 선생님을 추모하는 국제학술회의에서 발표의 소명을 맡게 되어 영광스럽게 생각한다. 본인에게 주어진 주제는 '이기백사학과 동아시아사'이다. 그래서 동아시아사를 공부하는 본인이 한국사학에 큰 족적을 남기신 이기백 선생님의 학문[1]을 어떻게 이해하는지를 간략하게 피력하려 한다. 본인도 앞서 발표자의 흉내를 내어서 이기백 선생님과의 몇 가지 학문적 인연을 따라 이야기를 풀어볼까 한다.

학부 2학년 재학 중에 이기백 선생님의 한국고대사 강의를 수강한 적이 있었는데, 이때 들은 "역사는 기억의 대상이 아니라 이해의 대상이다. 역사에서 사실의 기억만이 중요하다면, 한 장의 카드에 역사적 인물과 연대 등을 정리해서 책상 앞에 압핀으로 꽂아두면 된다"는 말씀은 기억력 콤플렉스에 시달리고 있던 본인에게는 단비와 같은 충격을 가져다주었다. 형편없는 기억력의 소유자가 역사학을 계속 학습할 수 있게 한 용기는 바로 이러한 말씀에서 얻게 된 것이다. 그 뒤 이기백 선생님

---

[1] 이하 '李基白史學'이라 약칭한다. '이기백 선생님'이란 존칭도 '머리말'에서만 사용하고, 본론에서는 '이기백 선생'이라 약칭한다.

의 논저를 읽으면서, 이기백사학에서 사실의 체계적 이해가 얼마나 중시되었는가를 곳곳에서 확인할 수 있었다.

그렇다고 해서 이기백 선생님이 史實을 중시하지 않으셨던 것이 아님은 물론이다. 대학원 석사과정 시절에 선생님께서 영인된 논문 한 편을 주시면서 읽어보라고 하신 적이 있다. 당시에는 논문을 구해 보기가 몹시 어려웠던 시기여서 선생님께서 영인된 논문을 꼼꼼하게 제본해서 댁의 작은 책장에 소중하게 보관하고 계셨는데, 그 중 노랗게 변색된 낡은 논문 하나를 빌려 주신 것이다. 三品彰影이 쓴「史實と考證―魏志東夷傳の辰國と辰王―」[2]이라는 논문이었다. '辰國'과 '辰王'이『三國志』「魏志」東夷傳에 어떻게 기재되게 되었는가 하는 역사적 과정을 검증함으로써 史實을 어떻게 엄밀하게 考證해야 하는가를 보여주려 한 글이었는데, 논문 속에 숨겨져 있는 자존적 의식이 흥미로웠던 기억이 남아있다. 三品彰影의 '他律性' 이론을 누구보다 적극적으로 비판하시고 '辰國'과 '辰王'의 존재를 긍정적으로 기술하신 이기백 선생님께서 이 논문을 굳이 읽어보라 하신 까닭을 아직도 잘 알지 못하지만, 아마도 史實의 엄밀한 考證이 얼마나 중요한가를 깨우쳐 주시려 한 배려가 아니었을까 짐작하고 있을 뿐이다.

대학원 재학 시절에는 이런 일도 있었다. 고려시대 정치제도사를 주제로 한 강의를 수강하였는데, 마침 당시에 漢代 選擧制에 대해 공부하고 있었던 터라 중국의 선거제와 고려의 薦擧制를 비교하여 천거제의 성격과 역사적 의의를 새로 해석한 레포트를 발표하였다. 그런데 선생님께서 뜻밖에도 그것을 정리해서『역사학보』에 발표하라고 하셨다. 당시에는 너무나 과분한 조처여서 당황하기까지 했는데, 나중에서야 이기

---

2 『史學雜誌』55-1, 1944.

백사학에서 비교사적 방법론이 매우 중시되었음을 알게 되었다.

선생님의 과분한 칭찬에 절로 고무되었기 때문인지, 그 뒤에도 비교사적 방법론에 의지하여 몇 편의 논문을 더 만들기도 했다. 그 중의 하나가 「衛滿朝鮮 관계 中國側 史料에 대한 재검토」[3]였다. 처음 교수가 되어 부산에 내려가서 부산사학회에서 인사차 발표한 것으로, 衛滿 朝鮮과 南越의 역사를 비교하면서 李丙燾 선생의 衛滿朝鮮人說을 비판하고, 위만 조선이 중국 流亡民 집단에 기반을 둔 王權과 토착민 세력에 기반을 둔 相權의 연합정권이었음을 논구하였는데, 언젠가 선생님을 뵈었을 때 왜 논문을 교내논문집에 실어서 쉽게 읽지 못하게 하였느냐고 꾸짖으셨다. 그 뒤에 선생님께서 『韓國史新論』新修版(1990)을 주셨는데, 이를 받아 보고서는 깜짝 놀랐다. 신수판의 위만 조선 관계 서술이 舊版 『한국사신론』의 그것과 많이 달라져 있었기 때문이다. 어떤 연유로 해서 이렇게 바뀌지게 되었는지는 확인하지 않았지만, 적어도 나에게는 『한국사신론』의 이 대목에서 이기백사학의 정수를 보는 듯한 느낌이 들었다.

이러한 쇼크는 그 뒤에도 계속 이어졌다. 아주 오래 전에 동아시아의 幕府體制를 연구하다가 그 일환으로 고려 「무인정권의 晉陽府」에 관한 논문을 쓴 적이 있는데, 崔氏의 진양부가 무인정권의 중심 幕府로 기능하였음을 밝히는 연구였다. 그 뒤 역시 "崔氏政權의 최고 幕府와도 같은 구실을 한 것은 敎定都監이었던 듯하다"고 한 『韓國史新論』구판의 기술이 신수판에서는 "興寧府(晉康府, 晉陽府)는 崔氏 武人政權의 중심기구로서 그 권력을 행사하는 幕府였다.… 최씨 무인정권의 중심기구는 흥녕부였다."로 바뀌어졌다. 이 논문이 『한국사신론』의 기술을 바꾸는데 어떠한 역할을 하였는지는 알지 못하지만, 이기백사학이 강조하는 비교사

---

[3] 『釜山女大論文集』 8, 1980.

적 연구의 전형적 사례였음은 분명하다.

그런데 이 진양부 연구와 관련하여 기억에 남아있는 또 다른 일이 하나 있다. 이 연구를 위해 어느 연구재단에 연구비를 신청하였다가 지원받지 못했는데, 심사위원으로 참여한 어느 분이 몇 년 뒤에 그 까닭을 알려주었다. 그 까닭이란 "동양사를 전공한 사람이 왜 한국사를 연구하려 하느냐"라는 것이었다. 그때 비로소 '동양사'와 '한국사'란 말이 서로 배척하는, 혹은 상호 독립적인 영역을 가진 개념으로 이해하는 분들이 있음을 처음 알았다. 그러나 필자는 그때나 지금이나 '한국'을 '동양' 혹은 '동아시아'의 일부로 이해하고 있고, '한국사'를 '동양사' 혹은 '동아시아사'의 한 부분으로 이해하고 있다. 이러한 이해 역시 이기백 선생님을 직접 사사하면서 몸으로 체득한 학문적 경험의 하나였다. 이기백 선생님은 한국사를 주로 연구하셨고 필자는 동양사를 전공했지만, 선생님은 필자로 하여금 한 번도 다른 학문적 영역에 머물러 있다고 느끼게 하시지 않았다.

특히 이기백 선생님께서는 평소에 늘 한국과 중국의 역사적 관계에 대한 이해의 중요성을 강조하셨다. 선생님께서 초기에 쓰신 「高麗 初期 五代와의 關係」[4]란 논문은 그 존재 자체만으로도 필자에게 큰 학문적 충격을 주었지만, 그 논문 안에서 언급된 다음과 같은 기술은 한중관계사에 대한 필자의 관심을 크게 격려한 것이었음이 분명하다. "中國과의 관계가 정치, 경제, 문화 등 여러 방면에 걸쳐서 커다란 영향을 우리나라에 끼쳐 주었음은 새삼스러이 말할 필요가 없을 것이다. 아마 對中關係를 무시하고서는 거의 우리나라 역사를 올바르게 인식하기가 힘들 정도가 아닌가 싶다."[5]

---

4 『한국문화연구원논총』 1, 1960.

이처럼 이기백 선생님을 36년 간 사사하면서 이런저런 기회에 체득한 그 학문적 단편들, 예컨대 역사에 대한 체계적 이해의 중시, 그러면서도 사실의 고증도 함께 중시하는 태도, 비교사적 방법론에 대한 관심, 역사적 사실과 일치하지 않는 민족주의적 해석의 과감한 배제, 동아시아사, 즉 전통시대 동아시아 세계사의 일부로서 한국사를 이해하는 입장, 특히 한국과 중국의 역사적 관계와 문화교류에 대한 중시 등을 퍼즐 맞추듯이 맞추어 본다면, 그것이 바로 이기백사학이라 할 수 있지 않을까 하는 생각이 든다. 이제 이기백 선생님께 사사하면서 얻은 학문적 경험을 이기백사학을 담고 있는 한국사 서술과 사론의 문장들을 통해 하나씩 확인해 볼까 한다.

2. 民族主義史學과 國粹主義史觀

많은 사람들이 이기백 선생을 가리켜 민족주의사학자라고 생각한다. 특히 외국인의 입장에서 보면 이기백사학은 대표적인 민족주의사학이다. 이기백 선생 본인도 「國史敎科書 改編 請願에 대한 國會 文公委에서의 陳述」에서 "대부분의 국사학자들이 외국에 나가면, 민족주의자, 국수주의자, 이렇게 봅니다. 그런 말을 저도 많이 들었습니다"[6]라고 했고, 「바닌 교수의 『한국사신론』 서평에 답함」에서도 "일본 학자들도 일반적으로 『한국사신론』이 지나치게 민족주의적이라고 평하고 있다"고 했다. 이기백 선생은 본인을 비롯한 한국사학자들이 민족주의자로 평가된

---

5 李基白, 『高麗貴族社會의 形成』, 一潮閣, 1990, p.128.
6 1981년 11월 27일 : 李基白, 『韓國史像의 再構成』, 一潮閣, 1991, p.46.

까닭에 대해, "그것은 한국사의 독자적 발전이나 한국문화의 민족적 성격을 강조했다는 점에서 그렇게 평가하는 것이다"라고 하고, "그 사람들이 우리더러 민족주의자, 혹은 국수주의자라라고 말하는 저의는 뭔가 하니, 너희는 민족적 영광을 드러내기 위하여 거짓말을 한다는 그런 얘기입니다"라고 전해주었다.[7]

사실 이기백사학이 이른바 민족주의사학이라고 평가받을 수 있는 까닭은 적지 않게 있을 것 같다. 필자는 '민족주의사학'의 개념을 정확하게 이해하고 있지 못하지만, 이기백사학의 제일의 키워드가 '민족'이고, 한국사를 '한국민족'의 역사로 간주하며, 한국민족 문화의 내재적 발전을 중시하고, 무엇보다도 이른바 식민주의사관을 비판, 극복한 기초 위에서 역사를 기술하고 해석하였다는 점 등을 미루어 보아, 광의의 '민족주의사학'의 범주에 이기백사학을 포함시킨다고 해서 크게 문제가 될 것 같지는 않아 보인다.

그러나 필자는 바닌이나 '일본학자' 등 외국의 학자들이 이기백 선생을 비롯한 한국사학자들을 비난하는 이유에 대해서는 동의할 수가 없다. 오히려 다른 이유로 인해 이기백사학이 '지나치게 민족주의적'이 않은가 라고 생각해왔다. 그것은 이기백사학의 키워드라 할 '민족'이란 것이 역사적 존재라기보다는 '先驗的' 존재라고 생각되기 때문이다. 이기백 선생은 "나는 한국사가 한국 민족의 역사인 이상, 그 스스로의 발전이나 창조력을 강조하는 것은 지극히 당연한 일이라고 생각하고 있다"[8]고 하였지만, 그 '한국민족'이란 것이 무엇을 말하는 것인지에 대한 정의를 그 어느 곳에서도 발견하지 못했다. 이기백사학에서 '한국민족'은 '당연

---

7 『삼일문화원소식』 21, 2002 ; 李基白, 『韓國傳統文化論』, 一潮閣, 2002, p.282.
8 상동.

히' 존속해온 '선험적' 존재인 것이다. 이기백사학에서는 古朝鮮과 高句麗, 渤海 등 국가들은 '당연히' '한국민족'에 의해 건립된 국가이지만, 왜 이러한 국가들을 '한국민족'이 건립한 국가로 이해할 수 있는지에 대한 설명은 발견되지 않는다. 그러나 '한국민족'을 선험적 존재로 설정한다든가, 고조선과 고구려, 발해 등이 '한국민족'에 의해 건립된 것으로 이해되어야 할 이유를 설명하지 않는 것 등은 이기백사학에 국한된 문제가 아니라 한국사학 전반에서 발견되는 공통된 현상이다. 즉 이기백사학은 태생적으로 한국사학 일반의 한계를 갖고 있다고 이해될 수도 있다.

이기백사학의 특성은 오히려 '한국문화의 보편성과 특수성'을 함께 검증하여 '국수주의적 폐쇄적 사고'를 극복하고 '과학적 연구에 의해 객관적 사실을 제시'함으로써 한국사학 일반의 이러한 한계의 벽을 뚫으려 했다는 점에서 찾을 수 있다. 이기백 선생은 한국사학자들의 민족주의적 성향을 비판하는 외국인의 시각에 대해, "나는 한국사가 한국 민족의 역사인 이상, 그 스스로의 발전이나 창조력을 강조하는 것은 지극히 당연한 일이리고 생각하고 있다. 그렇다고 해서 외국문화의 영향을 축소해서 서술할 생각은 절대로 가지고 있지 않다. 문화란 보편성을 띤 것이며, 다만 그것을 자기 민족의 역사적 현실에 적합하도록 창조적 노력을 기울이는 것이 중요하다고 생각한다.··· 국수주의적인 폐쇄적 사고는 민족의 발전을 저해하는 것이고, 끝내는 인류에게 재앙을 초래하는 씨앗이 된다"[9]고 응답하면서, "우리가 그 사람들(외국학계)을 설득시키려면 ··· 과학적인 연구에 의한 객관적 사실을 제시하는 길밖에 없습니다. 그것이 유일한 길입니다"[10]라고 응수했다.

---

9 상동.
10 「國史敎科書 改編 請願에 대한 國會 文公委에서의 陳述」, 1981년 11월 27일 : 『韓國史像의 再構成』, pp.35-47.

『한국사신론』 신수판 서문에 의하면, "민족주의 사학은 민족정신을 강조하는 나머지 지나치게 추상적이고 관념적일뿐 아니라 심지어는 국수주의적인 경향으로 흐르게 되어, 결과적으로 한국사의 실제를 외면하는 결과를 나타내었다"[11]고 한다. 그리고 「현대의 韓國史學」이란 글에 의하면, "민족주의사학의 전통을 계승한 학자들 중에는 극단적인 國粹主義的 경향을 나타내는 경우가 있다"고도 한다.[12] 그러면 민족주의와 국수주의는 어떻게 다른 것인가? 「事大主義論의 再檢討」란 글에서 이기백 선생은 "신채호는 고유사상을 고집하고 외래사상을 받아들이는 것은 이를 사대주의로 몰아 배격하였다. 이러한 국수주의는 소위 사대주의 못지않게 민족에 해로운 것이므로 그의 주장을 전적으로 받아들일 수는 없다"[13]고 했으니, 이기백사학에서 말하는 '國粹主義'란 "고유사상을 고집하고 외래사상을 받아들이는 것을 사대주의로 몰아 배격하는" 태도를 말한다.

이러한 '국수주의적' 사관에 반해, 이기백사학의 대표작이라 할 『한국사신론』에서는 전반적으로 외래문화의 수용을 적극적으로 기술하였다. 예컨대, "비록 3국의 중국과의 항쟁이 치열하였다고는 하지만, 중국의 문화를 받아들이는 데 있어서는 이를 거리끼지 않았다. 律令과 같은 제도적인 것이라든가, 佛敎나 儒敎와 같은 사상이라든가, 또 漢文의 사용이라든가는 그 두드러진 예이다"[14]라고 하였다. 또한 「韓國文化와 東洋文化」라는 글에서도 한국의 광범한 외래문화 수용을 다음과 같이 강조했다. "지금껏 우리나라는 너무도 많은 중국문화의 영향 밑에서 자라

---

11 李基白, 『韓國史新論』 新修版, 一潮閣, 1996, pp.4-5.
12 「현대의 韓國史學」, 『韓國學報』 41, 1985 ; 『韓國史像의 再構成』, p.102.
13 『思想界』 1965년 6월호 ; 李基白, 『民族과 歷史』, 一潮閣, 1971, p.182.
14 『한국사신론』 신수판, pp.72-77.

난 것 같다.… 우리나라의 문화가 중국문화와 마찬가지의 여러 특징을 가지게 된다는 것은 당연히 생각할 수 있는 일이다.… 우리나라에 들어온 것은 중국을 통해서 중국화한 불교가 들어왔다.… 우리나라의 사상계를 지배한 유교는 중국에서 기원한 중국 고유의 사상체계였다. 그 유교가 개인의 우주관, 인생관을 비롯하여, 사회적으로는 가정의 윤리에서부터 널리는 국가 생활을 지배하는 도덕률에 이르기까지 한국인의 생각을 지배하였다.… 3성, 6부의 당의 제도가 고려 이래로 우리나라 정치제도의 모범이 되어왔다는 것은 다 아는 사실이다. 예술에 있어서도 마찬가지였다."[15]

그렇다고 해서 이기백사학에서 고유문화의 가치를 무시하거나 그 존재를 부정하는 것은 아니다. 외래문화, 특히 중국문화의 광범한 전래와 수용을 전제함과 동시에 한국 고유의 문화 역시 폭넓게 존재하고 계승되었음을 중시하였다. 그리고 중국문화를 수용하여 우리의 것으로 소화함으로써 한국문화로 재창조하는 문화적 역량을 자랑하기도 했다. 한 예로, "이렇게 생각해오면, 한국의 문화를 지배해 온 절대적인 힘이 중국문화였다고 말할 수 있을 것 같다. 옛 배외주의자들이 스스로 자아하던 것처럼 小中華였던 것이다. 이런 점만을 들어서 이야기한다면 한국은 중국의 문화적 식민지였는지도 모른다. 그러면 중국문화라는 것은 있을 수 있겠지만, 한국문화라는 것은 있을 수가 없는 것은 아닐까 하는 의심에 사로잡히게 된다. 동양문화-여기서 잠시 인도문화를 고려 밖에 둔다면- 그것은 곧 중국문화일 것이요, 거기서 한국문화는 독자적 지위를 주장할 것이 없을 것 같다.… 그러나 우리는 성급한 결론을 삼가야 할 것이라고 생각한다. 그것은 우리의 고유한 문화라고 일컬을 수 있는 것을 또한 많이 가지고 있기 때문이다. 다만 그러한 것들이 종래 돌보아

---

15 「韓國文化와 東洋文化」, 『思想界』 1962년 2월호 : 『민족과 역사』, pp.159-161.

지지 않고 또 심지어 중국적인 것으로 잘못 인식되어서 우리가 알고 있지 못할 뿐인 것이다"라고 하면서, 한글과 巫覡信仰, 和白 같은 회의제, 花郎徒 등을 고유문화의 대표적 사례로 적시하였다. 나아가서는 "문화를 논함에 있어서 이것은 내 것이요, 저것은 네 것이다 하는 식으로 그 유래를 따짐으로써 문제가 해결지어질 성질의 것이 아니지 않나 한다.… 외국의 문화를 받아들이는 것 자체에 문제가 있는 것이 아니라, 그것을 어떻게 받아들이느냐에 문제가 있는 것이다. 만일 외국의 문화를 받아들이는 데에 독자적인 입장을 살리고 있다면 그것은 이미 남의 것이 아니라 자기의 것이 되었다고 보아야 할 것이다"라고 하면서, 외래문화를 우리의 문화로 소화해낸 대표적 사례로서 吏讀와 淨土信仰, 四端七情論, 口分田, 石窟庵 靑磁 등을 열거하였다.[16] 『한국사신론』 신수판에서도 이를 강조하여, "그들은 한국의 문화는 독창성이 없는 모방적인 것이었다고 주장한다.… 그러나 이것은 문화가 근본적으로 보편성을 기반으로 하고 성립된다는 사실을 모르는 데서 오는 잘못이다. 일반적으로 말해서 순수하게 고유한 문화란 어느 민족에게서도 찾아보기가 힘들다. 또 설혹 있다고 하더라도 그것이 그 민족의 우수성을 증명해 주는 것은 아니다.… 민족문화는 인류문화의 보편성을 근거로 하고 자기 민족의 역사적 현실에 적합하도록 창조적 노력을 기울임으로써 이루어지는 것이. 그리고 그러한 창조적 노력의 성과를 한국사에서 많이 찾아볼 수가 있다"[17]고 하였다. 바닌 교수가 '한국문화의 대중국문화에의 종속 수준'을 거론하였을 때도, "한국사에 있어서의 중국문화의 영향 문제는 대단히 중요한 문제"라고 전제하면서, "나는 외국문화의 영향을 축소해

....

16 「韓國文化와 東洋文化」, 『思想界』 1962년 2월호 : 『민족과 역사』 pp.161-166.
17 『韓國史新論』 新修版, p.2.

서 서술할 생각은 절대로 가지고 있지 않다"[18]고 응수한 까닭도 여기에 있었다. 즉 이기백사학에서는 한국문화의 발전과 창조력을 강조함과 동시에 외래문화의 영향을 과소평가하지 않는 균형감을 유지함으로써, 민족주의사학의 본령을 지키면서 국수주의와의 차별성을 명료하게 확보하고 있는 것이다.

그러나 중국 문화의 일방적 수입만 강조한다면, 이 역시 자기비하적인, 편향된 시각이라 하지 않을 수 없다. 동아시아 문화가 동아시아를 구성하는 모든 인구가 함께 만들어낸 문화라면, 이러한 동아시아 문화에 한국인이 일정 정도 참여하였음은 당연한 일이기 때문이다. 따라서 『한국사신론』에서는 한국 문화가 중국에 수출되어 동아시아 문화의 형성에 이바지한 과정이 당연히 설명되기도 했다. 한 예로, "당 문화의 수입이 신라나 발해의 문화를 꽃피게 하는 데 크게 이바지하였다. 이리하여 문화의 역류 현상이 나타나기도 하였는데, 元曉의 불교사상이 당의 賢首에게 영향을 끼친 것과 같은 것을 예로 들 수가 있다"[19]든가, "일찍이 圓光 이래로 慈藏, 義湘, 圓測 등의 명승이 중국에 가서 불교를 배웠는데, 원측 같은 승려는 길이 당에 머물러 譯經과 著述 등으로 중국 불교의 발전에 공헌한 바가 컸다. 한편, 慧超는 인도에까지 가서 聖跡을 순례한 여행기인 『往五天竺國傳』을 남기어 유명하다. 이렇게 당에 유학하고 돌아오는 승려의 수가 많아질수록 당에서 성립된 여러 종파가 신라에도 전하여지게 되었다.… 이에 대해서 元曉는 여러 종파의 대립 의식을 배격하였다. 원효는 당대의 고승 중에서는 예외적으로 당에 유학하지 않았으나, 그의 학승으로서의 위대함은 당에서조차 존경을 받을

---

18 「바닌 교수의 『한국사신론』 서평에 답함」, 『삼일문화원소식』 21, 2002 : 『韓國傳統文化論』, p.282.
19 『한국사신론』 신수판, pp.102-106.

정도였다.… 원효의 『大乘起信論疏』는 중국에 전해져서 중국 화엄학에, 『十門和諍論』은 梵語로 번역되어 인도의 불교계에 각기 영향을 미치었다.… 萬佛山이라 하여 바람의 힘으로 종이 울리면 중들이 엎드려 절을 하도록 만든 장치를 갖춘 조각물도 만들었는데, 이를 본 唐의 代宗은 "신라의 기교는 하늘이 만든 것이지 사람의 재주가 아니다"라고 하며 감탄하였다 한다. 신라 기술의 발달을 여실히 말해주는 사실이라 하겠다.… 釋迦塔에서 발견된 『陀羅尼經』은 그 탑을 세우던 경덕왕 10년 (751) 이전의 것으로서 현존하는 세계에서 가장 오래된 목판인쇄물로서 유명하다.… 漢文의 사용 빈도가 늘어나고 불교와 유교가 널리 보급됨에 따라서 漢文學도 크게 발전하였다. 强首는 외교문서를 맡아 통일에 큰 공헌을 하였다고 하는데, 그가 지은 「金仁問을 놓아주기를 청하는 글」(請放仁問書)을 보고 唐 高宗은 눈물을 흘리며 이에 응하였다고 하므로, 그 문장력을 가히 짐작할 수가 있다"[20]고도 했다. 이러한 기술은 이기백사학이 동아시아 문화의 수용과 공유뿐만 아니라 한국문화의 동아시아 문화 창조에 대한 기여까지 관심을 기울였음을 보여주는 것이다.

3. 實證的 民族主義史學

이기백사학에서 '국수주의'란 고유한 문화를 지나치게 고집하는 경향이기도 하지만, 한편으로는 민족적 정서를 앞세워서 사실의 엄밀한 고증을 소홀히 하는 태도를 말하기도 한다. 따라서 이기백사학에서는 국수주의를 극복하기 위해 문화의 보편성을 강조할 뿐만 아니라, 역사

---

20 『한국사신론』 신수판, pp.115-122.

의 보편적 이론도 강조하게 된다. 왜냐하면 국수주의가 강조하는 '고유한 것'에는 고유한 문화뿐만 아니라 '특수한 역사성'까지 포함하고 있기 때문이다. 「植民主義史觀 論爭」이란 글에서 "고유한 것을 내세움으로써 식민주의사관을 극복할 수 있다고 믿는 주장은 최근에 이르러서 그 극단에 이른 듯한 인상을 주고 있다. 가령 『三國遺事』에 나오는 檀君의 건국에 관한 기록은 신화가 아니라 사실이라고 주장하는 따위가 그것이다. 만일 단군의 이야기를 신화라고 한다면 그것은 곧 식민주의사관의 영향이라고 몰아세우는 것이다.… 이러한 국수주의적 주장에 대하여 비판적인 입장에 있는 학자들은 식민주의사관을 보다 학문적인 차원에서 비판해야 한다고 생각하고 있다. 신화는, 그것이 신화로서 존재하였다는 사실에 일정한 역사적 의미가 있는 것이긴 하지만, 그것이 우리의 고유한 것이었다고 해서 그대로 역사적 사실로 믿으라고 하는 것은 비학문적이라는 것이다"[21]라고 하여, 국수주의가 강조하는 '고유한 것'에 대한 '학문적 비판'을 강조하였다. 국수주의가 '고유한 것'을 강조하는 경향을 '학문으로 비판'하는 구체적 방법은 '보편적 이론에 입각하여 구체적 증거를 가지고 분명한 역사적 사실을 확인하는 것'이다.

이기백사학의 '보편적 이론'에 의하면, "우리나라에서의 건국은 靑銅器時代가 시작된다고 추측되는 B.C. 10세기 이후여야 한다는 것이다. 이때에 건국된 古朝鮮을 위시한 여러 나라들은, 출토되고 있는 靑銅器유물의 독자적 성격으로 봐서, 우리 민족의 독자적인 국가였음은 명백하다는 것이다. 이렇게 보편적 이론에 입각하여 구체적 증거를 가지고 분명한 역사적 사실을 확인하는 것이 식민주의사관을 극복하는 확실한 길이라고 주장하는 것이다.… 더구나 일제의 식민주의 사관은 바로 일본

---

21 「植民主義史觀 論爭」, 『翰林學報』 1985년 4월 16일자 : 『韓國史像의 再構成』, pp.3-5.

의 국수주의자들에 의해 주창되었다는 사실이 주목되었다. 말하자면 국수주의사관과 식민주의사관은 한 물체의 두 면에 불과하며, 식민주의사관이 비판되어야 할 것이라면 그와 마찬가지로 국수주의사관도 비판되어야 한다는 것이다.… 이같이 식민주의사관을 대하는 국수주의적 입장과 보편주의적 입장은 크게 대립되고 있다. 그리고 이러한 대립은 결국 식민주의사관이 국수주의사관의 산물이었다는 사실을 모르거나, 혹은 알면서도 야합하는 사람들의 비합리적인 사고와 밀접한 관계가 있다고 해야 할 것이다."[22]

이른바 식민주의사관의 '지리적 결정론'이란 한국은 대륙에 붙어 있는 조그마한 반도에 있는 국가였기 때문에 어쩔 수 없이 약소국일 수밖에 없으며, 그로 인해 대륙의 강대국에 의존해서 그 명맥을 유지해 온 사대주의적 국가였다는 것이다. 이러한 주장에 대해 이른바 국수주의사관과 이기백사학은 명백하게 대립되는 논거에 의해 전혀 다른 비판을 가하게 된다. 전자는 "우리나라는 결코 반도국가가 아니었다. 우리의 영토는 과거에 만주를 포함한 광대한 것이었으며, 단군의 고조선도 대동강 유역이 아니라 요하 유역에 있었다. 심지어는 우리의 영토가 만주뿐만 아니라 북중국까지도 포함하고 있었으며, 따라서 현재 중국 역사에 편입된 많은 부분이 우리나라 역사로 고쳐져야 한다. 그러므로 우리는 강대국이었으며, 결코 약소국이 아니었다. 우리의 영토가 반도에 국한되어 있었다고 주장하는 것은 바로 식민주의사관의 잔재이며, 이러한 역사의 왜곡이 고쳐져야만 우리나라 역사는 바로잡아질 것이다"라고 한다. 이와는 달리 이기백사학은 이러한 주장이 바로 식민주의사관이 파놓은 함정에 빠지는 것이라고 비판하면서, "식민주의사관은 영토가 넓

---

22 상동.

어야 강대국이 된다는 지리적 결정론에 입각해 있는데, 그들도 바로 그러한 지리적 결정론의 신봉자이며, 일제의 어용학자들과 동일한 이론적 근거에 서 있다.… 이 같은 지리적 결정론에 입각하는 한, 식민주의사관을 극복할 수가 없는 것이며, 결국 스스로 그 식민주의사관의 신봉자가 되고 말 것이다"[23]라고 주장한다. 국수주의사관은 결국 식민주의사관이 지리적 결정론에 입각하고 있다는 점을 인식하지 못하고 그 지리적 결정론에 추종하는 주장이라는 것이다. 「현대의 韓國史學」이란 글에서도, "민족주의사학의 전통을 계승한 학자들 중에는 극단적인 國粹主義的 경향을 나타내는 경우가 있다"고 하면서, "그들은 檀君神話를 그대로 믿어야 한다든가, 혹은 古朝鮮이나 高句麗의 영토가 중국의 北京 일대에까지 미쳐 있었다든가 하는 주장을 내세우고, 그렇지 않은 학자들을 식민주의사학자라고 하는 것이다. 이것은 일제 식민주의사학이 일본의 국수주의에서 배태되고 영토가 넓어야 강대국이 된다는 지리적 결정론에 입각하고 있던 것과 꼭 같은 성격의 것이다"[24]라고 비판하였다.

이기백사학은 스스로 국수주의사관과 분리시키기 위해 다음과 같은 몇 가지 선을 그어두었다. 먼저, '감정' 즉 민족적 정서에 의해 역사를 서술해서는 안 된다는 것이다. 1981년에 있었던 「國史敎科書 改編 請願에 대한 國會 文公委에서의 陳述」에서 이 점이 분명하게 적시되었다. "어떻든 객관적인 역사적 사실로부터 현재의 우리에게 필요한 교훈을 배우는 것이 역사를 대하는 올바른 태도다, 저는 그렇게 믿습니다. 자기 감정을 가지고 역사적 사실을 어찌할 수는 없는 일입니다. 학문적인 논문에서 자기의 감정을 노출시키는 것은 분명히 학문 이전입니다.… 영

---

23 「植民主義史觀 論爭」, 『翰林學報』 1985년 4월 16일자 ; 『韓國史像의 再構成』, pp.5-6.
24 「현대의 韓國史學」, 『韓國學報』 41, 1985 ; 『韓國史像의 再構成』, p.102.

토가 넓으면 위대하고 영토가 좁으면 열등하다고 하는 식으로 국사 교육을 시켜서는 안 된다는 것입니다. 왜냐하면 그것은 일제의 식민주의 사관의 함정에 빠지는 것이요, 다음 시대를 이끌어 갈 학생들을 숙명론자, 비관론자로 만들 것이기 때문입니다. 士禍와 黨爭을 부끄러우니 빼자고 하는 의견도 문제라고 생각합니다. 왜냐하면 이것을 교과서에서 뺀다고 해서 은폐할 수 있는 성질의 것이 못되기 때문입니다.… 과거의 사실을 숨기기보다는 그로부터 많은 것을 배우도록 해야 하지 않겠는가, 부끄러운 것이 만일 있었다면 그렇게 한 되기를 배워야 하지 않겠는가, 이렇게 생각합니다."[25] 또한 「英文 韓國史의 問題」를 논하는 글에서도, "크게 본다면 한국민족도 세계의 여러 민족 중의 하나에 불과한 것이지만, 우리들에게는 우리 민족인 것이며, 따라서 객관적인 관찰보다는 주관적인 애착이 앞서게 된다. 이것은 물론 당연한 것이긴 하다. 그러나 그렇다고 감정을 앞세우고 민족을 생각하는 것은 도리어 민족에 해를 끼치는 경우가 많은 것이어서 반드시 바람직한 일이 되지를 못한다"[26]라고 하였다.

'감정' 뿐만 아니라 '주관'에 의해 역사적 사실이 날조 혹은 왜곡되어서도 안 된다는 것이이기백사학의 기본 입장이다. 그 한 예로서, 「韓國史學의 바른 길」이란 글에서 '역사적 사실의 객관적 인식'이 거듭 강조되었다. "주관에 의해서 역사적 사실을 날조 내지 왜곡하는 예를 보면 대체로 부당한 요구를 강요하기 위해서인 것이다.… 이러한 주관의 횡포에 대항하는 길은 학문적으로 객관적 사실을 제시하는 길밖에 없다.… 무어라 하더라도 한국사학이 實證史學의 기초 위에 굳게 서야 한

---

25 「國史敎科書 改編 請願에 대한 國會 文公委에서의 陳述」, 1981년 11월 27일 ; 『韓國史像의 再構成』, pp.35-47.
26 「英文 韓國史의 問題」, *Korea Journal* 10-2, 1970 ; 『민족과 역사』, p.69.

다고 강조하는 이유는 이러한 데에 있다.… 한국사를 올바로 이해하기 위해서 역사적 사실의 객관적 인식이 얼마나 중요한가를 힘주어 이야기하였다. 그러므로 최근 종종 조소를 머금은 어조로 운위되기조차 하는 實證史學은 결코 멸시되어서는 안 된다.… 실증사학이 비판을 받아야 한다면 단지 개별적 사실을 밝히는 작업을 하는 데 그쳤다는 점에 있을 것이다.… 한국사의 체계화는 객관적 사실을 토대로 하고 이루어져야 한다.… 엄격한 객관적 사실을 토대로 그 발전과정을 체계화함으로써 현재에 유익한 산 지식이 되어야 한다."[27]

이런 면에서 본다면, 이기백사학은 '실증적 민족주의 사학'이라 규정될 수 있을지도 모른다. '객관적인 역사적 사실에 대한 냉정한 인식의 필요성'이 거듭 강조되었기 때문이다. 특히 「현대의 韓國史學」이란 글에서는 '객관적 사실에 충실함'이 단호하게 요구되었다. "거짓 사실을 토대로 하고 내려진 결론은 결국 거짓일 수밖에 없다. 眞理를 추구하는 학문으로서의 歷史學이 이 거짓에 그 자리를 양보할 수가 없다. 그러므로, 어떠한 이유에서이든, 國粹主義的인, 門閥主義的인, 黨派主義的인, 혹은 階級主義的인 압력에 굴복하여, 역사적 사실의 객관성을 침해당해서는 안 되리라고 생각한다. 보는 관점에 따라서는 사실이 달리 보이는 게 아니냐고 주장하기도 하지만, 그러나, 이 관점에서 본 사실이 저 관점에서 본 사실 자체를 부정할 수는 없는 것이다. 진실이냐 허위냐 하는 것과, 이 관점이냐 저 관점이냐 하는 것과는 전혀 차원이 다른 문제인 것이다. 객관적 사실에 충실하는 것은 역사학의 전제조건인 것이며, 이 점은 한국사학에서 좀더 강조될 필요가 있는 것으로 믿는다."[28]

---

27 「韓國史學의 바른 길」, 『梨花史學硏究』 11·12, 1981 ; 『韓國史像의 再構成』, pp.68-70.
28 「현대의 韓國史學」, 『韓國學報』 41, 1985 ; 『한국사상의 재구성』, p.110.

물론 이기백사학이 스스로 민족적 정서의 구속에서 완벽하게 벗어나 있었다고 단언하기는 어려운 점이 없지 않아 있다고 생각한다. 그 한 예로, "신라가 발해와 함께 南北國의 형세를 이루며 대립하고 있었다"[29]고 하여 신라와 발해의 병존 시기를 南北國 시기로 규정하고, "事大主義라는 것이 우리나라에는 사실은 없었다고 지금까지 저는 주장해 왔고, 따라서 우리나라 역사를 서술하는 데서 사대주의라는 용어를 말살해야 한다고 주장해 왔습니다"[30]라고 하여 한국사상 대외관계의 주조는 事大主義가 아니라 완강한 저항이었다고 강조하였다. 또한 "조선을 청의 속방이라고 한 것은 청이었지 『한국사신론』의 저자가 아니라"[31]고 하여, 淸과 朝鮮의 관계가 宗藩關係였음을 인정하려 하지 않았다. 이처럼 본인 개인의 소견으로는 아쉽게도 '민족적 정서'나 '주관적 판단'의 흔적으로 읽히는 대목도 없지 않아 보인다.

그러나 이기백사학의 사관이 역사 서술로 표현된 『한국사신론』의 저자가 전반적으로 얼마나 철저하게 민족적 정서를 배제하고 객관적으로 서술하려 적극적으로 노력하였는지 간파하는 것은 어려운 일이 아니다. 그 대표적인 경우가 바로 衛滿朝鮮에 대한 재해석이었다. 「이기백선생 1주기 추모 좌담회」에서 강경숙 교수는 "제가 잊을 수 없는 대목이 위만조선을 이야기하실 때, '그 위만이라는 사람이 조선인이다'라는 것을 하나하나 풀어가면서 설명하셨는데, 그때 '학문은 이렇게 해야 하나보다'하고 어린 마음에 약간 충격이라고나 할까요"[32]라고 회고하여, 1958

---

29 『한국사신론』 신수판, pp.102-106.
30 「國史敎科書 改編 請願에 대한 國會 文公委에서의 陳述」, 1981년 11월 27일 ; 『韓國史像의 再構成』, p.29.
31 「바닌 교수의 『한국사신론』 서평에 답함」, 『삼일문화원소식』 21, 2002 ; 『韓國傳統文化論』, p.282.

년 당시에는 이기백 선생이 "위만이 조선인이었다"는 소신을 갖고 있었음을 증언하였다. 실제로 1967년에 출판된 舊版 『한국사신론』에서는 "衛氏朝鮮이 순전한 中國人 移住者들에 의하여 지배되는 植民地 政權이었다는 과거의 通念은 최근 學者들에 의하여 비판을 받고 있다. 그러한 비판의 論據는, 첫째 衛滿이라는 인물이 燕人이 아니라 朝鮮人이었으리라는 점에 있다. 그가 朝鮮으로 올 때에 상투를 짜고 조선옷을 입었다는 것, 그가 國號를 여전히 朝鮮이라고 했다는 것이 衛滿의 民族的 所屬에 대한 새로운 주장의 근거이다.… 이러한 점으로 미루어 생각할 때에 衛氏朝鮮은 비록 鐵器文化에 보다 친숙한 中國人 流亡民의 세력을 배경으로 했다고 하더라도, 中國人의 植民地 政權일 수는 없다"[33]고 하여, 李丙燾 선생의 衛滿朝鮮人說을 그대로 원용하고 있다. 그러나 1990년에 출판된 新修版 『한국사신론』에서는 전혀 다르게 기술되었다. "중국으로부터 동쪽으로 망명하여 오는 자가 더욱 많아졌다. 그러한 망명자 중의 한 사람인 衛滿은… 유망민들의 세력을 기반으로 그 힘이 커지자 준왕을 축출하고 스스로 왕이 되었다.… B.C. 4세기에서 3세기로 바뀔 무렵에 행해진 연의 침략에서 비롯하여 중국의 정치적, 군사적, 경제적 세력은 쉬지 않고 침투해 들어오고 있었다. 이러한 대세의 추이가 드디어는 위만으로 하여금 중국인 유망민 세력을 배경으로 하는 새로운 왕조를 건설케 한 것이다. 그러나 위만은 중국으로부터의 망명인이었을 뿐이므로 그의 왕조는 중국의 식민정권은 아니었다. 그는 자기의 허약한 왕권을 유지하기 위하여 고조선의 토착세력과 결합할 필요가 있었다. '相'이라는 직명으로 나오는 인물들이 바로 그러한 토착세력가였던 것으로 생각

---

32 「이기백선생 1주기 추모 좌담회」, 김태욱 외 편, 『민족과 진리를 찾아서』, 한림대학교 출판부, 2014, p.379.
33 『韓國史新論』, 一潮閣, 1967, p.27.

된다. 그러므로 위만조선은 비록 철기문화에 보다 친숙한 중국인 유망민의 세력을 배경으로 했다고 하더라도 중국인의 식민정권일 수는 없다. 오히려 고조선인의 세력을 바탕으로 한 연맹왕국적인 정권이었다."[34] 중고교 교과서에도 여전히 李丙燾 선생의 위만조선인설이 기술되고 있는 상황에서, 위만을 '중국으로부터의 망명인'으로 바꾸어 서술한 신수판의 이러한 改述은 민족적 정서를 철저하게 배제하여 객관적으로 사실을 인식하고 서술하려는 비장한 결의와 노력이 없이는 불가능한 일이었으리라고 생각된다.

'민족적 정서를 배제하고 객관적으로 사실을 인식'해야 한다는 이기백사학은 간혹 그 정도가 지나쳐서 지나치다 싶을 정도로 보수적으로 해석하는 경향도 나타나기까지 했다. 그 한 예가 古朝鮮의 영역 문제였다. 북한 학계가 선도하여 고조선의 영역이 遼東에까지 미쳐졌다는 학설은 이미 남한 학계에서도 일반적으로 수용한 상황에서도, 이기백사학에서는 여전히 대동강 유역설이 고수되었다. 「학문적 진리에 충실해야」한다는 글에서, "'고조선 초기에는 정치적, 문화적으로 遼寧 지역이 중심'이었다고 한 것이 학계에 공인된 학설이라고 할 수가 있을는지 모르겠다.… 다만 현재 그러한 주장도 상당히 강력하므로, 종래 대동강 유역으로 믿어져 왔으나 요하 유역이라는 설도 있다는 정도로 서술하는 것이 타당하리라고 생각한다"[35]는 견해를 제출하였고, 「史實 과장집필 말아야」한다는 글에서는, "古朝鮮을 문화권이 아닌 국가로 보는 경우에, 초기에는 遼寧 지역이 그 중심지였다는 것은, 아직 증명되지 않은 하나의 해석에 지나지 않는다. 『帝王韻紀』에 그렇게 적혀 있다고 주장하기

---

34 『한국사신론』 신수판, pp.37-40.
35 「學問的 眞理에 충실해야」, 『한국일보』 1987년 3월 28일자 : 『韓國史像의 再構成』, p.56.

도 하나, 필자가 우둔한 탓인지 아무리 읽어봐도 그러한 대목을 발견할 수가 없으니 답답한 일이다. 추측컨대 하권 맨 처음에, '遼東에 따로 한 乾坤(天地)이 있다'고 한 것을 들어서 말하는 듯하다. 그러나 이것은 조선 전체의 위치를 말한 것이지 요동이 중심지였다는 말은 아니다. 곧 이어 '큰 파도가 널리 三面을 둘러쌌다'고 한 데서 이는 쉽게 알 수가 있다"36는 입장을 고수하기도 했다. 실제 『한국사신론』 구판에서는 "古朝鮮은 大同江 유역의 平壤에 자리잡고 있었던 것 같다.… 이 古朝鮮 部族國家는 이어 大同江과 遼河 유역 일대에 흩어져 있는 여러 부족 국가들과 연합해서, 하나의 커다란 聯盟體를 형성하기에 이르렀다"37라고 하였는데, 신수판에서는 "성읍국가로서의 고조선은 阿斯達에 건국하였다고 한다. 아사달은 곧 훗날의 王儉城일 터이지만, 그 위치는 원래 대동강 유역의 平壤이었던 것으로 전해져 왔다. 그런데 최근에는 요하 유역이었다고 주장하는 설도 대두하고 있으며, 혹은 처음 요하 유역에 있다가 뒤에 대동강 유역으로 옮겼다는 설도 나타나고 있다"38라고 하였다. 지나치다 싶을 정도로 '조심스러운' 이 변화는 이기백사학이 얼마나 철저하게 '엄밀한 사실 고증'을 중시하였는가를 여실히 보여주는 사례이기도 하다.

또한 이기백사학은 '현재의 관심'을 기준으로 과거 역사적 사실을 善惡으로 가치판단하는 것을 거부하기도 했다. 잘 알려진 바와 같이, 이기백사학에서는 孫晉泰의 이른바 '新民族主義' 사관이 높이 평가되었다. 이기백사학이 손진태의 신민족주의와 일치되는 측면이 적지 않기 때문이다. 한 예로, 孫晉泰가 그의 『國史大要』의 自序에서 "역사학은 지난날

---
36 「史實 과장집필 말아야」, 『동아일보』 1987년 6월 8일자 : 『韓國史像의 再構成』, p.59.
37 『한국사신론』 구판, p.23.
38 『한국사신론』 신수판, p.34.

의 사실의 이야기 주머니가 되어서는 안 될 것이요, 민족의 장점만을 자랑하는 선전서가 되어도 안 될 것이요, 오직 진실하고 엄정한 과학이어야 할 것이다"라고 하고, "우리는 쇄국적인 배타적, 독선적, 사이비한 민족사상을 버리고, 개방적이요 세계적이요 평등적인 新民族主義 입지에서 우리 민족사를 연구하고 이해하여야 할 것이다"라고 한 것을 인용하여, 자신의 결론을 대신하게 한 적도 있다.[39] 그러나 신민족주의사관 역시 이기백사학에 의한 비판을 모면하지 못하였다. 왜냐하면 "신민족주의사관은 강한 현재적 관심의 산물"이라고 평가되었기 때문이다. 이기백사학에 의하면, "현재의 민족적 당위로써 내세운 절대적 기준에 의하여 史實을 비판하는 것은 결국 선과 악을 구분해 내는 일이 될 것임은 당연하다. 과거의 역사적 사실을 선과 악의 두 가지로 분류하여 가치평가를 하는 것은 다 아다시피 反復史觀의 특징이다. 그리고 이 반복사관은 현재의 관심에서 우러나온 가치판단의 기준을 직선적으로 역사적 사실에 적용하는 태도와 밀착되어 있는 것이다. 이것은 결코 바람직스러운 것이 못된다."[40] 현재를 기준으로 한 과거의 가치판단을 이기백사학이 배척한 것도 史實에 대한 실증적 이해와 서술을 강조하는 기본 입장의 자연스러운 연장이라 할 수 있다.

---

39 「學問的 眞理에 충실해야」, 『한국일보』 1987년 3월 28일자 : 『韓國史像의 再構成』, p.58.
40 「한국사 연구의 방법론적 반성」, 『제25회 전국역사학대회 논문 및 발표요지』, 1982 : 『한국사상의 재구성』, pp.78-79.

4. 한국사와 세계사

이기백사학은 국수주의사관을 비판하면서, 역사의 보편적 이론을 강조하였다. 즉 한국사라고 해서 인류사 혹은 세계사의 보편적 원리에 반하는 특수한 역사일 수는 없다는 것이다. 「신중해야 할 國史敎科書 修正」이란 글에서, "건국이란 국가를 건설했다는 뜻이다. 그런데 신석기시대인 기원전 2333년에 어떻게 국가가 건설될 수 있는가. 民族의 역사를 곧 國家의 역사로 보는 것은 낡은 王朝史觀에서나 찾아 볼 수 있는 일이다. 우리 민족도 엄연한 인류의 한 구성분자인 것이며, 人類史의 흐름을 어기고 발전해 온 특수민족일 수가 없는 것이다"[41]라고 단호하게 논급하였다. 『민족과 역사』 머리말에서도, "나는 한국민족을 하나의 고립된 존재로서보다도 인류 속의 한 민족으로서 생각하려고 하였다. 그것은 세계의 여러 민족들과의 상호 교섭 속에서 한국민족을 본다는 뜻에서가 아니다. 그보다도 세계 여러 민족 중의 하나로서 한국민족이 마땅히 누려야 할 시민권을 찾아야 한다는 뜻에서이다. 이런 견지에서 나의 관심은 한국민족이 세계의 다른 여러 민족들과 마찬가지로 지니고 있는 普遍性에 쏠리어 있었다. 말하자면 민족이 지니고 있는 特殊性을 보편성 위에서 이해하려고 노력하였다"[42]라고 하여, 한국사의 보편성을 강조한 바 있다.

신채호 등 일제시대의 민족주의 사가들을 비판하는 과정에서도 역사의 보편성이 강조되었다. "그들(신채호와 최남선의 민족주의 사학)의 민족관념이 지나치게 고유성을 강조하고 있다는 데에 문제가 있다. 신채

---

[41] 「신중해야 할 國史敎科書 修正」, 『동아일보』 1983년 1월 4일자 ; 『韓國史像의 再構成』, p.53.
[42] 『민족과 역사』, 머리말.

호의 경우가 특히 심하여서 거의 민족을 세계로부터 고립시키고 있다. 신채호가 역사를 我와 非我의 투쟁사로 본 것을 혹은 세계사적인 넓은 입장에서 서 있는 것으로 생각한다면 이것은 잘못일 것이다.… 최남선도 문화의 세계사적인 의의를 인정하면서도 한국의 독자적인 위치를 밝히려는 의욕을 나타내고 있다.… 현대의 역사학은 세계사적인 관점에서 사회와 문화의 발전과정을 구명하는 것을 중심과제로 삼고 있다. 이것은 단순히 대외적인 교섭 관계나 문화적인 교류 관계를 해명한다는 것이 아니다. 민족의 역사적 발전과정을 어떻게 이론적으로 체계화하느냐 하는 것이다. 물론 한국사는 한국사대로의 특수성이 있을 것임이 분명하다. 이 특수성은 그러나 영구불변의 민족적 성격이거나 민족정신이거나에 의해서 설명될 것이 아니라, 역사적 특수성으로 설명되어야 할 것이다. 한국사의 발전과정에 대한 올바른 인식은 곧 민족의 새로운 발견을 의미하는 것이다. 孤兒로서의 한국이 아니라 인류의 한 식구로서의 한국의 발견인 것이다. 현대 한국사학의 앞에 놓여진 무거운 과제는 여기에 있는 것이 아닐까. 그리고 이것이 과거의 민족주의사학을 계승, 발전시키면서도 이를 극복, 지양하는 길이기도 할 것이다."[43]「英文 韓國史의 問題」라는 글에서도, "한국사를 세계사적인 관련성을 갖도록 서술하는 것이 요망된다"고 하면서, "역사를 지배하는 법칙들은 어느 민족에게도 적용되는 공통적인 것이다. 여러 민족의 역사가 구체적인 양상을 달리하는 것은 그 많은 법칙들이 결합하는 양상이 서로 다른 데서 말미암는 것이다"[44]라고 하였다.

이렇게 '민족의 역사'를 역사 일반 혹은 세계사와 관련지어 생각하는

---

43 「民族主義史學의 問題」, 『思想界』 1963년 2월호 : 『민족과 역사』 pp.21-22.
44 *Korea Journal* 10-2, 1970 : 『민족과 역사』, p.67.

경우에 부닥치는 문제는 '민족사'를 처리할 구체적 방법이다. 여기서 이기백사학은 항상 '역사 발전의 법칙'을 거론하게 된다. "한국사를 세계사와 관련시키는 문제는 어느 다른 민족의 역사나 지역의 역사에서 얻어진 결론을 그대로 적용만 해서 될 성질의 것이 아니다.… 과거에 실증사학은 이론을 외면함으로 해서 단순한 기술로 전락하였었다. 그러나 이제는 이론을 이끌어내기 위한 작업과정으로서의 실증이 시도되어야 할 것이다. 역사학은 물론 구체적인 사실들을 시대적, 사회적인 연관 속에서 이해하는데 그 목적이 있다. 그러므로 법칙도 말하자면 구체적인 사실들을 체계적으로 이해하기 위한 하나의 전제에 지나지 않는다. 그러나 이것 없이는 구체적인 역사적 사실들이 체계적으로 이해될 수 없는 불가결의 것이기도 하다."[45]

이기백사학은 '역사 발전의 법칙'과 '역사의 보편성'에 관심을 갖고 있다는 점에서 이른바 민족주의사학, 특히 국수주의사관과 차별화된다. 그렇다고 해서 이기백사학이 社會經濟史學처럼 '역사발전의 보편적 법칙'을 모든 역사에 일률적으로 적용시키려 한 것은 아니다. 여기서 '한국사의 주체성' 문제가 제기된다. 「主體的 韓國史觀」이란 글에서, "他文化의 전래나 外軍의 침입 자체가 아니라 그 문화를 어떻게 받아들였는가, 또 그 침입에 어떻게 대처하였는가 하는 한국민족의 반응이 한국사의 줄기가 되어야 할 것이다.… 나는 한국사의 주체성이란 것을 기본적으로 이렇게 이해하고 있다"고 하면서, "비록 모든 민족들은 공통된 성격을 지니고 있다고 하더라도, 즉 같은 보편적인 역사법칙 밑에 놓여 있다고 하더라도, 그 법칙들이 구체적으로 결합하는 양상은 어디서나 같

---

[45] 「社會經濟史學과 實證史學의 問題」, 『문학과 지성』, 1971년 봄호 : 『민족과 역사』, pp.42-43.

을 수가 없으며, 따라서 각기 특수성이 있는 것이다.…한국의 역사는 그 자체에 대한 구체적 연구에 입각하지 않으면 이를 지배한 법칙들이 무엇이었는지를 이해할 수가 없게 된다. 이러한 연구태도를 바탕으로 해서 주체적인 한국사관이 성립할 수 있다고 믿는다. 이것은 인류의 보편성에 입각하면서도 민족의 특수성을 올바로 인식할 수 있는 가장 바람직한 한국사의 이해방법이 되리라고 믿는다"[46]고 주장했다. 이처럼 한국사의 보편성을 강조함과 동시에 그 주체성, 혹은 특수성을 아울러 주장한다는 점에서 이기백사학의 독특한 사학사적 위상을 확인할 수 있다.

5. 比較史學의 방법

한국사의 보편성과 특수성을 함께 아울러 추구하는 이기백사학에서는 비교사라는 방법론에 깊은 관심을 보인다. "역사적인 모든 현상은 서로 밀접한 유기적인 연관성을 가지는 것이며, 이러한 연관 속에서 구체적인 사실들을 이해하고, 그 사실이 지니는 역사적 의의를 밝히는 것이 중요한 일인 것이다."[47] 모든 역사적 현상은 서로 밀접한 유기적 연관성을 갖고 있기 때문에, 다른 역사와의 비교사적 검증을 통해 한국사의 보편성과 특수성을 함께 확인할 수 있다는 것이다. 이로 인해 『한국사신론』 신수판의 「서장」에서 "구체적으로 한국사와 다른 민족의 역사와를 비교해 보는 방법이 필요하다. 따라서 한국사의 보다 깊은 이해를 위하여는 比較史學의 방법이 더 널리 적용되어야 하리라고 믿는다"[48]고 하

---

46 「主體的 韓國史觀」, 『成大新聞』 1970년 9월 19일자 : 『민족과 역사』, pp.69-71.
47 「三國人의 外敵 對抗」, 『사상계』 1968년 3월호 : 『민족과 역사』, p.214.
48 『한국사신론』 신수판, pp.7-8.

였고, 「현대의 韓國史學」이란 사론에서도, "이론의 일방적인 적용보다는 오히려 比較史學의 방법이 더 바람직스럽게 생각되는 것이다"[49]라고 하였다.

『한국사신론』 신수판 序章에서는 한국사의 보편성과 특수성을 확보하기 위해서는 왜 비교사적 접근이 필요한지 다음과 같이 설명하고 있다.

"한국사의 주인공은 결국 한국인인 것이다. 이 한국인은 물론 한국민족이란 말로 대치시킬 수가 있다.…그런데 이들 여러 인간집단이 존재하는 양상이나 변화해 온 과정을 다른 민족의 경우와 비교하여, 어떤 점이 같았고 또 어떤 점이 달랐는가를 생각해 보는 것이 필요하다. 왜냐하면 한국민족도 결국은 인류의 한 구성원이고, 따라서 거기에는 인류의 다른 구성원들과 공통점이 있는가 하면 또 차이점도 있는 것이기 때문이다. 그리고 이 공통점과 차이점을 인식하는 것이 한국민족의 역사를 명확하게 이해하는 길의 하나가 되겠기 때문이다. 이러한 공통점과 차이점의 인식은 딴말로 한다면, 그 보편성과 특수성의 인식이 되겠다. 한국사의 보편성과 특수성에 대한 문제도 한국의 근대사학에서 이미 논의되어 오던 오래된 숙제이다. 대체로 본다면 민족주의사학이 특수성을 강조한 반면, 사회경제사학은 보편성을 강조해 왔다. 전자는 한국의 고유한 것을 인식하는 것이 곧 한국사의 이해라고 생각한 반면, 후자는 이른바 보편적인 역사 발전의 공식을 적용하는 것이야말로 한국사 연구의 핵심 문제라고 강조해 왔다. 그리고 이 두 개의 견해는 서로 대립된 채로 오늘에 이르고 있는 실정이다. 한편 실증사학에서는 특수성을 띤 구체적인 사실의 인식을 통하여 보편성을 이해해야 한다고 주장하였다. 한국사를 세계사의 보편성 속에서 인식하려는 것은 한국사학의 일단의

---

[49] 「현대의 韓國史學」, 『韓國學報』 41, 1985 : 『한국사상의 재구성』, p.111.

전진이었다. 그러나 종래에는 보편성을 강조했을 경우, 그것은 一元的인 입장에 선 것이었다. 즉 역사는 단 하나의 법칙에 의해서 지배되었고, 그것은 모든 민족에게 그대로 적용된다고 주장했던 것이다. 그러므로 이 일원적인 보편적 법칙에서 어긋나는 점들이 곧 특수성으로 인식되어 왔다. 그러면 여기서 특수성이라고 인식된 사실들은 원칙이 없는 우연으로 처리되게 마련이다. 그러나 한국사가 한국사로서의 면목을 드러내는 그 특수성이 우연에 의해서 설명된다는 것은 결코 학문적으로 바람직스런 결론이 되지 못한다. 특수성이라고 해서 그것이 아무런 법칙성이 없는 무질서한 것으로 생각할 수는 없겠기 때문이다. 이 잘못을 시정하는 길은 보편적인 법칙을 多元的인 것으로 파악하는 길밖에 없다. 즉 역사에 작용하는 법칙은 다원적인 것이지만, 그 여러 법칙들은 어느민족에게나 다 적용될 수 있는 보편적인 것이란 말이다. 다만 많은 법칙들이 어떤 민족의 역사에서 구체적으로 나타날 때에 그 결합하는 양상이 다른 민족의 경우와 같아질 수 없고, 그것이 곧 그 나라 역사의 특수성으로 나타나는 것이다. 한국사의 보편성과 특수성도 이러한 원칙에 입각해서 이해되어야 하리라 믿는다. 그러므로 역사에 작용하는 보편적인 여러 법칙들에 대한 이해가 깊으면 깊을수록 한국사에 대한 이해도 깊어진다는 말이 된다. 이 목적을 위하여는 구체적으로 한국사와 다른 민족의 역사와를 비교해 보는 방법이 필요하다. 따라서 한국사의 보다 깊은 이해를 위하여는 比較史學의 방법이 더 널리 적용되어야 하리라고 믿는다."[50]

「현대의 韓國史學」이란 글에서도, "한국사의 연구가 한국사 자신뿐 아니라 世界史의 이해에도 도움이 되도록 행해져야겠다.··· 실제와 어긋

---

50 『한국사신론』 신수판, pp.7-8.

나게 하면서까지 이론을 강요하는 것이 학문의 세계에서 용납될 수가 없다는 것은 명백한 일이다. 그러기에 이론의 일방적인 적용보다는 오히려 比較史學의 방법이 더 바람직스럽게 생각되는 것이다.… 한국사학은 단지 한국사 자체를 이해하는 데만이 아니라, 세계사를 이해하는 데에도 공헌할 수 있는 길을 찾게 되는 셈이다. 그렇게 함으로써 한국사학과 세계사학은 진정한 결합이 이루어지게 된다"[51]고 하며, 比較史學의 필요성을 강조하였다.

요컨대, 이기백사학에서 '비교사학의 방법' 즉 비교사적 방법론에 관심을 갖고 중시하는 까닭은 한국사의 보편성과 특수성을 각별하게 의식하기 때문이다. 즉 세계사의 '보편적 법칙'이란 一元的이지 않고 多元的이기 때문에, 세계사의 보편성 속에서 한국사를 이해함과 동시에 다른 나라의 역사와는 다른 한국사의 특수성도 아울러 이해해야 하며, 이를 위해서는 한국과 다른 나라의 같고 다른 점을 역사적으로 비교하는 이른바 '비교사학'의 방법이 필요하다는 것이다. 한국사를 이해하기 위해서는 세계사의 보편성을 이해해야 하지만, 이와 아울러 한국사의 특수성을 잘 이해하면 세계사의 보편성을 이해하는 데도 많은 도움을 받을 수 있다. 따라서 비교사학의 방법은 한국사의 특수성과 세계사의 보편성을 함께 이해하는 필수적 방법으로 중시되는 것이다. 『한국사신론』의 기술 과정에서 비교사학의 연구 성과들을 보다 적극적으로 폭넓게 수용한 까닭도 여기에 있을 것이다.

---

51 「현대의 韓國史學」, 『韓國學報』 41, 1985 : 『한국사상의 재구성』, p.111.

6. 맺는말

지금까지 이기백 선생의 『한국사신론』과 여러 史論들의 문장 가운데서 동아시아사와 관련한 주요 논급들을 거칠게나마 정리해 보았다. 그 결과 다음과 같은 몇 가지 특성을 확인할 수 있었다.

첫째, 이기백사학은 민족 고유의 문화만을 고집하는 국수주의사관을 배척하고, 한국 고유문화의 존재뿐만 아니라 외래문화, 특히 중국문화의 수용과 소화, 및 한국문화의 수출까지 함께 중시하는 균형감 있는 입장을 보여주었다.

둘째, 이기백사학은 사실의 엄밀한 고증을 소홀히 하는 국수주의사관을 비판하면서, 사실에 대한 엄격한 實證을 요구하였다.

셋째, 이기백사학은 사실의 실증 과정에서 민족적 정서나 주관적 판단, 및 현재의 관심을 기준으로 하는 사실의 가치판단을 철저하게 배제해야 할 당위성을 강조하였다.

넷째, 이기백사학은 세계사의 보편적 발전 법칙을 중시하여, 그것과 모순되는 사실의 해석과 서술을 거부하였다.

다섯째, 이기백사학은 세계사 발전 법칙이 갖는 多元性을 주목하여, 한국사의 보편성과 아울러 특수성에 대한 이해도 함께 이루어지기를 요구하였다.

여섯째, 이기백사학은 한국사와 세계사의 유기적 관련성을 중시하여, 다른 나라의 역사와 한국사의 같거나 다른 점을 比較史學의 방법으로 확인함으로써, 한국사와 세계사에 대한 이해를 함께 제고할 수 있을 것으로 기대했다.

한국사 서술과 사론을 통해 확인되는 이 같은 이기백사학의 특성들은 모두 필자가 이기백 선생을 사사하면서 경험한 학문적 체험의 내용과 대체로 일치하였다고 할 수 있다. 한국사 서술과 사론의 문장들에서 확인되는 이기백사학은 한마디로 요약한다면 '실증적 민족주의사학', 혹은 '합리적 민족주의사학'이라는 생각이 든다. 필자는 이 발표를 준비하면서 동아시아사학과 한국사학의 견고한 '화해'를 체험하였을 뿐만 아니라, 다음과 같은 실로 감동적인 문장과 만날 수 있는 부수적 소득까지 덤으로 얻게 되었다.

"역사가 지리적 조건의 영향을 받기는 하지만 그것이 역사를 좌우하는 결정적 요소는 아니다. 역사의 주인공은 인간이므로, 비록 영토는 좁더라도 강대국을 만들 수도 있는 것이다. 또 반드시 군사적 강대국을 만드는 것이 민족의 이상일 수가 없다. 오히려 사회적인 정의가 실현되는 이상국가를 건설하는 것이 바람직스러운 것이 아닌가.…"[52]

[『李基白韓國史學의 影響』, 韓國史學, 2015]

---

52 「植民主義史觀 論爭」, 『翰林學報』 1985년 4월 16일자 ; 『韓國史像의 再構成』, 1991, pp.5-6.

李基白史學과 民族問題

金塘澤 전남대학교 명예교수

1. 머리말

일찍이 이기백은

> 韓國史學이 당면하고 있는 문제의 초점은 결국 민족에 있는 것이다. 민족의 문제를 역사학의 견지에서 어떻게 이해해야만 가장 올바른 것인가 하는 데에 있는 것이다.[1]

라고 하여, 민족문제를 어떻게 이해하는가가 한국사 연구에서 중요하다는 점을 지적하였다. 한국사의 올바른 인식과 서술을 위해서는 민족문제에 대한 올바른 이해가 전제되어야 함을 강조한 것이다. 사실 민족문제가 한국사학계의 중요한 쟁점 가운데 하나라는 사실을 부인할 사람은 없을 것이다. 민족문제를 둘러싼 논의가 꾸준히 지속되고 있는 것으로 알 수 있는 일이다. 중국의 高句麗史 편입 시도나 일본의 歷史歪曲에 강경하게 대처해야 한다는 목소리가 높은가 하면, 한편에서는 민족을 강조하는 역사는 청산되어야 한다는 주장이 제기되기도 한 것이다. 그렇

---

1 이기백,「사회경제사학과 실증사학의 문제」,『民族과 歷史』신판, 일조각, 1994, p.41.

다면 한국사에서 민족문제는 어떻게 이해되고 서술되어야 하는가. 이기백사학을 통해 한국사에서의 민족문제 이해 방향을 알아보려는 것이 이 글의 목적이다.

이기백은 민족문제만을 전문적으로 연구한, 그에 대한 이론가는 아니다. 따라서 한국사학자의 민족문제에 대한 언급을 토대로 한 민족문제에 대한 전망이 만족할만한 결과를 얻을 수 있겠는가 의문을 제기하는 분들이 있을는지 모른다. 그러나 이기백은 민족에 대한 관심에서 한국사를 공부했고 민족문제를 염두에 두고 연구를 진행하여 여기에 바탕을 둔 개설서를 펴냈는가 하면, 이에 관해 어느 학자보다 많은 글을 발표해서 커다란 영향을 끼쳤다. 오늘날 민족문제에 관심을 가진 학자들에 의해 거론된 문제점들 대부분이 이미 그에 의해 어떠한 형태로든가 다루어졌던 것이다. 특히 주목되는 것은 그가 한국사의 역사적 사실들에 바탕을 두고 민족문제에 접근했다는 점이다. 따라서 민족문제에 관한 그의 견해는 민족문제를 전문적으로 연구한 외국학자들이 어떠한 주장 못지 않게 설득력을 지닐 수 있을 것으로 믿는다.

이기백사학을 통해 민족문제를 이해하기 위해서는 우선 기존의 민족문제 서술에 대한 그의 비판을 검토할 필요가 있다. 그는 日帝의 植民主義史學만이 아니라 국내 학자들의 민족문제에 대한 서술에 대해서도 비판한 바 있는데, 이기백이 어떤 점에서 그들의 의견에 동조했으며, 어떠한 점에서 견해를 달리했는가를 알아보는 것은 기왕의 민족문제 서술이 가지는 문제점을 아는데 도움이 될 것이다. 그러한 다음 민족문제에 대한 이기백의 견해를 검토하고, 이를 토대로 앞으로 민족문제는 어떠한 방향으로 이해되고 서술되어야 할 것인가를 알아보려고 한다. 이 글이 한국사의 민족문제 이해와 서술에 보탬이 되었으면 한다.

2. 기존의 민족문제 서술에 대한 이기백의 비판

　이기백이 일제의 식민주의사학을 조목조목 비판했음은 널리 알려진 사실이다. 일제 식민주의사학자들은 한국인의 민족성으로 事大主義나 黨派性을 설정하고, 이를 가지고 한국사의 구체적인 사실들을 해석했는데, 이기백은 1961년에 출간된 『國史新論』의 서문에서 그들의 견해를 비판했던 것이다. 여기에서 이기백의 논리를 일일이 거론할 필요나 여유는 없다. 다만 그의 주장의 핵심은, 특정한 시기에 정권을 담당한 소수의 인물들에 의해 빚어진 당쟁이나 사대주의를 한국인의 영구불변한 민족성처럼 이해하는 것은 잘못이며, 이를 가지고 역사적 사실을 해석하려는 것은 이미 역사학이 아니라는 것이다. 왜 그러했는가를 밝힘으로써 당시의 시대상황을 이해하는 것이 역사학인 점을 감안하면, 당연해 보인다. 이기백의 이러한 견해는 다음과 같은 역사적 사실에 대한 해석에서 보다 확연히 드러난다.

　百濟의 聖王은 왕 27년(549) 梁의 武帝에게 사절단을 파견하였다. 그런데 使臣 일행이 먼 바닷길을 건너 양의 서울에 도착하였을 때는 侯景이 이끄는 반란군이 그 서울을 점령하여 무제는 납치되고 궁성은 황폐해졌다. 이를 본 사절단 일행은 통곡하였다. 이러한 사실을 두고 일본의 今西龍은 백제의 사신들이 양의 학자로부터 배운 禮를 실습하였다고[2] 비꼬았다. 백제가 양에서 講禮博士를 초청한 사실이 있었음을 염두에 둔 소리였다. 이에 대해 이기백은, 이 사건이 있은 2년 후인 성왕 29년(551) 백제가 新羅와 동맹하여 한강 유역을 수복하기 위해 高句麗와 전쟁을 벌인 사실에 주목하였다. 따라서 백제의 사신이 통곡한 이유도 여

2　今西龍, 「百濟史講話」, 『百濟史研究』, 近澤書店, 1933, p.132.

기서 찾아야 한다고 주장했다. 北伐을 위한 군사적인 도움을 받기 위해 양에 파견된 사신으로서는 양의 멸망에 통곡할 수밖에 없었다는 것이다.[3] 결국 이기백은 일제 식민주의사학자들의 한국민족에 대한 의도적인 비하는 사실과 다르며, 더구나 이를 가지고 역사적 사실을 해석하려는 태도는 올바른 역사의 이해를 방해한다고 믿었기에 그들을 비판했던 것이다.

이기백은 민족의 우수성과 영광을 강조하는 역사서술에도 냉담하였다. 1970년대 중반 이후 일부 학자들은 국가기원을 높이고, 영토가 넓었음을 주장하였다. 그들은 檀君朝鮮은 사실로 믿어야 하며, 그 영토도 만주의 대부분을 차지했다고 했는데, 이에 대한 이기백의 비판은 자못 신랄하다. 그에 따르면 이러한 주장은 어리석고 유치한 것이며,[4] 민족을 드러내는 것이 아니라 오히려 욕되게 만든다는 것이다.[5] 사실 단군조선을 그대로 믿자는 것은 국민으로 하여금 바보가 되기를 강요한 것과 다를 바 없다. 바보 취급을 당한 국민들이 한국사에 애정을 가질리 없다. 그들은 한국사를 수준 낮은 것이라고 하여 외면할 것이다. 神話에서 찾아야 할 것은 구체적인 역사적 사실이 아닌, 그 사회의 양상이나 그 사람들의 사상인 것이다.[6]

이기백은 한국사에서 영토가 넓었다는 사실을 높이 평가하는데 대해서 회의적이었다. 역사는 무력에 의한 침략과 정복만으로써 가늠할 수 없는 것이므로,[7] 강대한 무력을 길러 다른 민족을 정복하는 것이 그 민

---

3 이기백, 「사대주의론의 재검토」, 『민족과 역사』, pp.174-175.
4 이기백, 「중국 여행에서 느낀 한국사의 문제들」, 『研史隨錄』, 일조각, 1994, p.119.
5 이기백, 「한국민족의 사회·문화적 기원」, 『韓國古代史論』 증보판, 일조각, 1995, pp.9-10.
6 이기백, 「단군신화의 문제점」, 『한국고대사론』, p.17.

족의 위대성을 증명하는 것으로 이해해서는 안 된다고 하였다. 그 예로 滿洲族은 漢族을 침략하여 지배했지만 도리어 그들에게 同化된 사실을 들었다.[8] 역사서술에서 영토가 넓었음을 강조하는 것이 얼마나 문제인가를 깨닫게 해주는 대목이다. 그런데 한국사에서는, 그것이 과연 누구를 위한 정복이며 영토확장이었는가에 대한 물음은 생략한 체, 廣開土王의 정복사업이나 高麗 肅宗·睿宗代 尹瓘의 女眞征伐, 그리고 朝鮮 世宗代의 六鎭 개척 등을 자랑스럽게 늘어놓는 경우가 적지 않다. 정복사업을 과장하기보다는, 전쟁으로 인해 민족구성원이 겪은 고통도 염두에 두고 그러한 사실들은 서술되어야 할 것이다. 그리고 이처럼 우리가 남을 정복한 사실이 자랑스러운 것이라면, 반대로 우리가 남의 침략을 받은 사실도 합리화되어야 하는가 하는 의문이 제기된다. 고려가 元의 간섭을 받은 사실이나 일본의 한국 지배는 어떻게 서술되어야 하는가 궁금한 것이다.

이기백은 異民族과의 투쟁을 강조하거나 排他的인 역사서술은 문제가 있다고 지적하였다. 그는

> (申采浩와 崔南善의) 民族主義史學이 지니는 문제점은 역사적인 발전에 대한 관념이 결여되어 있다는 데에 있을 것이다…대립과 투쟁을 지양하여 새로운 보다 높은 것으로 발전하는 데 대하여는 언급이 없는 것이다.[9]

라고 하여, 독립운동을 하던 신채호로서는 그럴 수밖에 없었을 것으로

---

7 이기백, 「삼국인의 외적 대항」, 『민족과 역사』, p.214.
8 이기백, 「주체적 한국사관」, 『민족과 역사』, p.70.
9 이기백, 「민족주의사학의 문제」, 『민족과 역사』, p.21.

이해하면서도, 신채호가 역사를 '我와 非我'의 투쟁으로 이해함으로써 민족을 세계로부터 고립시켰다고 안타까워했다. 역사는 대립과 투쟁을 지양해서 보다 높은 발전을 이룩해야 하는데, 대립과 투쟁을 강조하는 한 이는 이루기 어렵다는 것이다. 신채호의 영향을 받아 한국사를 공부하여, 고구려의 멸망과 北進政策의 좌절을 한스럽게 생각한 이기백이었고 보면,[10] 신채호에 대한 그의 이러한 비판은 뜻밖이다. 대외적인 투쟁을 강조하는 것은 궁극적으로는 민족을 세계로부터 고립시키는 것이고,[11] 이는 민족을 행복하게 하기보다는 불행하게 만든다고 판단한 때문이었을 것이다.

신채호 등 민족주의사학자들은 民族精神이나 민족의 얼·혼 등을 강조하고, 이를 가지고 한국사의 역사적 사실들을 설명하려고 했다. 식민지 치하에서 이를 유지하는 것은 매우 중요하다고 판단했기 때문이다. 이러한 그들의 의도를 몰랐을 까닭이 없는 이기백이지만, 그는 孫晉泰를 내세워 그들을 우회적으로 비판하였다.[12] 민족을 신비화해서는 안된다는 것이다.[13] 사실 민족정신은 역사적 용어가 아니며, 이를 가지고 역사적 사실을 설명할 수도 없다. 예컨대 신채호는 妙淸의 난을, 우리의 고유사상인 郎家思想의 소유자인 묘청 등과 유학자인 金富軾 등의 갈등으

---

10 이기백은 나라를 구하기 위해서는 역사로 민족을 깨우쳐야 한다는 점을 강조한 부친 李贊甲의 권유와, 滿洲에 대한 민족적 향수를 불러일으킨 신채호의 『朝鮮史研究草』와 咸錫憲의 「聖書의 입장에서 본 조선역사」를 읽고 한국사를 공부하게 되었다(이기백, 「학문적 고투의 연속」, 『연사수록』, pp.229-230).

11 이기백, 「사회경제사학과 실증사학의 문제」, 『민족과 역사』, p.41.

12 그는 "손진태는 민족을 말하되 조선심 조선정신 조선의 얼 조선사상 등의 말을 한 적이 없다. 극단적으로 말하면 이를 무시해 버린 듯한 느낌이다"(이기백, 「신민족주의사관론」, 『韓國史學의 方向』, 일조각, 1978, p.96)라고 하여, 조선정신을 우회적으로 비판하고 있다.

13 이기백, 「주체적 한국사관」, 『민족과 역사』, p.71.

로 설명했는데, 묘청과 정치적 견해를 같이 한 鄭知常이 유학자였다는 사실만으로도 신채호의 이러한 해석은 타당하게 여겨지지 않는다.

민족정신이나 고유한 문화는 1970년대 維新政權 아래에서도 강조되었다. 이에 대해 이기백은 민족문제를 '민족의 고유한 무엇을 가지고 해결하려는 것은 올바른 길이 못된다'고 못박는가 하면,[14]

> (민족정신에) 신비로운 베일을 씌우려고 하는 것은 나치스 독일이나 군국주의 일본에서와 같이 어떤 다른 목적이 숨어 있기 때문일 것이다. 한국민족의 힘이나 정신은 인류가 지니는 힘이나 정신이 한국민족의 구체적인 역사적 발전과정에서 나타난 것이라고 보아야 할 것이다.[15]

라고 하여, 민족정신을 강조하는 데에는 다른 정치적 목적이 숨어있다고 단언하였다. 실제로 민족정신이나 민족문화는 독재자들이 민족을 억압하는데 이용되는 경우가 종종 있었다. 국민의 일체감은 현실 정치를 통해 이루어져야 하는데, 이것이 불가능할 경우, 민족정신이 흔히 거론되었던 것이다.[16] 이기백은 일부학자들이 민족정신이나 고유한 문화를 들먹이면서, 격화된 사회 모순을 감추고 민족의 일체감을 조성시켜, 유신정권을 합리화시키려고 한 것을 비판했던 것이다.

1972년 유신정권의 성립으로 군사독재체제가 강화되자 일부 한국사학자들은 分斷構造를 해소하는 것, 즉 민족통일이 민주화를 위한 가장 중요한 과제임을 주장하였다. 유신정권이 국가 안보를 내세워 민주화의 요구를 차단하고 있었기 때문이다. 따라서 統一이 강조되는 등 민족문

---

14 이기백, 「사회경제사학과 실증사학의 문제」, 『민족과 역사』, p.41.
15 이기백, 「민족적 힘의 인식」, 『민족과 역사』, p.135.
16 吉玄謨, 「민족주의사학의 문제」, 『한국사 시민강좌』 제1집, 1987.

제는 한국사의 주요 과제로 부상하였다.[17] 그리고 1980년 광주민주화운동을 계기로 反美·自主化운동이 확산되는 과정에서도 민족문제는 역사학자들의 주요 관심사가 되었다. 그들은 우선 독재자들을 反民族的 인물들로 매도하였다. 그만큼 효과적인 매도 방법을 찾기 어려웠기 때문이다. 그리고 反共理念의 극복을 위해서 민족과 통일을 거론하였다. 해방 직후 친일파들로부터 제기된 반공이념은 그들의 親日을 호도하는데 기여했으며, 해방 이후에는 독재정권을 합리화하는데 이용되었기 때문에, 이를 극복하려는 과정에서 민족과 통일이 강조된 것이다.

이처럼 독재정권의 타도를 위해 일부 학자들이 민족과 통일을 강조한 데 대해 이기백은 어떠한 태도를 취했을까. 꼭 그들을 겨냥한 것은 아니지만, 그는

> 사람들은 때로 민족이 절대적인 존재이고, 민족의 통일이 지상의 과제라고 말해야 올바른 한국사학이 된다고 주장하기도 한다. 그러나 나는 민족도 眞理를 어기면 망하는 것이고 통일도 민족의 理想과 배치된다면 그것은 무의미하다는 사실을 알려주는 것도 한국사학의 使命이라고 생각하고 있다.[18]

라고 하여, 민족과 통일을 강조하는 것만이 能事가 아님을 지적하였다. 그는 한국사학계가 민족 혹은 통일이라고 하면, 그것이 주장하는 실제 내용이 어떤 것이든 간에, 이를 긍정적으로 평가하려는 태도는 매우 잘못된 것이라고 하였다. 민족이나 통일을 내세워 자기의 그릇된 주장을 위장하려는 경우조차 있는 것이고 보면 더욱 그렇다는 것이다.[19] 이기백

---

17 李萬烈, 「민족주의」, 『한국사 시민강좌』 제25집, 1999, pp.20-21.
18 이기백, 「인도 여행 단상」, 『연사수록』, p.115.

의 이러한 비판은 민족과 통일을 강조하여 독재정권을 극복하려는 역사학자들의 태도 역시 못마땅하다는 것과 다를 바 없다.

이기백은

> 민족 또는 민중이라는 특정한 대상을 가치판단의 절대적인 기준으로 설정하고 그에 따라 역사를 재단할 때 하나의 과학으로서의 역사학은 설 땅을 잃게 된다.[20]

라고 하여, 민족에 절대적인 가치를 부여하여 역사를 해석하는 것을 경계하였다. 민족을 신비화하는데 반대한 그였음을 염두에 두면 당연해 보이기도 한다. 그는 일찍이 민족 내부의 평등을 강조한 손진태를 높이 평가하면서도, 이를 가지고 역사적 사실을 해석하려 한데 대해서는 비판을 아끼지 않았다. 민족의 평등이 우리에게 필요한 것이라고 해서 이를 가지고 모든 역사적 사실을 판단해서는 안 된다는 것이다. 歷史的 事實에 충실해야 하는 것이 역사인데, 손진태의 이러한 태도는 비역사적인 것으로, 史實의 歷史的 意義에 대한 이해를 불가능하게 만든다고 그는 믿었던 것이다.[21]

민족에 절대적인 가치를 부여하여, 이로써 역사를 해석하려고 한다면 왜 그러한 역사적 현상이 나타나게 되었는가를 설명할 수 없게 된다. 이는 史實에 대한 올바른 이해를 방해할 뿐만 아니라, 다양한 역사해석을 불가능하게 만듦으로써 역사학의 존립기반을 위태롭게 만든다. 시대

---

19 이기백, 「과학적 한국사학을 위한 반성과 제의」, 『韓國史像의 再構成』, 일조각, 1991, p.129.
20 이기백, 『한국사상의 재구성』 머리말.
21 이기백, 「신민족주의사관론」, 『한국사학의 방향』, p.105.

에 따라 지역에 따라 변화하는 양상을 추적하는 것이 역사학이기 때문이다. 물론 현재적 관점이 역사에 반영되는 것은 불가피하다. 다만 이기백이 우려한 것은 그로 인한 역사왜곡이다. 즉 현재 우리에게 중요한 것이 민족이고 통일이므로 여기에 절대적인 가치를 부여하여 모든 역사를 해석하는 것이 정당하다면, 또 다른 현실적인 문제를 내세워 역사를 歪曲하는 것도 정당화되어야 한다. 그는 역사연구가 정치적인 목적에 이용되는 것은 어떠한 이유로도 용납될 수 없다고 믿었던 것이다.[22]

그렇다면 민족이나 통일을 내세워 독재정권을 극복하려는 역사학자들의 노력은 불필요하다는 말인가. 이기백은, 다음 장에서 구체적으로 언급되겠지만, 한국사를 自由와 平等의 확대과정으로 이해하였다. 역사의 전개과정을 이렇게 이해하면, 민족의 자유를 억압하는 독재정권이나 이를 합리화하는 분단은 마땅히 극복되어야 할 대상으로 드러나게 된다.[23] 따라서 한국사의 주된 흐름에 대한 거시적이고 체계적인 이해를 통해 분단이나 독재정권의 부당성을 드러내야지, 민족이나 통일에 절대적인 가치를 부여하여, 이를 바탕으로 역사를 해석하려는 태도는 그 방법에 문제가 있다는 것이 이기백의 견해이다.

민족이나 통일은 우리가 감히 거부할 수 없는 용어이다. 따라서 불합리하고 비논리적인 주장의 경우, 민족이나 통일이라는 너울을 뒤집어 씌워 이를 합리화시키려는 경우가 적지 않다. 이기백이 경계한 것은 바로 이점이다. 위에서 인용했듯이, 그는 민족도 眞理를 어기지 않아야 하며, 통일은 民族의 理想을 실현하는 방향으로 추진되어야 한다는 것을

---

22 白承鍾, 「"진리를 거역하면 민족도 망하고 민중도 망한다"— 역사가 이기백의 '진리지상주의'에 대한 몇 가지 생각」, 『역사와 문화』 9, 2004, p.306.
23 盧泰敦, 「해방 후 민족주의사학론의 전개」, 『現代 韓國史學과 史觀』, 일조각, 1991, p.26.

일깨우는 것이 한국사학계의 사명이라고 하였다. 민족이나 통일을 무조건 강조하거나 이를 통해 자신의 논리를 합리화시킬 것이 아니라, 진실로 민족을 위한 길이 무엇이며, 민족구성원을 위한 통일이 무엇인가를 한국사의 구체적인 사실들을 통하여 설명할 것을 요구한 셈이다. 이기백이 한국사의 올바른 인식과 서술을 위해서는 민족문제에 대한 올바른 이해가 전제되어야 함을 강조한 이유가 여기에 있다. 그는 역사가들이 민족을 내세워 비역사적 해석을 하는 것을 비판했다고 할 수 있다.

3. 민족문제에 대한 이기백의 견해

이기백은 民衆을 중시하였다. 그는, 신채호가 「朝鮮革命宣言」에서 민중을 강조하여 민족을 민중 속에서 발견하려고 했음에도 불구하고, 구체적인 역사서술에서는 이점이 드러나지 않고 이민족과의 투쟁만을 강조한 데 대해 아쉬움을 표시하였다. 한편 그는 文一平을 높이 평가했는데, 문일평이 민족을 민중과 일치시켜, 민중의 역사를 민중을 위하여 쓰려고 한 때문이었다.[24] 이는 민중이 민족의 중심이어야 한다는 논리와 다를 바 없다. 한국사에서 민중이 본격적으로 거론되기 시작한 것은 1980년 이후인데, 이처럼 이기백이 그 이전에 이미 민중을 강조했음은 주목된다. 그가 민중에 지대한 관심을 가지고 있었음은 1961년에 출판된 『국사신론』에서 민중의 생활을 소제목으로 설정한 사실에서도 엿볼 수 있다. 『국사신론』은 민중의 생활을 하나의 소제목으로 설정하고 이를 다룬 최초의 한국사 개설서였던 것이다.[25]

---

24 이기백, 「민족주의사학의 발전」, 『민족과 역사』, pp.28-29.

이기백은 자신이 평안도의 상놈 출신임을 당당하게 밝혔다.[26] 그리고 왕조나 귀족 중심으로부터 벗어나, 농민이나 상공업자를 중시하는 방향으로 나아가는 것이 역사의 발전이라고 하였다.[27] 그러한 만큼 그가 族譜에 대해서, '옛날의 신분적 질서를 유지·보전하고, 이에 의하여 인간을 차별하려는 노력의 산물이며, 이는 민주사회의 이상에 배치되는 것'이라고[28] 부정적인 평가를 내린 것은 당연하다. 선조의 업적을 본받아서 자기도 훌륭한 인물이 되겠다는 생각을 가질 수 있다는 점은 족보가 가지는 긍정적인 면인데, 그러나 반드시 사회적으로 널리 알려진 업적을 남겨야만 후손의 모범이 되는 것은 아니라는 점에서 이 역시 재고할 여지가 있다고[29] 그는 부언한다. 그가 역사상 화려하게 출세한 사람들보다는 낙오되고 잊혀진 사람들, '逸士'의 활동에 관심을 가진[30] 까닭이 여기에 있다. 그가,

충효열녀忠孝烈女 상하上下있소

라는 春香의 외침을 17·8세기 문학의 특징을 설명하는데 중요한 사료로 인용한 것은,[31] 춘향의 입을 빌어 상민이나 천민도 양반과 동등한 인격

---

25 민중에 관심을 표시한 연구자로는 이기백 이전에도 白南雲과 손진태가 있었다. 백남운은 『조선봉건사회경제사』, 1937에서 農民, 賤民(驛吏, 禾尺, 才人, 樂工 등), 奴婢를 「피지배층」으로 이해하고 그들의 법제적 지위를 다루었다. 한편 손진태는 『국사대요』에서 「귀족들의 약탈과 민중의 고통」이라는 항목을 설정했는데, 대부분의 서술이 민중의 고통보다는 귀족들의 약탈에 관한 것이다.
26 이기백, 「남강 이승훈선생의 일면」, 『연사수록』, p.270.
27 이기백, 「19세기 한국사학의 새 양상」, 『한국사상의 재구성』, p.271.
28 이기백, 「족보族譜와 현대사회」, 『韓國傳統文化論』, 일조각, 2002, p.163.
29 위와 같음.
30 이기백, 「한국사학에서의 逸士思想」, 『한국사상의 재구성』, p.214.

의 소유자라는 자신의 생각을 표현하고 싶었기 때문으로 이해된다.

　일제시대의 민족주의사학에 비판적인 이기백은, 해방 직후 손진태에 의해 主唱된 新民族主義史學에 대해서는 호의적이었다. 그가 손진태의 사학을 높이 평가한 까닭은 손진태가 귀족 중심의 역사서술을 비판했을 뿐만 아니라,

> 손진태가 개론을 서술하는 데 있어서 민족의 均等이라는 하나를 표준으로 삼은 것은 현명하고 정당한 일이었다고 생각한다.[32]

는 말에서 드러나듯이, 민족의 균등을 역사연구의 목표로 삼은 때문이었다. 손진태는 민족의 참된 행복의 길과 인류사회의 발전 향상, 그리고 평화를 가져올 수 있는 이론과 방법을 제시하는 것이 역사학의 임무라고 이해했는데, 이점이 이기백의 공감을 자아내게 했다. 이기백 역시 민족구성원간의 평등이야말로 민족이 추구해야할 중요한 과제라고 믿고 있었던 것이다.

　이기백은 평등의 실현과 더불어 자유의 확대를 역사발전의 중요한 척도로 이해하였다. 이는 그가 대학시절에 읽은 헤겔의 『歷史哲學緖論』과 같은 역사이론서에 크게 감명을 받은 결과였다.[33] 그리하여 그는 『한국사신론』에서 민족의 자유와 평등을 우리의 역사에서 도달해야할 궁극적인 목표로 설정하였다. 『한국사신론』의 마지막 장이 「民主主義의 發展」인 것으로 알 수 있다. 그가 『한국사신론』에서 남한의 독재정권이나 북한정권을 신랄하게 비난한 것은[34] 이와 무관하지 않다. 민족이라는 점 때

31　이기백, 『한국사신론』 신수판, 일조각, 1990, p.321.
32　이기백, 「신민족주의사관론」, 『한국사학의 방향』, p.99.
33　이기백, 「학문적 고투의 연속」, 『연사수록』, p.239.

문에 그들을 비호해야 한다는 주장은 성립되지 않는다. 민족구성원의 자유 평등을 해치는 경우는 같은 민족이라도 용납해서는 안 된다는 것이 그의 논리인 것이다. 결국 민족문제와 관련하여 이기백이 무엇보다 강조하고 싶어한 것은 민족구성원의 자유와 평등이었다.

민족구성원의 자유나 평등을 확대시키기 위해서는 민족의 독립이 전제되어야 한다. 독립을 잃으면 이를 위한 개혁도 소용이 없기 때문이다.[35] 따라서 이민족의 침략에 적극 항거해야 함은 물론이다. 그렇다면 배타적이어야 하는가. 이기백은

> 우리의 역사를 되돌아볼 때 외세에 대한 우리의 태도는 대체로 올바르게 나타났다고 생각한다. 가령 무력에 의한 침략에 대해서는 온 국민이 단결하여 반항해 온 반면에 우리의 문화를 발전시키는 것들은 크게 환영해 왔다. 불교를 받아들이고, 혹은 또 유교나 기독교를 수용하던 것은 모두 그 시기에 있어서 적절한 판단이었다고 생각한다.[36]

라고 하여 침략에 대해서는 적극 저항해야 하지만, 그렇지 않은 경우 외교적으로나 문화적으로 적대하거나 배타적이어서는 안 된다는 점을 강조하면서,[37] 우리는 역사상 '이러한 정당한 의견을 주장한 선각자들을 가지고 있었는데, 北學派가 그들'이라고 하여,[38] 구체적인 예까지 제시

---

34 이기백, 『한국사신론』 신수판, pp.486-487 참조.
35 이기백, 「우리 근대사를 보는 시각」, 『연사수록』, p.109.
36 이기백, 「민족의 발전과 외세」, 『연사수록』, pp.106-107.
37 그런데, "국가와 국가 사이에서 전적으로 선의를 가지고 접근해 오는 경우란 역사에서 찾아보기 어려우며, 선의와 침략을 구분하기도 어렵다. 일제의 침략조차 우리 민족의 발전과 이익을 위한다는 점을 내세우고 접근했던 것이다"(이기백, 「8·15와 주체의식」, 『연사수록』, p.94)라고, 그가 지적했듯이, 외국의 침략과 선의를 구분하기는 쉽지 않다. 여기에 민족문제의 어려움이 있다.

하였다. 북학파는, 丙子胡亂 이후 排淸崇明의 논리에 따라 청으로부터의 문물 수입이 봉쇄된 상황에서, 조선이 中華라는 의식의 허구성을 비판하고 조선의 낙후된 현실을 극복하기 위해서는 청의 문물을 배워야 한다고 주장했던 것이다. 그는

> 간혹 외래문화의 수용을 사대주의라 하여 이를 무조건 잘못된 것으로 생각하는 사람들도 있지만, 그것은 그릇된 생각이다.…높은 수준의 문화를 하루라도 빨리 받아들이면 그것은 그만큼 우리에게 이로운 것이며, 반대로 이를 거부하면 그것은 그만큼 우리에게 해로운 것이다.[39]

고 하였다. 타민족의 우수한 문화를 쾌히 받아들이는 진취적인 성격이야말로 새로운 문화의 창조에 필수적인 요소이다.[40] 그런데 새로운 문화의 창조는 곧 새로운 傳統의 수립이므로,[41] 훌륭한 전통의 수립을 위해서도 외래문화를 적극적으로 수용해야 한다는 것이다.[42]

외래문화의 수용을 적극 권장한 것에서 알 수 있듯이, 그는 우리가 당면한 문제를 해결하기 위해서는 다른 나라 역사도 참고할 것을 권한다. 모든 민족은 다 각기 비슷한 경로를 거치면서 오늘에 이르고 있기 때문이다. 예컨대 우리의 민주화를 위해서는 영국이 민주화 과정에서 겪은 문제를 참고해야 하는 것이다. 이는 곧 우리민족의 발전을 위해서는 다른 민족의 경험을 받아들여야 한다는 것과[43] 다를 바 없다. 그러므

---

38 이기백, 「한국인의 의타주의와 배외사상」, 『민족과 역사』, p.205.
39 이기백, 「민족의 발전과 외세」, 『연사수록』, p.107.
40 이기백, 「식민주의적 한국사관 비판」, 『민족과 역사』, p.8.
41 이기백, 「국사교과서 개편 청원에 대한 국회 문공위에서의 진술」, 『한국사상의 재구성』, pp.39-40.
42 이기백, 「민족문화의 전통과 계승」, 『민족과 역사』, p.157.

로 국사 교육 못지 않게 세계사 교육도 중시해야 한다고 주장한다.⁴⁴

이처럼 민족의 역사를 세계사와 관련지어 생각해야 한다면, 구체적으로 어떠한 방법으로 민족사를 서술해야 하는가. 이기백은 普遍性과 特殊性을 조화시켜야 한다고 했다.

> 민족이라는 것은 보편성과 특수성을 아울러 가지고 있는 것입니다. 만일 특수성이 없다면 민족으로서 생명을 잃고 맙니다. 그러나 한편 민족으로서 빛을 발하기 위해서는 온 세계 모든 사람들이 공감을 갖고 대할 수 있는 보편성을 지녀야 할 것입니다.⁴⁵

민족은 나름대로의 독자성을 가진다. 그런데 이러한 독자성은 인류라는 보편성과 분리해서는 생각하기 어렵다. 우리민족도 인류의 일원이기 때문이다.⁴⁶ 따라서 인류라는 보편성 위에서 한국 민족의 특수성은 빛이 나는 것이지, 인류를 배제하고 우리 민족만을 강조해서는 우리 민족을 드러내기 어렵다는 말이다. 그가 자신의 저서인 『국사신론』을 『한국사신론』으로 이름을 고친 것이나, 우리 나라의 문화유산은 단지 우리들의 자랑일 뿐 아니라 곧 세계의 자랑이라고 한⁴⁷ 이유가 여기에 있다.

우리 민족은 나름대로의 독자성을 가지므로, 우리 민족은 세계 여러 민족 중의 하나로서 마땅히 누려야 할 권리를 가지고 있다.⁴⁸ 그런데 우리 민족이 인류의 일원임을 감안하면, 우리 민족만이 아니라 인류를 구

---

43 이기백, 「주체적 한국사관」, 『민족과 역사』, p.71.
44 이기백, 「민족의 발전과 외세」, 『연사수록』, p.106.
45 이기백, 「한국사의 재인식」, 『연사수록』, p.80.
46 이기백, 「민족적 힘의 인식」, 『민족과 역사』, p.135.
47 이기백, 「독자에게 드리는 글」, 『한국사 시민강좌』 제23집, 1998.
48 이기백, 『민족과 역사』 머리말.

성한 모든 민족이 다 존립할 가치를 지니고 있다. 따라서 이기백은 한국 민족을 하나의 고립된 존재로서보다도 인류 속의 한 민족으로서 생각하였다. 그가 감정을 앞세우고 민족을 생각한다거나,[49] 민족적인 감정을 노출시키는 역사서술을 경계하는 등,[50] 민족주의적 경향은 마땅히 청산되어야 한다고 주장한[51] 까닭이 여기에 있다.

한국 민족을 인류 속의 한 민족으로 이해한 것으로도 알 수 있듯이, 이기백은 어느 한 민족이 남보다 뛰어났다고 하는 등 자만해서는 안된다는 점을 강조하였다. 남을 멸시하고 침략할 가능성이 있기 때문이다. 그는 그 구체적인 예로 일본의 제국주의를 들었다. 일본 제국주의자들은 자신들이 세계에서 가장 빼어난 우수한 민족으로 자처하였다. 그 결과 그들은 많은 역사적 죄악을 저지르고 결국은 패망하고 말았던 것이다.[52] 일본 제국주의자들을 통해 우리는 어떤 민족이 자신들만의 우수성을 주장하면서 다른 민족을 멸시하면, 결국 죄악을 저지르고 패망한다는 사실을 알 수 있게 되었다. 이기백은 이것을 역사적 진리로 이해하였다. 그리고 이러한 역사적 진리를 드러내는 것을 역사학자의 임무로 여겼다. 그는

> 학문을 한다는 것은 무엇인가. 진리를 찾아서 이 세상에 드러낸다는 것이 아니겠는가. 나는 이 작업을 하는 한 사람의 심부름꾼이길 원해 왔다. 그것이 민족과 인류를 살리기 위하여 살아남은 사람들이 감당해야 할 도리일 것이라는 생각이다.[53]

---

49 이기백, 「주체적 한국사관」, 『민족과 역사』, p.69.
50 이기백, 「영문 한국사의 문제」, 『민족과 역사』, pp.66-67.
51 이기백, 「중국 여행에서 느낀 한국사의 문제들」, 『연사수록』, p.119.
52 이기백, 「민족의 발전과 외세」, 『연사수록』, p.104.
53 이기백, 『연사수록』 머리말.

라고 했던 것이다.

위에서, 이기백은 진리를 찾아서 드러내는 것이 곧 민족과 인류를 살리는 것이라고 했다. 또한 그는 自撰 墓碑에 '민족에 대한 사랑과 진리에 대한 사랑은 둘이 아니라 하나다'라고 썼다. 왜 그런가. 진리를 찾아서 드러내고, 진리를 사랑하는 것은, 궁극적으로는 민족을 파멸로 이끌지 않을 원동력이 되기 때문이다. 그런데 이러한 진리는 민족을 강조해야 하는 현재의 필요성 때문에 종종 묻혀버리거나 왜곡되는 경우가 있다. 이기백이 '민족도 진리를 어기면 망한다'고 한 것은 이점을 경계한 것이었다.

이기백은 일제의 식민주의사학을 비판하였다. 외국의 침략을 비판하고 우리 나라를 외국의 침략으로부터 지키는 것은, 우리 나라와 외국 침략주의자와의 싸움일 뿐만 아니라 세계의 모든 침략을 당한 사람들을 위해서 침략자들에 대항하여 싸우는 것이라고 생각했기 때문이나.[54] 그는 그것이 한국사의 연구를 통해 인류에 기여하는 길이라고 믿었다. 따라서 그가 말한 진리는 우리 민족만을 위한 것이 아니라, 결국은 인류를 위한 것이었다. 따라서 우리 민족이 인류의 구성원으로서, 인류의 발전에 이바지할 수 있는 방법이 무엇인가를 강구하는 것이야말로 우리 민족을 사랑하는 것이라고 할 수 있다.

---

54 이기백, 「식민주의사관을 다시 비판한다」, 『연사수록』, p.92.

4. 맺는말

이기백은 민족문제를 서술하는 데 있어서는 무엇보다 민족구성원의 자유와 평등의 실현에 주목해야 한다는 점을 여러 차례 강조하였다. 그런데 민족구성원의 자유나 평등을 실현하기 위해서는 민족의 독립이 전제되어야 한다. 독립을 잃으면 개혁도 의미가 없기 때문이다. 민족의 독립을 지키기 위해서는 이민족의 침략에 항거하는 것은 물론이지만, 우리 스스로가 민족을 비하하는 일도 없어야 할 것이다. 예컨대 李光洙가 민족을 위한다는 점을 내세워 民族改造論을 주장했으나, 이는 일제의 식민통치에 도움이 되는 것으로 우리 민족에게는 해로운 것이었음은 그 대표적인 예가 될 것이다.[55] 따라서 일제의 식민통치가 우리의 사회와 문화를 발전시켰다는 생각 등은 납득하기 어렵다. 일제의 식민통치는 일인들을 위한 것이었지 한민족을 위한 것이 아니었기 때문이다. 이기백은 이러한 이해는 노예가 주인의 소유물을 자기의 것으로 착각하는 것과 마찬가지라고 하면서, 이러한 생각을 가지고는 자기발전은 있을 수 없다고 단언하였다.[56]

그렇다고 민족의 우수성이나 영광을 과장되게 드러내는 것도 바람직하지 않다. 역사서술에 있어서 민족정신이나 고유한 문화를 강조한다거나 정복전쟁이나 영토가 넓은 사실을 높이 평가하는 태도는 지양되어야 하는 것이다. 이러한 점들이 민족구성원을 행복하게 하기보다는 불행하게 만드는 데에 이용되었음을 고려하면 더욱 그러하다. 혹자는 애국심을 고양시키기 위해서는 이는 필요하다고 할는지 모른다. 그러나 애국

---

55 이기백, 「민족성과 민족개조론」, 『민족과 역사』, p.130.
56 이기백, 「8·15와 주체의식」, 『연사수록』, p.94.

심은 강요에 의해서가 아닌, 자발적으로 우러나야 한다. 영광으로만 가득 찬 허위의 역사는 그것을 배우는 사람들에게 애착과 친근감을 덜 주게 되므로,[57] 이는 도리어 국민들로 하여금 한국사를 외면하는 결과를 낳게 할 것이다. 만일 우리의 역사에 부끄러운 것이 있었다면 그것을 숨기기보다는 드러내야 할 것이다. 그렇게 안 되기를 배워야 하는 것이 역사이기 때문이다.[58] 결국 과장도 비하도 아닌, 인류의 일원으로서의 韓民族의 역사를 바르게 서술해야 하는 것이다.

한국 민족은 고립된 존재가 아닌, 인류 속의 한 민족이다. 따라서 민족감정을 부추기어 다른 민족과의 불화를 조장하는 것은 세계로부터 우리를 고립시킬 뿐이다. 그 때문에 이기백은 배타적이거나 민족적인 감정을 노출시키는 역사서술을 경계하였다. 역사적 진실은 밝히되, 이민족과 갈등을 조장하기보다는 조화롭게 살아가는 방법을 강구해야 할 필요가 있는 것이다. 모든 역사적 사실을 民族과 反民族의 구도로 설명한다거나, 민족에 절대적인 가치를 부여하여 이를 가지고 과거의 사실을 裁斷해서는 역사의 실상에 다가설 수 없다. 가능한 한 주관을 배제하고 역사적 사실을 이해하려 할 때 도리어 현실문제를 풀어나가는데도 도움이 되는 것이 아닌가 한다.

이기백의 학문적 출발은 민족에서 시작되었고, 실제로 그는 일제의 식민주의사학을 비판한 것으로 유명하다. 따라서 그를 편협한 민족주의자로 오해하기 쉽다. 그런데 민족문제에 대한 그의 견해를 검토해본 결과 그는 민족보다는 인류를 강조했음을 알 수 있다. 그가 인류를 강조한

---

57 姜萬吉, 「국정 국사교과서의 문제점」, 『분단시대의 역사인식』, 창작과 비평사, 1978, p.81.
58 이기백, 「국정교과서 개편 청원에 대한 국회 문공위에서의 진술」, 『한국사상의 재구성』, p.39.

까닭은 한국 민족이 고립된 존재가 아닌, 인류 속의 한 민족이기 때문이다. 우리 민족이 소중하면 다른 민족도 소중하며, 우리 민족에 애정을 갖는 사람이면 다른 민족구성원도 그들 민족에 대해 애정을 가지고 있다는 사실을 알아야 한다는 점을 그는 모두에게 깨우쳐주고 싶어했던 것이다. 그의 민족에 대한 사랑이 인류에 대한 사랑으로 확대된 이유가 여기에 있다.

[『역사학보』 190, 2006]

李基白의 中石器時代論 比較史的 硏究

盧鏞弼 한국사학연구소장

1. 서언 : 李基白韓國史學의 비교사적 연구 방법론

이기백(1924-2004)은 1985년 미국 아시아학회가 주최한 남북의 역사학자들이 함께 모인 학회에서 「현대의 한국사학」 구두 발표를 통해 현대의 한국사학이 '딛고 넘어가야 할 문제' 3가지 점을 제시하고 국내의 학술지에 게재한 후 자신의 저서에도 포함하였다.[1] 그 첫째는 객관적인 역사저 사실에 대한 냉징한 인식의 필요성이 보다 강조되어야겠다는 점, 둘째로는 그것을 입증해 주는 史料의 수집과 정리에 더 많은 관심을 쏟아야겠다는 점, 셋째로는 한국사의 연구가 한국사 자신뿐 아니라 세계사의 이해에도 도움이 되도록 행해져야겠다는 점이었다. 이 셋째의 문제와 관련하여서는 다음과 같이 상론하였음이 특히 주목된다.

<u>흔히들 바람직한 한국사의 연구는 어떤 역사학 이론을 한국사에 일방적으로 적용하는 것이라고 한다.</u> 그러나 그 결과 한국사의 실제는 그

---

1 「현대의 韓國史學」, 『韓國學報』 41, 1985 ; 『韓國史像의 再構成』, 一潮閣, 1991 ; 『현대 한국사학과 민족·사회』, 일조각, 2024. 특히 "[追記] 이것은 1985년 10월 美國 아시아學會에서 발표한 것이다. 당시 南北의 역사학자가 모여서 각기 그 연구성과를 보고했었다" 참조.

릇 이해되어 왔던 것이다. 실제와 어긋나게 하면서까지 이론을 강요하는 것이 학문의 세계에서 용납될 수가 없다는 것은 명백한 일이다. 그러기에 (㉠)이론의 일방적인 적용보다는 오히려 比較史學의 방법이 더 바람직스럽게 생각되는 것이다. 가령 신라시대 骨品制나 조선시대 兩班社會의 특징들을 밝히고, 이를 이와 유사한 다른 나라의 身分制나 社會相과 비교함으로써, 골품제나 양반사회를 보다 잘 이해할 수가 있을 뿐 아니라, 비교해 본 다른 나라의 신분제나 사회상도 보다 잘 이해할 수가 있게 되는 것이다. 이 점은 골품제와 같은 (㉡)특정 주제에 있어서뿐 아니라 역사 발전의 大勢에 있어서도 마찬가지일 것이라고 믿는다. 이에 이르러 한국사학은 단지 한국사 자체를 이해하는 데만이 아니라, (㉢)세계사를 이해하는 데에도 공헌할 수 있는 길을 찾게 되는 셈이다. 그리고 (㉣)그렇게 함으로써 한국사학과 세계사학은 진정한 결합이 이루어지게 되는 것이라고 믿는다.[2]

이 인용문의 첫머리에서 "흔히들 바람직한 한국사의 연구는 어떤 역사학 이론을 한국사에 일방적으로 적용하는 것이라고 한다"라고 지적한 대목 중 '어떤 역사학 이론을 한국사에 일방적으로 적용하는 것'이라고 함이 唯物史觀 자체를 말하는 것임에는 두말할 나위가 없겠다. 다만 북한의 학자들도 동석한 자리에서 직접 거론하기가 무엇하므로, 에둘러 이렇게 말했을 뿐이었던 것으로 가늠된다.

여하튼 그는 이러한 "이론의 일방적인 적용보다는 오히려 비교사학의 방법이 더 바람직스럽게 생각(㉠)"하고 있음을 밝히고, "특정 주제에 있어서뿐 아니라 역사 발전의 대세에 있어서도 마찬가지(㉡)"임을 강조하였다. 또 그렇게 함으로써 "세계사를 이해하는 데에도 공헌할 수 있는 길을 찾게 되는 셈(㉢)"이며, "그렇게 함으로써 한국사학과 세계사학은

---

2 『韓國史像의 再構成』, 1991, p.111 ; 『현대 한국사학과 민족·사회』, 2024, pp.240-241.

진정한 결합이 이루어지게 되는 것(ㄹ)"임을 천명하였다.

이렇듯이 "이론의 일방적인 적용보다는 오히려 비교사학의 방법이 더 바람직스럽게 생각"한 이기백은 槪說書『韓國史新論』新修版을 1990년에 출간하면서 그「序章 한국사의 새로운 이해」의 〈한국사의 체계적 인식〉 항목에도 반영하였다. 특히 '세계사의 보편성 인식'을 강조하면서 '비교사학의 방법 적용'을 아래의 대목에서 강조하였음이 주목된다.

> 한국사를 세계사의 보편성 속에서 인식하려는 것은 한국사학의 일단의 전진이었다. … 그러므로 역사에 작용하는 보편적인 여러 법칙들에 대한 이해가 깊으면 깊을수록 한국사에 대한 이해도 깊어진다는 말이 된다. 이 목적을 위하여는 구체적으로 한국사와 다른 민족의 역사와를 비교해 보는 방법이 필요하다. 따라서 한국사의 보다 깊은 이해를 위하여는 비교사학의 방법이 더 널리 적용되어야 하리라고 믿는다.[3]

이기백의 이러한 '비교사학의 필요성' 강조[4] 및 '비교사학의 방법' 적용 강조[5]에 대한 언급의 사례들을 그의 논저에서 전수 조사해보면, '비

---

3 〈韓國史의 體系的 認識〉,「序章 韓國史의 새로운 이해」,『韓國史新論』新修版, 一潮閣, 1990, pp.7-8.
4 이기백의 '비교사학의 필요성' 강조와 관련해서는, 金榮漢, 〈역사연구, 어떻게 할 것인가?〉,「이기백 선생의 꿈과 이상」,『李基白韓國史學의 影響』, 韓國史學, 2015, p.22 ; 이 책의 p.65에서, "선생은 트로브리안드섬 원주민 생활을 통해 우리의 역사적 사실을 보다 잘 이해하게 된 것을 기뻐하시며 역사의 보편성과 특수성의 이해를 위한 비교사학의 필요성을 재차 강조하였다"라고 술회한 바가 특히 주목된다.
5 이기백의 '비교사학의 방법' 적용 강조와 관련하여서는, 金翰奎, 〈比較史學의 방법〉,「이기백사학과 동아시아사」,『李基白韓國史學의 影響』, 2015, p.63 ; 이 책의 p.103에서, "따라서 비교사학의 방법은 한국사의 특수성과 세계사의 보편성을 함께 이해하는 필수적 방법으로 중시되는 것이다.『한국사신론』의 기술 과정에서 비교사학의 연구성과들을 보다 적극적으로 폭넓게 수용한 까닭도 여기

교사학의 방법' 이외에도 '비교사적 방법[6]'·'비교사적 고찰[7]'·'비교사적 연구[8]' 등의 용어도 구사하고 있는 사실이 찾아진다. 이 가운데서 '방법으로서의 비교사학'이라는 뜻으로서는 '비교사적 연구'가 더욱 적절한 것으로 여겨진다.[9] 그러므로 이를 취하여 本稿에서는 李基白의 중석기시대론에 관한 비교사적 연구에 천착하고자 한다.

에 있을 것이다"라고 서술한 바가 참고된다.
6 「韓國 古代史 硏究의 回顧와 展望 Ⅰ (1963-1967)」, 『歷史學報』 39, 1968 ; 『韓國古代史論』 增補版, 一潮閣, 1995, p.217.
7 「半島的 性格論 批判」, 『韓國史 市民講座』 1, 1987 ; 『韓國史像의 再構成』, 1991, p.20의 脚註 10).
8 「鄕土史 硏究와 그 方向」, 『대우재단소식』 22, 1987 ; 『韓國史像의 再構成』, 1991, p.94.
9 '비교사적 연구' 등의 용어와 관련하여서는 全海宗, 「歷史硏究·比較·比較史學」, 『東亞史의 比較硏究』, 一潮閣, 1987 ; 『韓國史 市民講座』 4, 一潮閣, 1989 ; 『동아시아사의 비교와 교류』, 지식산업사, 2000, p.13의 다음 대목의 서술 내용도 매우 요긴하다.

"'comparative history'나 '비교사학'이라는 용어 자체에는 확실히 목적과 방법의 두 가지 뜻이 내포된다고 생각된다. 그러나 목적으로서의 비교사학은 역사의 범위를 넘어서 비교문화론자들에게 있을 수 있는 것이며, 사학자로서는 방법으로서의 비교사학이 필요한 것이다. 그리하여 방법으로서의 비교사학이라는 뜻으로서 '비교사적 연구', '비교사적 접근' 혹은 '역사의 비교적인 연구'라는 표현이 적절한 것이라고 믿어진다."

이밖에 盧鏞弼, 〈비교사적 연구 방법의 준용〉, 「서론 : 통섭인문학의 지향과 비교사적 연구 방법의 준용」, 『한국고대인문학발달사연구』 (1) 어문학·고문서학·역사학 권, 한국사학, 2017, pp.11-12 및 노용필, 〈비교사적 방법의 적용〉, 「한국사 발전의 대세」, 『韓國史學史學報』 43, 韓國史學史學會, 2021, pp.368-369 참조.

2. 李基白의 중석기시대론 서술 내용 분석

李基白이 중석기시대론에 관해 서술한 것은 1982년의『韓國史講座』
Ⅰ 古代篇과 1990년의『한국사신론』신수판 및 1999년의『한국사신론』
한글판에서가 전부다. 이런 그의 중석기시대론에 관한 서술 내용 가운
데『한국사신론』한글판의 것은 신수판의 것을 그대로 한글로 전환한
것일 뿐이어서 별도의 분석이 필요치 않으나,『한국사강좌』Ⅰ 고대편의
것과『한국사신론』신수판의 것은 類似한 점도 있고 相異한 점도 있기
에 각각 분석하고자 한다.

1)『한국사강좌』Ⅰ 고대편(1982)의 李基白 중석기시대론 서술 내용 분석

그는『한국사강좌』Ⅰ 고대편의 저술에서 제2절「신석기시대의 사회
와 문화」에 관해 기술하면서 〈(1)신석기시대의 전개〉 항목을 설정하고
그 첫 세부 항목으로 '중석기시대와 신석기시대'를 설정하였다. 그러면
서 중석기시대론에 대해 다음과 같이 설명한 바가 주목된다.

> (가) 氷河時代가 끝나고 기후가 따뜻해지자 사람들은 이러한 환경의
> 변화에 적응하려는 새로운 움직임을 나타내게 되었다. 즉 細石器를 다
> 량으로 생산하여 이를 나무 같은 데 끼워서 창이나 화살과 같은 複合道
> 具를 만들어 쓰게 된 것이다. (나) 이러한 시기를 보통 중석기시대라고
> 부르고 있다. 아마 韓國에도 이 중석기시대가 있었을 것으로 추측되
> 나,[10] 아직은 확실한 中石器遺蹟이 발견되지 않고 있으며, 따라서 훗날

---

10 이 대목의 原文 脚註에는 이렇게 기록되어 있다. "金元龍,『韓國考古學槪說』, 一
志社, 1973, p.55. 최복규,「한국에 있어서의 중석기 문화의 존재 가능성」,『白山
學報』16, 1974." 이 내용을 확인해서 보다 상세하게 기록하면 다음과 같다. "金
元龍, 〈中石器文化〉,「舊石器 및 中石器文化의 問題」,『韓國考古學槪說』, 一志社,

의 조사에 기대할 수밖에 없다.[11]

그는 (가) 대목에서 빙하기가 끝나고 기후가 따뜻해지는 환경의 변화에 적응하기 위해 사람들의 새로운 움직임이 나타나 세석기를 다량으로 생산하여 나무 같은 데 끼워 창이나 화살과 같은 복합도구를 만들어 쓰게 된 것이 중석기시대임을 설파하였다. 이러한 그의 중석기시대론에 관한 개념 정의는 후술하는 바와 같이 중석기시대 자체에 관해 연구한 동서양의 학자들이 인정하는 내용을 토대로 한 것이므로 비교사적 연구의 견지에서 볼 때 그 蓋然性이 매우 높다고 해서 옳을 것이다. 그러므로 그도 (나) 대목에서 "이러한 시기를 보통 중석기시대라고 부르고 있다"라고 서술했던 것이며, 아울러 그 뒤에 곧이어 "아마 한국에도 이 중

1973, p.55 ; 1978, pp.57-58. 崔福奎, 「韓國에 있어서의 中石器文化의 存在 可能性」, 『白山學報』 16, 1974, pp.5-45." 다만 金廷鶴, 「考古學上으로 본 韓國民族」, 『白山學報』 1, 1966, pp.138-139에서도 이러한 연구 성과보다 앞서 중석기시대의 '존재 가능성'에 대해 언급하였으나, 신용하기 어렵다고 여겼는지 註記하지 않았다.

11 李基白, '中石器時代와 新石器時代', 〈新石器時代의 展開〉, 「新石器時代의 社會와 文化」, 『韓國史講座』 I 古代篇, 一潮閣, 1982, p.7. 다만 여기에는 참고 논문으로 적고 있지 않으나, 그 내용으로 미루어 金元龍의 1973년 『韓國考古學槪說』 저술에 앞서 金元龍, 〈중석기시대〉, 「韓國先史文化와 編年」, 『讀書新聞』 1972년 12월호 ; 『韓國文化의 起源』 探求新書 201, 1976, pp.72-73 ; 讀書新聞社 編, 『韓國史의 再照明』, 서울 : 民聲社, 초판, 1985 ; 중판, 1988, p.20에서 언급한 바 다음의 내용도 참고되었을 것으로 가늠된다.

"後氷期 초기에 해당하는 이 中石器 시대에는 滿·蒙 일대에서 華北 지방에 걸쳐 細石刃을 주도구로 하는 狩獵漁撈人들이 살고 있었으며, 그러한 중석인들이 한반도에도 들어 왔으리라고 생각되지만 아직 확실한 중석기문화는 발견되지 못하고 있다. 중석기문화는 빙하기에서 後氷期 초에 걸치는 자연환경의 변화 때문에 인류가 새로운 적응 방법의 개발을 강요 당하던 단계라고 할 수 있는데, 어느 의미에서는 후기 구석기문화보다 내용이 빈약해지고 있기 때문에 중석기문화의 발견과 판정은 쉬운 일이 아니며 「마스다질」 유적에서처럼 層位的으로 파악할 수 있는 유적의 발견이 요망되는 바이다."

석기시대가 있었을 것으로 추측되나, 아직은 확실한 중석기유적이 발견되지 않고 있으며, 따라서 훗날의 조사에 기대할 수밖에 없다"라고 했던 것 같다.

이렇듯이 비록 아직 확실한 중석기유적이 발견되지 않았고, 그래서 "훗날의 조사에 기대할 수밖에 없다"라고 서술하면서까지, 그가 중석기시대에 관해서 기술하였던 것 자체가 그의 생애 내내 견지했던 實證 중시의 서술 태도와는 부합되지 않는 것이기에 지극히 이채로운 면모라고 하지 않을 수 없다. 추측하건대 『한국사강좌』 고대편이라는 書名에 걸맞게 '강좌[12]'에 충실하면서 한국사학 자체의 발전 지향점을 나름대로 제시하려는 의도가 아마도 강하게 깃들었던 데에 따른 게 아닌가 싶다.

2) 『한국사신론』 신수판(1990)의 李基白 중석기시대론 서술 내용 분석

1982년 『한국사강좌』 Ⅰ 고대편을 저술한 후 1990년에 이르러 『한국사신론』 신수판을 저술하면서, 李基白은 그 이전 『한국사신론』의 어느 판본에서 전혀 그런 적이 없는 중석기시대론에 대해 서술하였다. 그 내용은 직전의 『한국사강좌』 Ⅰ 고대편 서술 내용과 비교하면, 類似한 부분도 있고, 전혀 相異하게 새롭게 서술한 부분도 있다.

    (A) B.C. 8000년경에 홍적세는 끝나고 충적세가 시작되었으며, 동시에 빙하기도 끝나고 기후가 따뜻해졌다. 이에 따라 빙하가 녹은 물로 말미암아서 해면이 점점 상승하게 되었고, 맘모스와 같은 짐승은 북쪽 寒帶로 옮아간 대신 토끼와 같은 빠른 짐승이 등장하였다. 이러한 빠른

---

12 '講座'에 관한 국어사전적 의미는, 이기문 감수, 『동아 새국어사전』, 두산동아, 초판, 1990 ; 제4판 제4쇄, 2003, p.78의 풀이 "②일정한 주제에 따른 강의 형식을 취하여, 체계적으로 편성한 강습회나 출판물·방송 따위." 참조.

짐승을 잡기 위하여 활을 만들어 쓰게 되었고, 또 잔석기(細石器)를 뼈나 나무에 판 홈에 꽂아서 낫이나 작살처럼 사용하는 모듬연장(複合道具)도 만들어 쓰게 되었다. (B)이 시기를 중석기시대라고 하는데, 구석기시대로부터 신석기시대로 넘어가는 과도기에 해당한다. 한국에서는 아직 확실한 중석기 유적이 발견되지 않고 있으나, 그것이 존재했을 것임은 거의 의심이 없다. 경남 上老大島의 조개더미(貝塚)의 최하층 유적 같은 것이 그러한 예의 하나로 지목되고 있다.[13]

앞 대목의 (A) 부분은 앞서 제시한 (가)부분과 비교해보면 유사하면서도 비교적 더 자상하게 설명하였음을 알 수 있다. 이는 『한국사신론』 자체가 개설서라는 점을 고려해서 그랬던 것이 거의 틀림이 없을 것이다.

이에 반해 뒷 대목의 (B) 부분은 앞의 (나) 부분과 비교하면, 새로운 내용으로 되어있는 게 확연하다. 중석기시대에 대해 '구석기시대로부터 신석기시대로 넘어가는 과도기'라고 정의하고, "한국에서는 아직 확실한 중석기 유적이 발견되지 않고 있으나, 그것이 존재했을 것임은 거의 의심이 없다. 경남 上老大島의 조개더미(패총)의 최하층 유적 같은 것이 그러한 예의 하나로 지목되고 있다"라고 기술하였음이 그렇다.

그가 이렇듯이 『한국사신론』 신수판에서 중석기시대를 '구석기시대로부터 신석기시대로 넘어가는 과도기'라고 한 개념 정의를 제시하고

---

13 李基白, '新石器人의 등장', 〈新石器人의 등장〉,「原始共同體의 社會」,『韓國史新論』新修版, 一潮閣, 1990, p.15 : '신석기인의 등장', 〈신석기인의 등장〉,「원시공동체의 사회」,『한국사신론』한글판, 일조각, 1999, p.15. 이 부분의 중석기시대론에 관한 서술과 관련하여 이기백은 〈참고〉란에 "최복규,「中石器文化」,『韓國史論』12, 國編委, 1983."를 유일하게 기재하였는데, 國史編纂委員會에서 기왕의 연구 성과에 대한 충실한 검토를 토대로 편찬한 『韓國史論』에 상세하게 pp.5-45에 걸쳐 서술한 이 글로 硏究史的인 정리가 이루어진 것으로 판단했던 것 같다.

"한국에서는 아직 확실한 중석기 유적이 발견되지 않고 있으나, 그것이 존재했을 것임은 거의 의심이 없다"라고 한 것부터가, 후술하는 바와 같은 중석기시대에 대해 동서양을 막론하고 세계의 학자들이 인정하는 내용을 토대로 한 것이었음이 분명하다. 그러므로 특히 비교사적 연구의 견지에서 볼 때 그 妥當性이 매우 높다고 하겠다.

3. Hodder M. Westropp의 중석기시대 개념 설정

선사시대 고고학의 시대구분에 관하여 종래에 석기시대-청동기시대-철기시대로 3시기로 설정되어 오던 것을 1865년에 John Lubbock이 '구석기시대the Palaeolithic period' - '신석기시대the Neolithic period' - '청동기시대the Bronze age - 철기시대the Iron age' 4시기로 구분하였다.[14] 그런데 머지않아 1872년에는 Hodder Michael Westropp이 석기시대만을 3시기로 세분하여 '첫 번째 또는 구석기시대The first or Palaeolithic' - '두 번째 또는 중석기시대the second or Mesolithic' - '세 번째 또는 신석기시대the third or Neolithic'로 제시하면서, 그 이후의 청동기시대와 철기시대는 그대로 설정하여 전체적으로 5시기를 구분함으로써 한 단계 진보하였다.

그의 이러한 고고학의 5단계 시기 구분에서 가장 주목되는 바는 무엇보다도 그 이전에 누구도 시도한 적이 없는 중석기시대의 설정과 그 특징을 매우 구체적으로 제시하고 있다는 점이라 하겠다. 이러한 면모는

---

14 John Lubbock(1834‐1913, 約翰·盧伯克), Divisions of Pre-historic archaeology into four periods, *Prehistoric Times*, London : Willams and Norgate, 1865, pp.2-3.

그 자신의 저서에 게재한 아래의 〈표 1〉 Hodder Michael Westropp의 〈인류·도구 발달 단계표〉에서 확연하다고 판단되므로, 이를 제시한다.

〈표 1〉 Hodder Michael Westropp의 〈人類·道具 發達 段階表〉[15]

TABULATION of the STAGES of DEVELOPMENT of MAN and IMPLEMENTS.

Stages of the development of Man.	Stages of the development of Implements.		Contemporaneous Animals.		Contemporaneous Trees in Denmark.	Contemporaneous Burials.
Barbarous	Palæolithic	Rough Flints.	Mammoth. Rhinoceros Tichorinus. Cave Bear, Hyena. Reindeer.			
Hunting	Mesolithic	Flint Flakes. Flints chipped into shape.	Red Deer. Wild Boar. Wild Ox.		Fir.	Tumuli. Stone circles. Body in a sitting posture.
Pastoral	Neolithic	Stone implements ground at edge. Stone implements all ground and polished.	Sheep. Ox. Goat.			Cromlechs Stone circles. Body in a contracted posture.
Agricultural	Bronze	Arrow-heads. Spear-heads. Swords. Flat celts. Palstaves. Socketed celts.	Sheep. Ox. Horse. Pig.	Domesticated.	Oak.	Tumuli. Cremation.
State	Iron	Celts. Spears, swords. Arrow-heads.	Cereals.	Wheat Barley	Beech.	Tumuli. Cremation. Inhumation.

Westropp의 이러한 중석기시대에 관한 견해는, 그 자신의 저술 Pre-Historic Phases에 잘 정리되어 있다고 정평이 있다.[16] 이러한 중석기시대

---

15 이 〈표 1〉은 Hodder Michael Westropp(?-1884), on the Sequence of Flint, Stone, Copper, and Bronze Implements, *Pre-Historic Phases*, London : Bell & Daldy, 1872의 본문 p.1 직전의 ⅹⅹⅳ에 게재되어 있으나, 학자들이 거의 주목하지 않아 여느 考古學史에서도 인용조차 하지 않은 듯하다. 그렇지만 본문 전체의 내용 전부를 일목요연하게 정리한 것이라 학술적으로 매우 의미가 크지 않나 싶다.

16 G. Daniel, *A Short History of Archaeology*, London : Thames and Hudson, 1981, p.102. 陳星燦, 「關于中石器時代的幾個問題」, 『考古』 1990-2, 1990, pp.135-142.

의 설정과 직결되는 저술 내용 중 그의 견해가 집약되어 있어 그 내용을 이해하는 데에 요긴한 부분만을 국역하여 제시해 보이면 다음이다.

(ⅰ) 부싯돌과 석기시대의 서로 다른 단계들 사이에는 그 차이가 너무나 뚜렷하여, 그것들은 사람에게서 볼 수 있는 문명의 위상에 상응하여 3단계로 나눌 수 있다.
1. 가장 열등하고 가장 야만적인 등급의 인간이 사용했던 것이 분명한 砂礫層 漂積物의 부싯돌 도구와 동굴 시기의 부싯돌 도구.
2. 잉글랜드, 아일랜드, 덴마크 및 다른 국가들의 地表面에서 발견되며, 짐승 사냥으로 살았던 사람들의 소유였던 부싯돌 도구들(부싯돌 薄片들과 조각난 부싯돌들)
3. 더욱 발전된 단계의 자국을 남기고 목축 시대의 흔적과 연관되었음이 발견되는 연마하여 광택이 있는 석기
(ⅱ) 조각난 부싯돌 연장과 광택을 내고 갈아서 만든 연장은 분명히 뚜렷한 목적을 위해 만들어진 것이다. 조각난 부싯돌은 명백하게 추격, 모든 종류의 죽이기 사냥, 그리고 또한 전쟁을 위해 조립된 것이다. 지상 도구는 수공예용, 나무 베기, 카누 속을 비우기, 목재 쪼개기 등이다. 앞엣것은 무기였고, 뒤엣것은 도구였다. 따라서 3가지 다른 단계를 구별하기 위해 다음 용어를 사용할 수 있겠다. 첫 번째 또는 구석기시대, 두 번째 또는 중석기시대, 세 번째 또는 신석기시대.
(ⅲ) 모든 나라, 심지어 가장 고대에 문명화된 나라들에서조차도 석기시대는 있었다. Franks가 관찰한 바와 같이, 돌도끼는 거의 세계 전역에서, 유럽의 대부분 지역에서, 그리고 소아시아, 이집트, 아시리아, 인도, 중국, 자바, 일본에서 발견되었으며, 북아메리카와 남아메리카, 북아프리카와 남아프리카, 서인도 제도, 뉴칼레도니아, 뉴질랜드 및 오스트레일리아에서도 마찬가지였다. 후자의 일부 국가에서는 여전히 사용되고 있다. 같은 일반적인 유형이 이런 나라들 모두에 퍼져 있지만, 고고학자는 일반적으로 형태와 재료의 미세한 차이에 따라 표본이 파생

등 참조.

된 지역성을 결정할 수 있다.

(iv) 예를 들어, 아일랜드 돌도끼들은 일반적으로 비대칭이며 영국의 표본만큼 고도로 연마되지 않았으며 잉글랜드 남부에서는 그러한 도구의 일반적인 재료인 부싯돌로 거의 만들어지지 않았다. 스칸디나비아에서 온 것은 부싯돌로 만들어졌지만, 브리튼 諸島에서 발견되는 것보다 더 불투명하고 모서리가 더 네모나며 두께가 더 균일하다.[17]

이 대목에서 주요한 지적으로 손꼽을 수 있는 사안은 다음의 4가지로 살펴진다. 첫째는, (ⅰ)의 "2. 잉글랜드, 아일랜드, 덴마크 및 다른 국가들의 地表面에서 발견되며, 짐승 사냥으로 살았던 사람들의 소유였던 부싯돌 도구들(부싯돌 薄片들과 조각난 부싯돌들)" 대목에서, 이 '부싯돌'은 곧 원문의 'The flint implements(the flint flakes, and the chipped flints)'에서 보듯이 石英의 일종인 flint 자체 또는 石英 성분이 75% 함유된 완전한 glass 재질의 火山岩인 黑曜石obsidian을 지칭하는 것[18]이 아닌가 싶다. 따라서 곧 이들이 곧 중석기시대의 대표적인 유물이라는 지적을 한 셈인 듯하다.

둘째는, (ⅱ)의 "두 번째 또는 중석기시대" 대목에서, 이와 같은 '부싯돌 도구'를 사용하던 시기가 곧 중석기시대라고 규정하고 있음이다. 그리고 셋째는, (ⅲ)의 "거의 세계 전역에서, 유럽의 대부분 지역에서" "같은 일반적인 유형이 이런 나라들 모두에 퍼져 있"음을 지적하면서 한편으로는, "고고학자는 일반적으로 형태와 재료의 미세한 차이에 따

---

17 Hodder Michael Westropp, 3rd Stage, on the Sequence of Flint, Stone, Copper, and Bronze Implements, *Pre-Historic Phases*, London : Bell & Daldy, 1872, pp.64-66.
18 水野祐, 「中石器時代-打礫時代末期」, 『水野祐著作集』 7 通論日本古代史 1-打礫時代篇-, 東京 : 早稻田大學出版部, 1997, p.179.

라 표본이 파생된 지역성을 결정할 수 있다"라고 술회함으로써 중석기시대가 어느 특정 지역에만 국한된 게 아니었음을 분명히 지적하고 있는 점 역시 주목해야 마땅하겠다.

넷째는, 이러한 '표본의 지역성'을 云謂하면서 (iv)의 '아일랜드, 잉글랜드 남부, 스칸디나비아, 브리튼 諸島(iv)'를 지목하였음이다. 이는 앞의 (ⅰ) 대목에서 '부싯돌 도구(부싯돌 薄片과 조각난 부싯돌들)'의 출토지로 지목한 '2. 잉글랜드, 아일랜드, 덴마크 및 다른 국가들'과 거의 일치하는 바로, 이로써 중석기시대 표본 유적의 분포 상황을 살피는 데에 매우 요긴하다고 하겠다.

한편 이와 같은 Hodder Michael Westropp의 중석기시대에 관한 견해 피력과는 달리 그를 거론하지 않으면서, 프랑스의 생존하는 고고학자 Colin Renfrew의 중석기시대 개념 서술에서는 Jens Jacob Worsaae(1821-1885, 덴마크의 고고학자, 金斯·沃爾塞)의 중석기시대에 대해 언급하고 있어 견해의 차이를 엿볼 수 있다. 그렇기는 하지만, 중석기시대의 개념 자체에 대해서는 동일함을 견지하고 있음이 주목된다. 그 핵심 대목은 다음과 같다.

> 젠스 야곱 월사에가 밝혀냈던 것은 비록 그가 그러한 용어를 사용하지는 않았지만 지금 '중석기'와 '신석기' 사이에 그어지는 경계이다. '신석기Neolithic'라는 용어(그리스어의 'neo'는 '새로운new'이며 'lithos'는 '돌stone'이다)는 1865년 영국의 고고학자 존 러복에 의해 제안된 새로운 용어이며 토기를 만들어 내고 작물과 동물을 키우며 그리고 磨研된 석기를 사용하던 그러한 초기 사회를 위해 사용된 용어이기도 하다. 이전에 러복의 編年案의 구석기시대는 빙하 시기이며 동굴인들이 살았고 격지로 이루어진 석기를 사용하던 시기이다. 월사에의 중석기는 兩者 사이의 間期였다.[19]

말하자면 Jens Jacob Worsaae가 Hodder Michael Westropp과 같은 동일한 용어는 구사하지 않았을지라도, "'중석기'와 '신석기' 사이에 그어지는 경계"를 인정하였으므로, "월사에의 중석기는 양자 사이의 間期"임은 분명하다는 데에 이르고 있음을 주목할 필요가 있다고 하겠다. 따라서 Colin Renfrew가 비록 Hodder Michael Westropp의 견해를 참작하지는 못한 듯하지만, Jens Jacob Worsaae 역시 구석기시대와 신석기시대 양자 사이의 間期로 중석기시대론를 설정하였음을 확인시켜 주고 있음이 분명하다고 하겠다.

4. V. Gordon Childe와 Grahame Clark의 중석기시대 연구

Hodder M. Westropp이 1865년에 Pre-Historic Phases로써 중석기시대론의 개념에 대해 설정한 이후 중석기시대론 연구에 있어서 괄목할 만한 저술을 통해 里程標를 세운 연구자는 V. Gordon Childe와 Grahame Clark였다. 다만 그 둘의 연구에서는 보편성도 띠고 있으면서 동시에 개별성도 지니고 있으므로, 이를 잘 분간하기 위해서라도 이들의 연구서에 대한 세밀한 검토가 요긴하다고 믿어진다.

----

19 Colin Renfrew(1937-), the three ages, *Archaeology : The Key Concepts Edited by Colin Renfrew and Paul Bahn*, New York : Routledge Press, 2005, p.267. 國譯은 [英]科林·倫幅儒 保羅·巴恩 主編, 陳勝前 譯, 保羅·巴恩, 「三代論」, 『考古學 : 關鍵槪念』, 北京 : 北京人民大學出版社, 2012, p.268 ; 콜린 렌프류·폴 만 편저, 이성주·김종일 옮김, 「三代論」, 『考古學의 主要 槪念』, 진주 : 도서출판 考古, 2010, p.190을 참조하여 손질해서 제시하였다.

1) V. Gordon Childe의 중석기시대 연구

오스트레일리아의 V. Gordon Childe(1892-1957)는 1956년 *A Short introduction to Archaeology*의 저술을 통해 석기시대의 3시대 구분 즉 구석기시대—중석기시대—신석기시대에 관해 정리하면서, 중석기시대의 설정에 관해 상세히 서술하였다. 다음의 대목에서 특히 그러하여 대표적이라 할 수가 있겠다.

(A) 1859년 이후 洪積世 인류의 존재가 확인되고, 氷河시대의 堆積層은 물론 그것을 거슬러 올라가는 地層으로부터도 石器가 수집되기에 이르렀다. 이렇게 되자, 톰센(Christian Jürgensen Thomsen, 1788-1865)의 '최초 시대' 다시 말하면 석기시대는 분명히 다른 시대와 비교하여 불균형이 길어지게 되었다. 그래서 (ⓐ) <u>1863년에 그것은 2개 즉 구석기시대와 신석기시대로 구분되었다.</u> 멸종된 狩獵 동물의 遺骸와 함께 洪積層에서 발견된 打製石器는 구석기가 되고, 스위스의 湖上住居와 덴마크의 Dolmen 등에서 현존 種의 동물 혹은 家畜의 뼈 혹은 農耕을 나타내는 자료와 공존하는 제작물로 磨硏한 切斷用 도구들은 신석기가 되었다. 그 구분은 다음의 3가지 기준을 기초로 삼았다.
 (1) 地質學的으로 보아서 洪積世인가 現世[沖積世]인가
 (2) 기술적으로 보아서 석기의 칼날 만드는 방법이 깨드리는 것뿐이었나 磨硏도 가했나
 (3) 경제적으로 보아서 획득경제(식물채집)인가 농업경제(식료생산)인가
 당시 이 3기준은 전부 모순되지 않고 합치한다고 생각되었지만, 실제는 그런 게 아니었다. 그 때문에 결국, (ⓑ) <u>1921년 이후 제3의 구분으로써 중석기시대론이 추가되게 되었다.</u>
 오늘날 구석기시대는 홍적세와 동일하며, 사냥, 낚시 및 수집의 오래된 경제를 변하지 않고 이이가는 (ⓒ) <u>모든 홍적세 이후의 문화는 중석기시대로 분류</u>된다. 아니 오히려 그래야 한다. 실제로 이 용어는 호주,

남아프리카 공화국 또는 티에라 델 푸에고(Tierra del Fuego)의 현대 식량 채집자뿐만 아니라 북유라시아 침엽수 및 툰드라 지역의 후기 선사시대 문화에도 적용되지 않는다. 3시대는 연대기적, 또는 적어도 연속적인 분류를 위한 논리적이고 모호하지 않은 기초를 제공했다. 5시대는 그렇지 않다. 여전히 그것들조차도 어느 지역에서나 고고학적 시간의 구분인 연속적인 단계들을 표현하는 지역 기록의 부분들을 묘사한다.[20]

특히 간과해서는 안 될 대목은 "1863년에 그것은 2개 즉 구석기시대와 신석기시대로 구분되었다(ⓐ).", "1921년 이후 제3의 구분으로써 중석기시대론가 추가되게 되었다(ⓑ)." 그리고 "모든 홍적세 이후의 문화는 중석기시대로 분류된다.(ⓒ)"라고 언급한 대목이다.[21] 따라서 이로써 V. Gordon Childe가 중석기시대에 대한 정의의 핵심을 정리하여 제기한 사실을 확인할 수 있다고 하겠다.[22]

---

20 V. Gordon Childe, Prehistoic Periods and Cultures, Classification, *A Short introduction to Archaeology*, New York：Collier, 1956, p.43；New York：Macmillan Company, 1968, 38-39；V. G. チャイルド 著, 近藤義郎・木村祀子 譯, '三つの石器時代', 〈先史時代の時期と文化〉,「資料の分類」,『考古學とは何か』, 東京：岩波書店, 1969, pp.48-49；[英]戈等・柴爾德, 安志敏・安家瑗 譯, 陳淳 電校, 〈5. 史前時期和文化〉,「分類」,『考古學導論』, 上海：上海三聯書店, 2008, pp.24-25.
21 인용한 이 부분의 내용 가운데 (ⓐ)의 "1863년에 그것은 2개 즉 구석기시대와 신석기시대로 구분되었다"는 대목이 [John Lubbock(1834-1913)의 Pre-historic times, as illustrated by ancient remains, and the manners and customs of modern savages. London：Williams and Norgate, 1865에 의해서] 그랬다는 것으로, 또한 (ⓑ)의 "1921년 이후 제3의 구분으로써 중석기시대론가 추가되게 되었다"는 대목이 [프랑스의 고고학자 Jean-Jacques de Morgan(1857‐1924)가 제창]에 의해서 그랬다는 점은 近藤義郎 등의 日譯本에서 알게 되었는데, 면밀하게 검토해보니 Wikipedia japan의 특히「三時期區分法」의 서술 내용에 근거하여 그렇게 되었음을 확인할 수 있게 되었기에, 여기에 그 사실을 밝혀두고자 한다.
22 다만 그는 초기에는 言語學을 專攻하다가 후에 考古學으로 영역을 확장하여 연구하게 되었던 데에서 연유하는 것이었다고 추측되지만, 개념의 정의 혹은 재해

2) Grahame Clark의 중석기시대 연구

영국의 고고학자 Grahame Clark(1907-1995)는 1965년에는 *The Stone Age Hunters*를, 이어서 1980년에는 *Mesolithic prelude : the Palaeolithic-Neolithic transition in Old World prehistory*를 각각 저술하여 중석기시대의 연구에 커다란 진전을 가져왔다. 그러므로 이 두 저서의 저술을 통해서 그가 중석기시대의 연구에 어떠한 면에서 각각 공헌했는지 하는 점

석 등에서는 탁월한 능력을 발휘하였으나, 방금 앞에서 국역하여 제시하며 검토한 *A Short introduction to Archaeology*와 1956년 같은 해에 출간된 *Piecing Together the Past the interpretation of Archeological data*에서는 전혀 다른 견해를 피력하였음도 아울러 고려하지 않으면 안 된다고 판단된다. 이 책에서는 다음과 같이 앞의 내용을 전면적으로 부정하는 지적을 하고 있기 때문이다.
"전체 고고학 기록의 동등한 구분을 정의하기 위해(①) 구석기시대, 중석기시대 및 신석기시대를 구분하는 데 채택된 기준은 옹호할 수 없다. … 하위 단계를 정의하기 위해(②) 구석기시대, 중석기시대, 신석기시대를 구분하는 데에 사용되는 기준은 비논리적이라, 그래서 보다 일관되게 정의된 새로운 구분으로 알기 쉽게 내체되어야 한다. … 기술적으로나 일반적인 문화 콘텐츠의 관점에서 볼 때, 한편으로는 전기 구석기시대와 중기 구석기시대, 다른 한편으로는 후기 구석기시대와 중석기시대의 대조는 구석기시대와 중석기시대 사이의 대조보다 엄청나게 크다.(V. Gordon Childe, How long ago did that happen?, Piecing Together the Past the interpretation of Archeological data, New York : Frederick A. Praeger, 1956, pp.86-87 ; [英]柴爾德 著 ; 方輝·方堃楊 譯, 「那是多久以前發生的?」, 『歷史的重建 : 考古材料的闡釋』, 上海 : 上海三聯, 2012, pp.69-70.)"
요컨대 그는 "구석기시대, 중석기시대 및 신석기시대를 구분하는 데 채택된 기준은 옹호할 수 없다(①)."라고 지적하였을 뿐만 아니라 "구석기시대, 중석기시대, 신석기시대를 구분하는 데에 사용되는 기준은 비논리적이라, 그래서 보다 일관되게 정의된 새로운 구분으로 알기 쉽게 대체되어야 한다(②)."라고도 강변하였다. 그러므로 국역하여 인용하여 제시한 앞의 글 (A)과 뒤의 글 (B)에서 이렇듯이 상반되는 내용을 제시하고 있어 주의를 기울여야 한다고 하지 않을 수 없을 듯하다. 다만 그렇다고 하더라도 研究史的인 측면에서 1956년 어간에 V. Gordon Childe가 중석기시대의 심층적인 연구에 기여한 사실 자체를 부정할 수는 없겠다.

을 면밀하게 살펴보기로 하겠다.

(Ⅰ) Grahame Clark, *The Stone Age Hunters*(1965)에서의 중석기시대 연구

그는 書名에서도 여실히 드러나는 바와 같이 *The Stone Age Hunters*에서는 주로 중석기시대 사냥꾼들의 사냥술을 중점적으로 조망하며 당시 그 시대의 생활상에서의 발전에 대해서 논하고 있다. 특히 그 가운데서도 다음 대목이 가장 압축적으로 그런 내용을 담고 있으므로, 국역하여 제시한 후 세밀하게 검증해보고자 한다.

(Ⅰ) 경제적인 변화는 머지않아 본격적인 신석기시대 사회의 紀元前 7,000年期에 확립되기에 이르렀다. 본격적인 신석기시대 사회라는 것은 農業에 기초를 둔 사회이고, 그 技術은 磨製의 도끼와 큰 자귀를 포함한 부싯돌flint과 石製 도구의 사용에 기초를 두었으며, 보통은 土器도 제작하였다. 그리고 경제적 변화는 先史時代의 주된 테마인 보다 충분한 食糧 供給을 확립해서 移行하는 과정으로부터 보면, 단순히 이전보다 진전된 단계를 의미하는 것일 뿐이다. 우리가 이미 본 바와 같이, 초기의 인간은 狩獵民으로서의 용감함으로써 주로 菜食 위주였던 Hominid 種族의 血統으로부터 앞질러 나갔다. 게다가 구석기시대의 考古學을 연구하면, 이 분야에서 先史時代 사람들이 점차 숙련되어 가는 것을 떠올리게 한다. 결국 '向上된[後期] 구석기시대'의 사람들은 주로 손잡이를 부착하고, 또한 복잡한 狩獵 道具를 사용함으로써 한층 진보하는 것이 가능했다.
(Ⅱ) 또 다른 중요한 진전은 전문화된 무리 사냥이었다. 이를 통해 초기 가축화가 가능해졌고, 시간이 흐르면서 선택적 번식과 진정한 식량 저장소가 생겨났으며, 선사시대 기준으로는 짧은 기간에 문명 자체가 발생할 수 있었던 수단을 공급할 수 있는 저장소가 만들어졌다.
(Ⅲ) 오랜 기간에 걸친 가축화 과정을 '혁명Revolution'이라고 표현

하는 것은 명백한 단어 誤用이며, 구석기시대에 시작된 과정을 신석기시대라고 하는 것은 전혀 잘못이다. 수렵에서 초기 목축과 완전한 가축화까지 지배력을 강화하는 과정을 '변환Transformation'으로 묘사하는 것이 더 적합하며, 구석기시대의 생활 방식을 점진적으로 변용한 '과도기Transitional' 민족에게 주로 귀속시키고 신석기라고 제대로 부를 수 있는 최초의 사회가 출현한 후에야 변환 작업이 끝났다고 설명하는 것이 더 적합할 것이다.

(Ⅳ) 새로운 생활 방식의 고안자들이 남긴 고고학적 흔적을 살펴보면, 토기는 없지만 細石器의 광범위한 사용, 미늘 없는 낚싯바늘, 미늘 달린 槍鏃, 날카로운 부싯돌 날을 갖추기 위해 홈이 있거나 홈이 있는 장비와 같은 특수한 뼈 장비의 제조와 관련하여 유럽의 '과도기Transitional' 또는 중석기시대의 사람들과 큰 틀에서 일치한다는 사실을 발견하는 것은 놀라운 일이 아니다.

(Ⅴ) '向上된[後期] 구석기시대the Advanced Palaeolithic' 전반에 걸친 중석기인의 업적은 수렵과 채집의 오래된 경제에서 농경 경제로의 '변화transition'에 영향을 미쳤다는 점에서 본질적으로 동일하다. 그러나 우리는 서남아시아의 특정 지역에서 그의 역할이 독특한 상황을 창의적으로 활용하고 신석기시대 농민들이 글을 읽고 쓸 수 있는 도시 문명의 토대를 마련할 수 있는 길을 마련하는 데 있었다는 것을 인식할 수 있다.

(Ⅵ) 그들의 음식물 쓰레기에 관한 연구는 아직 매우 불완전하지만, Mount Carmel 동굴의 Natufian 유적지와 Jerico의 Tel-es-Sultan의 기슭 샘가에 있는 원래 야영지에서 나온 동물 뼈는 유럽의 후기 빙하기 순록 사냥꾼들이 만든 것과 비슷한 특정 무리와의 특별한 관계를 암시할 만큼 가젤[아프리카 영양의 일종]에 집중되어 있음을 보여준다. 반면에 돌절구와 절굿공이는 식물성 식품의 중요성을 반영하며, 부싯돌 날에 실리카 광택이 나는 칼은 곡물 풀을 수확했음을 시사한다. 이것이 야생인지 또는 번식으로 인해 변형되었는지 아닌지는 아직 샘플이 연구되지 않았기 때문에 알 방법이 없다. 중요한 것은 Natufian들이 이미 모든 수확 도구의 원형으로 입증된 것을 개발할 만큼 충분히 풀을 수확하는

데 집중했다는 사실이다.

(Ⅶ) 그런데도 그들의 유물은 전체적으로 중석기시대의 성격을 띠고 있었으니, 그들은 뒷면에 손질한 兩極이 있는 특정 초승달 모양의 것을 포함하여, 미늘 槍鏃, 미늘 없는 낚싯바늘, 가늘고 긴 홈이 있는 장비와 같은 다양한 뼈와 뿔 도구 등 수많은 細石器를 만들었다. 또한, 식물성 식량을 收穫하고 粉碎하는 데 사용되는 도구 일부가 야생 동물의 형태로 조각되어 있고, 수확용 칼의 뼈 손잡이가 동물의 머리로 끝나는 것과 돌 절굿공이가 동물의 발굽 모양으로 조각된 것도 흥미롭다.[23]

무엇보다도 그의 이 저술 내용에서 주목되는 것은 중석기시대를 '과도기'로서 종전의 수렵과 채집의 경제에서 농경 경제로 '변환' 혹은 '변화'에 대해 상론하고 있음이다. 특히 (Ⅲ)의 "'변환Transformation'으로 묘사하는 것이 더 적합하며, 구석기시대의 생활 방식을 점진적으로 변용한 '과도기Transitional' 민족", (Ⅳ)의 "유럽의 '과도기Transitional' 또는 중석기시대의 사람들과 큰 틀에서 일치한다는 사실을 발견" 그리고 (Ⅴ)의 "'향상된[후기] 구석기시대the Advanced Palaeolithic' 전반에 걸친 중석기인의 업적은 수렵과 채집의 오래된 경제에서 농경 경제로의 '변화transition'에 영향을 미쳤다는 점에서 본질적으로 동일하다" 대목에서 그러함이 여실하다.

동시에 그러면서 그 실제의 모습에 관해서 첫째, "결국 '향상된[후기] 구석기시대'의 사람들은 주로 손잡이를 부착하고, 또한 복잡한 수렵 도구를 사용함으로써 한층 진보하는 것이 가능했다(Ⅰ)"라고 설명하고 있음을 주목해야 한다. 둘째, "초기 가축화가 가능해졌고, 시간이 흐르면서

---

23 Grahame Clark, *The Stone Age Hunters*, London : Thames and Hudson, 1965, pp.111-115 : グレアム クラーク 著, 大塚初重 譯, 『石器時代の狩獵民』, 大阪 : 創元社, 1974, pp.111-115.

선택적 번식과 진정한 식량 저장소가 생겨났(Ⅱ)"다고 구체적으로 제시하였으며, 셋째, "돌절구와 절굿공이는 식물성 식품의 중요성을 반영하며, 부싯돌 날에 실리카 광택이 나는 칼은 곡물 풀을 수확했음을 시사한다(Ⅵ)"라고 서술하였음도 간과할 수 없다.

그러면서 이러한 면모들을 종합하여 결론적으로 그는 "그들의 유물은 전체적으로 중석기시대의 성격"을 띠고 있으며, "미늘 창족, 미늘 없는 낚싯바늘, 가늘고 긴 홈이 있는 장비와 같은 다양한 뼈와 뿔 도구 등 수많은 세석기"를 만들었고, "식물성 식량을 수확하고 분쇄하는 데 사용되는 도구 일부가 야생 동물의 형태로 조각되어 있고, 수확용 칼의 뼈 손잡이가 동물의 머리로 끝나는 것과 돌 절굿공이가 동물의 발굽 모양으로 조각된 것도 흥미롭다"(Ⅶ)라고 밝히고 있음을 특히 주목해야 마땅하겠다.[24]

(Ⅱ) Grahame Clark, *Mesolithic prelude · the Palaeolithic-Neolithic transition in Old World prehistory*(1980)에서의 중석기시대 연구

Grahame Clark는 앞서 살핀 1965년의 *The Stone Age Hunters* 저술을 통해 生物考古學bioarchaeology과 古經濟學palaeoeconomics을 발전시킨 이후에도 이러한 자신의 연구 성과를 토대로 세계고고학사에서의 중석기시대론의 위상 설정에 관해 지속적인 연구를 거듭하였다. 그리하여 1980

---

[24] 따라서 그의 이러한 연구 성과들을 종합적으로 고려할 때, Wikipedia의 그에 관한 서술 등에서 Grahame Clark는 이른바 生物考古學bioarchaeology의 새로운 地平을 열었노라고 인정받고 있다. 그리고 또한 그는 古經濟palaeoeconomy에 관한 집중적인 연구를 시도하여 당시의 經濟 實態 규정을 꾀하는 소위 古經濟學 palaeoeconomics을 발전시키는 데에 寄與했다고 평가되고 있음을 참고할 수 있다.

년에 이르러서는 그에 관한 저서로 *Mesolithic prelude : the Palaeolithic-Neolithic transition in Old World prehistory*를 또 출판하였다. 그 내용 중 중석기시대의 세계적인 양상에 대해 언급하고 앞으로 연구에 대한 전망을 제시한 대목만을 국역하여 제시하면, 아래와 같다.

 소위 약탈 경제에 의존하는 민족은 주로 농업을 기반으로 경제를 발전시킨 민족과 마찬가지로 생물학적 의미에서 충분히 재능이 있었다. 이는 동물과 식물은 물론 인간 스스로의 가축화에 이르는 긴 과정이 초기 시스템의 강화와 궁극적으로는 변형을 통해서, 또는 고고학, 중석기시대 또는 중간 단계로 지정된 다른 어떤 방식으로도 다른 사람들에 의해 수행될 수 없었다는 점을 반영한 것이라면 충분히 분명하다. 이것이 시사하는 바의 하나는 (㈎)서남아시아, 메소아메리카, 페루 연안의 일부 지역에서 이미 기록된 변혁의 과정이 세계 다른 지역에서도 진행되었을 가능성이 높다는 것이다. 국가의 성취로 특징지어지는 모든 문명은 반드시 그러한 변화의 결과인 경제적 기반 위에 놓여 있었을 것이다. 이것은 우리가 세계 선사시대에 대해 알고 있는 지식에 주요한 격차 중 일부를 정의한다.
 물론 우리는 (㈏)인도, 중국 또는 동남아시아의 가장 초기 농경 사회는 선사시대의 바로 이전 단계가 훨씬 더 완전히 이해되기 전까지는 결코 이해하지 못할 것이다. 선진 문화를 지탱했던 세계 모든 지역의 선사시대 중 중석기 또는 중기 단계에 집중적인 연구가 필요하다. 이 단계에 관한 연구만으로도 인류의 여러 다양한 문명의 기원에 대한 단서를 제공할 뿐만 아니라, 유럽이 처음에 그랬던 것처럼 거대한 영토의 원주민들에게 전파되고 그들에 의해 수용되고 변형되는 다양한 방식을 설명하는 데 도움이 될 것이다. (㈐)의심할 여지 없이 사실인 것은 석기시대의 중간 단계가 세계 대부분 지역에서 연구가 절실히 필요하다는 것이다.[25]

....
25 Clark, Grahame, conclusion, *Mesolithic prelude : the Palaeolithic-Neolithic transition*

그가 이 대목의 서술을 통해 제시한 것을 압축하여 정리하면, 중석기 시대가 유럽에만 국한된 게 아니라 한편으로는 "서남아시아, 메소아메리카, 페루 연안의 일부 지역에서 이미 기록된 변혁의 과정이 세계 다른 지역에서도 진행되었을 가능성이 높다는 것"(㉮)을 제시하였다. 또 다른 한편으로는, "인도, 중국 또는 동남아시아의 가장 초기 농경 사회(㉯)"까지도 그랬을 것으로 보고 있다. 그렇기에 그는 "의심할 여지 없이 사실인 것은 석기시대의 중간 단계가 세계 대부분 지역에서 연구가 절실히 필요하다는 것(㉰)"을 설파하고 있는 것이라 하겠다. 따라서 이러한 자신의 이러한 주장을 한마디로 함축하여, 書名을 Mesolithic prelude : the Palaeolithic-Neolithic transition in Old World prehistory라고 설정하여, 그야말로 기왕의 연구 성과를 충실히 반영하여 "중석기 서곡 : 고대 세계 선사시대의 구석기-신석기 전환"에 관한 정밀한 서술을 꾀하였고, 그러면서 이 시기의 역사 자체에 대한 현대인들의 인식 전환을 촉구하였다고 하겠다.

5. Henry Hodges와 Edward Pyddoke의 Briton 중석기시대 연구

Henry Hodges와 Edward Pyddoke는 중석기시대론의 생활상을 Briton 지역의 발굴 결과를 토대로 문장으로 서술하고, 대표적인 유적지 및 유물의 實狀까지 M. Maitland Howard의 도움을 받아 그림으로도 제시하였

---

in Old World prehistory, Edinburgh : Edinburgh University Press, 1980, pp.102-103 : グレイアム·クラーク 著, 增田精一 監譯, 小淵忠秋 譯, 「結語」, 『中石器時代 : 新石器文化の搖籃期』, 雄山閣, 1989, pp.113-114.

다. 더욱이 〈물가생활Waterside Life〉과 〈황야생활Man the Hunter〉로 양분하여 매우 구체적으로 재현함으로써, 현장의 모습을 실감 나도록 정리하였음이 특색이라 할 수 있겠다.

이러한 저자들의 저술 의도를 잘 전달하기 위해서 원문의 국역문을 그대로 제시하는 것 보다 그 핵심 내용을 요약하여 일목요연하게 각각 도표로 작성하여 제시해보았다. 그리고 곁들여 각주에 그 원문을 제시하는 방법을 취하였다. 다만 자연경관 자체는 당시에 같았을 뿐만 아니라 사냥물의 종류 등도 그러했을 것이므로, 그렇게 정리하였다.

〈표 2〉 중석기시대 물가 생활상[26]

自然景觀	森林地帶 형성	자작나무, 소나무, 참나무, 느릅나무, 너도밤나무
立地	강가의 습지대, 해안가	
居住	쓰러진 목재 활용 → 플랫폼과 방파제 조성	
	여름 캠프 생활	
生業	사냥	야생조류, 짐승 : 엘크, 소, 사슴 등
	물고기 잡이	어류
道具	도끼	木製 자루 + 부싯돌 細石器
	낚시 바늘	동물의 뼈
	통발	버들가지
	작살	사슴의 뿔과 뼈
代表 遺蹟址	요크서Yorkshire주의 스타 카Star Carr	

26 〈물가생활〉의 國譯한 원문을 참고로 제시하면 다음과 같다.
 "마침내 빙하시대의 나머지 빙산 조각들이 모두 녹게 되자 북방의 순록들은 따뜻한 지방으로 먹이를 찾아 움직이기 시작했으며, 자작나무와 소나무를 시작으로 하여 참나무와 느릅나무, 그리고 너도밤나무에 이르기까지 식물과 수목들은 남쪽에서부터 점차로 퍼져 나가 온 지방이 삼림으로 뒤덮이게 되었다.
 이 시기에 브리튼에 살던 사람들은 새로운 환경에 적응할 수 있는 생활양식을 채택하였다. 엘크elk와 소, 사슴들을 사냥하며 또한 강가에 광범위하게 펼쳐진

〈표 3〉 중석기시대 황야 생활상[27]

自然景觀	森林地帶 형성	자작나무, 소나무, 참나무, 느릅나무, 너도밤나무
立地	모래 덮인 땅, 산등성이	
居住	움집	얕은 구멍 + 기둥 + 이엉과 잔 나뭇가지 엮은 지붕
	이동 생활도	
生業	사냥	야생조류, 짐승 : 엘크, 소, 사슴 등
		사냥용 개를 길들임

 넓은 습지대와 해안가— 현재의 북해까지 포함해서 —에서 물고기를 잡아 적절한 식량으로 삼았다.
 물고기를 잡는 낚시 바늘은 동물의 뼈로 만들었고, 통발은 버들가지를 엮어 만들었다. 또한 사슴의 뿔과 뼈는 홈이 파여진 갈래난 작살로 만들어 뱀장어와 같이 미끈미끈하여 잘 빠져나가는 물고기를 잡을 때 이용하였다.
 그러나 이러한 습한 늪지대에서는 새로운 식물의 생장이 힘이 들었다. 사람들은 숲이 우거지고 습지가 많은 이러한 새로운 환경에 잘 대처하기 위하여 작은 나무들을 베어낼 수 있는 부싯돌 도끼를 고안해 내기도 하였다. 때때로 그 습지대는 그곳에 쓰러진 목재들로 편평한 단, 즉 플랫폼과 방파제들을 세울 필요가 있었다. 이 목재들은 물이 차츰 빠져나가서 드러나게 된 그 진흙의 습지대에서 발견되었다.
 이 나무를 쌓은 플랫폼 부근에서 가족들은 여름 캠프 생활을 하며 이곳에 찾아 드는 야생 조류와 짐승들을 사냥하기도 하였다. 이 캠프 주위에 있는 나머지 잡동사니들 중에는 종종 도구로 만들기 위하여 잘리고 쪼개진 동물의 뼈와 사슴의 뿔이 발견되기도 한다. 그리고 이전에 만들었던 도구들보다 더 품질이 좋은 석기를 만들어 아주 날카로운 끝을 지닌 사냥 도구로 만들고, 그 반대쪽은 무디게 하여 송진을 발라 목재 자루를 달았다.
 옆의 그림은 엘크를 잡으려고 머리에 사슴뿔을 쓰고 위장한 두 명의 사냥꾼이 몰래 다가가고 있는 모습을 보여준다. 이 습지대는 요크셔Yorkshire주의 스타카Star Carr에서 찾아볼 수 있다."
M. Maitland Howard·Henry Hodges·Edward Pyddoke, Waterside Life, Man the Hunter : Middle Stone Age, *Ancient Britons How They Lived*, New York : Praeger Publishers, 1970, p.20 ; 에드워드 파이도크·헨리 호지스 지음, 노용필 옮김, 〈물가생활〉, 「중석기시대」, 『고대 브리튼, 그들은 어떻게 살았을까』, 일조각, 2009, p.22 참조.

道具	활, 화살	부싯돌 細石器 화살촉
	복합도구	반달 모양의 돌칼 + 나무 손잡이
交易	옷감	동물의 가죽
代表 遺蹟址	서레이Surrey의 아빙거 해머Abinger hammer	

27 〈황야생활〉의 國譯한 원문을 참고로 제시하면 다음과 같다.
"물고기를 잡던 중석기인들이 물가나 습지대에서 생활할 때 또 다른 중석기인들은 모래로 덮인 땅과 숲이 그리 울창하지 않은 건조한 산등성이에서 생활하였다. 그리고 그들은 활과 화살을 사용해 사슴과 새들을 잡았던 것으로 보여 지고 있으나, 나무나 동물의 뼈로 만들기보다는 이 시기 사람들이 활과 화살에 사용했던 많은 석기 화살촉이 발굴되어지는 것으로 보아 중석기인들도 여전히 부싯돌, 석기를 주로 사용했던 것으로 판단된다.
또한 그들은 작은 삼각형 모양이나 반달 모양의 돌칼에 하나에 자루를 연결하여 그 손잡이 창자루에 송진 처리를 한 더욱 발달된 복합 도구(모듬연장)를 만들어 내기도 하였다.
몇몇 장소에서는 그들이 지내기에 적합한 장소에 얕은 구멍을 내고 기둥을 세워 고정시킨 후, 이엉과 잔 나뭇가지를 엮어 지붕을 만든 움집이 발견되기도 한다. 그러나 여전히 그들은 새로운 식량감을 찾고 보유하기 쉽지 않게 되어, 보다 영구적인 보금자리를 얻기 위해 끊임없이 이동하는 생활을 해야만 했다.
오늘날 세계 각 지역의 사냥꾼들도 그러하듯이, 중석기인들은 부분적인 교역을 통해 생활을 하였고, 비록 그들이 얼마 동안은 그들만의 고유한 방식으로 살았다 할지라도 브리튼에 최초로 농경 생활을 하는 인류, 신석기인이 정착을 한 후에는 아마도 그들은 그 새로운 인류의 생활 방식을 따랐을 것이다.
다음의 그림은 중석기인들의 보금자리로 추정되는 가벼운 잔 나뭇가지로 만든 움집의 일종을 보여준다. 이러한 움집이 있었던 흔적은 서레이Surrey의 아빙거 해머Abinger hammer에서 찾아볼 수 있다. 동물의 가죽은 여전히 옷감을 만들기 위한 재료로 사용되었고, 개는 사냥을 목적으로 길들여진 최초의 동물로 인류에게 친근한 동물이 되었다."
M. Maitland Howard·Henry Hodges·Edward Pyddoke, *Ibid*, 1970, p.24 ; 에드워드 파이도크·헨리 호지스 지음, 노용필 옮김, 〈황야생활〉, 「중석기시대」, 같은 책, 2009, p.26 참조.

6. 中國의 중석기시대 개념 수용과 중석기 유적 연구 분석

中國 고고학에서 구석기시대와 신석기시대 중간에 중석기시대를 설정하고 그에 대해 詳論하며 매우 구체적으로 언급한 최초의 연구자는 裵文中이었다. 그는 1947년 중국의 특히 東北·內蒙·新疆 등 여러 區域의 細石器Microliths를 집중으로 분석하고 그러한 종류의 석기 문화를 '中國細石器文化'로 규정하였으며, 그러한 중국세석기문화가 발굴된 유적을 중심으로 4시기로 세분하여 시대구분을 제시한 바가 있다.[28] 그가 정리하여 제시한 내용을 토대로 이해를 돕고자 일람표로 작성해 본 것이 다음 〈표 4〉이다.

〈表 4〉 裵文中의 中國細石器文化 4時期 細分表

區分	遺蹟	時期 命名	時代 區分
1期	呼倫湖 부근 札賚諾爾	札賚期	中石器時代
2期	興安嶺 너머 嫩江 流域 龍江 부근	龍江期	新石器時代 初期
3期	熱河 北部 林西 중심	林西期	新石器時代 中期
4期	熱遼 區域 赤峯 중심	赤峯期(混合文化)	新石器時代 晚期

呼倫湖 부근 札賚諾爾 遺蹟을 札賚期라 命名하고 중석기시대로 보았던 자신의 이러한 연구에 대해서, 그러나 그는 훗날 1947년에 이르러서는 이를 신석기시대 早期의 것일 수 있다고 견해를 밝히기도 하였다.[29]

....
28 裵文中,「中國細石器文化略說」,『燕京學報』第33期, 1947 ;『中國史前時期之研究』, 北京 : 商務印書館, 1948 ;『中國學術叢書』第三編 第七十八卷 歷史 地理類, 上海 : 上海書店, 1992. pp.135-142.
29 裵文中, 〈中石器時代〉,「中國的舊石器時代—附中石器時代」,『日本の考古學』Ⅰ 先土器時代, 東京 : 河出書房, 1965 ;『舊石器時代之藝術』, 北京 : 商務印書館, 初版,

그렇기는 했지만, 여전히 그는 '중석기시대'라는 용어를 취하여 중국의 당시 문화 상태를 설명하는 것을 포기하기까지는 하지 않았던 것 같다.

이러한 상황에서 '중석기시대'를 포함한 고고학 전반의 시대구분을 위한 학술 용어 전반의 정확한 개념에 관한 이해가 요망되기 시작했던 것으로 보인다. 그리하여 宋文薰에 의해 1971년에 이르러 「史前時代」, 「舊石器時代文化」, 「中石器時代文化」, 「新石器時代文化」 전반에 대해 정리하면서 이루어졌다.[30]

그런데 이 작업은 그 자신의 독창적인 서술이 아니라, 같은 해에 臺北에서 출판된 芮逸夫 主編의 『雲五社會科學大辭典』에서 관련 부분을 인용하여 정리한 것이었다.[31] 그렇기는 하더라도 이러한 그의 『雲五社會科學大辭典』 관련 부분 내용의 인용·정리가 학문적으로 별반 의미가 없다고 평가할 수만도 없다고 여겨지는 것은, 主編 芮逸夫 자신이 「序言」 i 에 직접 밝히고 있는 바와 같이 서양에서 출간된 다음의 서적들을 참고하여 정리한 것이기 때문이다.

    Charles Winick, *Dictionary of Anthropology*, 1956.
    Ake Hultkrantz, *General Ethnological Concepts*, 1960.
    Julius Gould and W. L. Kolb, *A Dictionary of the Social Sciences*, 1964.
    D. L. Sills, *International Encyclopedia of the Social Sciences*, 1968.

    1999 ; 2版, 2000, pp.143-145.
30 宋文薰, 「史前時代人類的文化」, 『大陸雜誌』 42-1, 1971, pp.13-23. 그중에서도 pp.16-18의 〈中石器時代文化〉 부분에서 특히 그러하였다.
31 芮逸夫 主編, 『雲五社會科學大辭典』 第10冊 人類學, 臺北 : 臺灣商務印書館, 初版, 1971 ; 四版, 1975 ; 「史前時代」, pp.118-119. 「舊石器時代文化」, pp.307-309. 「中石器時代文化」, pp.69-71. 「新石器時代文化」 pp.247-251.

다만 구체적으로 각각의 내용이 어느 책 어떤 부분에서 인용하여 정리하였는지는 전혀 밝히고 있지 못하다. 그러나 이는 辭典이라는 성격상 불가피한 것임을 감안해야 하지 않나 싶은데, 비록 그러한 측면에서 다소 한계가 있으나 그렇더라도 당시에 이러한 국제적인 辭書의 내용을 종합해서 출간하여, 「史前時代」, 「舊石器時代文化」, 「中石器時代文化」, 「新石器時代文化」 전반에 대한 매우 구체적인 연구 성과들을 中國語로 정리함으로써 臺北에서건 北京에서건 그 내용을 제대로 이해하는 계기를 마련해주었다는 점에서 학문적으로 적지 않게 기여한 사실은 분명하다고 하겠다.

굳이 그러한 영향이었다고 단정하기는 쉽지 않지만, 여하튼 그 이후 1980년대 및 1990년에 중국에서는 중석기시대에 관한 연구들이 나오기 시작하였다. 黃河流域의 유적지 발굴을 통하여 중석기문화를 논하는 연구[32]가 나오고, 또한 그러한 중석기시대의 중요 특징에 관해서도 논의하기도 하였으며,[33] 그와 같은 중석기시대에 관한 문제들을 종합적으로 검토한 陳星燦의 정리[34]도 있다. 특히 陳星燦은 그 이후 1997년에 이르러서는 중석기시대 개념 자체에 관해 집중적으로 검토한 후 아래와 같이 그 개념이 세계적으로 수용되었음을 인정하는 글을 발표하기도 하였다.

1866년 H. Westropp은 중석기시대Mesolithic Age의 개념을 제시했다. 그는 1872년에 그의 저술 『史前時代』에서 새로운 생각을 다루었다. 그

---

32 邵望平, '中石器文化及新石器時代早期遺存', 〈黃河流域的新石器時代文化〉, 「新石器時代」, 中國社會科學院考古研究所 編著, 『新中國的考古發現和研究』, 北京 : 文物出版社, 1984, pp.33-35.
33 孫英民 主編, '中石器時代的主要特徵', 〈石器時代的定義與考時代特徵古〉, 「石器時代考古」, 『中國考古學通論』, 開封 : 河南大學出版社, 1990 ; 重印, 2009, p.34.
34 陳星燦, 「關于中石器時代的幾個問題」, 『考古』 1990-2, 1990, pp.135-142.

러나 그가 말하는 중석기시대는 早期 舊石器와 晚期 舊石器時代에 연접해 있어서 당시 사람들의 주목을 끌지 못했다. 1892년 영국 고고학자 Brown은 고고학회 발표 논문에서 중석기시대는 부싯돌Flint 석기의 복합체로 대표되며, 연대적으로 구석기시대와 신석기시대의 중간에 위치한다고 주장하였다. 이후 이러한 중석기시대의 개념은 고고 발굴의 검증을 거쳐 마침내 학계에 받아들여졌다.35

그는 요컨대 1866년 H. Westropp의 저술과 1892년 Brown의 논문에 의해서 제시된 구석기시대와 신석기시대의 중간에 위치하는 부싯돌Flint 석기로 대표되는 중석기시대의 설정과 그 개념이 "고고 발굴의 검증을 거쳐 마침내 학계에 받아들여졌다"라고 규정하였다. 그럼으로써 중국에서 중석기시대 연구에 나름의 전기가 마련되는 듯하였다.

하지만 2000년 이후에도 한편에서는 이 부싯돌Flint 석기 곧 세석기에 관련하여서는 오히려 중석기시대의 것이라기보다는 되레 北京지역을 발굴하면서부터 구석기시대 晚期의 것으로 규정하려는 경향이 더욱 강해지는 것36이 아닌가 보인다. 물론 이러한 연구 풍토는 중국에서 고고학이 연구되기 시작한 초기부터37 그래 왔던 것이 계속되는 듯하였다.38

....

35 陳星燦, 「導言—關于史前考古學的若干一般問題」, 『中國史前考古學史研究：1895-1949』, 北京：三聯書店, 1997, p.5；趙賢庭 (等) 옮김, 「머리말」, 『中國 史前考古學史 硏究 1895-1949』, 진주：도서출판 考古, 2011. p.17.
36 李超榮, 〈新·舊石器過渡期遺址〉, 「北京地區舊石器時代考古의 新發現」, 呂遵諤 主編, 『中國考古學研究的世紀回顧·舊石器時代考古卷』, 北京：科學出版社, 2004, pp.77-79. 특히 p.78의 "出土된 石器 중 典型的인 細石器가 가장 사람들의 注目을 끌며, 制作이 精細할 뿐만 아니라 數量도 比較的 많으며, 특히 楔狀型(쐐기모양)·錐狀型(송곳모양)의 細石核 및 細石葉 그리고 圓頭 刮削器(scraper) 등은 典型的인 細石器 工藝의 傳統이다(出土的石器中, 以典型的細石器最引人注目, 不僅制作精細, 數量也較多, 尤其是 楔狀型·錐狀型細石核以及細石叶和圓頭刮削器等, 是典型細石器工藝傳統)."라고 서술하였음이 주목된다.

그러나 다른 한편에서는 2000년대에 들어와서 중석기시대를 농업의 출현과 관련하여 설명이 시도되기도 하였다.[39] 또한 2010년 이후 현재까지의 시기에는 서양 고고학계의 이론을 적극적으로 활용하여 중석기시대의 설정에 초점을 맞춘 연구들도 나오는 상황에 있다.[40]

7. 日本의 중석기시대 개념 수용과 문화인류학·고고학 개설서의 서술 내용 분석

日本에서의 중석기시대 개념의 수용과 관련하여 문화인류학과 고고학의 연구 성과를 아울러 반영한 본격적인 개설서를 저술한 것은 니시무라 신지西村眞次(1879-1943)를 손꼽을 수 있을 듯하다. 그가 『文化人類

---

37 裴文中, 〈彩陶與細石器文化之混合文化〉, 「青海」, 『史前時期之西北』, 太原:山西人民出版社, 2015, pp.19-21.

38 이러한 경향은 다음의 논문들에서 일관되게 나타나고 있음을 충분히 엿볼 수 있다. 孫英民 主編, '舊石器晚期文化', 〈舊石器文化〉, 「石器時代考古」, 『中國考古學通論』, 開封:河南大學出版社, 1990;重印, 2009, pp.63-69. 佟柱臣, 〈新發現的舊石器晚期石器〉, 「舊石器時代晚期」, 『中國考古學要論』, 廈門:鷺江出版社, 2003, p.32. 王幼平, '細石器', 〈中國舊石器的生產〉, 「石器的生產」, 『石器研究:舊石器時代考古方法初探』, 北京:北京大學出版社, 2006, pp.116-118. 朱乃誠, 〈早期智人的發現和舊石器時代晚期文化研究的新進展〉, 「早期人類化石追根」, 『考古學史話』, 北京:社會科學文獻出版社, 2011, pp.67-68.

39 田廣金·郭素新, 「北方"中石器"假說和史農業的出現」, 『北方文化與匈奴文明-早期中國文明』, 南京:江蘇古籍出版社, 2004, pp.46-49. 陳淳 編著, 〈中石器時代與廣譜革命〉, 「農業起源的理論探索」, 『考古學理論』, 上海:複旦大學出版社, 2004, pp.223-227.

40 馬利清 主編, '舊石器向新石器的過渡—中石器時代', 〈新石器時代文化特徵與分期分區〉, 「新石器時代考古」, 『考古學概論』, 北京:中國人民大學出版社, 2010, pp.94-95. 黃亞平, 〈歐洲中石器時代〉, 「廣義文字學的文字分期與分類」, 『藝術·考古與文字起源:前文字研究』, 北京:商務印書館, 2023, pp.36-37.

學』의 내용에서 「考古學的考察」을 집필하여 〈原人の生活と中石器時代〉에 관하여 서술한 바가 있기 때문으로, 그 서술 내용 가운데 특히 다음의 대목이 주목된다.

> 燧石으로 道具를 만드는 것은, 구석기시대 후기부터 계속해서 행해졌지만, 원하는 대로의 형태를 만든 후, 그것을 硏磨하거나, 전체의 형태를 바꾸거나, 칼날 부분을 고치는 것은, 확실히 신석기시대 공업의 특색이었다. 새로운 공업의 姿相은 燧石의 鏃으로써 特色 지워진다. (①)신석기시대와 구석기시대와는, 많은 고고학자가 두 시대 사이에 빠진 간격이 있었다고 상상을 인정할 정도로, 제작품에 뚜렷한 특징이 인정된다. Mas d'Azil 동굴의 발견품은, 이 두 시대 사이에 중간시대가 개재되어 있음을 암시하며, 따라서 분명히 차이가 있는 2개의 문명을 연결하는 사슬이 되고 있다고 상상되고 있다(제8도 중석기시대 석기).
> 이 시대의 狩獵人은 현존하는 형식의 동물과 같은 곳에 살았지만, 아직 土器를 사용할 줄 몰랐고, 극히 초보의 농업 무대에 얼굴을 비춘 것이었다. (②)이러한 중간시대를 '중석기시대Mesolithic Period'라고 부르게 되었다. … (③)Norfolk이나 Sussex에서는 石槌 등의 石器類가 발굴되는데, 그것들은 신석기시대다운 형태를 띠고 있는 한편 硏磨한 흔적이 없어 소위 '중석기시대'의 존재를 입증하는 증거가 될 수 있다고 한다.[41]

이 내용에서 특히 주목되는 바는 3가지 점이다. 첫째는 (①) 대목에서 중석기시대의 대표적인 유적으로 꼽히는 Mas d'Azil 동굴에서 발견

---

41 西村眞次, 〈原人の生活と中石器時代〉, 「考古學的考察」, 『文化人類學』, 東京 : 早稻田大學出版部, 1924, pp.41-43. 이 인용문의 생략된 중간 부분 중에, "J. Allen Brown은 이러한 시대가 (영국 런던 남부) Eastbourne 부근의 Birling Gap에 있는 白堊質 河原石(Chalk rubble)에서 발견되는 것으로 대표될 수 있다고 하였다"라는 내용이 있지만, 정작 이 말을 했다는 J. Allen Brown에 관해서 어디에서도 찾아볼 수가 없어서 직접 인용에서는 제외하고 이 각주에만 적어두고자 한다.

된 석기의 사진을 제시하면서, "신석기시대와 구석기시대 … 이 두 시대 사이에 중간시대가 개재되어 있음을 암시하며, 따라서 분명히 차이가 있는 2개의 文明을 연결하는 사슬이 되고 있다고 상상되고 있다"라고 서술한 점이다. 둘째는 (②) 대목에서 "이러한 중간시대를 '중석기시대 Mesolithic Period'라고 부르게 되었다"라고 밝힌 점이다.

그리고 셋째는 Norfolk이나 Sussex에서 발굴된 石槌 등의 구체적인 石器類를 제시하고, 이를 "소위 '중석기시대'의 존재를 입증하는 증거가 될 수 있다고 한다"라고 정리한 점이다. 더욱이 그는 '燧石으로 도구를 만드는 것'의 공정 자체뿐만이 아니라 '제작품에 뚜렷한 특징'에 관해 명확히 규명하기 위함에서 黑曜石을 활용한 石製 도구의 작업 공정에 관한 상세한 서술까지 제시하고 있어[42] 그 자신의 견해에 대한 신빙성을 높였다고 보인다.

그 이후에 마쓰자키 히사가즈松崎壽和(1913-1986)는 『中國考古學槪說』을 저술하여 중국 중석기문화의 대표적인 유적으로 陝西省 朝邑·人荔縣의 沙苑遺蹟을 꼽고 이에 대해 서술하였다.[43] 그러면서 '신생활의 전개', '유럽의 중석기', '시베리아의 중석기' 및 '중국의 중석기문화의 원류' 등에 관해서도 상론하였으며[44], 그 가운데서 중석기시대의 개념에 대해서도 정리하였다. 다음의 대목이 특히 그 핵심이다.

---

42 이러한 전반적인 면모는 西村眞次, 〈石細工〉, 「工藝學的考察」, 『文化人類學』, 東京 : 早稻田大學出版部, 1924, pp.65-70 및 西村眞次, 〈石器の造り方で時代別け〉, 「石器製作術」, 『技術進化史』, 東京 : 科學知識普及會, 1940, p.25 참조. 특히 黑曜石 활용과 관련해서는 〈裁斷と穿孔〉, 「石器製作術」, 『技術進化史』, 東京 : 科學知識普及會, 1940, p.31을 참조하시라.
43 松崎壽和, 〈中石器時代〉, 「中國考古學硏究史」, 『中國考古學槪說』, 東京 : 學生社, 1974, p.37 및 〈沙苑文化〉, 「中石器時代―過渡期の文化―」, 同書, 1974, pp.99-103.
44 松崎壽和, 〈中石器の遺蹟〉, 「中石器時代―過渡期の文化―」, 上同書, 1974, pp.97-99.

중석기시대Mesolithic-Age는 地質學에서는 洪積世의 終末 내지 沖積世의 초기, 考古學에서는 舊石器時代末 혹은 新石器時代의 始原的인 文化를 포함하고, 兩者의 중간인 過渡期의 문화 단계이다. … 石器와 骨器는 대체로 구석기시대부터의 것을 받아들였지만, 細石器의 발달과 갈고리가 있는 코바늘이 있는 낚시바늘(釣針)의 출현이 주목된다. 또한 食料를 저장하기 위한 土器가 제작될 수 있게 되었다. 중석기시대는 구석기시대와 신석기시대의 過渡期라고 해도, 본질적으로는 신석기시대의 첫머리의 한 시기이다. 人類도 舊石器人과는 다른 現生人類이지만, 환경이 완전히 다른 세계여서 신석기시대라는 새로운 세계에서의 생활을 시작했다. 따라서 생활문화 전체에 걸친 혁명적인 시기를 맞이한 의미이다.[45]

그는 중석기시대의 개념 정리에 관해 지질학과 고고학의 것을 구체적으로 제시한 후 "중석기시대는 구석기시대와 신석기시대의 과도기라고 해도, 본질적으로는 신석기시대의 첫머리의 한 시기"라고 규정하면서, "세석기의 발달과 갈고리가 있는 코바늘이 있는 낚시바늘(釣針)의 출현"을 주목하여 "생활문화 전체에 걸친 혁명적인 시기를 맞이한 의미"를 강조하고 있음이 그 자신의 個別性이라 하겠다. 하지만 중석기시대에 "食料를 저장하기 위한 土器가 제작될 수 있게 되었다"라고 서술한 것은 보편적인 학설과 背馳되는 바라서 비판의 여지가 충분하다.

한편 1980년대에 들어와서 하니하라 가즈로우埴原和郎(1927-2004)의 연구에서는 중석기시대를 구석기시대에서 繩文時代로 넘어가는 과도기로 설정하고, 1959년 北海道에서 발굴된 黑曜石製의 有舌尖頭器야말로 중석기문화의 문화요소라고 여기기도 하며, 심지어 始原的인 土器가 나타날 수 있었던 이 시대를 一貫해서 중석기시대라고 쓸 수 있다고 주장

---

45 松崎壽和, 〈中石器の遺蹟〉, 「中石器時代─過渡期の文化─」, 上同書, 1974, pp.97-98.

하기조차 하고 있다.⁴⁶ 더욱이 이 중석기시대에 서쪽으로부터 토기문화를 휴대한 집단이 일본에 渡來했으며, 그래서 중석기시대라고 말하는 step을 거쳐서 繩文文化가 完新世[沖積世]에 꽃을 피웠다고도 서술하기도 한다.⁴⁷

그러다가 1990년 前期에 들어와서 西村眞次의 제자인 미즈노 유水野祐(1918-2000)의 연구에서는 먼저 중석기시대의 개념에 대한 세계 고고학계의 諸說을 정리하고, 유럽의 前期 및 後期의 중석기문화를 위시하여 아프리카 대륙의 중석기문화, 중앙아시아의 중석기문화는 물론이고 中國 및 印度 그리고 東南아시아, 오세아니아, 북아시아, 아메리카 대륙의 그것까지 세밀하게 정리하였다.⁴⁸ 또한 그는 그것을 기반으로 日本 列島의 중석기문화 전반에 대해 서술하면서, 구체적으로 日本의 細石器, 繩文文化始原論에 관해 詳論하고 日本列島域의 중석기시대유적에 관해서도 총괄적으로 정리하여 제시하였다.⁴⁹ 그런 후 1990년 후반에 이르러서는 앞서 자신이 저술한 기왕의 글들을 根幹으로 삼아 중석기시대를 '打礫時代末期'라는 용어를 설정하여 설명하였으며,⁵⁰ 그 '打礫時代人'의

---

46 埴原和郞,「繩文文化への過渡期―中石器時代―」, 埴原和郞 編,『日本人の起源』朝日選書 264, 東京: 朝日新聞社, 1984, p.88 및 p.93.

47 埴原和郞,〈二つの文化圈〉,「新環境に適應して定着へ―繩文時代―」, 埴原和郞 編,『日本人の起源』朝日選書 264, 東京: 朝日新聞社, 1984, pp.98-99. 한편 埴原和郞 編,『日本人の起源:周邊民族との關係をめくって』, 東京: 小學館, 1986; 배기동 譯,『일본인의 기원』, 학연문화사, 1992에는 편집되어 있지 않으나, 埴原和郞 編,『日本人の起源』朝日選書 264, 東京: 朝日新聞社, 1984에는 埴原和郞,「繩文文化への過渡期―中石器時代―」 및 埴原和郞,「繩文文化への過渡期―中石器時代―」가 게재되어 있어 주의를 요한다.

48 水野祐,〈中石器文化とその世界的分布〉,「中石器時代の日本」,『日本史の黎明』, 東京: 同成社, 1993, pp.231-302.

49 水野祐,〈日本列島域の中石器文化〉, 前揭書, 同成社, 1993, pp.303-326.

사회와 문화에 대해서도 생활용구, 사회구성, 생활문화 등으로 세분하여 정밀하게 서술하였다.[51]

8. 北韓의 중석기시대 개념 수용과 중석기 유적 연구 분석

북한에서 최초로 중석기시대에 관해 언급한 것은 1960년에 『조선 원시 고고학』을 출간한 고고학자 都宥浩였다.[52] 하지만 그 내용은 매우 빈약한 것에 불과하였다. 중석기시대 자체의 개념 및 그 특징 등에 대해서는 전혀 언급함이 없이 단지 그는 '중석기시대 즉 신석기시대 이전' 혹은 '구석기시대 말엽 즉 중석기시대'라고만 서술하였을 뿐이었다.[53]

이러한 그보다 구체적으로 중석기시대에 관하여 소개한 것은 1963년에 김용남의 〈강좌〉「중석기시대」였다. 그는 당시 북한에서 중석기시대 유적이 조사 연구되지 않은 상황이었다는 사실을 밝히면서, 서양의 연

---

50 水野祐,「中石器時代-打礫時代末期」,『水野祐著作集』7 通論日本古代史 I-打礫時代篇-, 東京 : 早稻田大學出版部, 1997, pp.153-176.
51 水野祐,「打礫時代人とその社會と文化」, 前揭書, 早稻田大學出版部, 1997, pp.177-235.
52 북한의 고고학 전반 및 都宥浩의 고고학 연구 자체와 관련해서는 李光麟,「北韓의 考古學 : 특히 都宥浩의 연구를 중심으로」,『東亞研究』20, 서강대학교 동아연구소, 1990 ; 『韓國近現代史論攷』, 一潮閣, 1999. 그리고 한창균,『하담 도유호 : 한국 고고학 첫 세대』, 혜안, 2017 및 한창균,『북한 고고학 연구』, 혜안, 2020 참조.
53 도유호, 〈머리말〉,「신석기시대」,『조선 원시 고고학』, 평양 : 과학원 출판사, 1960 ; 都宥浩,「朝鮮原始考古學」,『考古學研究』11-3, 1963 ; 한창균 엮음, 서울 : 백산자료원, 1994, p.42.

구 성과를 섭렵하여 중석기시대를 '구석기시대가 신석기시대로 과도하는 시기 즉 구석기시대와 신석기시대의 중간시기'이며, '대략 1만 5천 년 전부터 기원전 6~5천 년까지를 포괄'하는 것으로 소개하였다. 그런 가운데 특히 주목되는 바는 세석기의 발굴과 그 용도에 대해서 다음과 같이 비교적 상론한 바라고 여겨진다.

> 세석기細石器라는 것은 〈작은〉 또는 〈꼬마〉 석기란 말이다. 세석기는 아질기에 발생하여 따르데노아즈기에 널리 널리 보급되었다. 이것은 길이 1~2cm의 수석제의 예리한 날을 가진 삼각형, 제형, 통형, 반원형의 기학학적 형태를 띤 석기들인데, 그 날 부분들에는 타압 수정을 가한 것들이 많다. 이 세석기의 용도는 대체로 두 가지다. 첫째는 활촉으로 사용되었고, 둘째는 나무나 뼈에 세로 홈을 파고 거기에 세석기를 여러 개 끼워서 칼, 검, 창끝의 날을 만드는 데 사용되었다. …
> 지금에 와서 세석기의 용도에 대하여 론의할 여지조차 없게 되었는 바 상술한 바와 같이 당시 중요한 로동 도구의 한 개 구성 부분으로 인정되고 있다.[54]

김용남의 이와 같은 중석기시대의 세석기에 대한 상세한 서술 그리고 활과 화살의 발명에 관한 언급은 이후 북한의 고고학에 상당히 큰 영향을 끼쳤던 것 같다. 1979년 사회과학원 역사연구소의 이름으로 편찬한 『조선전사』 1 원시편에서 함북 선봉군 부포리 유적[55], 함북 온성군

---

54 김용남, 〈강좌〉「중석기시대」, 『고고민속』 63-3, 1963, p.50. 김용남은 이러한 중석기시대의 활과 화살 사용과 관련하여 p.49에서는 엥겔스의 서술을 직접 인용하였으며, 또한 p.51에서는 "중석기시대의 발전은 활과 화살이 토기보다 훨씬 이전에 발명되었다는 엥겔스의 예언을 확증하였다"라고 함으로써, 考古學 분야에서도 북한에서는 唯物史觀에 철저히 입각해서 역사 해석을 하고 있음을 여실히 드러내고 있다고 하겠다.
55 이 부포리 유적의 遠景 및 石器 寫眞 그리고 石器 實測圖 등은 《조선유적유물도

지경동 유적 등의 세석기를 구체적으로 거론하면서, 2페이지에 걸쳐 상세하게 다음과 같이 서술한 내용에 비춰볼 때 그렇게 가늠이 된다.

> 이와 관련하여 주목되는 것은 지경동 유적의 세석기가 나오는 지점이다. … 이 세석기들만 나온 지점은 질그릇을 만들 줄 모르던 때 즉 신석기시대 이전 시기의 것이다. … 이와 같이 중석기시대는 세석기의 보급으로 특징지어지고 있으나 이 시기에 이루어진 로동도구의 개선 및 생산활동의 확대와 관련하여 중요하게 이야기되여야 할 것은 활과 화살이 보급된 것이었다.
> 활과 화살의 발명은 원시시대 기술발전에서의 커다란 변혁이었다. … 활과 화살이 구석기시대 말기부터 쓰이였다고 하는 견해도 있으나 활과 화살의 발명 및 보급은 중석기시대에 시작되었으며 그것이 사냥군들에게 있어서 없어서는 안 될 중요한 도구로 된 것은 신석기시대부터였다.[56]

〈중석기시대, 활과 화살의 발명〉을 소항목으로 설정하여, "이 세석기들만 나온 지점은 질그릇을 만들 줄 모르던 때 즉 신석기시대 이전 시기의 것"임을 분명히 하였으며, "이와 같이 중석기시대는 세석기의 보급으로 특징지어"진다는 점도 명확히 하였다. 그러면서 "활과 화살의 발명은 원시시대 기술발전에서의 커다란 변혁"임을 밝히고 있다.[57]

감)편찬위원회 편, 『조선유적유물도감』 (1), 《조선유적유물도감》편찬위원회, 1988, pp.61-62 참조.
56 사회과학원 력사연구소, 〈중석기시대, 활과 화살의 발명〉, 「초기 모계씨족사회」, 『조선전사』 1 원시편, 평양 : 과학백과사전종합출판사, 1979 ; 서울 : 以會文化社, 1989, pp.57-58.
57 다만 이같이 〈중석기시대, 활과 화살의 발명〉이라고 정한 소제목보다는, 金科玉條로 여겨 중시하는 唯物史觀의 관점에 立脚하여 勞動力의 增大와 生產力의 發展이라는 요소를 전면적으로 浮刻하여 되레 〈중석기시대, 로동도구의 개선과

이후 『조선통사』(상)의 초판(1987)이 간행되었고, 또한 그 개정판(2009)이 간행되면서 그 서술 내용에 적지 않은 변화가 담겼는데, 중석기시대 관련 부분도 예외이지 않았다. 그 초판과 개정판의 관련 서술 내용을 일일이 대조하여 그 유사 서술 내용과 개정판에 추가 서술 내용을 판별하기 쉽도록 비교표로 작성해보았다. 아래의 〈표 5〉가 그것이다.

〈표 5〉『조선통사』(상)의 초판(1987)과 개정판(2009)의
중석기시대 관련 서술 내용 비교표

구분	초판(1987)	개정판(2009)
類似 서술 내용	구석기시대 전기 이래 우리 선조들은 오랜 세월에 걸치는 생산활동과 사회생활에서 수많은 변혁을 이룩하였다. 구석기시대 후기에 발생한 모계씨족공동체는 더 한층 공고하게 되었으며 생산활동에서도 새로운 현상을 볼 수 있게 되었다. 우선 생산노구와 무기 제작에서 전진들이 있었다. 당시의 생산활동에서 중요한 자리를 차지하였던 사냥을 획기적으로 발전시킨 활과 화살이 발명되었다. 이는 구석기시대와 신석기시대의 중간에 해당하는 시기 즉 중석기시대에 있은 일이였다.[58]	구석기시대 후기 이래 우리 선조들은 자연과 사회를 개조변혁하기 위한 오랜 기간의 줄기찬 투쟁을 통하여 생산활동과 사회생활의 여러 면에서 커다란 전진을 이룩하였다. 구석기시대 후기에 발생한 모계씨족공동체는 획기적인 진전을 이룩하게 되였다. 무엇보다도 생산도구제작에서 커다란 진전이 있었다. 당시의 생산활동에서 중요한 자리를 차지하고 있던 사냥을 획기적으로 발전시킨 활과 화살이 발명되였다. 이것은 구석기시대와 신석기시대의 사이에 해당되는 시기 즉 중석기시대에 있은 일이였다.
追加 서술 내용	×	우리나라에서 발견된 대표적인 중석기시대 유적으로서는 승호구역 만달리동굴유적과 라선시 부포리 덕산유적, 온성군 지경동유적 등을 들 수 있다. 이 유적들에서 알려진 유물들은 《만달사람》을 비

....

생산활동의 확대〉로 정하는 게 더 타당하지 않았을까 싶어진다.

		롯한 중석기시대 신인들이 세석기(자름자름한 석기)를 널리 만들어썼으며 다루기도 편리하고 먼 거리의 대상물도 쉽게 타격할 수 있는 활과 화살을 만들어 짐승사냥에 효률적으로 리용한 사실을 뚜렷이 보여준다. (그림4) ... 구석기시대 후기문화를 창조한 《룡곡사람》과 중석기시대의 문화를 창조한 《만달사람》을 비롯한 신인들은 신석기시대에 이르러 조선사람의 선조로 이행하였다. 이들을 현대조선사람과 구별하여 《조선옛류형사람》이라고 부른다.[59]

　이로써 1987년 『조선통사』(상)의 초판과 2009년 그 개정판의 유사 서술 내용이, 곧 "구석기시대와 신석기시대의 중간에 해당하는 시기 즉 중석기시대에" "당시의 생산활동에서 중요한 자리를 차지하였던 사냥을 획기적으로 발전시킨 활과 화살이 발명되었다"라는 것임을 알 수 있다. 그리고 개정판의 추가 서술 내용의 골자는 "구석기시대 후기문화를 창조한 《룡곡사람》과 중석기시대의 문화를 창조한 《만달사람》을 비롯한 신인들은 신석기시대에 이르러 조선사람의 선조로 이행하였다"라는 것을 표방한 것이었다.[60]

58　손영종·박영해, 〈생산활동과 원시문화의 발전〉, 「모계씨족공동체」, 『조선통사』 상, 평양 : 사회과학출판사, 1987, p.7 ; 〈생산도구의 개선과 원시문화의 발전〉, 「모계씨족공동체」, 『조선통사』 상, 서울 : 오월, 1988, p.16.

59　손영종·박영해·서국태·김용간·김성호, 〈생산활동과 원시문화의 발전〉, 「모계씨족공동체」, 『조선통사』 상 (개정판), 평양 : 사회과학출판사, 2009, p.22.

60　이렇게 구석기시대 후기의 《룡곡사람》과 중석기시대의 《만달사람》을 비롯한 신인들이 신석기시대에 이르러 조선사람의 선조로 이행하였음을 표방한 窮極的인 목적은, 이때부터 이미 이들이 조선사람의 선조였으므로 오늘날도 그 지역을 장

그런 한편으로 '사회과학원 력사연구소' 명의로 1979년 편찬한 『조선전사』 1 원시편과 김용간이 저자로 되어 1990년 간행한 『조선고고학전서』(원시편 석기시대)에서도 중석기시대에 관하여 꽤 상세한 언급이 서술되어 있음이 주목된다. 이해를 돕기 위해 이 두 책의 관련 서술 내용을 그 恰似 서술 내용과 相異 서술 내용을 구별하여 〈표 6〉의 비교표를 작성하였다.

〈표 6〉『조선전사』1 원시편(1979)과 『조선고고학전서』(1990)의 중석기시대 관련 서술 내용의 결론 부분 비교표

구분	『조선전사』1 원시편(1979)	『조선고고학전서』(1990)
恰似 서술 내용	이와 같이 중석기시대는 세석기의 보급으로 특징지어지고 있으나 이 시기에 이루어진 로동도구의 개선 및 생산활동의 확대와 관련하여 중요하게 이야기되여야 할 것은 활과 화살이 보급된 것이였다. 활과 화살의 발명은 원시시대 기술발전에서의 커다란 변혁이었다. 활은 다루기 편리하고 먼 거리의 목표물에 대한 명중률이 좋은 것으로 하여 앞선 시기의 투창을 비롯한 모든 던지는 도구들보다 훨씬 우월한 도구였다. 그러므로 활과 화살은 구석기시대 후기 이래로 더욱 늘어난 사슴과의 짐승들을 비롯한 짐승 사냥에서 몇 배의 능률을 올릴 수 있게 하였다.	이와 같이 중석기시대는 세석기가 보급된 시기로 특징지어지지만 이 시기 로동도구의 개선 및 생산활동의 확대와 관련하여 중요하게 이야기되여야 할 것은 활과 화살의 보급이였다. 활과 화살의 발명은 원시시대 기술발전에서의 거다란 변혁이였다. 활은 다루기 편리하고 먼 거리의 목표물에 대한 명중률이 좋은 것으로 하여 투창을 비롯한 모든 투척도구들보다 훨씬 우월한 도구였다. 특히 활과 화살은 구석기시대 후기 이래로 더욱 늘어난 사슴과의 짐승들을 비롯한 짐승 사냥에서 몇 배의 능률을 올릴 수 있게 하였을 것이다.
相異 서술 내용	활과 화살이 구석기시대 말기부터 쓰이였다고 하는 견해도 있으나 활과 화살의 발명 및 보급은 중석기시대에 시작	자연을 정복하기 위한 창조적 활동에서 한 걸음 더 전진하였고 생산력이 발전됨에 따라 중석기시대에 이르러

악하고 있는 자신들에게 정통성이 있음을 주장하기 위한 것임은 두말할 나위가 없겠다.

되었으며 그것이 사냥군들에게 있어서 없어서는 안 될 중요한 도구로 된 것은 신석기시대부터였다.61	씨족공동체들사이에는 새로운 관계가 이루어졌다. 그리하여 이 시기에 서로 친연관계에 있는 여러 개의 씨족공동체가 결합되어 종족을 형성하게 되었던 것이다.62

이 두 책의 恰似 서술 내용은 방금 앞에서 본 〈표 5〉의 1987년 『조선통사』(상)의 초판과 2009년 그 개정판의 類似 서술 내용과 별반 다를 바가 없다. 한마디로 중석기시대의 존재와 세석기 보급의 특징 그리고 활과 화살의 발명을 통한 기술 발전에 '커다란 변혁'이 있었다는 점을 강조하는 것임이 뚜렷하다.

다만 相異 서술 내용에 있어서 『조선전사』 1 원시편에서는 "활과 화살의 발명 및 보급은 중석기시대에 시작되었으며 그것이 사냥군들에게 있어서 없어서는 안 될 중요한 도구로 된 것은 신석기시대부터였다"라는 점을 강조하였다. 그에 반해, 『조선고고학전서』(원시편 석기시대)에서는 그것과는 달리, 중석기시대에 "서로 친연관계에 있는 여러 개의 씨족공동체가 결합되어 종족을 형성하게 되었던 것"을 내세우고 있음이 각기 個別性이라 할 수 있다.

이렇듯이 중석기시대와 관련한 서술에 있어서 시기에 따라서 한편으로 북한 학계에서는 이러한 개별성을 일부 드러내기도 하였다. 하지만 거의 중석기시대의 설정 자체는 물론이려니와 그 사회 자체의 발전상 서술에 관해 매우 적극적으로 서술하는 普遍性을 다른 한편으로 강하게

---

61 사회과학원 력사연구소, 〈중석기시대, 활과 화살의 발명〉, 「초기 모계씨족사회」, 『조선전사』 1 원시편, 과학백과사전종합출판사, 1979 : 以會文化社, 1989, pp.57-58.
62 김용간, 〈중석기시대〉, 「구석기시대후기」, 『조선고고학전서』(원시편 석기시대), 평양 : 과학백과사전종합출판사, 1990 : 부산 : 민족문화, 1995, p.90.

추구하는 경향을 강하게 띠고 있음이 뚜렷하다고 하겠다.

9. 현대 인류학에서의 중석기시대 연구 동향

현대 인류학에서의 중석기시대 연구 동향은 첫째 중석기시대론 농경 확산에 관한 연구, 둘째 중석기시대론 人類의 遺傳的 特質·古人骨·身體 特徵에 관한 연구로 구분할 수 있지 않나 싶다. 하여 이러한 두 연구의 핵심 내용을 중심으로 조사하여 정리하였다.

1) 중석기시대 농경 확산에 관한 현대 인류학의 연구

北유럽의 중석기문화와 신석기문화와의 접촉의 특징에 대해서도 고찰이 되고 있음이 주목된다. 低地帶 LBK文化(Linienbandkeramik 線帶文土器文化)의 境界에는 깊은 溝[垓子]와 木柵으로 방어된, 다수의 특징적인 一字家屋 集落이 존재하고 있음이 발견되었는데, 이는 아마도 중석기문화의 사람들에 대한 방어를 위한 때문이겠지만, LBK 문화내의 인구 증가에 따른 또 다른 불안요소도 排除할 수 없는 것으로 해석되기도 한다. 또한 벨기에의 중석기문화유적과 LBK문화유적의 경계를 따라 보이는 '無人地帶'를 언급하고, 독일의 Talheim유적에서 LBK문화 사람들이 서너 명이 학살된 것도 언급하고 있으며, 또한 중석기문화유적에서 발견된 LBK문화의 石斧는 대부분 戰爭 武器로 사용되었을 것으로 추측하며, 이 두 집단 사이에 어떤 교류가 있었든 간에 그 교류는 냉랭한 것이었고, 최악의 경우 폭력을 동반한 것이었다는 점도 지적하고 있다.[63]

---

63 Peter Bellwood, The Danubians and the northern Mesolithic, Tracking the Spreads

기원전 4,600년 이후 西유럽 신석기시대 前期의 문화적 특징인 墳丘墓나 巨石墓는 신석기문화의 景觀에 이데올로기로서 투입된 중석기문화를 반영하는 것으로 많은 연구자는 보고 있다. 하지만, 初期 木槨의 墓室을 가지는 긴 墳丘墓는, 中央 유럽의 신석기문화 아마도 LBK문화가 그 기원이며, 記念碑 造形에서 매우 빈번하게 나타나는 巨大性과 圓形性(특히 橫穴式 石室의 封墳墓[passage grave])은 在來의 중석기문화에서 기원하는 것으로 여겨지고 있다.[64]

한편으로 중석기시대로부터 신석기시대로의 농경 확산과 관련하여서도 정밀한 과학적 분석을 시도하고 있음이 주목된다. 그 가운데서도 특히 방사성탄소 연대 분석의 결과를 활용하여 西유럽의 몇 개 지역, 특히 남부와 중부 프랑스, 포르투갈, 잉글랜드 諸島와 아일랜드에서는 수세기에 걸쳐서 중석기문화와 신석기문화가 共存하였음이 확실시됨을 논급하기도 하고, 당시의 기후적 요인과 중석기시대론의 狩獵採集民의 인구가 海岸 부근에 함께 집중되었고 예측하기도 한다.[65] 또한 발칸 반도에 행해진 발굴에서 채득한 花粉 분석의 결과를 반영하여 이곳의 중석기인의 자손들이 기원전 4,400년경까지 거주하기도 했다고 지적하기도 한다.[66]

---

of Farming beyond the Fertile Crescent：Europe and Asia, *First Farmers：The Origins of Agricultural Societies*, Massachusetts：Blackwell Publishing, 2005, p.79；丹野硏一・有村誠 共譯,〈ドナウ文化と北部中石器文化〉,「肥沃三日月地帶をこえて―ヨーロッパとアジアにおける農耕擴散をたどる」, 長田俊樹・佐藤洋一郎 監譯, 『農耕起源の人類史』, 京都：京都大學學術出版會, 2008, p.122.

64 Peter Bellwood, The British Isles, Ibid, 2005, pp.67-84；丹野硏一 等 共譯,〈イギリス諸島〉, 前揭書, 2008, p.126.

65 Peter Bellwood, The Spread of the Neolithic Economy through Europe, Ibid, 2005, p.68；丹野硏一 等 共譯,「ヨーロッパにおける新石器經濟のひろがり」, 前揭書, 2008, p.108.

66 Peter Bellwood, The Balkans, Ibid, 2005, p.74；丹野硏一 等 共譯,〈バルカン〉,

2) 중석기시대 인류의 遺傳的 特質·古人骨·身體 特徵에 관한
   현대 인류학의 연구

기왕의 연구에서 방사성연대측정치를 援用하여, 유럽의 중석기시대에는 南東으로부터 北西 방향으로 1년쯤에 약 1km의 비율로 신석기문화가 파급되었다고 산출되며, 그러한 파급속도는 실제에는 환경상의 장벽이 없거나 人口支持力의 차이에 따라서 크게 좌우된다고 지적하기도 한다. 그래서 중석기시대의 '약탈자들foragers'와 신석기 기술을 가진 농경민 사이에 混血이 연속되면서, 그러한 과정의 결과 遺傳學者들이 '遺傳的 傾斜demic cline'이라 부르는 현상이 벌어져 유전자의 頻度가 변화되고, 결국 '地理的 傾斜'가 생기게 된다고 풀이되기도 한다.[67]

더욱이 1991년 이후에는 유전자 形質의 빈도를 분석함으로써 연구에 크게 진척이 이루어지기도 하였다. 26개에 달하는 형질의 유전자를 조사하여 그 빈도에 기초를 두고 유전적 거리를 분석하여, 유럽에서 농업이 확산했던 것은 단순히 문화가 확산했던 사례가 아니라, 中東 起源의 새로운 농민의 인구 증가율이 높았던 데에 기인한다고 보기도 한다. 그래서 新石器農耕民의 유전자가 중석기시대의 집단 사이에 서서히 확산되었다고 하는 생각이 오늘날 인정되기도 한다.[68]

이러한 인류학적 연구의 연장선에서 또한 주목되는 바는 (1)最初期 農耕民의 生殖力 分析, (2)人骨 資料 分析, 그리고 (3)頭蓋骨의 計測値

前揭書, 2008, p.116.
67 Peter Bellwood, Genetics, Skeletal Anthropology, and the People Factor, Ibid, 2005, p.253 ; 丹野研一 等 共譯, 「遺傳子·古人骨·人々の身體特徵からさぐて」, 前揭書, 2008, p.400.
68 Peter Bellwood, Southwest Asia and Europe, Ibid, 2005, pp.256-258 ; 丹野研一 等 共譯, 〈西南アジアとヨーロッパ〉, 前揭書, 2008, p.407.

分析을 통한 연구도 실행되고 있다는 점이라 하겠다. 관련된 구체적인 언급을 핵심만 간략히 소개하면 아래와 같다.

(1) 最初期 農耕民의 生殖力 分析 결과
유럽 전체에서 중석기시대에서 신석기시대로의 過渡期를 특징짓는 것은 약 500년 사이에 그때까지의 狩獵民에서 보여진 靜止된 人口(安定된 人口)의 상태가 갑자기 종언을 고한 것이다. … 실제로 초기 농경민들 사이에서 급격한 인구 증가가 일어났음을 示唆할 뿐이다.[69]

(2) 유럽 중앙부의 人骨 資料 分析 결과
중석기시대로부터 신석기시대에 걸쳐서 10배에 달하는 인구 증가가 있었고, 過渡期를 거치면서 완전히 집단이 교체되고, 단지 農耕이 적합하지 않은 지역에서만 狩獵採集民이 殘存했다.

(3) 頭蓋骨의 計測値 分析 결과
地中海에 있던 집단은 유럽 東南部의 집단보다 중석기시대인과 신석기시대인이 混血된 집단이 더 강할 것이다.[70]

한편 더욱이 주목되는 바는 중석기시대에 대규모로 이루어진 인간 이동과 그에 따른 농경 확산에 관한 논의도 매우 심도 있게 진행되고 있다는 사실이다. 다만 유럽만큼 검토할 수 있는 자료가 있는 지방이 거의 없다는 한계도 뚜렷하나, 그렇다고 유럽만으로 이러한 논의가 국한되지 않고 다른 지방에서도 그러한 흥미로운 논의가 적지 않게 전개되고 있음은 매우 고무적이라 할 수 있을 것이다.[71]

---

69 Peter Bellwood, Southwest Asia and Europe, Ibid, 2005, p.261 ; 丹野研一 等 共譯, 〈西南アジアとヨーロッパ〉, 前揭書, 2008, pp.412-413.
70 Peter Bellwood, Southwest Asia and Europe, Ibid, 2005, p.262 ; 丹野研一 等 共譯, 〈西南アジアとヨーロッパ〉, 前揭書, 2008, p.413.
71 이와 관련해서는 Peter Bellwood, Southwest Asia and Europe, Ibid, 2005, p.262 ; 丹野研一 等 共譯, 〈西南アジアとヨーロッパ〉, 前揭書, 2008, p.414의 서술

10. 當代 韓國 고고학계의 중석기시대 연구 동향과 그 문제점

'當代'를 한글·漢字·中國語·日本語 등의 字典 혹은 辭典에서 찾아지는 일반적인 語意 정리를 토대 삼아서 李基白이 當面했던 '그 시대'[혹은 이 글의 筆者 자신(1957-)이 당면하고 있는 '이 시대']라고 定義하고, 그 당대의 역사 상황에 대한 記述을 '當代史'라고 규정할 수 있다고 생각한다. 그러므로 이러한 인식을 바탕으로 당대 한국 고고학계의 중석기시대 연구 동향과 그 문제점에 대해서 정리하고자 한다.

우선, 앞의 〈2. 李基白의 중석기시대론 서술 내용 분석〉에서 분석한 바와 같이 1982년의 『한국사강좌』Ⅰ 고대편과 1990년의 『한국사신론』 신수판에 인용한 논문 이후에 발표된 중석기시대 논문을 조사해보았다. 그 결과 논문으로는 최복규의 것 2편, 최승엽의 것 2편으로 총4편,[72] 그리고 유적 조사보고서는 중 최복규의 것(공동 집필 포함) 6편, 안성민의 것 1편으로 총7편[73]에 불과한 것으로 확인된다. 극히 소수의 특정 연구

중 "인간의 이동은 상당히 큰 것이었다. 유럽에 있어서 중석기시대의 사람들은 地理的 傾斜의 형성에는 공헌했지만, 考古學的인 혹은 言語學的인 맥락에서 크게 공헌한 것은 아니었다. 물론 그들이 고립된 채로 後代까지 존속해간 상황이 없었던 것은 아니다. 유럽만큼 충분히 검토할 수 있는 자료가 있는 지방은 거의 없다. 그러나 다른 지방에서도 農耕 擴散에 관한 흥미로운 논의가 적지 않게 전개되고 있다"라는 대목을 참조하시라.

72 이 총4편 논문은 다음과 같다. 최복규, 「강원도의 구·중석기시대」, 『한국상고사학회 제13회 학술대회논문집』, 한국상고사학회, 1995, pp.9-21. 최승엽, 「홍천 하화계리 도둔 중석기시대 유적의 부합 유물 분석」, 『江原史學』 13, 강원사학회, 1998, pp.41-59. 최승엽, 「홍천 하화계리 '도둔' 중석기시대 유적의 석기 분석」, 『선사와 고대』 10, 한국고대학회, 1998, pp.3-53. 최복규, 「강원지역 구·중석기시대 연구의 현황과 과제」, 『江原考古學報』 創刊號, 2002, pp.7-51.

자의 연구 및 조사보고서에 국한되어 있다고 하지 않을 수가 없겠다. 게다가 중석기시대의 설정 자체에 대해서도 학계의 동향이 매우 회의적인 실정에 있다고 보인다. 이런 면모는 다음의 글에서 역력하다.

> 공주 석장리 발굴은 1960년대부터 많은 유물이 출토되면서 집중적으로 이루어졌다. 개척적인 조사, 석기 이름에 대한 한글화 작업, 1969년 구석기시대 유적으로서는 최초로 방사성탄소연대 측정(30,690±3000 BP) 등 초창기 연구로서 높은 평가를 받을 것이다. 발굴자는 이어진 조사를 통해 모두 27개 층을 확인하고, 유물이 나오는 "문화층" 역시 12개를 설정하였다. "세계에서 드문 전기, 중기, 후기구석기 층의 문화가 이어져 있고, 중석기시대의 문화층이 찾아졌다"고 했지만(손보기 1993 : 16), 야외유적에서 그토록 많은 층에서 유물이 이어져나올 수 있는지에 대해서는 <u>회의적인 시각이 많다</u>(배기동 1992 : 정영화 1986, 2002).[74]

비록 공주 석장리 유적의 경우를 예로 들어 구체적으로 거론한 것이기는 하지만, 여전히 중석기시대의 설정에 대해 "회의적인 시각이 많

---

[73] 이 총7편 조사보고서는 아래와 같다. 최복규, 「홍천 하화계리 중석기시대유적 발굴조사 보고」, 『한국고고학전국대회 제15회 발표문』, 한국고고학회, 1991, pp.67-76. 최복규, 「홍천 하화계리 중석기시대 유적발굴 보고서」, 『인문과학연구』 2, 강원대학교 인문과학연구소, 1993, pp.227-233. 최복규, 「양구 상무룡리 1,2 구·중석기시대 유적의 연구」, 『강원문화사연구』 4, 강원향토문화연구회 4, 1999, pp.1-17. 최복규, 「철원 장흥리 중석기유적 발굴조사」, 『한국고고학전국대회 제24회 발표문』, 한국고고학회, 2000, pp.69-100. 안성민, 「홍천 하화계리III 구·중석기유적 조사연구」, 『강원고고학회·중부고고학회 학술발표회 자료집』, 2003, pp.113-118. 최복규, 「홍천 하화계리 III 구·중석기유적 조사연구」, 『한국구석기학회 2004년 학술대회 발표집』, 한국구석기학회, 2004, pp.27-32. 최복규·유혜정, 「홍천 하화계리(III) 작은 솔밭 구·중석기 유적」, 『한국구석기학보』 제11호, 한국구석기학회, 2005, pp.1-11.
[74] 성춘택, 「한국 구석기고고학사 시론」, 한국의 고고학사 I, 제43회 한국상고사학회 학술대회 발표문, 2015. pp.8-37 중 p.15.

다"라고 하는 상황을 지적하고 있음에서 단적으로 입증된다고 하겠다. 게다가 한편으로는 細石刃이 출토되는 시기를 중석기시대로 보려는 움직임에 관하여 소개하면서 그런 견해에 대해서 비판하는 아래의 글에서도 이러한 기조는 여전함이 그대로 잘 드러나고 있다.

> (㉠)細石刃이 출토되는 시기를 중석기시대microlithic period로 보려는 움직임도 있다. … 이기길은 중석기시대의 설정을 후기구석기와 신석기문화의 단절이 아닌 계승으로 이해하면서도 시대설정의 어려움을 지적하였다.
> 하지만 성춘택은 (ⅰ)유럽의 중석기 개념에 얽매이지 말 것을 주장하였는데, 細石刃이 출토되는 유적을 중석기시대로 보는 듯하지만, 정확한 중석기문화의 복합적인 사회변동과 구조를 포함하여 시기 설정에 대한 명확한 연구가 이루어지지 않고 있다.
> (㉡)현재까지는 細石刃이 출토되는 유적을 중석기문화로 설정하고 있다. (ⅱ)그러나 이러한 견해는 유럽의 석기문화에 대한 개념을 비판 없이 받아들인 감이 없지 않다. (ⅲ)중석기문화가 어떠한 석기형식을 토대로 형성되었고, 후기구석기 말과는 어떠한 차이점이 있는지에 대해 지속적인 문제 제기가 있었음에도 (㉢)중석기를 주장하는 연구자들의 후속 연구는 이루어지지 않고 있다. 이러한 연구성향이 구석기와 신석기문화의 공백을 메우지 못했던 요인으로 작용하기도 했다.[75]

---

[75] 張龍俊,「서론」,『韓國 後期舊石器의 製作技法과 編年 問題―石刃과 細石刃遺物相을 中心으로―』, 학연문화사, 2007, pp.38-40. 이 연구에서 거명한 이기길과 성춘택의 연구는 구체적으로 제시하면 다음과 같은 것들이다. 이기길,「한국 중석시시대의 연구 현황과 전망」,『수양개와 그 이웃들』제3회 국제학술회의, 단양향토문화연구회·충북대학교 박물관, 1998, pp.114-119 ; 〈한국의 중석기시대 연구 현황과 전망〉,「영국의 중석기문화 연구」,『한국상고사학보』28, 한국상고사학회, 1998, pp.67-69. 이기길,「영국의 중석기문화 연구」,『한국상고사학보』28, 한국상고사학회, 1998, pp.41-74. 성춘택,「세석인제작기술과 세석기」,『韓國考古學報』38, 韓國考古學會, 1998, pp.27-61.

이 글에서 "細石刃이 출토되는 시기를 중석기시대microlithic period 로 보려는 움직임도 있다(㉠)"라고도 했고, "현재까지는 細石刃이 출토 되는 유적을 중석기문화로 설정하고 있다(㉡)"라고도 했으므로, 국내에 서도 중석기시대론이 표방되고 있음은 분명하게 인정되고 있다고 할 수 있다. 하지만 "중석기를 주장하는 연구자들의 후속 연구는 이루어지지 않고 있다(㉢)"고 하는 한계가 뚜렷하게 지적되고 있음도 현실의 한 단면이라 하겠다. 이러한 이유에서 細石刃의 대표적인 재질의 하나인 黑曜石에 대해서 적지 않은 관심이 경주되었으나,[76] 그것을 중석기시대의 것으로 인정하지 않고 구석기시대의 것으로 분석하는 경우가 다반사인 듯하다.[77]

그런 한편으로는 중석기시대론의 제기에 대하여, "유럽의 중석기 개

---

[76] 崔茂藏은 中國의 考古學에 대해 槪括하면서 중석기시대에 관한 서술을 하였으나 (「中石器時代」, 『中國의 考古學』, 電波科學社, 1978, pp.87-94 ; 民音社, 1989, pp.264-317) 정작 중석기시대에 관해서는 언급이 없이 후기구석기시대의 유물로서 흑요석을 거론하고 있을 뿐이다. 일례로 수양개 유적에 대해 상론하면서, 崔茂藏, 『韓國의 舊石器文化』, 大田 : 藝文出版社, 1986 ; 집문당, 1994. p.103에서는 "흑요석은 석장리·창내유적에 비하여 상당이 출토되었고 그 석기 위에는 녹(patina)이 관찰되었다"라고 하였으며, p.134에서는 "흑요석제 유물이 100점 출토되었는데 그중에서 밀개 7점, 긁개 4점, 새기개 2점, 석핵·찌르개가 각각 1점씩이며 나머지 80여 점은 부스러기이다"라고 하였음이 그러하다.

[77] 흑요석 연구에 관한 구체적인 연구로는 다음의 논문들이 대표적이다. 손보기, 「상무룡리에서 발굴된 흑요석의 고향에 대하여」, 『上舞龍里 : 破虜湖 退水地域 遺蹟發掘 調査報告』, 강원도·강원대학교박물관, 1989, pp.781-796. 이기길, 「장흥 신북유적의 흑요석기에 대하여」, 제13회 한국구석기학회 정기학술대회 발표문 호남지역의 구석기연구 현황과 성과, 2013, pp.51-54. 장용준, 「한국 구석기시대 흑요석 연구의 현황과 과제」, 『한국고고학보』 28, 2013, pp.19-60. 이선복·좌용주, 「흑요석 산지 추정 연구의 재검토」, 『한국구석기학보』 31, 2015, pp.156-189. 장용준·김종찬, 「대구 월성동유적 흑요석제 석기 및 원산지 분석」, 『대구 월성동유적 흑요석 원산지 및 쓴자국 분석』, 국립대구박물관, 2016, pp.21-64.

념에 얽매이지 말 것을 주장(ⅰ)"하기도 할뿐더러 "그러나 이러한 견해는 유럽의 석기문화에 대한 개념을 비판 없이 받아들인 감이 없지 않다(ⅱ)"라는 평가를 가하기도 한다. 그리고 "중석기문화가 어떠한 석기형식을 토대로 형성되었고, 후기구석기 말과는 어떠한 차이점이 있는지에 대해 지속적인 문제 제기가 있었음(ⅲ)" 역시 또 다른 當代 연구의 진면모라고 하지 않을 수가 없지 않나 싶다.

이러한 중석기문화에 대한 한국 고고학계의 當代 연구는, 앞의 〈9. 현대 인류학에서의 중석기시대 연구 동향〉에서 정리한 바와도 背馳 혹은 衝突이 되는 대목의 내용이 많아 학술적으로 문제가 적지 않다고 할밖에 없다. 심지어 방금 보았듯이 세계 곳곳의 각지에서 현지의 고고학자 혹은 인류학자에 의해 섬세하게 발굴되어 자상하게 정리된 것을 '유럽의 중석기 개념'으로만 국한하여 전혀 수용하려고 하지 않는 경향은 한국 고고학 자체의 발전을 위해서도 장차 극복되리라 본다.

11. 결어

지금까지 비교사적 연구 방법론에 입각하여 李基白의 중석기시대론 서술 내용을 검토하고 서양 고고학 및 문화인류학의 중석기시대론 개념 정의는 물론이려니와 동아시아의 중석기시대론에 대한 연구 업적들을 매우 상세하게 분석해왔다. 그것을 토대로 특히 중국·일본·북한·남한의 중석기시대론을 모색기·수용기·발전기 3시기를 설정하여 그 구체적인 연구 업적들을 도표로 정리해보았다. 다음의 〈표 7〉이 그것이다.

〈표 7〉 東아시아의 中石器時代論 比較 分析表

區分	摸索期	受容期	發展期
中國	裴文中 論文(1947)·著書 (1965)	芮逸夫 主編『雲五社會科學大辭典』(1971) 宋文薰 論文(1971)	中國社會科學院考古硏究所 編著,『新中國的考古發現和硏究』(1984) 陳星燦 論文(1990)·著書(1997) 馬利淸 主編,『考古學槪論』(2010)
日本	西村眞次『文化人類學』(1924)·『技術進化史』(1940)	松崎壽和 『中國考古學槪說』(1974)	埴原和郞 編,『日本人の起源』(1984) 水野祐 『日本史の黎明』(1993)·『通論日本古代史 I-打礫時代篇-』(1997)
北韓	都宥浩『조선원시고고학』(1960) 김용남 論文(1963)	사회과학원 력사연구소『조선전사』1 원시편(1979) 손영종 (등)『조선통사』(상) (1987)	김용간,『조선고고학전서』(원시편 석기시대)(1990) 손영종 (등),『조선통사』(상) (개정판, 2009)
南韓	金廷鶴 論文(1966) 金元龍 論文(1972)·『韓國考古學槪說』(1973 ; 개정판, 1978) 崔福奎 論文(1974)	李基白『韓國史講座』古代篇(1982)·『韓國史新論』新修版(1990)·『한국사신론』(한글판)(1999) 손보기『석장리 선사유적』(1993) 崔福奎 논문(1993)	

이 〈표 7〉 동아시아의 중석기시대론 비교 분석표를 통하여 중국·일본·북한은 모두 모색기·수용기를 거쳐 이미 발전기로 접어들었으나, 남한만이 모색기를 거친 후 수용기에 다다른 후 더 발전하지 못하고 있음이 확인된다. 이렇듯이 남한만이 발전기로 진일보하지 못하고 수용기에서 답보 상태에 직면하고 있는 데에 결정적인 사안은 방금 앞 〈10. 當代

韓國 고고학계의 중석기시대 연구 동향과 그 문제점〉에서 살폈듯이 남한의 石器時代 연구자들이 대체로 細石器의 사용을 중석기시대론 實存의 증거로 인정하고 있지 않기 때문이다.[78]

이러한 실정에도 불구하고 李基白이 앞서 〈2. 李基白의 중석기시대론 서술 내용 분석〉에서 원문을 인용하여 제시한 바대로 중석기시대론을 강하게 펼쳤던 것은, 북한에서 간행한 『조선전사』1 원시편, 『조선통사』(상) 등을 1989년 이후 남한에서도 影印本 및 再編輯 出版本으로 구매하여 읽을 수 있게 됨으로써 인용에 아무런 제약이 없는 당시의 연구 여건 변화에서 특히 가능하였다고 알고 있다. 물론 日本의 西村眞次『文化人類學』(1924)·『技術進化史』(1940) 및 松崎壽和『中國考古學槪說』(1974) 역시 섭렵하여 日本의 문화인류학 및 고고학 연구에서도 중석기시대론의 인정이 大勢임을 익히 알고 있었기에 강한 어조로 한국에서도 더욱 "그것이 존재했을 것임은 거의 의심이 없다"라고 개설서 『한국사신론』 신수판(1990) 및 한글판 『한국사신론』(1999)에서 서술하였던 것이라 하겠다.

---

78 이러한 細石器에 대한 南韓 연구자의 연구 경향과는 전혀 달리 中國의 연구자 중에는 매우 적극적인 해석을 한 경우까지도 있음을 괄목하고자 한다. 陳淳, 〈石器〉, 「技術和工具」, 『當代考古學』, 上海 : 上海社會科學院出版社, 2004, pp.131-143 중 특히 p.138의 해설 '細石葉技術與文化歷史分析'에서, 細石器 특히 細石葉의 제작물이 오늘날 아메리카 신대륙에서 발굴되는 것은 그 기술을 가진 아메리카 신대륙의 '居民'이 '朝鮮半島'를 포함한 亞洲로부터 왔다는 가장 유력한 증거라고 해석하는 견해도 제시되고 있음을 염두에 두면 숙고할 대목이 적지 않다고 생각한다.

신라 중대 불교와 전제왕권

곽승훈 동광불교문화연구소장

1. 머리말—이기백의 시각

　신라 중대불교를 바라보는 이기백의 시각은 다음과 같이 정리된다.
　첫째, 삼국 모두에 계율사상이 유행했지만, 통일 이후 신라에는 다양한 불교 사상이 들어와 계율의 시대에서 종파불교의 시대로 전환한다는 시각이다. 신라에 유학승들이 늘어나고 교학이 성장하면서 고승들이 출현하였고, 더불어 계율에 철저했던 자장이 만년에 문수보살을 친견하지 못하고 쓸쓸하게 입적한 설화에서 그 모습을 찾았다.
　둘째, 중대 전제왕권이 확립되면서 그 사상적 배경으로 화엄사상을 들었다. 이는 안계현 이기영 등 여러 불교학자들의 견해를 살피고 그 견해를 수용한 것이다.
　셋째, 통일 이후 정토신앙이 국왕으로부터 민중에 이르기까지 널리 믿어진 사실을 살피어, 그것이 신라사회에서 갖는 의미를 밝혔다. 현세를 부정하고 내세를 기원하는 염세주의 성격이 강한 정토신앙은 현세에 대한 반항보다는 내세를 기원하면서 소극적인 성향을 지니고 있다. 그 결과 정토신앙은 신라사회에서 전제왕권에 저항하기보다는 순응하는 결과를 가져다 주었다고 보았다.

넷째, 이렇듯 불교계가 전제왕권에 도움을 주었지만, 그에 저항하는 세력이나 움직임을 살피었다. 이에 있어서는 후백제 출신의 진표가 미륵신앙을 전도한 사실에서 그 모습을 파악하였다.

이 같은 이기백의 시각은 그가 자료를 널리 구하고, 또 깊은 분석과 통찰력으로 빚어낸 연구의 산물이다. 이는 이후 후학들의 연구에 영향을 주었다. 물론 반대 의견을 내세운 학자들도 없지 않았지만, 대체로 이기백의 논지를 계승 발전하는 연구들이 쌓여졌다.[1]

이 글은 신라불교를 바라보는 이기백의 시각을 바탕으로, 나의 연구를 통하여 새롭게 밝혀진 내용을 더하여 서술한 것으로서 개설서의 일부다.[2]

2. 반야의 시대

계율의 시대에서 반야 지혜의 시대로

자장慈藏은 진골 귀족 출신으로 재상의 물망에 올랐으나, 왕이 여러 번 부름에도 나아가지 않았다. 마침내 나오지 않으면 목을 베겠다 했으나 자장은 "내 차라리 하루 동안 계율을 지키다 죽을지언정, 백 년 동안을 (산다고 해도) 계율을 어기며 살기를 원하지 않는다"라고 하며, 뜻을

---

[1] 더욱 이기백의 사상사 연구에 대한 비평은 김수태, 「이기백의 한국사상사연구와 왕권」, 『한국고대사탐구』 27, 2017 참조.

[2] 이 글은 불교사학회의 요청으로 집필한 나의 글, 「신라 중대 불교의 확산과 기능」이다(불교사학회 엮음, 『한국 불교사 고대』, 한울아카데미, 2024 출판 예정). 여기서는 내용의 취지에 맞게 제목을 바꾸고, 각주를 달아 놓았다. 그리고 3절에서는 원효의 화쟁사상 내용에, 한국불교사에서 중요한 역할을 한 원효의 활동 내용을 추가하여 독립시켰다.

굽히지 않았다. 이처럼 그의 신행은 계율에 철저했다. 그는 선덕여왕 5년(636)에 당나라로 들어가 계율과 화엄을 배우고 돌아왔다. 당시 신라 조정에서는 불교가 확산되어 교단을 주지하고 통솔할 필요가 있었는데, 자장을 대국통大國統에 임명해 그 일을 맡기었다. 자장은 반달마다 계율을 풀이하고 겨울과 봄에는 승려들을 모아 시험을 보도록 하여 계율의 지킴과 범실犯失을 알게 했다. 지방에도 순사巡使를 보내어 승려의 과실을 징계하고 불경과 불상의 법식을 정했다.[3] 이렇게 불법을 보호함으로써 신라에서는 불교가 국가불교로 자리매김하게 되었다.

『화엄경』보살주처품에는 "그 국토의 동북쪽에 보살의 주처가 있으니, 청량산이라 한다. 과거 제 보살이 이곳에 상주하시며, 현재 문수사리가 계시어 1만의 보살 권속을 거느리며 설법하신다"라는 내용이 나온다. 신라인들도 동북방 지역을 문수보살의 성지로 생각하고 있었다. 자장이 중국에 유학했을 때, 청량산(오대산)에 나아가 문수에게 기별記莂을 받았다는 『삼국유사』의 기사로서 알 수 있다. 자장은 만년에 이르러 문수의 친견을 기대하여, 강릉에 수다사를 세우고 거처했다. 하지만 문수는 태백산 갈반지에서 만나자 했고, 자장은 태백산에 석남사를 짓고 기다렸다. 어느 날, 늙은 거사로 변신한 문수가 죽은 강아지를 담은 삼태기를 메고 와서는, 시자에게 "자장을 보러 왔다"고 전하도록 했다. 시자가 이상한 사람이라 여기며 보고하니, 자장 역시 "아마 미친 자인 듯하다"라며 내쫓고 말았다. 거사는 "돌아가리라. 돌아가리라! 아상我相을 가진 자가 어찌 나를 볼 수 있겠는가?"라고 말하면서, 삼태기를 털어내니 강아지는 사자보좌로 변화하고, 거사는 그것을 타고 빛을 내며 떠나갔다. 자장이 듣고 예의를 갖추어 달려갔으나, 뵙지 못했다.

---

3 『삼국유사』권4, 義解 慈藏定律.

이후 태백산에는 의상이 부석사를 세우고 화엄사상을 전하게 된다. 이는 문수보살이 반야의 지혜를 계율에 철저했던 자장이 아닌 의상에게 넘겨준 사실을 알려준다.[4] 이로써 신라는 계율에서 반야 지혜의 시대로 전환된다.

지혜의 융성

신라에서 불경을 제대로 갖추게 된 것은 진흥왕 대 명관明觀이 진陳에서 가져온 경론 1700여 권과 자장이 귀국하면서 가져온 『대장경』 1질로 말미암는다. 신라에서는 이를 필사해 널리 보급했는데, 월성 해자에서 발견된 목간에 쓰인 "제8권 제23"이나 "제1권 제□7"은 경전의 권과 품을 나타내는 글귀로, 그 사례다.[5] 이 같은 노력은 이후 신라에서 반야 지혜의 교학이 성장하는 바탕이 되었고, 원효와 의상 같은 보살 대덕이 나오는 밑거름이 되었다.

새로운 사상인 화엄사상은 중국에 유학한 의상에서 비롯되었다. 의상은 문수보살의 성지인 태백산에 부석사를 세우고 화엄사상을 널리 홍포한다. 이후 화엄사상은 오악을 중심으로 십대 사찰이 세워지면서 번성했는데, 관련 내용이 최치원이 지은 『법장화상전』 기사에 나온다. 법장의 서신과 저술을 전한 승전勝詮은 김천 갈항사에서 돌로 사람 형상을 만들어놓고 『화엄경』을 설법했는데, 그 내용이 제자 가귀可歸가 쓴 『심원장心源章』에 나온다.[6]

효성왕 4년(740)에는 심상審祥이 일본 쇼무왕聖武王의 요청으로 나라

---

4 이기백, 「부석사와 태백산」, 『삼불김원룡퇴임논총』 Ⅱ, 1987 : 『한국고대정치사회사연구』, 일조각, 1996.
5 이용현, 「경주월성해자목간」, 『한국목간기초연구』, 신서원, 2006, p.192.
6 『삼국유사』 권4, 義解 勝詮髑髏.

의 도다이지에서 3년간 『화엄경』을 강의했다. 이때 감명을 받은 쇼무왕이 노사나불 조성을 발원하여, 경덕왕 11년(752) 개안開眼했다. 심상의 저술로 『화엄기신관행법문』이 있다. 이후 일본에서는 의상을 기리고 찬양하는 『화엄연기華嚴緣起』가 편찬될 정도로 그 영향력은 컸다. 이는 일본 화엄종 형성에 신라가 크게 기여함은 물론이요, 신라 화엄종 교학이 뛰어남을 잘 알려준다.[7]

의상은 소백산 추동에서 화엄을 강의했는데, 지통智通의 『추동기』와 도신道身의 『도신장』은 그 내용을 정리한 것이다. 화엄종 승려들의 저술은 대체로 『화엄경』과 『대승기신론』의 주석에 집중하였다.

다음으로 법상종法相宗은 백제 출신 경흥憬興이 국로에 봉해져 왕경(경주)에서 활동하면서, 『무량수경연의술문찬』을 비롯한 저술을 많이 남겼다. 법상종 승려들은 여러 경전과 논소에 주석을 다는 등 저술 활동을 활발히 했는데, 현재 일부만이 전한다. 의적義寂은 『법화경』·『범망경보살계본』·『유가사지론』 등 여러 경론에 주석을 달았다. 또 원측圓測은 유식의 이론을 깊이 연구해 당나라에서 이름을 떨쳐 질투의 대상이 되었는데, 『해심밀경소』는 티베트어로 번역되어 티베트 『대장경』에 수록될 정도로 뛰어났다. 그의 제자 도증道證은 효소왕 원년(692)에 『천문도』를 가져왔고, 『성유식론요집』을 비롯한 7종의 저술을 남겼다. 신방神昉은 중국 홍복사에서 역경 사업에 참여한 대가로, 『지장십륜경』의 서문을 썼다.[8]

밀교에서는 명랑明朗법사가 신라로 침략해 오는 당나라 군사를 문두루 비법으로 물리쳤으며, 사천왕사를 세워 그들의 침략에 대비했다.[9] 혜

---

7 최재석, 「8세기 東大寺 조영과 統一新羅」 『한국학연구』 9, 1997 : 『古代韓日佛教關係史』, 一志社, 1998, pp.426-438.
8 閔泳珪, 「新羅章疏錄長編」, 『白性郁博士頌壽紀念佛敎學論文集』, 東國文化社, 1959, p.380

통은 당나라에 유학하여 무외無畏 삼장에게서 학문을 배우고 돌아왔는데, 신문왕의 병을 치료하는 등 많은 활동을 했다.[10] 혜초는 인도에 유학해 나란타 대학에서 수석을 차지하여 이름을 날렸고, 당에 돌아와 남긴 『왕오천축국전』은 오늘날에도 높은 평가를 받는다.[11] 또한 『대교왕경』의 서문을 지었다. 불가사의는 『대비로자나경공양차제법소』를 지었다.

원효의 법성종은 그가 돌아다니면서 민중들을 교화한 까닭에 후학들을 양성할 수 없었다. 하지만 흠모하는 후학들이 많아 그의 교학은 자연스레 계승되었다. 저술이 일본 중국은 물론 인도에 전파되었으며, 원효는 보살로서 존경받았다. 이 외에도 고구려 유민인 보덕普德 법사가 완주 고달산에서 전한 열반종을 비롯해 안함安含이 펼친 십승十勝의 비법과 현의玄義를 전한 천태종 등이 있다. 이들 역시 크게 발전하지 않았겠지만, 고려시대에도 계승되어 전해진 것으로 보아 역시 교학이 일정 세력을 유지한 듯하다.

이처럼 중대에는 다양한 불교가 전개되었으니 이 시기를 뛰어난 불교 지혜가 두루 나온 반야의 시대, 종파불교의 시대라 하겠다.

---

9 『삼국유사』 권5, 神呪 6, 明朗神印.
10 『삼국유사』 권5, 神呪 6, 惠通降龍. 곽승훈, 「통일신라시대 僧傳의 저술과 그 의의」, 『한국학보』 69, 1993 : 『신라고문헌연구』, 한국사학, 2006.
11 곽승훈, 「혜초, 왕오천축국전」, 『한국사 시민강좌』 42, 일조각, 2008.

3. 원효의 활동과 화쟁사상[12]

원효의 마음

원효는 어린 나이에 출가하여, 정해진 스승이 없이 선지식을 두루 찾아 공부를 하였다. 교리에 대한 이해가 쌓인 뒤, 650년경 의상과 함께 당나라로 유학을 떠났으나, 요동지역에서 고구려 군사에 붙잡혀 돌아왔다. 661년 바닷길로 유학을 시도하여 지금의 당진 지역으로 향하였다.

도중에 폭풍우를 만나, 토굴에 들어가 비바람을 피하고 하룻밤을 청하였는데, 날이 밝으면서 보니 해골이 있는 무덤이었음을 알게 되었다. 그래 나가려 했으나, 비바람과 질척한 땅으로 인해 움직일 수 없어 그대로 머물렀다. 밤이 깊어갈 무렵 귀신같은 물체가 나타나 분위기가 괴이해짐에, 원효는 "어제 토굴에서 잘 때는 잠자리가 편했는데, 오늘 무덤에 의탁하여 지내려니 근심이 많아지는구나" 하면서, 문득 탄식한다. 고민도 잠시 원효는 도리어 깨달음을 얻는다. 원효는 밤을 새는 곳이 어제와 오늘이나 같지만, 토굴과 무덤으로 나누어 생각이 바뀜에 따라 마음에도 역시 변화가 일어남을 인식한다.

이에 원효는 만물이 망령된 마음이 지어낸 변화라는 경전의 가르침을 떠올리고,

> 마음이 생겨나니 온갖 법이 생겨나고, 마음이 사라지니 토굴과 무덤이 둘이 아닌 것을 알겠다. 삼계三界는 오직 마음이요 만법萬法은 오직 인식이다. 마음 밖에 법이 없으니 어찌 따로 구하겠는가.[13]

---

12 3절은 나의 글을 축약 정리한 것이다(「열반을 미룬 원효보살」, 『문화로 읽는 신라·고려시대의 인물』, 다운샘, 2019).
13 知心生故種種法生 心滅故龕墳不二. ②又三界唯心萬法唯識 心外無法胡用別求(『宋

하며, 오도송悟道頌을 읊는다. 이리하여 중국으로 유학할 필요가 없어진 원효는 절에 돌아와 공부에 몰두, 방대한 저술을 남긴다. 화엄 유식 밀교 반야 등 현재까지 알려진 것이 220종 157책이다. 더욱, 그 양보다는 학문적 깊이와 이해의 측면에서 매우 높은 평가를 받는데,『대승기신론소』·『십문화쟁론』·『금강삼매경론』 등이 손꼽힌다.

원효의 화쟁사상

불교계에서 교리 논쟁에 대해 화쟁을 시도한 저술은 일찍부터 있었지만, 그중에서 원효의『십문화쟁론十門和諍論』이 높은 평가를 받았다. 그 서문에

"혹은 말하기를 자기는 옳고 다른 사람은 그르다 하며, 혹은 말하기를 자신의 생각은 그럴 듯하나 다른 사람이 그렇지 않다 하여, 드디어 그러한 형세가 강물과 같이 되었다"

라고 하여 분분한 모습을 나타내고 있다.[14] 교학을 두루 섭렵한 원효성사의 눈에 비친 당시의 현상이다. 이 같은 양상에 원효는 부처님께서 말씀하셨듯이 중생들의 근기根機에 맞추어 설법하신 까닭에 다른 것일 뿐, 틀린 것이 아니며 모두가 깨달음의 길에 나아가는 것으로서 옳다고 논증한다.

『열반경』에 "중생의 불성은 하나도 아니며 둘도 아니다. 여러 부처의 심성은 평등하여 허공과 같으니, 일체중생도 그 불성을 한결같이 지

高僧傳』 4, 義相傳).
14 「高仙寺 誓幢和上碑」; 李智冠,『譯註 歷代高僧碑文』新羅篇, 伽山文庫, 1993, pp.49-50.

니고 있다"라고 나온다. 그런데, 『현양성교론顯揚聖教論』에 따르면, 불성을 갖고 있지 않은 일부 중생들도 있다고 나온다. 이는 『열반경』에 나오는 대승불교의 평등성에 어긋나는 것이다.

이에 대해 원효는 양측이 주장하는 근거와 내용이 같다고 한다. 유성론자나 (일부)무성론자나 모두 '경전에서 중생들 모두 마음이 있다'고 한 것은 일체의 유성有性과 무성無性, 아직 그것을 증득證得하지 못한 자와 이미 그것을 증득한 모든 중생들을 아울러 말씀하신 것이라고 한다. 즉, 경전에 설명된 불성은 동등하게 존재하는 이치에 근거한 성품을 말한 것으로서, 이론일 뿐 수행을 통해 이룬 결과로서의 해탈이 아니다.

나아가 '일체'라는 용어는 각 경론 속에서 주장하는 취지에 따라 사용한 것이므로, 취지를 달리하는 다른 경론과의 비교를 통해 틀리다 하는 것은 의미가 없다. 『열반경』에서 말한 '일체'는 어느 부분의 일체일 뿐, 모든 것을 망라하는 것이 아니다. 반대로, 『현양성교론』에서의 일체는 일부의 무성 중생도 포함되는 것이다. 즉, 더 큰 범주의 일체다. 그러므로 두 경론에서의 일체는 서로 틀리지 않은 것이며, 경문들은 잘 통하고 있다.

이런데도 논자들은 서로가 상대방의 견해가 틀리다고 문제를 제기한다. 일부 무성론자들은 만약 일체중생이 모두 부처가 되면, 중생이 비록 많다고 하더라도 마침내는 다함이 있게 된다. 그러면 부처님의 이타利他 공덕도 끝나게 된다. 그래서 중생이 다하면, 교화를 받을 사람이 없게 된다. 이러면 이타행이 없게 되는데, 이타행 없이 부처를 이루는 것은 도리에 맞지 않는다. 그래서 문제가 있다.

그런데 불성이 없는 무성 중생도 본래부터 있는 법이法爾의 종자를 갖추고 있다. 따라서 현재세에는 불성의 종자가 없다 해도 과를 생산하여 다음 생에는 불성의 종자를 갖게 된다. 현재세에 공덕을 쌓아 다음

생에는 유성중생이 되고, 그래서 부처님의 교화를 받아 성불할 수 있게 된다. 그렇다면, 무성중생 또한 유성으로 전변轉變되면서 마찬가지로 다함이 있게 된다. 결국 일부 무성론자들이 유성론자들을 비판한 논리가 그들에게 적용된다. 그런즉, 그들 또한 틀리게 된다.

원효는 다음과 같이 화쟁한다. 만약 일체 종자가 모두 응당 결과를 생산해 내지만, 종자가 무궁한 까닭에 마침내 다함이 없다. 그러므로 스스로의 말한 바에 어긋나는 잘못이 없다고 하면, 곧 응당 일체중생이 모두 성불한다 하더라도 중생은 다함이 없다. 따라서 다함이 없음을 믿고 수용해야 한다. 이 같은 원효의 논증은 둘 다 틀림이 없는 것이다. 그럼으로써 누구도 체면의 손상이 없게 된다.[15]

이런 연유로 원효의 『십문화쟁론』은 그 우수한 가치를 인정받아 중국 일본은 물론이고 티베트를 넘어 범어로 번역되어 불교의 원조 인도에까지 전해져 높은 평가를 받았다. 신라인들은 애장왕 대(800-809)에 그를 추모하는 「서당회상비」를 세워 업적을 기렸다.

중생은 나의 외아들

이처럼 교학을 이해한 원효는 『화엄경소』를 짓다가 제4행 십회향품에 이르러 마침내 붓을 놓고[絶筆], 중생을 제도하러 나선다. 그 이유는 무엇일까? 성사의 저술을 통해 알아 본다.

『금강삼매경』에는 보살의 가르침을 받은 중생들이 깨달아가는 수행 과정을 십신 십주 십행 십회향 십지 등각 등 6행으로 설명한다. 그리고 이를 이치로 들어가는 이입理入과 실천으로 들어가는 행입行入으로 나눈

---

15 곽승훈, 「애장왕대 서당화상비의 건립과 그 의의」, 『국사관논총』 74, 1997 ; 『新羅金石文硏究』, 韓國史學, 2005 참조.

다. 이입은 나도 없고 남도 없으며, 범부凡夫와 성인聖人이 별개가 아니면서 금강심지金剛心志에 머무르며 적정무위寂靜無爲하여 분별이 없음을 말한다. 행입은 마음과 나를 버리고 중생을 제도하면서도, 생겨남이[생生] 없으므로 상相이 없고 그래서 취할 것도 없고 또한 버려짐도 없음을 말한다.

이 같은 취지에 대해 원효는 이입은 도리를 따라 믿고 이해는 하지만 행行을 증득치 못한 것이며, 행입은 도리를 증득하고 행을 닦아 생생이 없는 행에 들어간다고 밝혀놓았다. 또한 6행 가운데 앞의 네 계위는 이입을, 뒤의 두 계위는 행입을 가리킨다고 밝혀놓았다.

이로 미루어 보면 『화엄경』에서 설법한 십회향품은 바로 네 번째 행의 계위이고 이입의 마지막으로 십지 이전이다. 그리고 그 다음은 제5행인 십지품으로 행입에 해당한다. 행입은 보살이 성불을 미루고 중생을 제도하는 것이다. 그런 만큼 이치를 통한 설명 보다는 실천행이 필요한 단계다. 이런 점에서 원효가 붓을 놓은 이유는 다름이 아니니, 행입은 행동으로 보여주는 것이지, 글로서 설명할 필요가 없음을 말없음으로 나타낸 것이라 판단된다.

이에 원효는 성불을 미루고 험하고 척박한 중생계로 나아간다. 그리고 그 중생들을 외아들을 돌보듯 한다. 보살이 그렇듯 깨달음을 얻은 원효는 중생들 특히 어려운 중생들을 위하여 전도하러 나간 것이다. 방방곡곡을 돌아다니며, '나무아미타불'을 염불토록 하여, 고통받는 중생들의 구제에 앞장서서 극락왕생을 이끌었으니, 성자다.

꺼지지 않는 등불

원효는 불교에서의 교학의 집대성과 홍포라는 두 가지 모두에서 위대한 업적을 사바세계의 모든 중생들에게 보여주었다. 신라에서는 애장왕대哀莊王代(재위 800-809)에 이르러 원효의 업적을 추모하는 「서당화상비」를 세웠다. 여기에서는 그의 화쟁사상과 화엄사상 등에 대한 평가가 반영되었다. 더욱 비슷한 시기에 신라 불교의 발전에 이바지한 열 분의 성인을 진흙으로 형상을 빚어 봉안하였는데, 이 때 원효는 물론 원효와 교류가 깊었던 혜숙 혜공 사복의 세 분이 함께 모셔졌다. 대중교화에 힘쓴 분들이 모셔졌다.[16]

4. 전제왕권과 불교

전제왕권의 성립[17]

삼국의 통일로 신라의 국력은 크게 신장되었고, 자연 국왕의 위상도 높아졌다. 신덕여왕을 끝으로 성골 출신의 왕이 끊기면서, 진골 출신인 무열왕이 왕위에 오르고, 왕의 동생들이 임명되던 갈분왕이 폐지되었다. 화백회의 구성원이었던 대등들을 대신해 분야별로 책임을 맡는 관료행정체제가 정비되었다. 그 중심에는 진덕여왕 대 품주稟主를 개편하여 만든 집사부가 있었다. 집사부는 국왕과 일반 관부 사이에서 위로는 왕명을 받들고 아래로는 여러 관부를 통제하는 역할을 했다. 장관인 중시는 상대등과 함께 임명과 면직 기사가 『삼국사기』 기록에 나오는 중대한 직책이었다. 중시의 임기는 3년이었으나, 천재지변이나 내우외환이 있

---

16 곽승훈,「신라 하대 전기 흥륜사 금당 십성의 봉안과 彌勒下生信仰」,『한국사상사학』 11, 1998 ;『통일신라시대의 정치변동과 불교』, 국학자료원, 2002.
17 이기백,「통일신라와 발해의 사회」,『한국사강좌 : 고대편』, 일조각, 1982, pp.306-312.

을 때는 정치적 책임을 지고 교체되었다. 이에 따라 국왕은 정치적 책임에서 벗어날 수 있었고, 왕권을 제약하는 견제 장치가 작동하지 않게 되었다. 만장일치 의결로 귀족들이 왕권을 견제한 화백회의 기구는 그 기능을 점차 상실하게 된다. 더욱 그 자리에 김유신이 취임하면서 상대등은 국왕의 정책을 협조하는 세력으로 변질되었다. 그 결과 신라에는 국왕을 견제하는 기능들이 사라지면서, 왕권이 강화되었다.

이처럼 왕권을 강화한 신라는 나당연합전선을 구축하고 삼국통일이라는 대업을 추진했다. 661년 무열왕이 백제의 항복을 받고, 이어 문무왕이 고구려를 항복시켜 삼국을 통일했다. 문무왕은 확대된 국가 규모에 걸맞게 관부와 관직을 정비해 행정 관료 체제를 갖추고 국가의 기틀을 다져나갔다. 더욱 문무왕은 철저한 호국법왕이었다. 그는 죽은 뒤에도 용왕이 되어 왜구들의 노략질을 막고자 수중릉을 만들어 장사지내도록 했다. 이 능은 지금도 전해진다.

신문왕이 즉위 초에 왕비를 출궁시키고 새 왕비를 맞이하자 전 왕비의 외척인 김흠돌이 분개해 반란을 일으켰다. 왕은 이를 어려움 없이 진압하고, 알고도 알리지 않았다는 '불고지죄'로 귀족 세력의 대표 격인 상대등 김군관도 처형했다. 이는 왕권의 성장 없이는 불가능한 일이었다. 신문왕은 행정조직을 '영令, 경卿, 대사大舍, 사지舍知, 사史'의 5단계로 정리하는 한편, 지방은 9주 5소경으로 정비해 체계를 갖추었다. 중앙에 9서당 지방에 10정을 두어 외침에 대비했다.

이 시기에는 온갖 파도를 잠재우는 만파식적도 만들어졌는데, 황룡사 장육상 및 9층탑과 더불어 신라의 호국삼보가 되었다. 이를 통해 볼 때 불교가 신라의 삼국통일에 기여했을 뿐 아니라 통일신라에서도 여전히 힘을 발휘하고 있음을 잘 알려준다.

화엄사상

『화엄경』에서 말하는 연화장계는 바로 현상계와 본체 또는 현상과 현상이 서로 대립하는 그 모습을 그대로 지니는 가운데 서로 융합하면서 끝없이 전개하는 약동적인 커다란 생명체다.『화엄경』은 우주의 질서를 미적으로 표현한 경전이지만, 그것은 동시에 통일국가의 상징이 되기도 했다. 화엄의 가르침은 서로 대립하고 항쟁을 거듭하는 정계나 사회를 정화하고, 또 지배층과 피지배층과의 대립도 지양함으로써 인심을 통일하는 데 적합했다. 의상의 「화엄일승법계도」에서는 그와 같은 취지를 잘 보여준다.

일중일체다중일　一中一切多中一
일즉일체다즉일　一卽一切多卽一
일미진중함시방　一微塵中含十方
일체진중역여시　一切塵中亦如是

"하나 안에 일체요 다多 안에 하나"에는 '하나'와 '다' 또는 '일체'가 '있다·작용한다·능력을 발휘한다' 등의 움직임을 통해 '원융무이圓融無二'한 모습을 드러낸다. 이를 '나 하나'와 '온 백성'에 적용해 본다. '나 하나'라는 여러 현상을 결과로 볼 때, 그 원인이 되는 '마음'과 결부해 보면, '잡다한 나'와 '하나인 마음'은 원융되어져야 한다. 이런 점에서 '한 나라'라고 하는 '다'의 경우, 그 한 나라를 구성하는 모든 사람들의 마음이 '한결 통하는 마음'으로 승화되어야 한다. 만약 그러지 않으면, 안 되는 도리를 신라인들은 절실히 자각하고 있었다.

"하나가 곧 일체요, 다가 곧 하나"는 '내가 곧 너요, 네가 곧 나다'라는 사고방식을 성취시킴이 없이 통일과 평화를 얻을 수 없음을 뜻한다.

'하나네, 둘이네, 많네' 하는 것은 우리의 생각일 뿐, 하나도 아니고 둘도 아니라는 말이다. 따라서 너와 내가 둘이 아니고 하나임을 알아야 한다.

『입법계품초』에도 만약 우주와 인생의 모든 현상과 사물을 '둘이다, 셋이다' 이렇게 쪼개서 생각한다면 이는 여덟 가지의 근본 죄를 범하는 결과가 되고, 일승법계에 들 수 없다. 이 삼라만상에 두 가지 이해를 생기게 하지 않아야만 일승법계에 들 수 있다고 나온다.

이처럼 화엄사상은 일심一心에 의해 우주의 만상을 통섭하는 것으로 이해된다.[18] 이같이 우주의 다양한 현상이 결국은 하나라고 하는 「화엄일승법계도」의 정신은 전제왕권을 중심으로 한 중앙집권적 통치체제를 뒷받침하기에 적합하다.[19] 통일신라의 지배층에서 화엄사상이 환영받은 까닭은 바로 이러한 데에서 찾을 수 있을 것이다.

정토신앙과 관음신앙

통일을 전후해 정토신앙이 왕경 근교지역에서 퍼지더니 전국으로 확산되었다. 삼국 간의 전쟁으로 삶이 피폐해지자 사람들 사이에 염세주의가 생겨나면서, 내세를 기원하는 정토신앙으로 기울어져 갔다. 원효성사가 방방곡곡을 돌아다니며, '나무아미타불'을 염불하는 것으로도 극락에 왕생할 수 있다고 전교한 것이 크게 영향을 미쳤다. 화엄종의 종조인 의상이 세운 부석사 금당에 아미타불을 봉안한 것도 한몫했다.

신라에서 정토신앙을 받아들인 계층은 위로 국왕에서부터 아래로 민중에 이르기까지 다양했다. 이 가운데 전제왕권 아래 신음하던 민중은

---

18 이기영, 「화엄일승법계도의 근본정신」, 『신라가야문화』 4. 1972 : 『신라불교연구』, 한국불교연구원. 1982 참조.
19 안계현, 「신라불교」, 『한국사』 3. 국사편찬위원회, 1976 : 『한국불교사연구』, 동화출판공사, 1982 참조.

다른 계층들보다 열렬한 믿음을 갖고 있었다. 현실이 괴로운 까닭에 이를 벗어나고자 한 바람은 다른 누구보다도 간절했다. 경덕왕 대에 노비 욱면은 주인을 따라 절 마당에서 염불했는데, 그 정성이 지극해 서방정토에 현신으로 왕생했다. 본래 정토신앙은 사후를 위한 것이다. 따라서 살아 있는 몸으로 왕생하는 것은 괴로운 현실에서 벗어나고자 하는 염원이 적극적으로 발현된 것이다. 포천산에서 수행하던 5비구들 역시 염불을 하다가 서방정토에 현신왕생 했다고 전한다. 더욱 경덕왕 대에는 다수의 아미타불이 조성된다. 이런 점에서 신라의 정토신앙은 경덕왕 대에 그 절정을 이루었다고 볼 수 있다.

정토신앙은 현세 도피적이고 염세적인 것으로서, 현실 문제에 대한 비판과 반항 정신을 내포하고 있다. 그렇지만 전제정치와 골품제하에서는 비판이나 저항이 적극적으로 나타나지 않았다. 정토신앙 자체가 현세를 개혁해서 이상국가를 건설하려는 것이 아니라, 내세에 그것을 기대하는 것이기 때문이다. 이런 점에서 정토신앙은 전제왕권에 비판적인 성격을 지녔음에도 불구하고, 현실에서는 도리어 타협적인 국면을 나타냈다. 그 결과 정토신앙은 전제왕권을 소극적이나마 뒷받침해 주는 결과를 가져왔다고 이해된다.[20]

관음신앙은 중생들이 위기에 처해 관세음보살을 염불하면, 관음보살께서 구원의 손길을 내려 구제한다는 현세신앙이다. 의상은 『화엄경』에 관음보살이 보타락가산에 상주 설법한다는 내용에 따라 동해안에 낙산사를 세우고, 관음·정취 두 보살을 모셔 관음신앙을 널리 전했다. 경흥이 삼랑사에 있을 때 병이 들어 낫지를 않았는데, 남항사南巷寺의 십일

---

20 李基白, 「新羅 淨土信仰의 두 類型」, 『歷史學報』 99·100, 1983 : 『新羅思想史研究』, 一潮閣, 1986, pp.156-158.

면관음보살께서 현생하여 치료를 해주었다. 효소왕 대에는 부례랑夫禮郞이 말갈적에게 납치되자, 부모가 백율사栢栗寺 관음상에 나아가 기도해 돌아왔고, 상인 장춘長春은 폭풍에 휩쓸려 중국에 표류했는데, 어머니 보개寶開가 민장사敏藏寺 관음상에 나아가 기도해 살아 돌아왔다. 또, 경덕왕 대의 눈먼 희명希明은 분황사 관음상에 기도해 광명을 얻었다.

이처럼 신라인들은 관음 기도를 통해 현세에서의 어려움을 극복하고 있었다.[21] 이 또한 전제정치와 골품제하에서 신라인들에게 많은 위로가 되는 것이었다. 이런 점에서 관음신앙 역시 전제왕권을 뒷받침해 주는 결과를 보여준다.

5. 행원의 시대

전제왕권의 쇠퇴와 불교[22]

신라의 전제왕권은 경덕왕 대에 들어와 진골 귀족들의 견제와 도전을 받으면서 위기에 봉착하고 있었다. 그런 속에서 경덕왕은 많은 불사를 일으켰다. 『삼국유사』에 실린 불교 기사의 절반이 그와 관련이 있으니, 호법국왕이라 할 수 있다.

먼저 왕경에서 거대하고 화려한 불교문화를 꽃피운다. 재상 김대성이 경덕왕 10년(751) 전생과 현생의 부모를 위해 발원해 조성을 시작했다는 불국사와 석굴암은 그가 죽은 뒤, 사업을 이어받은 국가의 지원으

---

21 정병삼, 「통일신라 관음신앙」, 『한국사론』 8, 1982 참조.
22 곽승훈, 「新羅 中代 末期 中央貴族들의 佛事活動」, 『李基白先生古稀紀念論叢』 上, 一潮閣, 1994 : 『통일신라시대의 정치변동과 불교』, 국학자료원, 2002, pp.52-63.

로 혜공왕 대에 완성할 수 있었다. 그 규모의 웅장함과 예술성, 문화적 가치 등에서 높이 평가됨은 잘 알려진 사실이다. 또, 경덕왕 13년(754) 전 왕비 삼모부인이 시주해 만든 49만 근의 황룡사 종, 이듬해 30만 근의 분황사 약사여래불이 조성·봉안되었으니, 역시 그 웅장한 규모가 상상된다. 더욱 후일 경덕왕은 황동 12만 근을 내어 부친을 추모하고자 조성한 성덕대왕신종은 아들 혜공왕 6년(770)에 비로소 완성되었다. 지금도 전하는 이 신종은 제작 기술과 함께 예술적 가치로 말미암아 높이 평가된다.

경덕왕은 신앙의 영험이 있는 곳에 불사를 일으키는 한편으로, 고승들의 활동을 후원하면서 도움을 받았다. 왕 11년(752)에는 구백제계의 진표율사를 초빙해 보살계를 받았다. 16년에는 노힐부득과 달달박박이 성불한 백월산에 남사를 창건해 주었고, 18년(759)에는 고구려 유민 원표가 활동하던 보림사에 장생표를 내려 돕는 등 불사에 앞장섰다.

이 외에도 왕 5년(746) 대사면을 단행하고, 또 승려 150인을 출가시켜 불교를 보호함이 성했다. 왕 12년(753)에 나리에 가뭄이 들자 법상종의 태현을 불러 기우제를 지내 어려움을 극복했다. 이듬해에는 화엄종의 법해를 초빙해 시험 삼아 비를 내리도록 했다. 이처럼 경덕왕은 불교의 도움으로 나라를 안정하고자 하는 노력을 게을리하지 않았다.

경덕왕의 불사 활동은 신앙의 영험이 나타난 곳에 불사를 일으켜 사람들이 찾게 하고, 대형 불상의 위엄과 함께 큰 종의 웅장하면서도 은은한 종소리로 사람들에게 신앙을 받드는 신성의 세계로 들어오게 하는 것이었다. 그리고 이 같은 신성의 세계에 경덕왕이 군림하는 것이다.

경덕왕의 이 같은 호법 활동은 도전받고 있는 전제왕권의 위상을 불교의 권위를 빌려 어려움을 벗어나려 한 것으로 여겨진다. 이런 속에서 경덕왕이 정치개혁을 시도하고 있기 때문이다.

경덕왕은 왕 16년(757) 3월에 녹봉을 폐지하고 경제적 특권이 많은 녹읍을 부활하고 있는데, 이는 반발하는 귀족들을 회유하기 위함이었다. 그러고는 그해 12월 지방 군현의 명칭을 한식漢式으로 바꾸는 개혁을 시행했다[예 : 지금의 충북 영동군永同郡은 본래 길동군吉同郡]. 그리고 1년 뒤 왕 18년(759) 정월에는 관부와 관직 명칭 또한 한식으로 바꾸는 개혁을 단행했다. 그런데도 장관직인 '영令'은 그대로 두었으니, 진골 귀족들의 반발이 심했음을 알 수 있다. 이로써 경덕왕의 개혁은 마무리된 듯하다.

이후 왕 19년(760)에 두 해가 출현하는 괴변이 일어났고, 왕은 이를 물리치고자 월명사月明師를 초빙해 「도솔가」를 짓게 하니 사라졌다. 어느 시기인가 충담사에게 「안민가」를 청한 일 등은 고승들의 향가를 통한 정치 선전으로서 국왕의 위덕을 널리 과시하는 것이었다.

그럼에도 불구하고 경덕왕의 정치개혁은 어린 혜공왕이 즉위한 뒤, 귀족들이 왕권에 도전하면서 시련에 부닥쳤다. 혜공왕 4년(768) 대공 각간의 난으로 시작된 정권쟁탈전이 여러 해 동안 반복되었다. 마침내 반대 세력들이 정권을 잡으면서, 혜공왕 12년(776) 정월에 예전의 명칭으로 다시 복고했다.[23] 다만 육두품 귀족이 맡았던 문한직文翰職은 그대로 두었으며, 지방 군현의 명칭도 회복되지 않았다. 오늘날 남아 전하는 지명은 바로 경덕왕 대에 바뀐 것이다. 이로써 진골귀족들의 도전을 받은 전제왕권은 종말을 맞았다.[24]

---

23 이기백,「新羅 惠恭王代의 政治的 變革」,『社會科學』 2, 1958 ;『新羅政治社會史硏究』, 一潮閣, 1974, pp.238-247.
24 곽승훈,「석굴암 건립의 정치사회적 배경」,『신라문화제학술발표회논문집』 21, 2000 ; (同改題)「경덕왕의 정치개혁과 불사활동」,『통일신라시대의 정치변동과 불교』, 국학자료원, 2002 참조.

불교의 새 경향[25]

이런 상황 속에서 불교계는 화엄종 법상종이 그 세력을 누리는 가운데 새로운 경향이 싹트고 있었다.

먼저, 법상종 승려 태현과 화엄종 승려 법해法海와의 사이에 벌어진 신통력 경쟁이다. 경덕왕 12년(753) 가뭄이 들자 왕은 태현에게 기우제를 부탁했다. 마침 대궐의 우물이 말라 정수를 늦게 올렸는데, 『금광명경』을 강하니 잠시 뒤 우물이 일곱 길이나 솟아나는 신통력을 보였다. 이듬해 경덕왕은 법해를 불러 『화엄경』을 강의하게 한 뒤 태현의 고사를 말했다. 그러자 법해는 바닷물을 기울여 동악을 잠기게 하고 궁궐을 떠내려가게 하는 것 정도는 어렵지 않다며, 신통력을 발휘해 뛰어남을 과시한다.[26] 이는 가뭄에 물을 대는 능력을 비교한 것이지만, 화엄종과 법상종이 교리의 우위를 놓고 서로 논쟁했음을 짐작케 한다.

다음, 새로 선사상이 퍼지고 있었다. 법랑法朗 선사가 호거산에서 선사상을 펼치고 있었는데, 신행神行이 나아가 배웠다. 법랑이 입적한 뒤, 신행은 당나라에 유학하여 지공志空에게 북종선北宗禪을 전수받았다. 이후 신라에 돌아와, 지리산 단속사斷俗寺에 머무르며 후학을 길렀다. 도의 근기가 있는 사람에게는 간심看心 곧 마음을 보라는 한 마디로 가르쳤다. 또 한편으로 근기가 익숙한 이들에게는 수많은 방편을 보여주며 가르쳤다.[27] 혜공왕 15년(779) 76세로 입적했는데, 나라에서는 헌덕왕 5년(813)에 그의 활동을 기린 「신행선사비」를 세워주었다. 선종 승려로서는 처음 세워진 비로, 이후 국가가 선사상에 대한 관심을 기울이는 점에서

---

25 곽승훈, 「신라 골품제사회의 정치변동과 불교」, 『한국고대사탐구』 15, 2013.
26 『三國遺事』 4, 義解 賢瑜伽海華嚴.
27 여성구, 「신행(神行)의 생애와 사상」, 『수촌박영석교수화갑기념 한국사학논총』 상, 탐구당, 1992.

볼 때 그 의미가 크다.28

　　진표가 김제 금산사에서 미륵신앙을 널리 선양했다. 구백제인으로서 신라 통치하에서 고통받는 백제 유민들을 구제하고자 출가한 진표는 힘든 수행을 잘 견디어 지장보살에게서 수계를 받았다. 다시 정진해 미륵보살로부터 『점찰경』과 함께 불골간자佛骨簡子를 받고, 법을 전하여 세상을 구제하라는 계시를 받는다. 또한 뒤에는 대국왕의 몸을 받아 도솔천에 나게 될 것이라는 수기를 받는다. 이로써 그는 미륵신앙의 대행자로서 계율을 통한 이상국가의 건설을 꿈꾸었고, 그것은 신앙운동으로 나타났다. 그리하여 진표는 백제 유민으로서 미륵신앙을 중심으로 하는 반신라적인 이상국가 건설의 운동을 전개해 나갔다. 그 결과 진표의 미륵신앙은 구백제 지역은 물론이고 속리산 명주(강릉) 금강산 등 옛 고구려 지역에까지 그 세를 넓혀갔다. 이에 경덕왕은 진표를 궁중으로 맞아다가 보살계를 받고 보시를 내리는 등의 회유 및 세력 억제 정책을 추진했다.

　　진표의 미륵신앙은 백제 전통의 계승만이 아니라 부흥운동까지 연결될 수 있는 문제였으나, 그에 이르지는 못했다. 하지만 그 정신은 이어져 훗날 견훤과 궁예가 미륵불을 일컬으면서 신라에 위협이 되었다.29 또, 9세기 후반 구백제 지역에 세워진 석탑들이 부여 정림사 탑 양식을 모방하여 새로 조성한 사례 역시, 진표의 활동이 영향을 끼친 것이 아닐 수 없다.

---

28 곽승훈, 「신라 하대 전기 고승추모비의 건립」, 『한국고대사연구』 25, 2002 : 『통일신라시대의 정치변동과 불교』, 국학자료원, 2002.
29 이기백, 「진표의 미륵신앙」, 『신라사상사연구』, 일조각, 1986.

보현행원

불교에서의 깨달음은 중생들이 바른 지혜와 더불어 실천 수행이 동반되어야 비로소 이룰 수가 있다. 보현보살이 바로 그 중생들의 수행을 돕고자 발원하는데, 이를 보현행원이라 한다. 『법화경』 보현보살권발품에 보현행은 『법화경』을 받아 지녀 읽고 외우며 써서 베끼며, 대승의 뜻을 바르게 생각하고 수행하는 것이다. 또한 이를 잘 수행하면 좋은 과보를 받으며, 부처님은 보현보살이 보현행을 하는 중생을 돕도록 명한다. 『관보현보살행법경』은 그 뜻을 넓게 설법한 것으로, 불자들이 대승경전을 읽고 대승의 뜻을 일으키는 것을 보현행이라 정의하고 있다. 더욱 이를 위해서는 안이비설신의 6근 참회법을 중시해 상세히 설명하고 있다. 나아가 예경 찬탄 등의 수행을 하고, 그 공덕으로 중생을 제도하겠다는 서원을 낸다. 이때 보현보살이 나타나 중생을 도와 친견하며, 이와 같이 보현행을 하면 오래지 않아 깨달음을 얻게 된다.[30]

신라에서의 보현행은 『법화경』을 강의하여 신통력이 있었던 법흥왕대의 낭지에서 시작된다. 낭지는 보현보살의 친견을 기대했지만 뵙지 못했는데, 제자인 지통은 영취산에서 보현보살로부터 계품을 받는다. 지통은 다시 의상에 나아가 화엄을 배운다. 이는 보현보살의 친견이 오래 수행한 낭지조차도 어려움을 나타낸 것인데, 화엄종의 우월성을 드러낸 듯하다. 이후 보현행은 『화엄경』을 중심으로 행해진다. 그럼에도 원성왕 대 연회가 『법화경』을 강해 신통력이 있었던 것으로 보아 일부에서는 여전히 행해졌음을 알 수 있다.

일찍이 법장이 의상에게 보낸 편지 내용에 "엎드려 바라건대, 마땅히 올 내세에서는 몸을 버리고 다시 태어나, 함께 노사나불께 이와 같은 다

---

30 鶴潭 연의, 『화엄법계와 보현행원』, 큰수레, 1988 참조.

함없는 묘법을 청해 듣고 이와 같은 무량광대한 보현원행普賢願行을 수행하기를 원하나이다"라고 되어 있는데, 이로서 화엄종 승려들 역시 보현행을 닦고 있었음을 알 수 있다.[31] 『화엄경』에서의 보현행은 입법계품에 나와 있는 선재동자가 53선지식을 만나는 수행으로 십분 설명된다. 그러나 의상이나 법장이 보현행원을 실천하는 신앙운동으로 접목했는지는 뚜렷하지 않다. 다만 부석사 금당에 아미타불을 모신 점에서 보아, 경전의 가르침에 따른 독송 강의 사경을 주로 한 듯싶다.

그렇지만 보현행은 시기가 무르익어 가면서 점차 신앙으로 발전했다. 경덕왕 대에 화엄사에서 연기법사가 주도한 『백지묵서화엄경』 발원문에 "내 이제 서원하오니 … 만약 모든 중생이 이 경에 의지한다면 부처님 뵙고, 법을 듣고, 사리를 받들어 보리심을 내어 후퇴하지 않고 보현의 행원을 닦아 속히 성불하리라"라고 하여, 보현행원을 닦아 성불을 기원하고 있음을 볼 수 있다.[32] 혜공왕 2년(766) 지리산 석남사에 봉안된 비로자나불 발원문에 "모두가 삼악도三惡道의 업이 소멸되고, 자신이 비로자나와 같아짐을 깨닫고 세상 떠나기를 바랍니다"라고 발원 내용이 새겨져 있다.[33] 이는 선재동자가 보현의 행과 원의 바다를 믿어서 보현보살과 같아지고(與普賢等), 모든 부처님들과 같아져(與諸佛等), 종내에는 선재와 보현보살과 비로자나불이 평등한 일체가 되기를 바란 것과 같다. 따라서 이는 시주가 보현행원을 통한 성불을 발원하고 있음을 알려준다.

---

31 伏願當當來世 捨身受身 同於盧舍那會 聽受如此無盡妙法 修行如此無盡普賢願行 懺餘惡業 一朝顚墮(「唐新羅法藏致義湘書」; 李基白 編, 『韓國上代古文書資料集成』, 一志社, 1987, p.304). 『三國遺事』 권4, 義解 5, 義湘傳敎.
32 我今誓願盡未來 所成經典不爛壞 假使三灾破大千 此經与空不散破 若有衆生於此經 見佛聞經敬舍利 發菩提心不退轉 修普賢因速成佛.
33 一切衆生邦 一切皆三惡道業減尒 自毘盧遮那是術覺 去世爲尒誓內之.

이로써 보건대 중대 말기에는 『화엄경』에 의한 보현행원이 점차 신앙으로 정착되고 있음을 알겠다.

이런 점에서 경덕왕 대는 신라 불교가 정토신앙에서 보현행원신앙으로 전환하는 것이었다. 또한 그것은 정토신앙같이 염불 위주의 타력신앙에서 탈피해 불자 스스로 노력을 기울이는 자력신앙으로 옮겨진 것인데, 이는 신라 불교의 성장과 함께 사상도 성숙되는 것을 의미한다.

한편, 소성왕 원년(799)에 범수梵修가 징관澄觀의 의소義疏와 함께 새로 번역한 40권본 『화엄경』을 들여왔다. 그 마지막 40권은 보현행원의 취지를 새로 추가해 정리한 것으로, 『보현행원별행(품)』이라고도 한다. 이에 의하면 보현행원은 예경·칭찬·참회·회향 등 10종으로 구성되어 더 세밀해진다. 더욱 하대에는 많은 지권인 비로자나불이 조성되고, 또 문수보살 보현보살상이 함께 조성된 사례로 보아, 보현행원신앙이 점차로 발전했음을 잘 알 수 있다.[34]

6. 맺음말

이상은 이기백의 학문을 계승하고, 새로운 연구를 통해서 갖게 된 나의 시각을 반영하여 서술한 신라 중대 불교사 내용이다. 이제 그 대강을 정리하여 글을 맺고자 한다.

먼저 계율에서 반야지혜의 시대로 바라본 것은 이기백의 시각을 계승한 것이다. 시대의 전환요소로서 바라본 그의 시각이 옳다고 본 때문

---

34 곽승훈, 「신라 경덕왕대 보현행원신앙과 비로자나불 조성―백지묵서화엄경과 석남사 불상을 중심으로―」, 『신라사학보』 30, 신라사학회, 2014 참조.

이다. 다만, 종파불교의 시대를 불교 용어의 의미를 살리어 계율과 반야 즉 지혜의 시대로 명명하였다.

　다음 원효의 활동과 화쟁사상은 나의 연구성과를 토대로 새로 구성 서술하였다. 그리고, 불교사 측면에서 중요한 업적을 남긴 원효성사의 자취를 드러냈다.

　셋째, 전제왕권과 불교는 대체로 이기백의 시각을 그대로 계승하여 서술하였다. 전제왕권의 성립과 정토신앙은 이기백의 연구성과를 바탕으로 서술한 것이다. 전제왕권과 화엄사상과의 관계는 그가 수용한 시각을 토대로 검토하고 반영하여 서술한 것이다.

　넷째, 행원의 시대는 이기백과 나의 연구성과를 토대로 새로운 변화의 분위기에 맞추어 서술하였다. 경덕왕 혜공왕대의 정치변동은 이기백의 시각을 계승하여 진전시켜 서술한 것이다. 진표의 미륵신앙도 그의 시각을 수용 서술한 것이다. 새로운 신앙 경향으로 들은 보현행원신앙은 『화엄경』 공부를 통하여 얻어진 나의 연구성과를 바탕으로 서술하였다. 더욱 보현행원신앙은 이후 한국불교에 지속되어 찾아지는데, 오늘날 신중神衆신앙으로 이어진다는 점에서 미루어, 앞으로도 주목할 필요가 있다.

　일찍부터 선생님께서는 학문 연구에 있어, 스승의 글이라 무조건 추종하지 말고 자유롭게 비판하라고 나에게 말씀하셨다. 그러나, 공부를 해오면서, 선생님의 학문에 토를 달기 어려웠다. 위에서 살폈듯이, 기왕의 연구가 없었던 분야에서 새로운 연구를 통하여 보완 할 수 있는 것은 나왔다. 하지만, 선생님의 시각을 달리하여 새로운 연구성과를 내는 것은 어려웠다. 그 이유는 다름아니다. 내가 선생님보다 공부를 덜 한 때문이다. 그리고 나는 선생님의 학문을 수용한 것으로서, 추종한 것이 아닐 뿐이다.

선생님의 뛰어난 통찰력에 한 가지 예를 들어 본다.『삼국사기』녹진전에서 녹진이 충공 각간의 고민을 풀어주는 내용이 나온다. 흔히들 골품에 구애받지 말고 능력있는 관리를 등용하라는 인재 등용을 건의한 것으로 말하고 있다. 나 또한 그렇게 생각하고 있었다. 하지만 선생님께서는 김헌창 세력을 내치라는 뜻으로 해석하고 계셨다. 그 말씀을 듣고, 나는 녹진전을 다시금 해석해보는 한편으로 자세히 검토해 보았다. 선생님 말씀이 옳았다. 궁금한 독자들은 살펴보길 바란다.

공양왕대·세종대 성균관 유생의 척불 집단 상소 배경, 그 지향점
-『한국사신론』제8장「신흥사대부의 등장」과 연관하여-

류창규 전 남부대학교 교수

들어가는 말

고려 공양왕 3년(1391) 1월 3군도총제부를 통해 이성계 일파는 병권을 장악하고, 5월에는 과전법을 최종적으로 반포하였다. 과전법의 반포는 기존의 통치질서를 전면적으로 부인하고 새로운 질서체계를 확립하려는 것이며, 곧 고려 왕조 자체의 몰락을 상징하는 것이었다.[1] 그런데 과전법이 최종적으로 반포되던 시점을 전후로 불교를 배척하는 내용을 담은 상소가 몇 차례 있었다.[2] 고려 왕조의 사상적 기반인 불교를 배척하는 것은 바로 고려 왕조의 존립을 부정하는 것으로 여겨질 수 있었다. 그 가운데 성균관 생원 박초 등이 집단으로 올린 척불 상소가 있다. 이 상소 이후 척불과 숭불에 자체에 관한 논쟁보다는 상소와 관련한 인물들에 대한 처벌을 둘러싸고 논란이 진행되었다.

그 후 1년쯤 지나 고려가 망하고 조선이 개창된다. 고려 멸망 이후

---

1 이기백,『한국사신론』한글판, 일조각, 1999, p.186. 김당택,『이성계와 조준·정도전의 조선왕조 개창』, 전남대학교출판부, 2012, pp.291-292.
2 김당택, 앞의 책, p.293.

조선은 유교(성리학)를 국가 이념으로 내세우면서 불교 세력을 억제하여 나갔다. 그런데도, 세종대 들어서 성균관 유생들의 척불 집단 상소가 몇 차례 있었다.[3] 불교의 폐단을 완전히 말살하기 위한 대책을 제시하거나, 세종의 불교에 대한 우호적 행위를 비판하고 억지하려는 움직임의 일환이었다. 세종은 종파를 통합하고 사원과 사원전을 축소하는 등 사원 세력을 대거 약화시켰다. 그렇지만, 한편으로 왕실과 연계된 불사를 유지, 확대하여 나갔다. 성균관 유생의 집단 상소는 그 과정에서 비롯한 것이다. 고려말 성균관 유생들의 집단 상소와는 다른 과정과 반응, 논지를 보인다.

공양왕대 척불 상소 전개는 고려 멸망과 조선 왕조 개창의 진행 과정에 중요한 의미를 갖는 것으로 관심을 끌었다. 상소를 올린 인물들, 상소에 포함된 내용과 목적, 당시 성리학 수용층의 불교관을 둘러싼 차이, 나아가 이성계 일파와 공양왕을 둘러싼 정치적 대립 등 여러 관점에서 살펴보는 단초를 제공하였다. 적어도 상소의 전개 과정을 통해 고려말 정치적 동향과 척불과 숭불을 둘러싼 이념 대립의 일면을 엿볼 수 있게 되었다.

세종대 성균관 유생의 척불 집단 상소는 집중적으로 조명되지는 않았다. 세종대 불교 억압 정책과 세종의 친불교적 태도의 변화가 어떤 배경과 의도를 가지고 있었나 하는 점은 논의되었지만,[4] 성균관 유생의 척

---

3 세종대 성균관 유생 대다수가 참여하는 집단 상소는 불교 폐지, 왕의 호불 행위 등을 둘러싸고 이루어진다. 그 가운데 세종 6년(1424) 불교 폐지, 21년(1439) 흥천사 불사, 23년(1441) 흥천사 사리각 경찬회, 28년(1446) 불경 사경, 30년(1448) 내불당 건립 등과 관련한 상소를 대표적으로 꼽을 수 있다.
4 세종대 불교 정책과 관련하여 한우근, 『유교정치와 불교—여말선초 대불교시책—』, 일조각, 1993, pp.88-189와 이봉춘, 『조선시대 불교사 연구』, 민족사, 2015, pp.202-246을 참고함.

불 상소 자체만으로 큰 반향을 불러올 문제는 아니었다. 하지만, 성리학의 학문적 저변, 관료 진출을 위한 정치적 기반을 형성한 이들의 집단 상소를 살펴보는 것은 흥미롭지 않을까 한다.

공양왕대, 세종대 성균관 유생의 집단 척불 상소를 살펴봄으로써 불교를 억누르고 유교사회로 전환하는 과정에 나타나는 그들의 성리학과 불교에 대한 인식을 엿볼 수 있다. 물론 이들의 상소는 사상적 논의보다는 정치적 목적이 도드라지게 보일 수 있다. 불교에 대한 배척과 왕의 숭불 태도에 대한 상소이기에 저변에 통치이념이나 행위에 대한 경계가 깔릴 것이 당연하다. 따라서 당시 정치적 상황과 사건을 살피게 되지만, 이 글에서는 그 상소문에 담긴 척불 인식의 배경과 흐름에 초점을 두려 한다.

이와 같은 접근은 결국 고려에서 조선으로 교체되는 시기를 어떻게 볼 것인가와 연결된다. 단순히 왕조의 교체에 지나지 않는다거나 제도상의 변화를 불러온 정도의 지속적 사회, 그와는 달리 사회적 변동을 일으킨 시대 전환기로 볼 것이냐 하는 시각과 별개일 수 없다. 하지만 그러한 큰 줄기를 연계하여 보기에 이 글은 매우 한정된 논의에 지나지 않는다. 다만, 『한국사신론』의 제8장 「신흥사대부의 등장」 가운데 관련된 부분을 중심으로 몇 가지 측면에서 살펴보고자 한다.

이렇게 제한된 부분이나마 『한국사신론』 「신흥사대부의 등장」과 연관하여 돌아보려함은 두어 가지 의도에서이다. 그 하나는, 성균관 유생의 척불론을 통해 신흥사대부의 고려 왕실과 불교 세력에 대한 인식의 연원과 배경, 그리고 조선에 들어서 군주에 대한 인식을 찾아보고자 한 것이다. 그럼으로써 신흥사대부의 등장과 성장이 양반사회를 성립하는 밑바탕이 되었다는 「신흥사대부의 등장」의 내용에 덧붙이는 논의를 가져오지 않을까 한다. 다음으로 고려 후기 사회와 조선 초기 사회를 커다란 변동의 시기보다는 연속적인 선상에 바라보는 견해에 대해 「신흥사대부의 등장」의 관점에서 다시 살펴볼 수 있다는 점이다. 지속 혹 단절이라는 이분법적 인식으로 이 시기를 들여다보는 견해들이 갖는 의미를 재고할 수 있을 것이다.

1. 공양왕 3년 척불 집단 상소-고려 왕조·왕위의 존폐

공양왕 3년 4월 별자리에 이상 현상이 있어, 그 변고를 해소하려 공양왕은 널리 신하들의 의견을 듣고자 하는 교서를 내렸다.[5] 교서에는 왕 자신이 헤아리지 못한 점들을 나열하면서, 천심에 보답하고 민생을 편안하게 하고자 하니 어떠한 내용이라도 솔직히 말하라는 지극히 의례적인 표현이 담겨 있다. 그렇지만 자신의 덕이 부족하지는 않았는지, 법령과 형벌이 어긋나지 않았나, 인재 등용이니 권리의 공평에 문제가 없는지, 백성에게 끼치는 폐단은 없는가 등 헤아려야 할 조목을 스스로 드러내고 있다.

그런데 이 교서에 대한 신료들의 대답은 주로 공양왕의 불사 행위에 미쳐 척불과 호불의 논쟁을 불러일으키게 된다.[6] 공양왕은 이전 해 1월

---

5 『고려사절요』 35, 공양왕 3년 4월. 이 교서는 정총에 의해 작성되었다. 정총은 이성계 세력의 일원이었으며, 조선 개국공신에 오른 인물이다. 그의 동생 정탁 역시 조선 개국공신에 오른다. 정총이 지은 교서 자체가 이성계파의 합작품일 가능성이 있으며, 이후 정도전, 남은, 정총 등의 상소도 이성계파의 사전 조율이 있었을 것이라고 본 견해가 있다(이정주, 『성리학 수용기 불교비판과 정치·사상적 변용-정도전과 권근을 중심으로-』, 고려대 민족문화연구원, 2007, p.132).
6 공양왕 3년 5월에서 7월에 이어지는 척불 상소와 관련하여 다음을 참조함. 도현철, 「고려말기 사대부의 불교인식과 대응」, 『역사와 현실』 20, 1996.

에 연복사탑을 수리하라는 명을 내렸으며, 공사가 진행되자 민가가 다수 철거되고 도감에서 포布 등 비용을 내기도 하였다. 판밀직사사 강회백과, 유정현 등의 반대 상소가 있었지만, 공양왕은 계속 공사를 진행하게 하였다. 이러한 상황 속에 구언 교서가 내려지게 되고 이에 응한 상소들이 이어졌다. 그리고 그 상소에는 불교 관련 내용들이 대부분 들어 있었다. 표1)을 보면 시간적으로 전개된 당시 상황을 짐작할 수 있다.[7]

〈표 1〉 공양왕대 척불. 호불 논쟁[8]

년 월	내용	비고
2년 정월	공양왕이 연복사탑 수리 명함	
2년 ?	판밀직사사 강회백이 연복사탑 수리 중지 요구	월 불명확
2년 8월	형조총랑 윤회종이 연복사 역사 비난	윤소종의 아우
3년 4월	우대언 유정현이 연복사탑 공역 중지 청함	왕이 천문 변고로 구언

이정주, 「조선 건국을 둘러싼 정통과 이단의 격돌-고려 공양왕3년 척불논쟁 참가자 분석-」, 『한국사학보』 10, 2001.
이정주, 「공양왕대의 정국동향과 척불운동의 성격」, 『한국사연구』 120, 2003.
최재복, 「여말선초 사상계의 변화와 불교비판」, 『중세사회의 변화와 조선 건국』, 혜안, 2005.
이익주, 「고려말 정도전의 정치세력 형성 과정 연구」, 『동방학지』 134, 2006.
김당택, 『이성계와 조준·정도전의 조선왕조 개창』, 2012.
도현철, 「조선 건국기 성리학자의 불교 인식」, 『한국사상사학』 50, 2015.
도현철, 「조선 건국기 성리학 지식인의 네트워크와 개혁사상」, 『역사학보』 240, 2018.

7 최재복은 이 때 논의가 세 가지 방향에서 이루어졌다고 보았다. 1. 김전의 표방-불교 인정, 잘못 운영으로 폐단 발생-이색 입장과 동일, 2. 김자수, 정도전, 허응 등 척불론-불교의 국가적 역할 부정, 유교 치국의 준거로 내세움, 국가적 불사의 효능 없음 표방, 불교 교단 축소까지 나아가지 않음, 3. 김초, 박초에 의해 표방되는 척불론-불교의 국가적 위상 강하게 부정, 불교 교단 근본적 대책 요구, 대책에서 2와 차이(앞의 논문, pp.327-328).
8 김당택, 앞의 책, p.293의 표를 대체로 인용하였고, 약간의 내용을 덧붙였다.

3년 5월	성균관대사성 김자수가 불교 배척 상소	5월 과전법 반포
3년 5월	성균박사 김초 척불 상소	
3년 5월 12일	낭사 허응 등 상소	
3년 5월	정당문학 겸성균관 대사성 정도전 상소	정도전 사직 청함
3년 5월 24일	이조판서 정총 상소	
3년 5월	남은 상소	
3년 5월 29일	연복사 역사의 중지를 명함	
3년 6월 1일	전 전의부정 김전, 전 호조판서 정사척 숭불 옹호 상소	
3년 6월	성균생원 박초 불교 배척 상소	
3년 6월	척불 상소를 둘러싸고 성균대사성 김자수, 생원 서복례, 성균사예 유백순 등이 박사 김초, 생원 박초 등과 갈등 빚음, 김초 등 감옥에 가둠	
3년 6월	연복사탑 수리 다시 시작함	이성계의 요청
3년 7월	좌대언 이첨이 김초에게 죄 내릴 것을 건의함	
3년 7월	병조좌랑 정탁이 김초 옹호하고 공양왕 비난함	
3년 7월	정몽주가 김초 용서할 것을 건의함	

구언 교시가 내려진 이후 성균관 대사성 김자수가 먼저 의견을 냈는데, 거기에 연복사탑 공사가 백성에 피해를 주고 국용을 낭비하게 하니 멈추라는 내용이 포함되었다. 김자수의 상소에는 연복사탑 공사의 중지 뿐 아니라 세자의 책봉례 정지, 허가되지 않은 음사 금지, 무당의 궁궐 출입 금지 등 여러 내용이 담겨 있다. 그 가운데 눈길을 끄는 주장은 '신라와 같이 불사를 많이 하여 나라가 망하는 일이 없도록 하라'는 태조 왕건의 유훈을 지켜야 한다고 한 것이다. 그런데 태조 유훈은 척불, 호불 주장 인물들에 의해 서로 다른 측면에서 받아들여지고 적용되었다.[9] 김자수에 의해 제기된 상소는 연복사탑[10] 공사, 태조 왕건의 유훈

....
9 당시 상소에서 '선왕성전先王成典', '신성수훈神聖垂訓', '성조유의聖祖遺意' 등

등 두 가지 사안을 엮어내면서 척불 논쟁을 진척시키게 된다.

김자수를 뒤이은 성균박사 김초의 상소는 더 과감한 척불 내용을 담고 있다.[11] 중용과 유교적 천견론을 내세우면서 불교의 기복신앙과 승려의 폐해 등을 거침없이 언급하였다. 나아가 오교 양종을 혁파하며, 승려는 본업에 돌아가도록 하고, 사원의 재산과 노비는 관청에 귀속하도록 주장하였다. 또한 음사와 무격을 폐지하고, 가묘家廟를 설치하여 조상을 모시자고 하였다. 승려가 되려는 자나 음사를 실행하는 자는 죽여야 한다고까지 말하고 있다. 강력한 척불 내용을 담고 있는 상소문이었다. 그 가운데는 공민왕의 호불 행위를 들어 불교를 비판한 내용도 들어 있다. 공민왕이 나옹을 스승 삼고 신돈에 현혹되어 불교를 깊이 숭상하였으나 복을 받지 못하였음을 지적하였다.

허응의 상소에는 효를 다하고 검약하여야 한다며 왕의 수신에 대하여 언급하였다. 나아가 연복사탑 조성이 백성들을 수고롭게 하고 재산을 낭비하는 일이라고 하고 있다. 불사의 폐단을 언급하면서 백성들이 피해를 입지 않도록 하자는 요청을 담고 있지만, 김자수나 김초의 상소

태조 왕건의 유훈을 지칭하는 용어들을 사용하고 있다. 척불론자들은 이를 태조 왕건의 불교 억제 유훈, 또는 유교의 삼강오륜 등으로 받아들였으며, 숭불론자들은 왕조의 기틀인 불교 숭배를 말하는 것으로 주장하였다. 이에 대해서는 이정주, 『성리학 수용기 불교비판과 정치·사상적 변용-정도전과 권근을 중심으로-』, pp.118-129과 도현철, 「이색과 정도전-성리학의 개선론과 개혁론」, 『한국사 시민강좌』 35, 2004, pp.84-85를 참고할 수 있다. 이정주는 척불론을 주장하는 이들이 훈요십조의 일부만을 인용하거나 유훈을 자의적으로 왜곡한 것으로 보았다(p.119).

10 연복사는 태조 왕건에 의해 창건되었으며, 그때 호국불교의 전통을 계승하려는 의도로 세워진 연복사탑을 공양왕이 다시 건립하려 했다 한다(이정주, 앞의 책, pp.111-116).

11 『고려사절요』 35, 공양왕 3년 5월. 이정주는 김초의 상소가 그 무렵 가장 구체적인 척불 내용을 담고 있다고 하였다(앞의 책, p.125).

에 비하여 척불에 대한 강력한 주장이 들어 있지는 않았다.[12]

정당문학 겸대사성 정도전의 상소는 교서의 내용에 대하여 하나하나 반박하는 형식으로 이루어져 있다. 정도전은 변고를 하늘의 견책으로 여겨 책임을 묻는 유교의 천견론, 천인감응설 입장을 언급하면서 재이災異의 책임이 대신에게 있다고 하였다. 왕의 책임이 아니라고 하면서도, 공사公私가 명확하지 않은 관리 임용, 형벌의 공정하지 못함 등은 공양왕 자신이 잘 알고 있지 않느냐고 비난하는 내용을 담고 있다. 그리고 사원의 사치함과 불교와 도교, 무당의 의식 등으로 재용이 낭비되고 있다고 비판하였다.

정도전은 우왕과 창왕의 일당이 다시 정계에 복귀하고 있다고 지적하고, 창왕의 옹립에 관여한 인물들에 대한 처벌이 제대로 이루어지지 않았다는 점, 김저와 김종연 사건 관련자에 대한 처벌이 공평하지 않다는 점 등 공양왕 즉위 이후 정치적 파장이 컸던 사건에 연루된 인물에 대한 명확한 처벌을 요청하고 있다.[13] 정도전이 내심 거냥한 가장 중요한 인물은 목은 이색과 우현보였다.[14] 정도전은 변고에 따른 공양왕의 구언 교서를 계기로 위화도회군 이후 이성계 세력의 정국 운영에 걸림돌이 되거나 각종 사건에 연루되어 이성계 반대세력으로 여겨지는 인물들에 대한 강경한 처벌을 실행에 옮기고자 하는 의도를 내보였다. 상소

---

12 구언 교서에 따른 정도전의 상소가 허응의 상소보다 빨랐을 가능성도 있다. 정도전의 상소에는 누구라고 지목하지는 않았는데 비해, 허응은 우, 창왕의 족당으로 여겨지는 이들을 구체적으로 언급하고 처벌을 요청하는 것으로 보아 그러하다.
13 공양왕 즉위 이후 이성계 일파에 의해 탄핵되어 처벌되었던 인물, 관련 사건의 진행에 대하여는 김당택, 앞의 책, pp.311-320에 대체적인 상황이 정리되어 있다.
14 『고려사절요』 35, 공양왕 3년 5월. 구언 교지에 따른 상소를 올린 이후 정도전은 이색과 우현보를 콕 집어 죽이기를 요청하는 상소를 도당에 올렸다.

내용에 대하여 공양왕이 불쾌히 여기고 들어주지 않자, 곧 바로 사직을 요청한 태도도 그러한 속내를 드러냄이었을 것이다. 정도전의 상소 가운데 또 주목할 만한 내용이 들어 있다. 김초의 상소에 간략히 언급되었던 공민왕의 호불에 관한 사실이 더 자세히 언급되고 있다.

> 현릉(공민왕)이 불교를 숭상하여 친히 중에게 제자의 예를 행하였고, 궁중의 백고좌와 연복사의 문수회가 빠지는 해가 없었으며, 암자의 금벽이 산골짜기에 번쩍이며 비치고 영전(노국공주의 영전)의 용마루와 처마는 하늘 높이 치솟았는데, 재물을 쏟아 붓고 힘이 다 떨어지자 원망과 비방이 함께 일어났는데도 전혀 돌아보지 않았으니 부처를 섬김이 지극하다고 할 만하겠습니다. 끝내는 복을 얻지 못하였으니 어찌 밝은 귀감이 아니겠습니까.[15]

공민왕이 승려(왕사, 국사)에게 제자의 예의를 갖추고, 각종 법회 참여와 사원의 건립 등 불교를 믿고 부처를 섬김이 지극했는데도 복을 받지 못했음을 들어 척불을 주장하였다. 공민왕이 끝내 복을 받지 못했음은 측근에게 죽임을 당한 사실을 말한다. 공민왕 시기에 이색을 중심으로 성균관에서 활동했던 신흥사대부들은 공민왕에 대해 대체로 우호적인 태도나 감정을 가졌다.[16] 그럼에도 불구하고 정도전은 이때에 이르러 불교 숭상과 관련하여 공민왕을 부정적으로 표현하였다. 정도전의 언사는 공민왕처럼 불교를 숭상하면 말로가 좋지 않을 수 있다는 협박에 가

---

15 『고려사절요』 35, 공양왕 3년 5월 정당문학 정도전 상소.
16 김태영, 「주자학 세계관과 조선 성리학의 주체의식」, 『대동 문화연구』 37, 2000 ; 『조선전기 사회와 사상』, 경희대학교 출판문화원, 2023, pp.132-133 참고. 이색의 공민왕에 대한 감정은 김인호, 「이색의 자아의식과 심리적 갈등」, 『역사와 현실』 62, 2006, pp.67-69을 참고할 수 있다.

깝다.¹⁷

구언 교서에 따라 정총, 남은 등도 상소를 올리고 척불을 건의하였다. 하지만 이들 역시 여러 정치적 사건에 연루된 인물들에 대한 처벌을 확실히 함으로 형벌을 명확히 하여야 한다는 입장이 주였다. 공양왕은 상소에 지목된 인물들에 대한 처벌은 진행하지 않고, 연복사탑 공사를 중지하는 것으로 구언 교서에 대하여 마무리 하려 하였던 것 같다. 그렇지만 불교를 숭상하자는 호불 상소가 올려져 척불, 호불 논의가 다시 정국 갈등을 증폭시킨다.

전 전의부정 김전은 태조 왕건이 고려를 개창하면서 불교 숭상을 근본으로 삼았는데, 이후에 승려들이 잘못하고, 유학자들이 불교를 배척하여 태조의 뜻이 지켜지지 않았고 하였다. 태조의 염원을 지키기 위해서 사찰을 짓고 땅과 백성을 지급해야 한다고 주장했다. 전 호조판서 정사척도 불법佛法은 국가를 복되고 이롭게 하니 마땅히 숭상하고 받들어야 한다고 상서하였다. 공양왕은 이를 기쁘게 받아들였지만, 예문춘주관에서는 부처와 왕에게 아첨한 죄를 물어 김전을 처벌하자고 하였다. 불교를 숭상하는 공양왕과 척불을 주장하는 관료들의 차이가 여실히 드러난다.

김전과 정사척의 상소 이후, 성균관 생원 박초 등 15명이 집단으로 상소를 올렸다.¹⁸ 상소 과정에 성균사에 유백순이 생원들의 상소 작성을

---

17 이태진은 공양왕 2-3년은 공양왕, 이색파, 이성계파 3자의 정치적 관계가 첨예하게 나타나는 시기로 천변재이를 빌미로 대립적 모습이 나타났다고 보았다. 이성계 일파는 공양왕이 부처와 신들에 탐닉하는 것을 왕위에서 물러날 구실로 삼았으며, 공민왕의 정치적 노선을 지키기 위해 불교에 관대하거나 융합관계를 모색한 이색 노선을 비판함으로써 공민왕의 후광을 무너뜨리고자 한 것으로 보았다(「고려조선 중기 천재지면과 천관의 변천」, 『한국사상사방법론』, 소화, 1997, pp.111-112).
18 박초 등의 상소는 『고려사』 120, 열전 30 김자수 전에 실려 있다.

막아보려 했지만 실패했다. 그러자 유백순은 상소를 왕에게 보고하지 말라고 지신사 성석용에게 부탁하였으며, 박초 등이 이를 알고 수업을 거부하는 사태에 이른다. 한편, 박사 김초 등 성균관 관원들은 상소문에 서명하지 않은 생원 서복례를 성균관에서 쫓아냈으며, 이에 성균대사성 김자수 등이 서복례를 돌아오도록 하고 김초의 노비를 가두는 일이 발생한다. 성균관 내부에서 박초 등의 상소 과정을 둘러싸고 갈등이 빚어졌다. 이러한 유백순과 서복례의 행동은 척불과 호불에 대한 견해 차이나 정치적 대립에서 비롯된 것으로 보이나, 다른 갈등은 성균관내의 절차와 위계 때문으로 보인다.[19]

김자수의 사직 요청, 김초에 대한 처벌 등 박초 등의 상소에 뒤이은 사안들이 있지만, 성균관 생원 박초 등의 상소는 구언 교서를 빌미로 일어난 척불 논쟁의 대미를 장식한 셈이다. 상소문의 내용을 자세하게 검토할 필요가 있다.

----

[19] 박초 등의 상소를 비롯하여 당시 상소와 관련한 인물들에 대한 분석은 이정주, 「조선 건국을 둘러싼 정통과 이단의 격돌―고려 공양왕3년 척불논쟁 참가자 분석―」; 『성리학 수용기 불교비판과 정치·사상적 변용―정도전과 권근을 중심으로―』, pp.146-166을 참고할 수 있다. 성균관 관료 가운데 유백순은 이성계와 그 일파 신흥사대부에 대하여 비판적이었던 인물이었다(『고려사요』 35, 공양왕 3년 7월). 사전 혁파에 반대하였던 유백유는 유백순의 형이다. 유백순과 유백유는 이색 계열에 포함된 인물이었다고 하겠다. 이정주는 성균박사 등 관원들이 서명을 독려하였는데도 성균관 생원 15명만 상소에 참여고 나머지는 따르지 않았다 하여 척불 의견이 소수에 지나지 않았다고 보았다(위의 책, p.140). 또한 성균관 유생 대부분 동조하지 않은 것은 정도전 등 이성계파의 정치적 목적이 개재된 공세라는 것을 파악하였기 때문이며, 찬성 여부는 유자로서의 당위와 소신보다는 정치적 현실에 대한 입장 차이에서 비롯한 것이라 보았다(p.141). 그렇지만 서복례 한 명만을 쫓아냈다는 것과 성균관 유생에 대한 이성계 일파의 영향력 등을 감안하면 다수가 정치적 현실에 따라 찬성하지 않았다고 보는 것은 당시 성균관 생원의 실태 등을 고려하여 다시 살펴볼 필요가 있다.

상소 첫머리에 공양왕이 다시 왕씨 왕실을 복고하여 중흥의 시점을 맞이하게 되었으며, 자신들은 이단異端을 배척하려는 생각을 가지고 있었다는 의례적 내용에 이어 불교는 사회적 윤리에 벗어나고 백성들의 재력을 낭비할 뿐이라는 등, 당시 일반적으로 거론되는 불교의 폐단에 대하여 언급하였다. 그리고 구체적인 예를 들어가면서 불교를 배척하여야 할 논거와 공양왕에 대한 비판 및 공양왕이 선택하여야 할 바를 언급하고 있다.

먼저, 태조 왕건의 불교에 대한 인식과 후대 상황에 대하여 말하고 있다. 태조가 통일을 이룬 후 사사로이 사찰을 건립하지 못하도록 명하자 태사太師 최응은 불법을 아예 없애야 한다고 주장하였는데, 태조는 민심 안정이 필요하니 불교를 완전히 배제할 수 없고 다만 신라가 불사로 망한 것을 거울삼으라 하였다고 언급한다. 이러한 태조의 유훈에도 불구하고 후세에 불교를 숭상하여 폐단이 깊어졌음을 제시하였다. 태조 '유훈', '성왕성전' 등으로 알려진 내용이 불교 숭상을 억지하라는 것이었다는 주장을 펴고 있다.

그리고 공양왕의 잘못된 점을 지적하고 있다. 참위설에 혹하고 사찰에 행차하는 것, 사찰 축조 공사, 연복사탑 중수 등 이단 행위에 대하여 언급함은 물론, 불충·불효하여 삼강오륜을 훼손하고 있다고 하였다. 태조의 유훈을 거스르며, 유학에 바탕을 둔 인륜을 무시하고 있음을 비판하였다. 그리고 불교를 숭배함으로써 국가가 망한 중국의 예를 거울삼고 태조의 유훈을 본받아야 하며, 사찰의 인적, 물적 자원을 관에 귀속시키고, 예의와 도덕을 통한 교화와 윤리 회복을 실현하여야 한다고 주장하였다. 그럼으로써 중국 삼대와 나란히 하며 한나라, 당나라를 넘어서게 될 것이라 하였다.

나아가 호불 상소를 한 김전은 공양왕의 뜻에 따르고자 하여 태조의 개국이 부처의 힘이라 하였는데, 태조는 하늘에 감응하고 백성을 받들었으며 요·순과 같은 마음으로 임하여 통일을 이룬 것이라 말하고 있다. 그리고 무인난 이전에는 유학자와 명사가 많아 중국에서도 소중화라 하였는데, 무인난 이후 그들이 대부분 죽거나 도망하여 남는 이가 별로 없게 되자 불교를 숭상하는 이들이 태조 9대 소상塑像을 만들고 불법을 전파하였다고 말하였다. 공민왕은 이를 믿고 내불당, 연복사에서 불경을 강론토록 하고 승려에게 제자의 예를 다하는 등 불교를 숭상하였지만, 결국 죽임을 당하였다고 하였다.

　이와 같은 내용으로 불교 숭상의 잘못됨을 거론하고, 공양왕은 맹자, 동중서, 한유, 정자, 주자로 이어지는 이단을 배격한 군자를 따를 것인가 아니면 왕안석, 장천각 같은 불교를 흥하게 한 소인을 따를 것인가 묻고 있다. 온 나라가 불법을 숭상하며 왕위도 버리고 불법을 구하면 김전이 옳은 것이요, 앞선 군자의 학문을 따르고 중흥하려한다면 김전을 죽여 간사함에 속지 않았음을 보여야 한다고 하였다. 나아가 겸대사성 정도전이야말로 성리학의 도를 알리고 이단을 물리친 참 유학자(眞儒)라고 하였다. 그러니 정도전의 의견을 따라 요·순, 삼대와 같은 정치를 펼칠 것인지, 김전의 말대로 불교를 숭상할 것인가 선택하라고 요청하였다. 결국 불교를 배척하고 성리학의 도를 따라야 한다고 주장하고 있는 것이다.

　성균관 생원 박초 등의 상당히 긴 상소문을 순서에 따라 편의상 구분하여 보았다. 그 가운데 주목하여야 할 점들을 더 살펴보겠다. 태조의 유훈에 관한 내용은 척불의 주요한 논거로 작용한다는 점에서 관심을 끈다. 태조의 유훈은 바로 훈요십조를 일컫는 것이다.[20] 그 가운데 김전

....
20 태조 왕건의 훈요십조 가운데 불교 관련 내용은 3개 조이며, 첫 번째 조는 국가

등은 불교 숭상이 바로 유훈이었다고 주장한 반면, 박초 등은 신라가 불교 때문에 망한 것을 거울삼으라는 태조의 말이 유훈이었다고 하고 있다. 박초 등이 언급한 태조와 최응의 불교에 대한 태도와 대화는 어디에 근거를 두고 있는 걸까. 이와 관련하여 공양왕 2년(1390) 2월 윤소종의 상소가 흥미롭다.[21]

윤소종은 공양왕이 승려 찬영을 왕사로 맞이하려 하자 상소를 올려 적극 반대하였다. 공양왕은 결국 포기하였다. 윤소종의 상소 가운데 태조와 최응의 불교에 대한 언급이 포함되어 있다. 태조는 후대에 왕과 신하들이 사사로이 사찰을 만드는 것을 금지하였고, 태사 최응은 불교 폐지를 금지하자고 건의하였다 한다. 태조는 민심이 아직 안정되지 못해 불교를 폐할 수 없다 하고, 훈요를 만들어서 '신라가 불사를 많이 일으켜 멸망에 이르렀음을 거울로 삼아야 한다'고 하였다. 태조의 유훈도 사실의 일부를 왜곡한 채 반영하고 있으며, 태사 최응의 불교 금지 요청도 확인되지 않는다. 그럼에도 그러한 일화를 윤소종은 언급하고 있다. 그런데 무인정권기 활동했던 문인 최자의 『보한집』에 그와 관련한 내용이 들어 있다.[22]

대업이 부처의 호위에 의지함으로 선종과 교종 사원을 창건하여 사사로이 분쟁을 일으키지 말고 잘 유지되도록 하라는 내용이며, 두 번째 조는 모든 사원은 도참설에 의해 만들어진 것이니 후대 왕이나 신하들이 각기 원당이라 하여 사찰을 짓지 말고, 신라말에 사원을 다투어 짓다가 지기가 쇠하여 망하게 되었음을 경계하라는 내용이었다(『고려사』 2, 태조 26년 4월 참고).

21 『고려사』 120, 열전 33 윤소종 전.
22 『보한집』 처음에 보면, 지추 손변이 태조의 성제를 나에게 보여주면서 보한에 실어야 한다고 하여 책 처음에 싣는다고 하고 있다. 태조가 전쟁을 치르며 처음 나라를 창업하였을 때, 음양과 불교에 마음을 두고 있었다. 참모 최응이 간언하여 말하기를, "『춘추전』에 이르기를, '혼란스러운 때가 되면 문을 닦아 인심을 얻어야 한다'고 하였습니다. 왕 노릇 하려는 이는 비록 전쟁 와중에도 반드시

최자는『보한집』처음에 태조 왕건과 최응의 불교에 대한 대화를 실어 놓고 있다. 윤소종이 언급한 내용은 그 가운데 일부이다. 윤소종은 최자의 문집을 통해 태조와 최응의 불교에 대한 대화 내용을 보았을 가능성이 있다.[23] 『보한집』에 실린 내용을 통해 윤소종은 태조 왕건이 불교를 무조건 숭배하지는 않았다고 여겼던 것 같다. 당시 신흥사대부 가운데 태조 왕건의 불교에 대한 태도나 유훈에 대하여 윤소종처럼 언급한 이가 보이지 않는다는 점에서 척불과 관련해서 주목할 만하다. 앞서 보았듯 김자수가 척불 상소에서 신라와 같이 불사를 많이 하여 나라가 망하는 일이 없도록 하라는 태조 왕건의 유훈을 언급하였지만, 더 구체적인 상황은 이미 윤소종의 상소에서 말해진 바다.

> 문덕을 닦아야 합니다. 불교나 음양에 의지하여 천하를 얻었다는 사람은 아직 듣지 못했습니다"라고 하였다.
> 태조가 말하기를, "그 말을 짐이 어찌 모르겠는가? 그러나 우리나라는 산수가 영험하고 기이하며 황량하고 편벽된 곳에 끼어 있어 토성이 부처와 신을 좋아하고 그들에게서 복과 이로움을 얻고자 한다. 아직까지 전쟁이 그치지 않고 안위가 결정되지 않아 아침저녁으로 두려워하며 마음 둘 곳을 알지 못하니, 다만 부처와 신의 도움과 산수의 영험한 감응이 혹시나 잠시 동안의 안식에 효험이 있지 않을까 생각할 뿐이다. 어찌 음양과 불교로서 나라를 다스리고 민심을 얻는 큰 줄기로 삼겠는가? 난을 평정하고 편안한 곳에서 살 수 있기를 기다려야 확실히 풍속을 바꾸고 교화를 아름답게 할 수 있을 것이다"라고 하였다.
> 『동사강목』에 의하면 태사 최응과 태조 왕건의 불교 관련 내용은 사실이 아니며, 『고려사』 윤소종과 김자수 열전에 보인다고 하나 그 출처를 확인할 수 없다 하였다(『동사강목』 5 하, 부록 상 고이考異).

23 윤소종이 최자에 관한 전기를 썼다고 전해지고 있는데, 『고려사』 열전이 아니라 '가전家傳'이라 한다(『매화유고』 부록 2 사실). 고려 후기 사대부들은 가전 형태의 전기를 썼는데, 행적을 후세에 전해 모범을 삼게 해야 한다는 유가적 역사의식의 발로였다 한다(문철영, 「고려 후기 신유학 수용과 사대부의 의식세계」, 『한국사론』 41.41, 1999, p.412). 그리고 가전은 14세기 후반 신진사대부가 독자적인 가치관과 계층의식을 확립했음을 보여주는 것이라 한다(박혜숙, 「고려후기 전의 전개와 사대부 의식」, 『관악어문연구』 11, 1986, pp.148-149).

태조 유훈 관련 다음으로 공민왕의 척불 행위에 대한 비판 역시 더 살펴볼 필요가 있다. 성균박사 김초가 공민왕이 나옹을 스승으로 삼고 신돈을 예우하였지만 불행하게 죽임을 당한 행적에 대하여 언급하였으며, 정도전은 더 구체적으로 공민왕의 호불 행위에 대하여 지적하였다. 박초 등 성균관 생원들의 공민왕 호불 행위 언급은 김초나 정도전의 상소에서 영향을 받았을 것이다. 그런데 박초 등의 상소에 보면, 무신난 이후 유학에 통달한 학자가 얼마 남지 않게 되자 불교를 공부하는 이들이 태조 왕건의 9세 전생설을 퍼뜨리고 공민왕 역시 이를 본받아 숭불에 빠져들었다고 하였다.

　그런데 윤소종은 찬영을 왕사로 삼는데 반대하는 상소에서 불교의 법을 본받으려면 모든 백성이 머리를 깎고 태조 9묘의 제사를 단절한 이후에야 가능할 것이라 하였다. 즉 왕이 불교를 숭상하고 유교의 도를 따르지 않는다면, 태조로부터 이어진 고려 왕실을 계승할 필요가 없으며, 공양왕의 존재 의미도 없다는 암시였다. 불교를 좋아하여 백성들은 머리를 깎고 나라와 집을 버리고, 왕은 헌 신처럼 왕위를 버리는 길을 택하면 되겠느냐는 박초 등의 상소 내용도 의미하는 바는 그와 다르지 않다. 박초 등의 상소문에 드러나는 척불에 대한 전개와 어조는 윤소종의 상소문과 결을 같이 하는 부분이 있다.

　공양왕 이전까지만 해도 왕의 숭불 행위와 승려의 정치적 참여에 대한 공개적 비판은 성리학을 수용한 신흥사대부들에게서 곧잘 드러나는 일은 아니었다. 원 간섭기 이래 성리학을 수용하여 불교를 이단으로 보고 배척하는 견해를 표방한 이들이 있었다.[24] 하지만 대체로 유교와 불

---

24 김인호, 『고려후기 사대부의 경세론 연구』, 혜안, 1999, pp.164-181을 보면, 최해와 백문보를 통한 원 간섭기 불교 이단론의 수용과 경과를 참고할 수 있다.

교가 추구하는 바가 다르지만 동일한 하나의 도이거나, 서로 융합하는 것으로 보는 입장이었다.[25] 공민왕대에는 왕의 호불 행위가 두드러졌으며, 신돈으로 집권하여 정국을 운영하도록 하였다. 공민왕대 대표적인 성리학자 관료로서 활동하였던 이제현과 이색도 공민왕의 호불 행위에 대한 직접적인 비판을 드러내지는 않았다.[26] 공민왕의 호불 행위에 대하여 비판적인 인식을 가졌던 인물로 대표적인 이가 바로 위화도회군 이후 이성계 세력의 일원으로 활동한 윤소종이다.[27]

---

[25] 변동명은 이제현과 최해가 유교와 불교의 길이 따로 있다는 유교의 독자 노선 즉 유불이취설을 표방했는데, 이후 유교와 불교가 각기 고유한 기능을 발휘하는 사회를 지향하던 유불조화론과 불교의 기능을 부정하면서 유교 이념에 바탕한 사회를 추구하던 불교배척론의 두 방향으로 전개되었다고 하였다. 이제현은 전자에, 최해는 후자에 속하는 인물이었으며, 이들이 훗날 고려적인 체제의 유지를 전제로 온건한 불교비판론과 혁명적인 개혁을 주장한 강경한 척불론의 선구였다고 하였다(「성리학의 초기 수용자와 불교」, 『고려후기 성리학 수용 연구』, 일조각, 1995, pp.118-119). 도현철에 의하면, 이제현과 그의 문생이었던 아버지 이곡에게 영향을 받은 이색은 불교를 이단으로 보면서도 유불동도, 유불조화를 추구하며 성리학 개선론 입장에서 불교를 인식하였다 한다. 이색의 불교관에 대하여는 도현철, 『고려말 사대부의 정치사상연구』, 일조각, 1999, pp.62-79과, 『목은 이색의 정치사상연구』, 혜안, 2011, pp.166-188을 참고할 수 있다. 최해의 불교배척론이 공양왕대 척불론에 어떻게 영향을 미쳤는가는 최해, 백문보, 윤소종 등을 연계하여 구체적으로 살펴볼 필요가 있다.

[26] 도현철, 「이색과 정도전-성리학의 개선론과 개혁론」, 『한국사 시민강좌』 35, 2004. 도현철에 따르면, 우왕대 사대부 내에서 분화가 일어나는데, 공민왕대의 개혁 정치처럼 현재의 정권을 전제하면서 합리적인 정치운영을 모색하려는 흐름과, 체제변혁까지 노리는 개혁 목표·방법, 정치적 행동·사상에서 다른 모습이 나타났다고 한다. 이색 등은 공민왕대 개혁을 지속하는 가운데 고려 지배질서 안정을 위해 노력했으며, 경敬 중심의 성리학과 유불동도론을 견지한 이유는 고려의 지배질서를 유지하기 위하여 성리학을 수용하였기 때문이라고 하였다(pp.78-83). 또한 이색과 정도전을 내세워 성리학의 개선론과 개혁론 입장으로 나누고, 불교에 대한 입장도 그에 따라 구분하고 있다. 하지만 우왕대부터 정도전과 조준·윤소종 등을 묶어서 보기는 어렵다.

윤소종은 공민왕대 급제하여 사관史官으로 활동하였는데, 신돈이 권력을 행사하던 때다. 윤소종은 사관으로서 왕의 성품에 대하여 칭찬하면서도 신돈이 권세를 휘둘러 소인들이 횡행함에도 왕이 알지 못한다고 안타까워했다.[28] 신돈을 몰아내고자 했던 이존오가 귀양에 처해지자 이를 애석해하는 시를 짓기도 하였다. 승려 신돈에 의해 성리학의 도가 어그러지고 소인이 난무하는 세태를 비판하였다. 비록 공민왕에 대한 직접적인 비판은 아니지만, 성리학의 도를 따르고 현명한 유학자를 널리 등용하지 못하는 공민왕의 정치에 대한 폄하였다. 윤소종의 이러한 인식은 그의 할아버지 윤택의 영향이 컸다고 보인다.[29] 윤택은 공민왕 6년(1357) 공민왕의 불교 숭상에 대하여 비판하고 유학의 도를 따를 것을 요청하였다. 윤택의 학문적 영향을 받은 윤소종 역시 그러한 입장을 강하게 유지하였던 것 같다.

윤소종이 불교의 정치적 참여와 그로 인한 정국 운영에 대하여 얼마나 비판적이었나 짐작할 수 있는 시가 있다.

요순은 멀리 갔고 堯舜去我遠/ 공자는 이 세상에 오래 머물 길 없었네 宣尼留未由/

---

27 윤소종에 대하여 다음의 논문을 참고할 수 있다. 강지언, 「고려말 윤소종의 정치활동 연구」, 『이대사원』 28, 1995 ; 도현철, 「고려말 윤소종의 현실인식과 정치활동」, 『동방학지』 131, 2005.
28 『고려사절요』 28, 공민왕 15년(1366) 5월.
29 윤소종의 활동을 보면, 공민왕을 따르던 측근세력을 통한 정치와 공민왕의 호불에 대한 비판, 『대학연의』 중시 등, 할아버지 윤택의 활동과 사상에 많은 영향을 받았다고 보인다(변동명, 「윤택의 정치활동과 대학연의」, 앞의 책, pp.178-188). 변동명은 윤택이야말로 고려 후기의 전형적인 신흥사대부였다고 하고 있다. 윤택의 생애와 금산 거주에 대하여 김갑동, 「윤택의 생애와 금산」, 『역사와 담론』 90, 2019을 참고할 수 있다.

서쪽 오랑캐의 교[佛敎]가 하늘에 닿았으니　西胡敎彌天/ 성인의 학문을 어디서 구하리　聖學於何求/
　　몇 사람과 나라를 좀 먹었는가　蠹敗幾人國/ 뻔뻔하구나, 조금도 부끄러워 하지 않네　靦然不少羞/
　　내 이제 태아검(초나라 보검))을 잡아　我欲秉大阿/ 구유(깊은 땅 밑) 밖으로 그들을 몰아내어　驅除出九幽/
　　가만히 앉아서 사해 백성으로 하여금　坐令四海民/ 눈을 비비고 우주의 세상을 보게 하리라　刮目見虞周/
　　바깥 사람에게 말하기는 어렵고　難以語外人/ 다행히 그대 있어 함께 근심하노라　幸有君同憂/(『동문선』 5, 오언고시 허렴 태사의 운에 차운하여[次許濂太史韻])

이 시를 지은 시기를 알 수 없지만, 태사 허렴과 가까이 하던 시기로 보아 윤소종이 사관으로 있던 무렵이라 보인다. 신돈이 정권을 장악하고 있던 때 아닐까 한다. 윤소종은 불교가 득세하고 성리학이 멀어져가는 시국을 한탄하면서 언젠가 이를 뒤바꿀 꿈을 내보였다. 윤소종은 현인 즉 성리학의 도를 추구하는 유학자들이 역할을 제대로 못하고 소인들이 세력을 펴는 정국에 대하여 비판하기도 하였지만, 왕이 측근세력을 비호하면서 소수에 의해 정국이 운영되는 것에 대하여도 비판적이었다. 공민왕 말기 김홍경 등 공민왕 측근세력이 정국을 장악하는 것에 대하여 비판하는 상소를 올리고자 하였다. 비록 반대하는 이들이 있어 상소가 왕에게 올라가지는 못했지만, 공민왕대 정치적 형국에 대하여 대체로 비판적인 태도를 취하곤 하였다는 것을 짐작할 수 있다.

공민왕대 성균관, 과거 급제, 성리학 등을 매개로 이색을 중심으로 연계되어 활동하였던 이들이 공민왕의 정치나 숭불에 대하여 비판적인 태도를 취하지 못했던 것에 비하면 윤소종의 태도는 다르다고 할 수 있다. 윤소종은 할아버지 윤택, 문생, 장원 급제자 모임 등으로 이색과 서로 엮이는 부분이 꽤 있었다. 그럼에도 윤소종은 이색 계열로 여겨지는 인물들과 그다지 가까운 관계를 유지하지 않았던 것 같다.[30] 윤소종은 고려말 신흥사대부 가운데 이색 계열로 분류할 수 있는 집단에 속하지 않는다.

윤소종은 위화도회군 이후 조준과 같이 각종 제도 개편과 전제개혁을 시도한 이성계 일파의 대표적 인물 가운데 하나다. 조준이 이성계 일파의 정치적 변화를 이끌어간 주요 인물로 거론되지만, 윤소종의 역할이 컸다는 점은 당시의 기록들을 통해서 엿볼 수 있다. 윤소종, 조준 등 위화도회군 무렵 등장한 이성계 일파는 공민왕 말기에 이성계와 관계없이 이미 결집된 집단이었을 가능성이 높다.[31] 위화도회군 이후 창왕 때부터 각종 제도 개편과 척불을 요청하였던 이들은 대체로 이성계 일파 가운데 윤소종과 관계가 있는 인물이었다. 척불을 통해 공양왕을 압박했던 인물들 역시 윤소종의 영향을 받았을 것이라고 볼 수 있다.

그런데 공양왕 3년 척불 상소와 관련하여 중심이 되는 인물로 떠오른 이는 정도전이었다.[32] 정도전은 공민왕대 성균관에서 활동하면서 이

---

30 도현철, 「고려말 윤소종의 현실인식과 정치활동」, pp.3-5. 도현철은 이색과 윤소종이 과거, 성리학, 가족과 친분 등 여러 측면에서 긴밀한 관계를 맺고 있었다고 하였다. 그러면서도 이색과 윤소종의 관계는 간단히 말하기 어렵다고 하였다 (p.12 각주 50). 비록 윤소종이 이색과 긴밀한 관계를 형성할 수 있는 여건이었지만, 공민왕, 우왕대 정치적 상황에 대한 인식에 있어서 차이를 보이고 있어 이색 계열의 인물들과는 이미 다른 행보를 하였다고 하겠다.
31 윤소종과 조준 등은 공민왕 말기 이색을 중심으로 묶여 있던 성리학자 계열, 명과의 관계에 친명적 입장을 표방하던 인물들과 밀착된 관계를 맺지 않은 주로 20대 후반의 인물들이었다. 조준과 친구 관계를 맺었던 윤소종, 유원정, 정지, 조인옥, 허금, 백군녕 등은 공민왕 말기부터 서로 연계되었던 것이 아닐까 한다. 이들을 중심으로 연계된 인물들에 대한 구체적인 검토를 통해 이성계 일파 신흥사대부와 이색 계열의 신흥사대부와 비교도 가능할 것이다.
32 당시 척불 상소가 진행될 때 기록과 상황을 보아도 정도전의 행보가 주로 언급

색 계열에 속하는 인물이었지만, 우왕 후반 이성계와 친밀해지고 위화도회군 이후 이성계 세력의 핵심으로 부상하였다. 정도전이 성리학을 추구하고 이단을 철저하게 배척하고 하였음은 이색 계열 인물들에게 잘 알려져 있었다.[33] 이숭인은 정도전이 유배에서는 풀려났으나 관계에 돌아오지 못하던 시절 그가 얼마나 오로지 성리학에 매진하고 이단 배척에 심혈을 기울였나 보여주는 시를 지었다. 불교를 믿고 성리학을 추구하는 사람이 적은 이 때에 정도전은 척불론의 대표적인 글로 알려진 한유의 「원도原道」를 읽고 있을 것이라 하였다.[34]

정도전이 정몽주에게 능엄경을 보지 말라는 글을 보내 오로지 성리학을 통해 이단을 배척하고 존경받는 유학자로 서 있기를 희망하였음은 잘 알려진 사실이다. 또한 우왕 1년(1375) 유배지에서 「심문천답心問天答」을 통해 성리학적 이론을 설파하였는데, 이 글도 불교를 배척하는 내용으로 알려져 있다.[35] 정도전이 이단을 배척하고 성리학의 도를 추구하였다는 점은 알려져 있지만, 이성계 일파로 활동하면서 척불을 강력하

되는 점이 그렇고, 이 시기를 연구하는 학자들의 견해도 대체로 그러하다. 하지만 언급했듯이 척불이 정도전의 상소 핵심 내용은 아니었다. 이색과 우현보 등에 대한 강력한 처벌 요구가 정국을 소용돌이치게 하였던 것이다.

33 고려말 신흥사대부를 이색과 정도전 두 인물을 중심으로 학문, 정치체제 및 운영, 경제제도, 불교 등 각 분야에서 차이를 보이는 두 계열로 나누는 것에 대해 다시 살펴볼 필요가 있다.

34 『도은집』 3, 시 삼봉 은자에게 부치다(寄三峯隱者).
당시 정도전이 성리학을 가르치고 이단을 배척하는데 온 힘을 기울였음은 『고려사』 열전에도 나타난다. 자신을 미륵이라 말하는 백성과 그를 황당무계하다고 비판한 승려 찬영에 대하여 함께 비판하면서, 승려 찬영이 더 나쁘다고 여긴 것은 불교가 주는 폐해가 더 심하다고 보았기 때문이다.

35 이정주는 이 글은 불교를 배척하는 척불에 관한 내용이라기보다는 천명과 의리 등에 관한 것이며, 성리학적 관점에서 공리(功利)를 비판한 한국사상 첫 번째로 반공리를 주창하였던 주자학적 저서라고 하였다(앞의 책, pp.31-47).

게 주장하지는 않았다.36 그의 척불 논지가 어느 정도 담겨 있는 것은 바로 공양왕 3년 5월 상소문이라고 할 수 있다. 그 동안 정도전의 이성계 일파 내에서 차지하는 위상에 비해 그의 역할은 크게 드러나지 않았다. 정도전의 상소가 파장을 불러오고, 이성계 세력의 동향에 영향을 주었다는 면에서 척불·호불 논쟁이 고려 왕조의 존폐를 공개적으로 드러내게 한 분기점이라고 볼 수 있을 것이다.

비록 정도전의 상소가 공양왕, 이성계, 정몽주 등을 축으로 하여 또 다시 정계의 갈등을 불러오는 계기로 작용하였던 점은 분명하지만, 당시 척불이라는 측면에서 보면 윤소종의 행적과 영향력에 더 방점이 찍힌다. 윤소종이 공양왕 2년(1390) 금주로 추방되어 척불 논쟁 시기 중앙 정계에 없었기에 그에 대한 직접적인 연관성은 언급될 수 없었다.37 하지만 박초 등의 상소문의 대체는 윤소종이 제기한 척불에 대한 역사적 연원, 윤소종 자신의 척불 논지 등과 맥이 닿는다. 정도전이 당시 성균관 대사성을 겸하고 있어 성균관 관원과 유생들에게 영향력을 가지고 있었겠지만,38 성균관에는 창왕 즉위 후 성균관 대사성을 맡았던 윤소종

---

36 정도전은 위화도회군 이후 조준 등 이성계 일파와 결합한 이후에 불교계와 교류를 끊었다고 보는 견해도 있고(이정주, 앞의 책, pp.29-30), 위화도회군 무렵 불교에 대한 태도가 변하였으며 정치적으로 척불 의식이 확고해져 자신의 주장의 정당성을 알리고 지지 세력을 결집하였다고 보기도 하였다(도현철, 「조선 건국기 성리학자의 불교 인식」, p.44). 또한, 정도전이 조준 등 이성계 일파와 결합한 이유를 자신의 신분상 하자를 문제시하는 정몽주 등 사대부에 대한 원망과 구신 분질서의 강화에 대한 저항에서 찾고, 정도전은 극단적 척불운동을 일으켜 반대파 성리학자들을 공격하고 스승 이색의 죽음을 요구함으로써 조준 일파의 희망에 부응하였다고 본 견해가 있다(이종서, 「고려말의 신분 질서와 정도전의 왕조 교체 세력 합류」, 『역사와 현실』 112, 2019, pp.229-233).
37 윤소종이 금주로 추방된 것은 '시중 이성계가 군자를 천거하고 소인을 물리치지 못한다'는 말을 하였다는 것이 빌미가 되었다 한다(『고려사절』 34, 공양왕 2년 3월).

의 영향, 특히 척불에 관한 영향이 어느 정도 베어 있었다고 볼 수 있다.

공양왕의 구언 교지에 따른 상소들 가운데 척불을 담고 있는 글들은 불교를 배척하고 성리학을 통해 왕의 수신과 치국을 이루어야 한다는 걸로 귀결된다고 하겠다. 따라서 그 동안 공양왕의 호불 행위는 다음으로 결론지어진 셈이다.[39] 공양왕 자신이 태조 왕건의 뜻을 잇고자 했던 노력은 도리어 태조 왕건의 유훈을 제대로 따르지 못하고 왕조를 망하게 하는 길이 되었다는 비난을 받게 되었다. 또한 공민왕을 계승하여 각종 불사를 행하였던 행위는 공민왕이 죽임을 당하기에 이른 것처럼 공양왕 자신도 그러한 구렁텅이에 빠지게 될 것이라는 경고였다. 윤소종이 승려 찬영을 왕사로 삼으려는 공양왕에게 상소한 경고가 성균관 유생의 집단 상소에 의해 다시 수면에 떠오르게 된 것이다.

성균관 생원 박초 등의 상소는, 공양왕이 계속하여 불교를 숭상하여 태조 왕건의 뜻을 왜곡하고, 공민왕의 불교 정책을 계승한다면 왕으로서 지위는 보장될 수 없다는 것으로 받아들여질 수밖에 없다. 또한 고려를 개창한 태조의 왕건의 유훈을 어기는 것으로 고려 왕조의 맥이 단절될 수밖에 없다는 의미도 담고 있다. 공양왕 3년의 척불 논쟁은 정치 세

---

38 도현철, 정도전이 우왕 13년부터 성균관 대사성에 있었으며, 창왕 때 지공거로 과거 급제자를 선발하는 등, 이성계 일파에 속한 이후 성균관을 통해 그의 이념에 동조할 수 있는 인적, 지적 네트워크를 형성하였다고 하였다(「조선 건국기 성리학자의 불교 인식」, p.44 : 「조선 건국기 성리학 지식인의 네트워크와 개혁사상」, p.260). 이익주는, 정도전은 척불 상소를 통하여 이색을 죽이자고 하면서 그 동안 이색 및 그 문하와의 관계에서 완전 벗어났으며, 개혁파 내부의 주도권을 장악하여 자신을 중심으로 한 정치세력을 형성하여 나갔다고 하였다(「고려말 정도전의 정치세력 형성 과정 연구」, p.110).

39 당시 공양왕의 태조와 공민왕을 받들고 계승하려는 노력은 개태사의 태조 제사에 이첨 파견, 연복사 공사, 각종 재와 법회 개설 등을 통해 알 수 있다. 이 점에 대하여 이정주, 앞의 책, pp.110-118을 참고할 수 있다.

력 간 대립을 넘어 고려 왕조와 군주의 존폐 여부를 제기하는 통치이념 논쟁이었다고 할 수 있다.[40] 군사지휘체계를 장악하고 과전법을 통한 전제개혁이 마무리되는 시점에서 이성계 일파의 신흥사대부가 사회 변혁의 결정적 단계로 이념을 선택한 것으로 볼 수 있다.[41]

공양왕 3년, 천재지변에 대한 왕의 구언에 대한 상소로 척불론은 이전 어느 때보다도 강력하게 제기되었다. 그렇지만 척불론은 공양왕의 왕위는 물론 태조 왕건의 유훈을 따르지 않는 고려 왕조를 단절해야 한다는 태도를 드러냄으로써 척불 자체 논의로 더 이상 진행되지 못했다. 연복사탑 공사를 둘러싸고 중지와 재개가 있었지만, 불교와 관련한 왕조, 왕위 존폐 논란으로까지 더 전개되지는 않았다. 고려 왕조·왕위 존폐와 연계된 척불 논쟁은 공양왕을 옹호하는 쪽이나 이성계 일파 어느 쪽에도 즉시 결론을 내기 어려운 사안이 되었을 것이다. 더욱이 정도전과 남은 등이 내세운 핵심은 김저, 윤이·이초, 김종연 사건 등에 연루된 주요 인물에 대한 강력한 처벌이었기 때문이다.

---

40 성균관 유생들이 집단으로 척불 상소에 참여한 것을 정치적 대립으로 한정하여 보기보다는 성리학과 불교가 사회적, 국가적 이념으로서 어떻게 정립되어야 하는가, 나아가 신흥사대부 관료층 재생산의 동력으로 어떻게 작동하는가 하는 측면에서 들여다보는 것이 필요하다. 이에 대해서 김용태, 「조선 불교, 단절인가 연속인가?」, 『고려에서 조선으로』, 역사비평사, 2019, pp.388-389의 논의를 참고할 수 있다.
41 김당택은 과전법의 반포가 새로운 왕조의 지배 질서를 구축하기 위한 것이었다면, 사상적으로 고려 왕조를 부인한 것이 이성계파의 척불론이었던 셈이다 하였다(앞의 책, pp.292-296). 최재복은 공양왕 3년 척불 논의는 불교의 사회적 효용성 자체에 대해 부정하고 유교중심주의에 서는 것이며, 더욱이 그것은 정치적인 변화와 맞물려 이전의 논의와는 다른 급진적인 면모를 보이게 된 것이라고 하였다(「여말선초 사상계의 변화와 불교비판」, 앞의 책, p.318). 공양왕대 정국의 변화와 정국 운영에 대한 대체는 홍영의, 「고려말 공양왕대 신흥유신의 대립과 정치운영론」 상·하, 『사학연구』 75·76, 2004를 참고할 수 있다.

척불 상소자에 대한 처분도 태도와 절차를 문제 삼아 김초만 처벌받음으로써 마무리 되었다. 공양왕과 정도전의 이후 행보도 주로 이색과 우현보 등의 처벌을 둘러싸고 이루어졌다. 정몽주의 경우 척불을 주장한 이들에 대하여 유학자들이 불교를 배척하는 것은 떳떳한 일이라 하였으며, 다만 정도전 등이 처벌을 요구한 인물들의 연루 여부가 분명하지 않다는 점을 들어 사실 관계 확인이 중요하다고 하였다. 정도전이 점차 궁지에 몰리게 되고, 이성계의 태도도 불분명하게 보인 것은 이러한 상황과 연관이 있다고 하겠다. 척불론은 수면 아래로 가라앉게 되었다.

2. 세종대 성균관 유생 척불 집단 상소
―성학의 군주聖君와 독부獨夫

조선 왕조, 양반사회가 들어섰다. 유교를 왕조의 새로운 이념으로 표방하였지만, 태조 이성계는 불교를 좋아했다. 자초(무학대사)를 왕사로 임명하기도 했다. 양광도 안렴사 조박과 경상도 안렴사 심효생이 상중인 사람이 절에 가서 불공을 드리는 것을 금지하자, 태조는 '이색은 대유학자이면서도 불교를 믿었는데 너희는 무슨 책을 읽고 부처를 그렇게 좋아하지 않느냐'고 하였다.[42] 더욱이 공양왕을 궁지에 몰아넣었던 연복사탑 공사를 마무리하여 성대한 법회를 가졌다. 그야말로 공양왕대 고려 왕조와 왕위를 위협했던 불교 숭상이 재현되고 있었다. 개인의 공덕과 기복을 위한 것이 아니라 왕조 개창 초기 국가의 안녕을 위하는 일이라는 명분으로 미화되어 숭불이 유지되었다.

---
42 『태조실록』 2, 태조 1년 12월 6일.

태조 이성계는 진관사에 수륙사를 설치하고 해마다 재를 개설하도록 하였다. 권근은 태조의 명으로 조성기를 썼는데, '근본에 보답하고 먼 조상을 추모하는 것은 왕도 정치의 먼저 할 일이요, 물건을 이롭게 하고 생명을 구제하는 것은 불교에서 중히 여기는 바이니, 두 가지가 다르기는 하지만 모두 인(仁)한 마음씨에서 출발하는 것이다'라는 내용이 들어 있다.[43] 유교와 불교가 추구하는 방향이 다르지만 출발점은 같은 것이라 말하고 있다. 또한 태조의 불교 행사에 대한 명분을 군왕으로서 효, 인류으로서 효를 다하는 것으로 삼았다. 유교 입장에서 불교를 포용하려는 인식을 보인다. 관료들이 숭불을 반대함에도 태조는 크게 개의하지 않았다. 물론 태조도 승려와 불교로 인한 폐단을 개선하려는 정책을 일부 수용하기도 하였다.

태종이 왕위에 오르고 나서 불교에 대한 억압 정책이 적극적으로 시행되었으며, 태종 자신도 불교에 대해 개인적으로 배척하는 입장이었다. 태종은 공공연히 불교를 이단으로 규정하고 성리학을 정치의 근본으로 삼고자 하였다. 태조로부터 제동을 받기도 하였지만, 불교 종파와 사찰, 사원전, 승려 등 불교 세력을 유지하는 근간을 약화시키려 노력하였다. 태종의 뒤를 이은 세종 역시 불교 세력을 억압하는 정책을 폈는데, 사찰의 정리 및 토지와 노비의 몰수, 승려 증가 제한 등이 중심이 되었다.[44] 그렇지만 불교와 국가와의 공적인 관계를 끊어버리고 사회적 기능마저

---

43 『동문선』 78, 기記 진관사 수륙사 조성기津寬寺水陸社造成記.
44 고려 후기에서 조선 초기 불교 정책에 대하여 다음을 참고함.
   한우근, 『유교정치와 불교-여말선초 대불교시책-』, 일조각, 1993.
   황인규, 『고려말·조선전기 불교계와 고승 연구』, 혜안, 2005.
   김두진, 『고려시대 사상사 산책』, 국민대학교출판부, 2009, pp.107-130.
   이봉춘, 『조선시대 불교사 연구』, 민족사, 2015.
   김용태, 『조선불교사상사』, 성균관대출판부, 2021, pp.89-125.

약화하려던 공양왕대 이성계 일파 신흥사대부의 의도에는 여전히 미치지 못했다.

　세종 6년(1424) 2월에 사헌부 대사헌 하연 등이 사찰과 사사전을 혁파하고, 승정僧政 체제까지 정리하자는 불교 전반에 관한 개편을 주장하였다.[45] 이에 따라 의정부, 6조, 집현전 등에서 각종 척불 정책을 제시하기에 이른다. 3월에는 성균관 생원 신처중 등 101인이 세종에게 상소한다.[46] 성균관에 입학한 생원들 대다수가 상소에 참여하였다고 보인다. 승려들의 경제적 폐단을 거론하면서 승려 환속, 전토 환수, 사찰 혁파 등을 주장하고, 가례 실시를 확대하고자 하였다. 세종은 태종의 뒤를 이어 불교 세력을 억지하기 위한 정책을 계속 실시한다. 그럼에도 성균관 생원들이 집단으로 상소하여 불교로 인해 나타나는 폐해를 혁파하기를 요청하였다.

　성균관 생원들은 유교의 삼강오륜에 비추어 불교를 비판하는가 하면, 불교의 교리를 들어 승려의 잘못됨을 들어내고 있다. 특히 태종을 성군으로 표현하고, 세종 역시 성군의 자질을 보여 이단을 물리치고 있다고 하였다. 그러므로 나아가 불교의 폐단을 없애고 불법을 완전히 제거하여야 한다고 주장하였다. 성균관 생원의 상소는 그야말로 불교 소멸을 내세운 것이다. 그렇게 함으로써 성군의 교화를 새롭게 할 수 있는 기회를 맞이할 수 있다고 하고 있다. 척불을 넘어 유학을 근본으로 하여 성인의 교화가 미치는 나라를 만들자는 의도다. 세종은 성균관 생원들의 상소 다음 날 사찰과 사사전에 대한 대폭적인 정비 방안을 제시한다. 이는 선교 양종, 36사의 종파 통합과 사찰 정비로 이어졌다.

---

45 『세종실록』 23, 세종 6년 2월 7일.
46 『세종실록』 23, 세종 6년 3월 12일.

그렇지만 당시 기신재를 지내는데 왕을 예전처럼 '보살계 제자'로 표기하자는 의견과 '조선국왕'으로 쓰자는 의견이 대립하는 상황이었다.[47] 불교 행사에 여전히 왕이 참여하고 있었다. 세종은 회암사를 수리하고 수륙재를 지내는데 많은 폐해가 발생함으로 이를 중지하자고 한 성균관 생원의 상소와 이를 옹호하는 관료가 있음에도 불구하고, 부처를 공양하고 승려에게 재를 지내도록 하는 것이 잘못이냐고 반문하고 있다.[48] 비록 이단이 성군의 시대를 가려서야 되겠느냐는 말에 멈추라고 지시를 했지만, 세종의 불교에 대한 인식이 불교의 국가적, 사회적 기능을 완전히 배제하지 않고 있음을 보여준다.

세종은 태조가 세운 흥천사와 흥덕사를 수리하기 위한 규정을 만들기도 하였다.[49] 이에 대해 관료들이 반대하고, 기어이 성균관 생원들이 동참하는 집단 상소를 하기에 이른다. 세종은 태조가 지은 것이니 어찌 수리하지 않을 수 있겠느냐 하였다. 그러면서 불교를 숭상하여 수명이 긴 왕도 있고 불교를 배척하여 수명이 짧은 왕도 있는데, 신진 관료들이 화복과 존망의 이치를 어찌 알겠느냐고 하고, 대간을 가두려고 하였다.[50] 흥천사 공사 대한 논의는 이후에도 계속 세종과 관료들 사이에 갈등을 야기하였다. 마치 공양왕대 연복사 공사를 두고 빚어졌던 모습을 연상시킨다.

당시 고려말 성균관 관원으로서 척불론 상소에 찬성하였던 황희가 영의정으로 있었는데, 과거에서 흥천사 사리각 공사에 대한 부당함을

---

47 『세종실록』 23, 세종 6년 3월 12일.
48 『세종실록』 64, 세종 16년 4월 11일, 13일.
49 『세종실록』 78, 세종 19년 7월 18일. 흥천사의 건립에 대하여, 문무왕, 「흥천사의 역사와 사상」, 『강좌미술사』 53, 2019를 참고할 수 있다.
50 『세종실록』 78, 세종 19년 7월 29일.

적은 하위지의 대책문을 장원으로 뽑은 것과 관련하여 비난을 받게 된다.[51] 황희가 그 동안 흥천사 공사와 관련하여 아무런 말도 없다가 그러한 대책문을 쓴 하위지를 급제하게 한 것은 그른 것을 알고서도 말하지 않았음이라고 비판받은 것이다. 또한, 사간원에서는 고려말 척불론 제기때와 마찬가지로 고려 태조와 최응의 불교에 대한 논의를 끌어들이면서 승려들의 직책(승정), 승려 선발(승선)을 폐지하도록 요청하였다.[52]

그런데 흥천사와 관련된 불사가 효령대군과 관련되면서 척불 논의는 계속된다. 세종은 효령대군의 병을 핑계로 승려 행호를 흥천사로 불러들이고,[53] 대간을 중심으로 한 지속적인 반대에도 불구하고 흥천사 불사를 용인한다. 결국 성균관 유생들의 집단 상소가 있게 된다. 성균 생원 이영산 등 648명이 상소하여 흥천사 공사로 인한 폐해를 거론하는 한편, 주지 행호를 처형하기를 요구하였다.[54] 상소에 참여한 숫자로 보아 성균관 유생 뿐 아니라 4부 학당의 학생들까지 가담한 것으로 보인다. 서울에서 성균관을 비롯해 학당에서 성리학을 공부하던 학생들 다수가 동참한 것으로 보아 척불에 대한 인식이 지배층 저변에 확산되었음을 짐작할 수 있다.

성균관 생원 상소문의 내용은 중국 숭불 군주의 말로, 유교 경전을 인용한 이단 비판, 태조와 태종의 불교 세력 억지 등을 담고 있으며, 당시 불교 폐단을 거론하고 있다. 여타 척불 상소에서 취하고 있는 형식과

---

51 『세종실록』 81, 세종 20년 4월 12일, 14일.
52 『세종실록』 82, 세종 20년 7월 9일.
53 이 때 생원 정극인이 상소문 작성에 깊이 간여하였던 것으로 보인다(『불우헌집』 묘갈명 및 행장 참조). 승려 행호에 대하여는 황인규, 「조선초 천태종 고승 행호와 불교계」, 『한국불교학』 35, 2003 ; 『고려말·조선전기 불교계와 고승연구』를 참고할 수 있다.
54 『세종실록』 85, 세종 21년 4월 18일.

인용 사례는 유사하다. 그런데 공양왕대 척불 상소와 달리, 군주가 불교를 배척하고 성리학의 도를 추구하여야 한다는 명분을 '임금은 만백성의 표본이고, 서울은 사방의 근본'이라는 데에서 찾고 있다. 임금이 좋아하는 바를 백성이 따르고, 서울에서 숭상하는 바를 사방에서 본받음이 빠르니 불교의 폐단을 확실히 제거해야 한다는 것이다. 군주가 백성 교화의 모범이 되어야 하며, 서울은 모든 향촌에 영향을 미치는 교화의 중앙이라는 점을 내세워 유교사회에 대한 이상을 말하고 있다. 세종대 성균관 생원들의 집단 상소는 공양왕 때 박초 등의 상소에 비해 성리학에 바탕을 둔 왕도정치를 지향하는 성균관 생원들 나름대로의 견해가 표출되고 담겨 있다고 할 수 있다.

세종은 결국 승려 행호를 다시 돌아가도록 하는 등 척불 주장을 일부 수용하였다. 하지만 흥천사에 사리각을 완공하고 경찬회를 열고자 한 불사로 세종과 관료들은 다시 대립하게 된다. 세종 23년(1441) 윤 11월 대간, 육조, 의정부에 이르기까지 흥천사 사리각 경찬회를 정지하자는 요청이 빗발쳤다.[55] 성균관 400여 명의 생원들이 집단으로 정지를 요청하는 상소를 하였으며, 받아들여지지 않자 계속 상소를 하였다.[56] 관료들 역시 성균관 생원들의 집단 상소를 들어 세종에게 경찬회 정지를 요청하지만 세종은 계속 진행하고자 한다. 성균관 생원들은 다시 왕에게 상소하는가 하면, 의정부에도 상소하여 정승들이 나서주기를 요청하기도 한다.

성균관 생원의 상소문에는 여전히 임금은 만민의 표상인데 불교를

---

55 『세종실록』 94, 세종 23년 윤11월, 12월. 한 달 넘게 경찬회 정지 상소가 이어진다. 경찬회와 관련한 반대 상소와 세종의 반향 등 그 과정에 대하여 한우근, 앞의 책, pp.165-169 참조.
56 『세종실록』 94, 세종 23년 윤11월 20일.

숭상하면 모든 백성이 따르게 될 것이라 하고 있다. 유학의 도를 교화하는 최고의 지위, 성인聖人으로 군주를 묘사하면서 불사를 멈추기를 요청한 것이다. 특히 세종을 요·순과 같은 임금으로 비교하고, 이단을 물리쳐주기를 바라고 있다. 성균관 생원들의 상소 다음 날 세종은 당일 경찬회 시행에 대하여 논의해보라고 승정원에 말한다.[57] 세종은 "어려서부터 경전을 공부하고 유학(聖學)에 빠졌으니, 어찌 불교를 숭상하겠느냐? 그 법이 오래 돼서 갑자기 고치기 어려운 것이다" 하면서 의논하기를 요구하였다. 이에 경찬회를 당일 여는 것은 중지되었지만, 이후 경찬회 관련 상소는 여전히 계속되었다.

 세종은 해를 넘겨 결국 경찬회를 열도록 하였다. 경찬회를 여는 글에는 '보살계 제자 조선국왕'이라는 표현이 들어가고, 5일 동안 행해졌다.[58] 의정부와 6조, 대간 그리고 성균관 생원들이 나서서 지속적으로 요청했지만, 흥천사 사리각 경찬회는 세종의 뜻대로 진행되었다. 유학을 근본으로 이단 불교를 배척하고 성군의 길을 걷기를 요청하는 신하들의 노력도 성공하지 못했다. 성리학을 바탕으로 불교의 국가적 기능과 역할을 축소하려는 시도는 아직 이루어지 못한 것이다.

 세종의 호불 행위는 왕비 소헌왕후의 죽음을 계기로 적극적으로 나타난다. 세종 28년(1446) 3월 소헌왕후가 병이 나자 산천, 신사, 부처에게 기도하도록 하는가 하며, 승려들이 내전에서 기도하도록 하였다. 소헌왕후의 죽음 이후, 세종은 왕자들이 불경을 만들자고 한 것을 계기로 그에 착수한다. 불경 조성을 둘러싸고 신료들의 반대 의견이 거셌음에도 불구하고 세종은 강행하였다. 세종은 흉년이 들어 백성들이 힘드니

---

57 『세종실록』 94, 세종 23년 윤11월 25일.
58 『세종실록』 95, 세종 24년 3월 24일.

비용은 왕자들과 궁에서 사사로이 모아둔 것으로 하겠다고 하였다. 신료들 자신은 이단을 배척하면서도 부모의 상중에 불사를 행하는 이중적 태도를 비난하기도 하였다. 나아가 신하들은 불교를 배척하는 현명한 신하인데, 자신은 무지하여 불교를 숭상하는 무지한 임금이라고 하면서 불경 사경을 진행하고 있다.59 왕비의 죽음을 계기로 세종은 불교를 통해서 명복을 빌고, 왕실 내 애통함을 위로하고자 하였다. 『석보상절』, 『월인천강지곡』 등은 그러한 의도를 반영하고 있다.

세종의 숭불은 1448년(세종 30) 창덕궁 안에 불당을 만들고자 하는 데에서 절정에 이른다.60 세종은 불교의 시시비비와 선악은 이미 다 아는 것이니 논의할 필요가 없다 하면서, 하지만 버리지 못한 것이 있으니 기신재, 추천재 등 제사와 관련한 불사, 사사전과 도첩제 등이라고 하였다.61 그러면서 예전에 있었던 불당을 마땅히 설치하지 않을 수 없다 하였다. 관료들의 반대가 이어지고, 성균관 유생들의 반대 상소도 계속 되었다.

성균관 생원 유상해 등이 불당 건립을 반대한 명분 가운데 주목할 부분이 있다.62 세종이 불당은 선왕대(先王代 祖宗) 있었던 일이라는 점을 들어 강행하려 하자, 선왕대 일이란 6전六典을 말하는 것인데 6전도 시대에

---

59 『세종실록』 111, 세종 28년 3월 28일.
60 세종의 내불당 건립에 대한 기존의 견해 및 그 과정에 대하여, 박선경, 「조선 세종대 『사리영응기』 편찬과 왕실불사의 전통」, 『동국사학』 67집, 2019), pp.275-278을 참고함. 불당 공사 및 경찬회 과정과 참여 인물 등을 검토한 연구로 이정주, 「세종 31년(1449) 刊 『사리영응기』 소재 정근입장인 분석」, 『고문서연구』 31, 2007이 있다. 세종 15년 문소전에 있던 내불당을 혁파하였는데, 이는 조선 왕실의 중요 의례는 모두 유교 의식에 입각하여 치르겠다는 방향 전환의 의미를 담고 있는 것이었다 한다(이정주, 위 논문, p.135).
61 『세종실록』 121, 세종 30년 7월 17일.
62 『세종실록』 121, 세종 30년 7월 21일.

맞춰 바꾸니 불사야 어찌 그렇지 않겠느냐고 도리어 반문한다. 그리고 동일한 모두의 마음이 하늘의 도(天道)요, 온 나라가 불가하다고 하면 그것이 바로 하늘의 뜻인데 어찌 임금이 따르지 않고 그 뜻을 멀리 하느냐고 하였다. 군주가 모든 신하와 백성이 반대하는 것을 따르지 않는 것은 하늘을 따르지 않는 것이라는 성리학에 바탕은 둔 군주론을 들어 세종이 불당 건립을 철회하기를 요청하고 있다.

성균관 유생들은 뜻이 이루어지지 않자, 이틀이 지난 후 "이단이 성하고 우리의 도(유학)가 쇠퇴하였다"고 방을 붙이고 성균관에서 퇴거하였다. 4부 학당 학생들도 모두 학업을 파하고 흩어졌다. 서울의 유생들과 학생들 모두가 학교를 비우고 수업을 거부한 것이다. 이들의 이러한 행동은 상당한 파문을 일으킨다. 세종은 관료들의 사직은 강제로 막을 수 있으나, 유생들의 일은 강제로 되돌릴 수 없다 하고 방안을 묻는다. 이에 도승지 이사철은 다른 방법으로 오게 할 수 없고 임금이 말을 들어주면 저절로 해결될 것이다 하였다.[63] 하지만 세종은 성균관 유생과 4부 학당 학생들 가운데 20살이 넘은 자들을 잡아들여 국문하라 명한다. 신료들의 반대로 그 명은 실행되지 않는다.

성균관 생원들은 계속하여 다른 신료들과 마찬가지로 불당 건립을 반대하는 상소를 올린다. 생원 유상해는 승려 신미와 그 동생 김수온이 성학聖學을 황폐하게 하고 이단을 성행하게 하니 처벌하여 성인으로서 면모를 알리라고 세종에게 요청한다. 성균 유생들이 불사를 일으키는데

---

[63] 세종은 이때 "지금 집현전이 온 관사가 파하여 가고, 유생이 또한 흩어져 갔으니, 대성臺省도 역시 이를 좇아갈 것이다. 내가 이제 이미 독부獨夫가 되었구나. 인군이 허물이 있으면 신하 된 사람이 버리고 갈 수 있는 것인가"라 하였다(『세종실록』 121, 세종 30년 7월 23일). 자신이 인심을 잃어버린 '독부'가 되었다고 말하고 있다.

적극 참여한 인물들에 대한 강력한 처벌을 요구하고 나선 것이다. 그러나 마침내 그해 12월에 불당을 완공하게 된다. 집현전을 비롯한 대간, 의정부, 6조, 성균관 등 다수의 유학자 관료들이 나서고 성균관 유생과 4부 학당 학생까지 나섰지만, 세종은 뜻을 꺾지 않았다. 유학을 근본으로 한 통치이념과 정치운영 체제를 유지하였지만, 불교의 종교적 기능, 특히 내세관을 왕실 차원에서 계승, 받아들이지 않을 수 없었다.[64]

성리학을 학문과 통치이념으로 받들었던 조선의 양반 관료, 유생들은 불교의 공적 기능을 억지하여 가려 하였지만, 여전히 군주, 왕실의 향방에 따라 제약을 받을 수밖에 없었다. 성균관 생원들을 중심으로 한 유생들은 세종의 숭불 행위 가운데서도 파장이 클 불사에 대하여 집단으로 반대 상소를 하였다. 이들은 군주를 성리학의 도를 계승하고 모든 백성의 교화를 이끌어갈 성인으로 상징화하였다. 그러한 군주의 영향이 모든 백성과 사방에 미쳐 유학을 바탕으로 한 이상 사회가 이루어지기를 기대하였다. 집단 척불 상소는 군주에 대한 유학자의 마땅한 책부였다. 이러한 성향을 띤 집단이 사회 주도세력의 밑바탕을 구성하게 된 것은 신흥사대부의 등장과 성장으로 가능했다고 하겠다.

---

64 내불당 설치는 왕실 불사의 전통과 효의 실행 명분을 통하여 이루어졌으며, 왕실의 권위를 높이고자 하는 의도였다고 한다(박선경, 앞의 논문, pp.300-302). 세종의 불교관이 유교 정치와 어떻게 연계되는가에 대하여는 김종명, 「세종의 불교관과 유교정치」, 『불교학연구』 25, 2010을 참고할 수 있다.

3. 척불 상소와 연관하여 본 「신흥사대부의 등장」
　　— 주도세력의 변화와 지속

　　공양왕대, 그리고 세종대 성균관 유생의 척불 집단 상소와 연관하여 『한국사신론』「신흥사대부의 등장」[65]의 내용 가운데 세 가지 측면에 대하여 살펴보고자 한다. 신흥사대부의 불교에 대한 인식, 이성계 집권과 신흥사대부, 신흥사대부의 개념 및 시기구분 등이다. 물론 성균관 유생의 집단 상소가 이러한 점들과 직접 연결되는 것은 아니지만, 앞뒤 상황들을 꿰어보면 연관되는 모습을 어느 정도 찾아볼 수 있지 않을까 한다. 그리고 그를 통해서 「신흥사대부의 등장」에 대하여 다시 한 번 의미를 생각해볼 수 있을 것이다.[66]

　　『한국사신론』에서 「신흥사대부의 등장」은 제7장 「무인정권」과 제9장 「양반사회의 성립」 사이에 있는 장이다.[67] 그 시기는 무인정권 몰락 이후 원 간섭기부터 고려가 멸망하고 조선이 건국되는 시점까지이다.

65　이 글에서 「신흥사대부의 등장」이라는 표기는 『한국사신론』의 제8장을 일컫는 것으로 사용하고자 한다.
66　이기백은 「신흥사대부의 등장」과 관련한 개별 연구 논문을 발표하지 않았다. 하지만 『한국사신론』을 보완하는 과정에 계속 새로운 연구 결과를 검토하여 반영하였다. 「신흥사대부의 등장」도 이기백이 한국사의 체계화 과정에서 받아들인 견해를 담고 있다고 보아야 할 것이다.
67　이기백의 『한국사신론』 신수판(1990) 제8장의 제목은 「신흥사대부의 등장」이다. 한글판(1999) 역시 마찬가지다. 『한국사신론』 초판(1967)과 개정판(1976)에는 「사대부의 등장」으로 되어 있다. 다만 개정판에서는 제 4절을 이전의 「사대부의 문화」 대신 「신흥사대부의 문화」라고 붙였다. 사대부의 등장을 한국사의 흐름 가운데 한 시기로 구분하여 보았으며, 이내 사대부를 신흥사대부라는 용어로 정리하였다. 『한국사신론』 편차의 변화에 대하여 노용필, 『이기백한국사학기초연구』, 일조각, 2016, pp.399-428 ; 정두희, 『하나의 역사, 두 개의 역사학』, 소나무, 2001, pp.97-100을 참고하였다.

그런데 신흥사대부는 무인정권 시기에 학문적 교양과 정치적 실무 능력을 갖춘 학자적 관료로 새로이 등장한 관료층이라고 하였다.[68] 이들은 원 간섭기에서, 공민왕대를 거쳐 공양왕대까지 사회 주도세력으로서 활동하며 정치적으로 성장하여, 조선 건국을 통해 결국 양반사회 형성을 이끌어간다고 하였다. 이는 『한국사신론』의 사회 주도세력 변화를 통한 한국사 체계화의 일면을 잘 드러내고 있다.

먼저 신흥사대부의 불교에 대한 인식을 살펴보자. 「신흥사대부의 등장」 4절은 신흥사대부의 문화를 기술하고 있고, 그 가운데 소절이 '성리학의 전파'이다. 신흥사대부의 문화 가운데 성리학의 전파를 우선으로 서술하였다. 그 가운데 불교에 관한 대목이 있다.

> 고려 후기 유교의 특징은 성리학을 받아들였다는 데에 있다. 성리학은 처음 『소학』을 중심으로 일상 생활에 있어서의 실천적인 윤리를 중요시하는 면에서 수용되었다. 그러나 점차 인생과 우주의 근원을 형이상학적으로 해명하는 철학적인 국면이 발전되기에 이르렀다. 한편, 정치적인 도덕으로서는 군신의 의를 강조하고, 이단의 배척에 날카로운 면모를 보이기도 하였다. 공덕사상 중심의 불교에도, 사장·훈고 중심의 유교에도 만족할 수가 없는 당시의 신흥사대부들은 이 같은 성리학을 그들의 정신적 지주로 삼게 되었던 것이다.…
> 이 성리학의 전파는 불교 배척의 기운을 조성하였다.… 그런데 당시의 불교는 대체로 왕권과 결탁하여 성장하였을 뿐 아니라, 때로는 친원적인 경향도 나타내었고, 사상적으로는 신비적인 영험과 공덕을 강조하는 경향이 농후하였다. 이러한 불교에 대하여 처음 이제현·이색 등은 아직 불교 그 자체를 배격한다기보다는 사원의 폐해와 승려들의 비행을 공격하는 데 그쳤다. 그러나, 정도전 등은 불교 자체를 인간의 윤리를 무시하고 나라를 해치는 것이라 하여 이를 극력 배격하였다. 이들

---

68 이기백, 『한국사신론』 한글판, p.182.

은 불교뿐 아니라 친족혼이라든가 지나친 향락 등에 대하여도 공격하였다. 『주자가례』에 의하여 가묘를 세우고 상장제례에서 불교의식을 폐하기 시작한 것도 이때부터의 일이었다(『한국사신론』 한글판, pp.188-189).

성리학을 수용하였던 신흥사대부들은 신비적이며 공덕사상 중심인 불교를 이단으로 여겨 비판적이었다고 기술하고 있다. 다만, 이제현, 이색 등은 불교 자체보다는 불교의 폐단적인 현상을 비판하였고, 정도전 등이 불교 자체 교리의 모순을 들어 강하게 배격하였다 하여 신흥사대부의 불교 인식에 대하여 두 부류로 나누어 보았다. 불교 비판과 연관한 신흥사대부 집단에 대한 이러한 구분은 여전히 통용되고 있다. 또한 불교관의 차이는 물론 성리학 수용과 적용에 있어서도 서로 다른 입장에 서 있다고 보고 있다.[69]

이색의 경우 불교를 이단으로 인식하고 있으며, 성리학을 배우고 실천하는 이들이 적음을 한탄하기도 한다. 그럼에도 공민왕, 우왕의 숭불에 대하여 긍정적으로 받아들이는가 하면, 승려들과 깊은 관계를 맺는다. 이색은 군주에 대한 충과 부모에 대한 효를 내세워 불교를 배척하지 못하고 수용하는 모습을 보인다. 나아가 나이 들어가면서 불교적인 색채를 스스로 농후하게 띠게 된다. 이색은 성리학과 불교를 지켜야할 성인의 도와 배척해야 할 이단으로 구분하여 인식함으로써 스스로 자책감에 휩싸이기도 하지만, 서로 동일한 도를 추구하며 공존할 수 있는 것으로

---

69 도현철, 「이색과 정도전-성리학의 개선론과 개혁론」, pp.78-87. 도현철은 이색과 정도전의 사상적 입장과 행동에 대하여 간략하게 잘 정리하여 놓고 있다. 하지만 성리학의 학문적 입장에 있어서 차이가 있다기보다는 위화도회군 이후 정치적인 견해가 달랐던 점이 그와 같은 차별성을 부각하게 한 요인이 아닐까 하는 견해도 있다(강문식, 「여말선초 성리학의 수용과 그 성격」, 『역사비평』 122, 2018, pp.176-181).

도 받아들인다. 하나의 선택이 아니라 둘을 포용하는 자세를 견지한다.[70]

이색의 문하였던 이숭인, 권근 등도 역시 마찬가지다. 이숭인은 왕은 물론 재상이었던 최영의 불사 행위도 사적인 이익을 위해서가 아니라 나라를 위해서라고 굳이 대변하기도 한다.[71] 권근 역시 불교 행사에 참여하고 승려와 가까운 관계를 유지한다. 공민왕대 성균관에서 이색 아래 성리학의 중흥에 노력하였던 정도전 역시 공양왕대 이전까지 불교를 적극적으로 배척하는 행동이나 글을 남기지 않았다. 이색 계열의 대부분 성리학자 관료들은 불교를 이단으로 인식하고 있었지만, 현실적으로 불교 자체나 불교를 받드는 왕과 관료들에 대하여 날카로운 비판의 칼날을 내밀지 않았다.

불교를 이단으로 보고 승려들의 정치적 참여는 물론 왕의 숭불에 대하여 비판적인 견해를 표출한 신흥사대부는 우왕대까지도 그리 쉽게 찾아지지 않는다. 정도전이 관직에서 쫓겨난 우왕대에도 성리학을 중시하고 이단인 불교를 가까이 해서는 안 된다고 하는 견해를 보였던 인물 가운데 하나지만, 숭불 행위에 대한 배척을 적극적으로 표방하지는 않았다. 불교 자체에 대해 비판하고, 불교 행사나 승려의 정치 개입, 왕의 숭불 행위 등에 대하여 비판적인 견해를 공민왕대부터 가지고 있던 대표적인 인물은 윤소종이었다.

공민왕대 윤소종은 할아버지 윤택의 영향을 받아 불교 세력이 정치에 관여하는 것에 대하여 비판적이었고, 그러한 정국을 끌고 가는 공민왕에 대하여도 불만을 가졌다. 그러한 인식이 신흥사대부에게 널리 영

---

70 이색에 대해 도현철, 『목은 이색의 정치사상 연구』를 참조하였으며, 이색의 유교와 불교에 대한 생각을 시기별로 정리한 이익주『이색의 삶과 생각』, 일조각, 2013, pp.175-215를 참고하였다.
71 『도은집』 4, 문文 금주 안양사탑 중신기(衿州安養寺塔重新記).

향을 미치기에는 그의 지위나 위상에 한계가 있었다. 그렇지만 조준을 비롯한 윤소종과 결속하고 있던 인물들에게는 영향을 미쳤을 것이다. 위화도회군 이후 사찰의 토지와 승려의 폐단 등을 들어 불교에 대해 처음으로 비판하였던 인물은 조인옥으로 조준·윤소종 일파의 일원이었다.[72] 공양왕대 척불 상소를 통해서 보았듯이 당시 척불 주장을 관통하는 역사적 맥락은 윤소종에서 비롯한 것이다.

「신흥사대부의 등장」에서 신흥사대부의 불교 인식에 대하여 두 갈래로 받아들인 견해는 여전히 통용되고 있지만, 정도전을 적극적인 척불 주도자로 내세우는 것은 다시 살펴볼 필요가 있다. 정도전은 조선 건국 이후『불씨잡변』등 척불론을 담은 대표적 책을 저술하지만, 이를 공양왕대 척불론 주도와 곧 바로 연관지어 보는 것은 조심스럽다. 조선 건국 이후 태조 이성계 자신은 여전히 불교를 숭상하고, 고려 왕실이 그랬던 것과 거의 마찬가지로 불교 행사를 연다. 또한 불교에 포용적인 입장을 보인 신흥사대부들이 조선 정국에 참여하고 있기도 하다. 당시 재상으로서 집권하던 정도전이 다시 척불론을 논리와 명분으로 가다듬어 표방해야 할 시기였다. 즉 정도전의 척불론은 조선 건국 이후 정치체제 정비와 운영에서 더 주목되어야 할 부분이다.

신흥사대부의 조선 건국 이후를 다루고 있는『한국사신론』「양반사회의 성립」에도 불교에 대한 내용이 있다. 5절 '양반관료의 문화' 속에 '불교의 쇠퇴'를 소절로 두고 있다.

> 유교지상주의 사회에서 불교가 위축될 수밖에 없는 것은 물론이다. 태조는 승려들의 신분증명서인 도첩을 국가에서 발행하는 도첩제를 실

---

[72]『고려사절요』33, 우왕 14년(창왕 즉위년) 12월.

시하여 승려가 증가하는 것을 방지하고 사원을 함부로 짓는 것을 금했다. 즉, 기존의 불교세력은 승인하되 그 이상의 확대를 금했던 것이다. 그러나 태종은 가혹한 탄압을 가하여 전국에 242개 사원만을 남겨 두고 그 외의 사원은 폐지하였으며, 동시에 거기에 소속된 토지와 노비를 관청에 몰수하였다(태종 6년, 1406). 이것은 불교계의 재기를 불가능하게 할 정도로 큰 타격을 가한 것이었다.

태종의 강압 이래로 기를 펴지 못하던 불교는 세종과 세조의 개인적인 신앙을 얻게 되었다. 세종은 유신들의 반대를 무릅쓰고 궁성 안에 내불당을 짓기도 하였다. 또 세조는 원각사(탑골공원)를 지었고, 간경도감을 두어 불경의 언해를 간행하였다. 이러한 결과 불교는 다시 활기를 띠어 사찰의 재흥과 승려의 증가도 상당히 있었던 것 같다.

그러나, 성종은 또다시 강력한 억불책을 써서 도첩제를 전폐하고 출가를 일절 금하였다. 더욱이 중종 2년(1507)에는 승과를 폐지하였으니, 이것은 불교와 국가와의 공적인 관계를 끊어버렸다는 것을 의미하는 것이다(『한국사신론』 한글판, pp.222-223).

양반사회가 성립한 이후 불교의 변화에 대하여 설명하고 있다. 양반사회는 유교지상주의를 내세웠으며, 불교에 대한 왕들의 태도는 차이가 있지만 불교와 국가와의 공적 관계를 끊어버리기 위한 추세로 나아갔다고 보았다. 신흥사대부 가운데 이색 계열 인물들은 성리학을 수용하면서도 불교의 기능을 인정하는 태도를 보인 반면, 윤소종·정도전 등 이성계 일파는 불교를 이단으로 규정하고 국가적, 사회적 기능을 없애려 하였다. 조선 개창 이후에도 서로 다른 인식의 흐름이 여전히 유지되었지만, 결국 대세는 불교의 국가와의 공적 기능을 끊어버리는 방향으로 흘러갔다.

태조 이성계는 불교 폐단을 일부 제거하려는 태도를 보였지만, 호불 입장을 유지하면서 왕실 사찰을 창건하고 불교 의례를 행하였다. 이에 비해 태종은 태조의 호불에 대한 일정 부분은 인정하였지만, 자신은 불교를 배척하는 입장을 분명히 하였다. 태종 이방원은 아버지 이성계의 후광은 입었겠지만, 과거를 통해 새로이 중앙 정계에 진출한 유학자 신흥사대부로서의 성향을 띤 인물이라 할 수 있다. 그는 왕위에 오름으로써 성리학에 바탕을 둔 통치이념과 정치 운영을 모색하면서, 왕권을 강화하고 중앙집권체제를 정비하기 위해 노력하였다. 그러한 태종의 집권은 사원 세력에 대한 강력한 억제를 가져왔다.

세종 역시 성리학에 바탕을 둔 정치 운영을 기본으로 삼고, 불교 종파를 선·교 양종으로 통합하고 사찰을 혁파, 정비하였다. 그렇지만 태조를 비롯한 왕실의 호불 형태를 계승하는 입장을 보이면서 유학자 관료들과 대립하는 모습을 낳기도 하였다. 세종의 개인적인 호불 행위는 후반기에 이르러 더 심해지는데, 이는 형 효령대군의 행동, 왕자와 왕비의 죽음 등 가족과 관계가 있는 것으로 이해되기도 한다. 물론 왕실의 안정과 권위를 확보하기 위한 노력의 일환으로 보기도 한다.[73] 이러한 조선 초기 모습들은 조선의 불교에 대한 정책을 숭유억불이라는 대립적 관점에서 보기보다는 국가 체제, 제도 정비 차원에서 보자는 견해를 낳기도 하였다.[74]

---

[73] 이봉춘은 숭불 군주의 존재를 개인의 성향, 왕실 불교 세력과의 관계 및 영향, 불교를 통한 왕권 강화 등의 요인에서 비롯한 것이라 보았다(앞의 책, pp.381-384).
[74] 손성필, 「조선시대 불교정책의 실제-승정체제, 사찰, 승도에 대한 정책의 성격과 변천-」, 『한국문화』 83, 2018, pp.190-191. 손성필은, 조선 초기의 종단 통폐합, 사원전 환수 등은 승정체제를 대상으로 국가체제 개혁, 지방에 널리 분포했던 사찰은 지방 통치체제, 인구의 상당수를 차지했던 승도는 국역체제 관점에서 재해석되어야 할 것이라 하였다. 승정체제, 사찰, 승도를 대상으로 한 불교정책은 현실적 목적에 따라 시행되었으며, 조선 정치와 사회의 시기별 변화에 따라 불교정책의 성격도 변화하였다고 하였다. 양혜원은, 조선 개창을 중심에 두고 형성된 유불의 이항 대립적 틀은 조선 정치 세력의 성격을 강렬하게 부각시키기 위한

그렇지만, 세종대 성균관 생원들을 중심으로 한 척불 집단 상소를 보면, 불교가 국가적 기능을 담당하는 데에 강력히 반대하고 있음을 엿볼 수 있다. 특히 군주를 성학의 가르침에 있어 모범으로 삼고, 성인(聖人)으로 상징화하고 있다. 그러한 군주가 불교 세력을 인정하고 호불 태도를 보인다면 성인으로서 자질이 없는 것이라 주창한다. 성리학을 바탕에 둔 유생과 관료들이 비록 불교를 완전히 단절하고 있지는 못하지만, 적어도 불교가 공적인 역할과 기능을 담당하는 것을 배제하기 위한 노력은 지속하고 있다. 성리학을 공부하는 저변인 유생들과 관료들이 중앙과 지방에서 불교를 이단으로 여겨 배척하고 불교 의식을 억지하여 나가는 사회로 전환하고 있다. 『한국사신론』에 서술한 성리학 수용과 불교의 쇠퇴는 바로 사회 주도세력의 변화와 서로 연계되는 사상적 전환을 보여주는 것이다.

다음으로, 이성계 집권과 신흥사대부에 대하여 「신흥사대부의 등장」에서 어떻게 다루고 있나 살펴보자. 제3절 '조선왕조의 성립'이라는 제목 아래 이성계가 무인세력으로 등장하는 과정, 외교 정책을 둘러싸고 최영과의 대립, 그리고 위화도회군으로 우왕과 최영을 축출하고 정치 실권을 장악하는 과정을 기술하고 있다.[75] 이후 이성계와 조준·정도전 등 그 일파가 전제개혁을 실시하는데, 신흥사대부들에 의해 주장되면서도 실천에 옮겨지지 못하던 것이 단행되었다 하였다. 이색 등 온건 개혁파의 반대가 있기는 하였지만, 전제개혁을 신흥사대부에 의한 경제적인

다소 편의적인 도식이라고 하였다(「도승제 강화의 역사적 의의」, 『고려에서 조선으로』, 역사비평사, 2019, p.412). 그렇지만 신흥사대부의 성리학 수용과 이념화는 통치체제와 사회질서는 성리학의 명분에 맞게, 불교에 대해서는 실적 폐단 제거는 물론 사상과 종교로서 기능을 배척하는 방향으로 나아가게 하였다.
75 『한국사신론』 한글판, pp.184-187.

면에서의 구질서의 파괴요 신질서의 수립이라 보았다. 경제적 실권까지 손아귀에 넣은 이성계 일파에게 고려 대신 새 왕조를 건설하기 위해 이제 남은 것은 절차뿐이었으며, 그 과정에 정몽주와 같은 유력한 반대자가 남아 있었다는 점을 들고 있다.

「신흥사대부의 등장」에서 조선 왕조의 성립은 신흥사대부의 영수가 된 이성계를 중심으로 정도전·조준 등 이성계 일파 신흥사대부가 정치적으로 주도권을 쥐면서 이루어진 것이라 하였다. 고려가 무너지고 조선 왕조로 넘어가는 과정에서 그 같은 신흥사대부의 추이는 많은 관심을 끌었다. 특히 공민왕대 성균관을 중심으로 엮어진 이색을 중심으로 한 성리학 수용 과거 급제 관료들과 다른 문신 관료들에 대하여 주목하였다. 그리고 우왕과 창왕을 거쳐 공양왕대에 이르기까지 그들의 향방을 통해 조선 건국을 이해하고자 하는 연구가 다수 이루어졌다. 그러면서 신흥사대부 대신 신흥유신이라는 용어가 대체로 많이 사용되기도 하였다.[76]

이기백은 『한국사신론』에서 여전히 신흥사대부라는 용어를 사용하고 있다. 다만 신흥사대부 내에서 정치적으로 분화한 집단에 대하여 전제개혁과 관련하여 '온건 개혁파'라는 표현을 사용하였다. 온건 개혁파

---

[76] 신흥사대부의 출자와 개념 그리고 신흥유신의 개념과 활동에 대한 정리는 다음을 참조.
박재우, 「고려말 정치상황과 신흥유신」, 『역사와 현실』 15, 1995.
이익주, 「고려말 신흥유신의 성장과 조선 건국」, 『역사와 현실』 29, 1998.
이익주는 신흥유신은 고려 후기에 성리학자로서 과거에 급제한 관료들을 가리키는 것으로, 사회경제적 기반을 기준으로 구분되는 세족과 사대부를 모두 포함한다 하였다. 신흥유신이 주도하는 개혁의 흐름 속에서 신흥유신 가운데 사대부들의 정치적 성장이 가능했고, 전제개혁 당시 독자적 세력으로 성장하였다 한다(p.16). 이익주는 신흥사대부에 대한 비판적 견해를 수용하여 신흥유신이라는 용어를 사용하면서도 신흥유신 안에 신흥사대부를 설정하고 있다.

에 대비하여 전제개혁을 단행하였던 정도전, 조준 등 이성계 일파를 굳이 '급진 개혁파'라고 칭하지는 않았다. 제도 변화나 왕조 교체에 대한 태도를 가지고 온건과 급진을 구분하는 것은 그 기준이 일정하거나 명확하다고만 할 수는 없다. 그렇기에 성리학에 대한 이해와 실천 방식, 통치체제에 대한 인식 등을 기준으로 구법파와 신법파로, 개선론과 개혁론으로 신흥사대부를 구분하기도 하고 있다.[77]

그런데 위화도회군 이후부터 조선 건국 시점까지 정국의 갈등과 대립 과정은 단지 신흥사대부내의 분기와 변화만으로는 모두를 살펴볼 수 없다. 이성계를 중심으로 결집한 신흥사대부에는 적어도 몇 개의 집단이 포함되어 있으며, 그 역할이나 밀착에 있어서도 차이가 있다. 다만, 여기에서는 앞에서 살펴본 척불론 내용과 연관하여 이성계 집권에 신흥사대부의 어떠한 인식이 작용하였나 보기로 하겠다. 척불론은 불교를 숭상하는 공양왕은 왕으로서 자격이 없을 뿐 아니라 고려 왕조를 존속시킬 명분도 사라지게 할 것이라는 의도를 담고 있었다. 결국 신흥사대부로서 척불론에 찬성하는 이들이 이성계 집권을 조선 건국으로 이어지게 하는 매개 역할을 하였을 것이다.

박초 등의 척불 상소에는 불교를 이단으로 여기고 배척한 중국의 한유에서 주자에 이르는 이들을 군자君子라 하였고, 불교를 옹호하는 왕안석 같은 이를 소인小人이라 하였다. 그들은 정도전을 군자라고 보았다. 불교를 옹호한 김전과 같은 이는 소인이라 하였다. 그러면서 공양왕은 군자의 의견을 따를 것이냐 아니면 소인의 의견을 따를 것이냐 묻고 있다. 성균 생원 박초 등이 척불을 주장하면서 군자와 소인을 거론한 것은

---

[77] 도현철, 『고려말 사대부의 정치사상 연구』, 일조각, 1999 및 「이색과 정도전—성리학의 개선론과 개혁론」, 『한국사 시민강좌』 35, 2004.

성리학의 군자·소인론을 인용한 것으로, 이성계 일파 신흥사대부의 영향을 받은 것으로 여겨진다.

군자·소인을 구분하려는 인식은 이성계 일파 신흥사대부 가운데서도 윤소종에게서 잘 드러난다. 공민왕 15년(1366), 신돈 세력인 응양군 상호군 김원명이, '도시를 가로질러서 도랑을 파면 무武가 성하고 문文이 쇠한다'는 술사의 말을 듣고 도랑을 파는 일이 발생했다. 사관이었던 윤소종은, 무신난 이후 무인들이 정권을 장악한 이래 유학자 관료들이 지금도 얼마 남지 않았는데 또 누르려하니 마치 소인이 군자를 해치고자 하는 것이니 통탄하지 않을 수 없다 하였다.[78] 또한 신돈이 권력을 잡은 후 현인이 물러나고, 소인들이 아첨하고 대간들이 입을 닫아 법이 해이하여졌음을 비판하였다.[79] 공민왕 말기 김흥경, 김사행 등 왕의 측근이 정권을 장악하였을 때 그들을 소인이라 일컬었다.[80] 공양왕 2년 윤소종은 시중 이성계가 군자와 소인의 진퇴를 잘 하지 못하여, 결국 소인들이 정국을 혼란에 빠뜨리고 있다고 말했다.

윤소종은 공민왕대 신돈에 기대어 권력을 사적으로 이용하던 불교와 결탁한 관료, 왕의 측근으로서 사적인 권력을 남용하던 척신을 소인으로 여겼다. 이후 공양왕대 우왕과 창왕을 옹호하며 이성계를 해하려 하던 김저 사건 관련자 우현보, 변안렬, 이림 등을 소인으로 지목하였다.[81] 윤소종이 소인으로 여겼던 인물들은 왕의 신망을 빙자하여 사사로운 권력을 휘두르며 정국의 혼란을 야기했던 이들이다. 특히 공양왕대 윤소종이 소인으로 지목한 이들은 이성계 일파의 정책과 정치적 행보에 걸

---

78 『고려사절요』 28, 공민왕 15년 4월.
79 『고려사절요』 28, 공민왕 15년 5월.
80 『고려사』 120, 열전 33 윤소종 전, 『고려사절요』 29, 공민왕 22년 5월.
81 도현철, 「고려말 윤소종의 현실인식과 정치활동」, pp.29-30.

림돌이 되었으며, 우왕대 권력을 남용하고 당파를 형성하였던 이들이다.

윤소종은 공양왕 때 용담현 현령 최자비가 향교를 다시 세우고 학생들에게 성리학을 공부하게 하자 시를 지어 기뻐하였다.[82] 공민왕대 소인들이 횡행하여 유학 교육이 황폐화되었는데, 성인이 나타나 다시 교육을 부흥하게 하고 현령이 그에 따랐다고 하였다. 공민왕 말기 성리학을 배우고자 하는 열기가 식고, 성리학이 핍박받는 상황을 만든 이들을 소인이라 칭하였다. 소인에게 음해당한 군자는 유학, 성리학을 공부한 학자 관료로서 정도를 추구하는 사람, 잘못된 것을 바로잡고 정치를 바르게 행하려 하는 이들이었다. 특히 윤소종이 성인이라 지칭한 인물은 이성계가 아닌가 여겨진다. 지방의 학교 교육을 강화하한 것은 이성계 일파 신흥사대부였고, 그것은 이성계의 집권으로 가능했기 때문이다.

윤소종이 보인 군자, 소인에 대한 인식은 박초 등 성균관 유생의 척불 상소에 고스란히 담겨 있다고 하겠다.[83] 위화도회군 이후 이성계 일

---

82 『신증동국여지승람』 39, 용담현 학교, 윤소종의 시.
83 군자·소인에 관한 박초 등의 논의는 척불을 기준으로 하고 있는데, 이는 진덕수의 『대학연의』에 주자를 군자로, 왕안석을 소인으로 본 군자·소인론을 따른 것이었다고 볼 수 있다(도현철, 「남송·원 주자학자의 왕안석 인식과 고려말 사대부」, 『동방학지』 116, 2002, p.61). 그런데 정도전은 자신이 선배인 이색을 비판한 것을 주자가 이단을 옹호한 선배 소식을 비판한 사실을 들어 정당화 하였다(도현철, 「고려말기 사대부의 불교 인식과 대응」, 『역사와 현실』 20, 1996, pp.184-186). 박초 등이 정도전의 영향을 받았으며, 정도전을 군자로 여겼을 것이라 짐작할 수 있다. 그렇지만, 『대학연의』를 가학으로 전승하여 중요시 여기던 이가 윤소종이었던 사실로 보아 군자·소인론에 관한 적용은 윤소종에게서 비롯한 것이며, 정도전도 이성계 일파에 속하면서 그의 영향을 받았을 것이라 보아도 무방할 것이다. 그런데, 도현철은 이색의 군자관은 군자와 소인을 대립적으로 파악하기보다는 단계적, 계기적인 수양론의 위계로 설정한 것이며, 정도전 계열 유학자는 주자와 진덕수의 군자·소인론을 받아들여 유교를 정통·정학으로 불교를 이단·사설로 규정하였다고 하였다(『목은 이색의 정치사상 연구』, 혜안, 2011,

파의 신흥사대부들은 정국의 방향을 바꿀만한 몇 가지 변곡점을 맞는다. 우왕, 창왕의 폐위와 공양왕 추대, 과전법의 시행, 군 지휘체계 확립, 척불론을 통한 왕조 정통성 부정 등을 꼽을 수 있다. 이는 왕과 권력의 핵심을 차지하고 있던 권신들이 추구한 구질서를 혁파하고 이성계를 축으로 한 신흥사대부들의 이해와 인식을 반영하는 신질서를 수립하려는 과정이었다. 이 과정에 이성계 일파 신흥사대부의 눈에 보인 구질서는 공공성을 담보하지 않는 왕과 측근 재상들에 의한 사적인 정국 운영, 불법적이고 탐욕적인 사전 확대, 무인세력의 성리학 기반 정치 인식 부재, 불교를 통한 왕조 정통성 유지 등의 모습이었다. 조준, 윤소종, 정도전 등이 주축이 되어 전개한 이성계 세력의 정국 운영 방식과 제도 개편은 그 같은 구질서를 유지하고자 하는 세력들을 배제함으로써 가능한 것들이었다. 배제하는 방식은 이성계 세력을 저해하는 사건에 연루되었거나, 이성계 일파의 제도 개편에 반대하거나, 정국 운영 방식에 불만을 품은 인물들을 군자를 해치는 소인으로 지목하는 것이다.

　이성계 일파 신흥사대부들은 정치권력의 구도상 다수를 차지하는 것이 아니었음에도 불구하고 대간과 언로를 통해 공적인 명분을 확보하면서 정국의 방향을 이끌어 갔다. 물론 이성계의 군사력은 가장 강력한 배경으로 작용하였다. 그리고 지속적인 신흥사대부의 중앙 진출과 향촌에서 지위 상승도 지지 기반을 넓히는데 도움이 되었을 것이다. 그들은 통치 방식으로 선택적 권력 형태를 추구하였다. 신흥사대부의 주도권을 확보하는데 그들이 제시한 질서를 공적으로 정립시키고, 이를 따르고 선택하도록 하였다. 선택하지 않는 이들은 소인으로 폄하되며, 결국 권

....
　p.160). 다만, 정도전이 정치사상 측면에서 이색 계열과는 다른 견해를 수용하고, 정치적으로 표명, 적용해나가는 과정에 대하여는 검토할 필요가 있다.

력에서 배제되었다. 신흥사대부의 범주에 속하지만 이색 계열의 성리학자 관료들이 위화도회군 이후 정계에서 점차 배제된 것도 이성계 일파 신흥사대부의 선택적 권력 형태 구조에서 비롯한 면도 있다.

이성계 개인으로 보면, 불교에 대하여 우호적이었다. 이색은 물론 이색 계열 신흥사대부와도 어느 정도 유대를 맺고 있었다. 이색을 비롯한 이색 계열 신흥사대부들은 불교에 대하여 어느 정도 수용적인 태도를 보이고 있었으며, 구질서를 유지하고자 하는 세력과도 일정한 교류를 하고 있었다. 정국 운영이나 통치 방식에 있어 포용적 권력 형태를 추구하는 성향이 있었다. 신흥사대부의 정치적 기반과 사회적 연결망을 넓히고자 했지만 군자, 소인과 같은 구분으로 선택을 요구하기보다는 융합하고 공존하는 방식을 취했다. 이성계도 그 행보는 포용적 권력 형태를 보인다. 이성계 일파 신흥사대부의 신 왕조 개창이 여러 단계를 걸쳐 이루어진 데에는 이성계의 태도에도 원인이 있다고 하겠다.

다음으로 신흥사대부의 개념, 시기구분의 측면에서 「신흥사대부의 등장」을 살펴보겠다.

무인정권에 의해 귀족정치가 붕괴된 이후에 새롭게 등장한 관료층이 있는데, 그들은 학문적 교양 뿐 아니라 정치적 실무 능력에도 능한 사대부 즉 학자적 관료들이었다. 이러한 학자적 관료인 사대부는 무인정권이 타도된 이후에 더욱 활발히 정치적인 진출을 하였다. 이들은 음서보다는 학문적 실력을 바탕으로 과거를 통해 정치적 진출 하는 것이 보통이었다. 그러나 때로 군공 등으로 첨설직 받아 품관이 됨으로써 신분적 상승을 하는 자들도 있었는데 이들은 보통 한량이라고 불리었다.

사대부들은 중앙관부의 이직자들 중에서도 나왔지만 지방의 향리들 중에서 많이 나왔다. 향리 출신의 사대부는 자기의 출신지에 소규모의 농장을 가지고 있는 중소지주거나 자영농민이었다. 이들은 자기의 성실한 노력으로써 토지를 개간하거나 혹은 매입하여 농장을 가지게 된

자들이었다(『한국사신론』 한글판, p.182).

「신흥사대부의 등장」에서 기술한 신흥사대부의 모습은 대략 다음과 같다. 무인정권 이후 새롭게 등장한 관료층으로 학문과 실무 능력을 가진 학자적 관료가 사대부이며, 이들은 주로 과거를 통해서 정치적 진출을 하였다고 하였다. 이러한 사대부는 향리 중에서 많이 나왔으며, 향리 출신 사대부는 자기의 출신지에 소규모 농장을 갖고 있는 중소지주이거나 자영농민으로서 부재지주인 권문세족과는 성격이 달랐다. 이들은 권문세족을 경멸하였으며, 중앙 정치 무대로 진출하여도 여전히 자신의 출신지와 밀접한 연관을 맺었다. 재향지주 출신 사대부의 진출은 드디어 고려의 정치적 대세를 변화시켜 나갔다.

『한국사신론』의 이러한 사대부에 대한 설명은 무인정권 이후부터 조선 개창 시점까지 시기를 신흥사대부가 정치·사회를 주도해 나가는 시대, 즉 신흥사대부 사회로 일반화하는데 큰 역할을 하였다.[84] 이기백은 이 시기에 역사의 주도권을 쥐고 있던 사회적 지배세력, 즉 주도세력인 신흥사대부가 변화를 이끌어 새로운 사회를 만들어갔다고 보고 있다.[85]

---

84 이우성이 고려 후기 사회를 향리 출신 사대부의 등장을 통해 살펴본 이후, 이기백은 『한국사신론』에서 이를 고려 후기 사회를 주도하는 새로운 세력으로 설정함으로써 신흥사대부론은 대세로 굳어졌다. 이기백이 사대부를 새로운 세력으로 설정하게 된 과정과 의미에 대하는, 정두희, 「조선전기 지배세력의 형성과 변천」, 『한국사회발전사론』, 일조각, 1992와 김인호, 「고려말 사대부 개념의 역사성과 정치적 분화에 대한 논의」, 『한국사상사학』 64, 2020를 참고하였다. 정두희는 양반사회 성립과 연관하여 신흥사대부 사회의 의미를 밝혀 보았으며(pp.91-97), 김인호는 이기백이 어떠한 과정을 거쳐 사대부를 새로운 사회 주도 세력으로 설정하였는가를 검토하였다(pp.3-11). 연구사적으로 신흥사대부에 대한 이해와 변화에 대하여 정리된 글로 이익주, 「고려 말의 정치사회적 혼돈과 신흥사대부의 성장」, 『한국사 시민강좌』 35, 2004를 참고할 수 있다.

결국 이들이 변화를 주도하여 나간다는 데에 중요한 관점이 있으며, 그 변화는 사회, 정치, 경제, 문화 등 여러 분야가 연계되어 함께 고려되어야만 전체적인 모습이 그려질 수 있다고 하였다. 그러므로 「신흥사대부의 등장」에서 사회세력으로서 신흥사대부를 설정하고, 이들이 어떻게 등장하고 정치적으로 활동하는가, 사회 전반에 걸쳐 어떠한 변화를 가져왔는가를 주목하였다고 하겠다.[86]

그런데 신흥사대부 사회가 통설로 받아들여지고 나서 그에 대한 개념과 범주 등에 대한 비판은 물론, 신흥사대부의 정치세력 규정 및 사회 변동 주도 등을 둘러싸고 다양한 견해가 제기되었다. 특히, 당시 사대부는 천계 출신 관료 등의 등장에 맞서 자신들은 사족 출신 관료임을 나타내는 개념으로 쓰여졌다는 견해는 사회 주도세력으로서 신흥사대부의 등장을 재검토하게 하였다. 「신흥사대부의 등장」에서 받아들여진 사대부 개념은 역사적인 사실이 아니며, 신흥사대부에 대비되는 권문세족의 개념도 역시 그러하다는 것이다.[87] 물론 이에 대해 사대부가 역사적인

---

85 이기백, 「한국사의 진실을 찾아서」, 『한국사 시민강좌』 35, 2004, p.235.
86 김수태는 이기백의 시대구분은 시대가 담고 있는 사회를 전체적으로 복원하는 것으로 사회의 여러 분야가 서로 유기적인 관계로 제대로 연결될 수 있는가, 그리고 그렇게 구분된 시대마다 각기 다르게 담고 있는 사회들이 서로 인과적인 관계로 연결될 수 있는가 하는 문제라고 하였다. 이는 시대(사회) 내부의 횡적 연결의 유기성 여부, 그리고 전후 시대(사회)의 종적 연결의 인과성 여부라고 말할 수 있다고 하였다(「이기백의 한국사 시대구분론―분류사 연구를 중심으로」, 『한국사학사학보』 31, 2015, pp.200-201).
87 김당택, 「충렬왕의 복위 과정을 통해 본 천계 출신 관료와 '사족' 출신 관료의 정치적 갈등―'사대부'의 개념에 대한 검토」, 『동아연구』 17, 1989 ; 「충선왕 즉위교서에 보이는 '재상지종'에 대하여―소위 '권문세족'의 구성분자와 관련하여―」, 『역사학보』 131, 1991을 통하여 기존의 사대부와 권문세족에 대한 개념을 비판하였으며, 원 간섭 이후 고려말까지의 지배세력을 권문사족과 사대부로 양분하는 것에 대하여 재검토가 필요하다고 하였다. 이러한 견해는 원 간섭

용어이나, 역사학적으로 정의되어 그 시기를 설명해주는 용어로 사용될 수 있다는 견해도 제시되었다.

신흥사대부의 범주를 더 분명히 하기 위하여 성리학을 초기에 수용하였던 인물들에 대한 분석을 통해 향리 출신, 중소지주에 해당하는 인물들이 다수였음을 밝히기도 하였다.[88] 또한, 신흥사대부가 성리학을 통한 경세 의식의 측면을 정치적으로 어떻게 반영하는가를 봄으로써 그 성격을 부여하기도 하였다.[89] 한편, 과거에 급제한 성리학자 관료들을 신흥유신으로 지칭하고 신흥사대부를 대신하는 용어로 사용하기도 하였다. 신흥사대부의 개념과 범주의 명확하지 못한 부분을 보완하기 위해 많은 연구가 진행되었다. 그럼에도 신흥사대부가 새로운 사회 변동을 이끌어낸 세력인가, 과연 새로운 사회 발전·변동은 있었는가에 대한 회의는 여전히 지속되고 있다.[90]

「신흥사대부의 등장」은 무인정권 이후 등장한 신흥사대부가 조선을 개창하는 과정을 지배층의 확대와 사회 내적 발전을 통한 변화라고 본다. 이성계 일파의 핵심을 구성했던 조준, 윤소종, 정도전 등 신흥사대부가 그 과정을 정치적으로 이끌어 나갔던 것이다. 그럼에도 공민왕 때부

과 이후 시대를 구분해 보아야 하고, 원 간섭기 정치세력은 부원세력과 이에 반대한 세력으로 구분해서 이해해야 한다는 것이다(『원 간섭하의 고려정치사』, 일조각, 1998, pp.206-207).

88 변동명, 『고려후기 성리학 수용 연구』, pp.57-63.
89 김인호, 『고려후기 사대부의 경세론 연구』, pp.269-280.
90 신흥사대부에 대한 기존 연구를 정리, 분석하고, 그 실체, 정치세력 등에 대해 회의적으로 본 견해는 송웅섭, 「지배세력의 변동과 유교화」, 『고려에서 조선으로-여말선초, 단절인가 계승인가』, 역사비평사, 2019, pp.25-31을 참고할 수 있으며, 신흥사대부의 사회 계층성과 정치세력으로서 시선에 대한 새로운 관점을 제기한 글로 김인호, 「고려말 사대부 개념의 역사성과 정치적 분화에 대한 논의」, pp.19-23을 참고할 수 있다.

터 조선 건국에 이르는 시기를 지배층의 확대와 내적 발전을 통한 변혁의 시대에 초점을 두기보다는 문인과 무장세력의 대립이나 원 간섭기 이래 제도 변화 등이 지속되어 온 사회로 보는 견해들이 있다.[91] 조선 건국을 단순히 왕조 교체로 이해하고, 고려와 조선은 지배계층이나 제도 측면에서 연속적인 사회였다고 보는 것이다.

공민왕대 이후 조선이 건국하기까지 중앙 정국의 흐름을 정치체제 및 권력에 대한 접근성으로 국한하여 보면 문인 관료와 무장세력 간에 벌어진 대립, 갈등 과정이라 할 수도 있다.[92] 공민왕대 반원정책과 왕권 강화 과정에서 문반과 무인들 사이 대립에 의해 정국 운영이 결정되는 국면이 나타나고, 우왕대에는 무장세력과 일부 재상들이 권력을 장악하여 문인 관료의 입지가 좁아졌다. 이러한 상황을 타개하기 위해 이성계 일파 문인 관료들이 이성계 군사력을 업고 무장세력을 비롯한 구세력을 제거하고 조선을 개창하였다. 문무의 대립으로 당시 정국을 바라본 것이다. 비록 신흥사대부들이 무장세력과 소수 재상들의 사적인 권력화에 반발하고 있지만, 고려말 상황을 문무의 갈등으로 한정해 보는 것은 지나치게 정치 국면에 초점을 두기 때문이 아닐까 한다.

한편, 제도나 사상 측면에서 원 간섭기부터 조선 초기까지 연속성만을 강조하는 입장에서 보면 신흥사대부의 사회 주도세력으로서 성장, 활동은 부각될 수 없다. 결국 고려 후기 사회와 조선 전기 사회를 지속

---

91 이러한 상반된 견해를 비롯해 향후 전망까지를 정리한 글로, 민현구,「고려에서 조선으로의 왕조 교체를 어떻게 평가할 것인가」,『한국사 시민강좌』40, 일조각, 2007, pp.133-140을 참고할 수 있으며, 고려 후기와 조선 초기를 과거와 단절 혹 미래로의 발전이라는 관점에서만 아니라 연속과 계승의 관점에서 바라보고 역사적 의미에 대한 해석을 확대하려는 노력에 대하여 정요근,『고려에서 조선으로─여말선초, 단절인가 계승인가』, 역사비평사, 2019, pp.8-19를 참고할 수 있다.
92 김당택,『이성계와 조준·정도전의 조선왕조 개창』, pp.11-24, 345-359.

적인 사회로 보게 되고, 시기구분의 기준에 일정한 원칙이나 의미도 달리 생각하게 한다.[93] 즉,「신흥사대부의 등장」에서 다루었던 과전법을 통한 전제개혁, 정치제도나 운영, 성리학의 발전과 불교 배척 등은 물론이거니와 향리 출신 향촌세력의 성장이나 지방제도의 개편 등이 신흥사대부의 주도 아래 이루어진 변화라는 측면보다는 원 간섭기 이후 지속적으로 진행되어온 과정으로 나타났을 뿐이라는 입장에 서게 된다.[94] 비록 원과의 관계에서 비롯한 변화를 부인할 수 없지만, 사회 주도세력과 정치세력의 추이를 연계하여 살펴야 할 부분이다.

    신흥사대부의 불교 배척이라는 관점에서 이러한 견해들에 대해 들여다보자. 성리학을 수용했던 신흥사대부들이 불교를 배척하고 유학을 이념으로 하는 조선을 건국하였지만, 불교는 여전히 사대부들의 생활에 영향을 미치고 있으며 사회적 기능을 유지하고 있었다.[95] 사찰이나 승려의 폐단을 막으려는 정책이 시행되고 있지만, 불교가 사회에 여전히 영향을 미치고 있었다는 점에서 신흥사대부의 척불정책은 제대로 실행되지 못했다고 본 것이다. 하지만, 불교의 공적인 기능을 제거하려는 노력

---

[93] 정요근 외,『고려에서 조선으로— 여말선초, 단절인가 계승인가』, 역사비평사, 2019.
[94] 정요근은『고려에서 조선으로— 여말선초, 단절인가 계승인가』에 대한 의미를 설명하면서, 조선왕조 개창이 시기구분의 중요한 기점이라는 통념을 부정하고 고려의 몽골 복속이 변동의 중요한 계기가 되었으며, 몽골 복속으로부터 15세기 말-16세기 전반에 이르는 기간을 동일한 시기로 보아야 한다는 견해가 제기되었다고 하였다(p.17).
[95] 김용태는 적어도 15세기까지는 왕실과 일반민은 물론 일부 사대부 계층에게도 불교가 중요한 관습이자 오랜 전통으로 이어졌으며, 조선 개창 후 숭유억불의 단절론적 지향과 시대적 변화에도 불구하고 불교사상과 신앙의 영역에서는 연속의 측면에서 방점을 찍는 편이 좀 더 설득력 있다고 판단된다고 하였다(「조선 불교, 단절인가 연속인가?」,『고려에서 조선으로— 여말선초, 단절인가 계승인가』, pp.404-405).

이 바로 효과를 내지 못했다고 하여 변화보다는 연속성의 입장에서 사상을 재단할 수는 없다. 또한 조선 개창 이후 태조 이성계는 불교 행사와 사찰 건립에 적극적이었으며, 호불 성향을 보였다는 점도 척불론의 한계를 보여준다고 한다. 태조를 비롯한 조선 초기 왕들은 개인적으로 불교를 숭상하는 태도를 보이기도 한다. 하지만 조선의 지배층 관료와 성균관 유생들은 불교가 왕실과 국가에서 공적인 영향을 미치는 것에 대하여 반대하였으며, 마침내 불교와 국가의 공적 관계를 끊게 되었다.

또한, 이성계 세력에 의한 정국 운영 방식과 조선 건국에 반대했던 인물들이 다시 정계에 복귀하였다는 점에서 신흥사대부에 의한 지배층의 확대, 변화가 아니라 정치적 대립에 지나지 않았다는 시각도 있다. 지배층의 변화가 없었다는 것이다.[96] 그러나 이러한 점은 통치체제를 운영하는데 있어서 나타나는 방식과 신흥사대부 집단의 구성에서 비롯한 것이다. 이성계 일파 신흥사대부가 지향하고자 하는 사회의 방향을 제시하고, 이에 대한 선택을 요구하는 신대직 권력 형태는 변화를 명확하고 빠르게 진행하는 효율적인 방법이었다. 그들은 이러한 방법을 통해 조선 왕조를 개창하고 사회 변동을 가져왔다. 하지만 그러한 권력 형태는 왕조를 지속하고 왕권을 유지하기 위해 반대편에 섰던 세력을 포용하는 권력 형태 운영을 필요로 하기도 한다.

태조나 태종대에 이성계 일파 신흥사대부에 비우호적이었던 이색 계열 신흥사대부를 비롯한 반 이성계 세력으로 축출되었던 이들 가운데 일부가 정계에 다시 복귀할 수 있었던 것은 포용적 권력 형태가 작동됨으로써 가능했다. 그러므로 지배층의 변화가 없었다거나 고려 후기 지

---

96 김당택은 고려에서 조선으로 변환은 지배층의 변화가 없는 동질적인 성격이 강한 사회였다고 보았다(『이성계와 조준·정도전의 조선왕조 개창』, p.359).

배세력이 여전히 조선 왕조에도 유지되었다는 것은 개개인의 상황을 집단화시키는 한계를 보여주는 것이다. 고려 후기 사회가 신흥사대부라는 사회계층이 주도세력으로 등장하여 정치적 성장을 통해 정국을 주도하였다는 관점에서 보면, 그러한 현상은 신흥사대부 계층 안에서의 권력구조 운영 방식에서 비롯한 상황이다.

이성계 일파 신흥사대부가 성리학을 수용하고 불교를 배척하면서 정치적인 갈등을 고조시켰던 것은 정치적인 정쟁이 목적이 아니라 통치이념을 변화시켜 새로운 사회질서를 수립하고자 하는 의도였다. 그리고 조선 건국 이후 세종 때에 성균관 유생들이 집단으로 척불을 주장한 것은 왕의 행동은 모든 백성에게 성리학에 바탕을 둔 새로운 교화의 모범이어야 한다는 인식에서 비롯하였다. 왕을 통해 성리학에 바탕을 둔 이상사회가 실현되기를 바랐던 것이다. 이는 향촌에 기반을 둔 신흥사대부가 점차 확대되고 정치적 진출이 활발해지면서, 변화의 동력이 지속적으로 뒷받침되었기에 가능했다고 하겠다.

4. 맺는말

공양왕 3년(1391) 4월 공양왕이 내린 구언 교지는 거의 3개월에 걸쳐 상소를 통한 척불 논쟁을 불러일으켰으며, 성균관 생원 박초 등의 집단 척불 상소도 그 가운데 하나다. 성균관 대사성을 겸하고 있었던 정도전은 척불 상소의 중심에 있으며, 박초 등의 상소에도 직접적인 영향을 주었다고 여겨진다. 하지만 정도전의 행동은 숭불이냐 척불이냐 하는 사상, 이념 논쟁보다는 이색과 우현보 등 이성계 반대세력의 제거를 둘러싼 갈등 국면으로 정국을 몰아갔다. 그 과정에서 정도전은 이성계 일파 신흥사대부의 가장 핵심적 인물로 정국을 주도하였지만, 그 해 9월에 유배에 처해졌다. 그리고 다음 해 4월 정몽주와 대간의 이성계 일파에 대한 탄핵, 그리고 정몽주 살해, 이성계 일파의 정권 장악, 7월 왕조 개창으로 이어진다. 척불 논쟁을 정도전을 중심으로 논의할 수밖에 없는 정치적 상황이 전개된 것이다.

하지만, 박초 등의 척불 상소문을 비롯한 이전의 척불 상소문의 내용을 보면, 이성계 일파의 일원이었던 윤소종의 척불 주장과 군자·소인론에 근거한 정치체제 운영론이 영향을 주었다고 여겨진다. 당시 윤소종은 금산으로 추방되어 있었지만, 위화도회군 이후 성균관 대사성을 맡았으며 조준의 사전 혁파 등 각종 개혁안에 깊이 관여하였다. 윤소종은 공민왕대의 승려와 무인 세력의 정치 개입은 물론 왕의 측근 인물에 의한 정치 운영 등에 부정적 인식을 가지고 있었다. 그는 무인정권기 활동한 문인 최자, 그의 조부 윤택 등으로부터 직간접으로 영향을 받았으며, 척불에 있어 당시 이색 계열 신흥사대부와는 다른 견해를 분명히 하고 있었다. 이러한 윤소종의 정치체제 운영과 척불에 대한 인식은 『대학연의』 군자론에 영향을 받은 것이며, 결국 숭불과 소인을 통해 정치체제를 유지하는 공양왕과 고려 왕실에 대한 존폐를 거론하게 하였을 것이다. 윤소종의 인식이 박초 등의 척불 상소에 고스란히 드러난다고 할 수 있다.

이성계 일파 신흥사대부가 중심이 되어 유교를 국가 이념으로 하는 조선이 개창되었지만, 불교의 사회적 영향력과 국가적 기능은 쉽게 없앨 수 있는 것이 아니었다. 성리학을 성학으로 여긴 관료들은 유교 의례를 보급하고 각종 불사 행위를 억압하기 위하여 노력했지만, 여전히 불교는 왕실과 사대부, 일반 백성에 이르기까지 생활 속에 자리하고 있었다. 특히 왕의 입장에 따라 척불 정책은 한계를 지닐 수밖에 없었다. 태종과 세종은 불교의 폐단을 제거하기 위하여 종파, 승려, 토지, 노비 등 사원 세력의 근간을 정비하여 나갔다. 세종은 사원 세력을 억제하고 불교 관련 제도를 정비하였지만, 왕실을 통한 호불 행위를 인정하고 결국 자신도 불교를 더 믿게 되었다. 세종의 호불 행위는 성리학자 관료와 성균관 유생들의 지속적인 반대에도 불구하고 강화되었다.

세종은 재위 동안 흥천사 수리부터 경찬회, 사경, 내불당 설치에 이르는 불사를 진행하였다. 관료와 유학생으로부터 자신이 '성인'이 아니라 '독부'라고 불릴 것을 감수하면서까지 불사를 멈추지 않았다. 세종의 호불 행위에 대하여 성균관 유생들은 물론 4부 학당 학생까지 몇 차례 집단으로 척불 상소를 하였다. 성균관 유생들은 수업을 거부하고 성균관을 비우면서까지 세종의 호불 행위를 저지하고자 했다. 그들은 군주를 유학을 통해 모든 백성과 온 나라를 교화하여 갈 성인으로 설정하고 표징으로 삼았다. 세종 역시 이들에게 성인 군주로 인식되었다. 세종이 호불 행위는 단지 왕실의 전통이며 효를 다하는 것이라고 하였지만, 그러한 주장이 성균관 유생들에게 받아들여질리 없었다. 성리학을 근본으로 이단 불교를 배척하려는 이성계 일파 신흥사대부의 인식은 조선에 들어서 성균관 유생들에게 여전히 계승, 확장되고 있었다.

위와 같은 공양왕과 세종대 성균관 생원들 척불 집단 상소에 드러나는 인식을 『한국사신론』 「신흥사대부의 등장」에 기술된 일부 내용과 연관하여 보았다. 「신흥사대부의 등장」에서는 이단인 불교 배척을 이색을 중심으로 그 폐단만을 비판하는 입장과 정도전을 중심으로 불교의 반사회적 윤리, 불교의식에 대하여 극력 배격하는 입장으로 구분하였다. 이 글에서는 척불론이 숭불을 통해 고려 왕조 정통성을 담보하려는 공민왕과 공양왕을 비판하고 나아가 고려 왕실의 존폐를 거론하는 이성계 일파 신흥사대부의 이념으로 작용하였다고 보았다. 여기에 윤소종의 영향이 컸다고 보았다. 이성계 일파 신흥사대부의 성리학에 바탕을 둔 척불론은 조선에 들어서 왕의 호불 행위를 저지하는 데에 계승되었으며, 양반관료 및 성균관 유생들은 군주를 유학에 바탕을 둔 성인, 군자의 표징으로 삼아 불교를 숭상하는 세종을 비판하였던 것이다. 이러한 지향점을 통해 『한국사신론』 「양반사회의 성립」에서 억불정책이 결국 불교와 국가의 공적인 관계가 끊어지는 방향으로 나아가는 과정으로 기술한 부분과 관련한 일면을 볼 수 있다.

다음으로, 「신흥사대부의 등장」에서 조선 왕조 성립이 신흥사대부의 영수가 된 이성계를 중심으로 정도전, 조준 등 신흥사대부에 의해 이루어졌다고 하였다. 이 글에서는 이성계 일파 신흥사대부가 반대세력들을 제거하는 이념적 명분으로 『대학연의』의 군자·소인론을 적용하였음을 척불론 상소를 통해서 찾아보았다. 척불 상소를 통해 불교를 부정하지 않고 포용하는 인물들을 소인으로 불교를 배척하는 이를 군자로 규정하였다. 소인을 등용하고 숭불을 지향하는 왕은 물론, 자신들의 근거에 입각한 태조 왕건의 불교를 억지하라는 유훈을 따르지 않는 왕조의 정통성마저도 부정하고 있다. 이러한 인식은 윤소종에 의해 이성계 일파 신흥사대부에게 확대되었을 것이다. 비록, 척불 논쟁 과정에 정도전의 이색과 우현보 제거 주장이 정국의 핵심 사안으로 떠올라 당시 정국을 정치적 대립과 갈등으로 보게 하지만, 그 당시는 척불을 명분으로 고려 왕조의 존폐를 논하는 분기점이 되었던 시기였던 것이다.

결론으로, 『한국사신론』 「신흥사대부의 등장」은 무인정권 이후 신흥사대부가 새로이 사회 주도세력으로 등장하여 여러 분야의 변화를 이끌어 가며, 정치적 지배세력으로 성장하여 양반사회를 성립하게 하는 시기를 설정한 것이다. 이와 관련하여 신흥사대부의 개념, 범주, 정치세력의 집단성, 권문세족과 관계, 양반과의 차이, 지배세력의 변동 등 많은 쟁점들이 있어 왔으며, 여전히 고려와 조선 왕조 교체를 단절과 계승의 관점에서 재해석하여 시기구분의 또 다른 기준으로 제시하기도 한다. 그 과정에서 향리층이 주축이 되어 새로운 모습으로 등장한 신흥사대부가 사회 주도세력으로 성장하고 정치적으로 집권하여 갔다는 지배층의 확대와 변동을 기준으로 한 『한국사신론』의 시기구분에 대한 비판도 나타났다.

이 글은 그러한 신흥사대부에 대한 논의나 시기구분에 관하여 살펴보려 한 것은 아니었다. 다만, 척불론에 보이는 일면을 「신흥사대부의 등장」과 연관하여 보고자 함이었다. 이성계 일파 신흥사대부 척불론은 윤소종으로부터 비롯하며, 윤소종의 인식은 멀리는 무인정권 시대 고문을 중시하며 등장한 일부 문인들에게 연결되며, 가까이는 공민왕의 승려 우대와 호불 행위에 대한 비판적 안목에서 정립되었다. 이에 비해 이색 계열 신흥사대부는 성리학을 정통으로 불교를 이단으로 여기고 있으면서도 불교를 포용하는 입장이었다. 이는 원 간섭기 신흥사대부가 정계에 진출하여 정치세력으로 결집하는 과정에서 나타나는 인식의 차이이며, 위화도회군 이후 정국 운영과 고려 왕실에 대한 다른 태도로 나타나게 된다. 신흥사대부 내부의 갈림과 결합이 지배권력 집단의 변화 또는 지속을 보여주기는 하지만, 각 분야에서 변화를 모색하여 나가고 새로운 정치이념과 통치체제를 추구하여가는 사회 변동 모습을 뒤덮을 수는 없다.

또한, 공양왕대 박초 등 성균관 생원의 집단 척불 상소와 세종대 성균관 유생의 집단 척불 상소가 동일한 정치 상황에서 벌어진 것은 아니지만, 신흥사대부가 성리학을 정통으로 불교를 이단시 하여 유교사회를 추구하여 나가려는 의도는 그들이 주도하여 성립한 새로운 사회에서 지속되고 있다. 중앙 권력층과 지배집단의 저변을 형성하는 유학자층의 확대와 공론 형성은 신흥사대부 사회에서 양반사회로 나아가는 모습의

한 면이라 할 수 있을 것이다. 신흥사대부가 진출하는 시기 향촌 사회에서 주도세력의 변화 모습을 구체적으로 살펴보는 것이 더 필요하지만, 사회 변동세력의 주체로서 '신흥사대부'는 여전히 중요한 의미를 갖는다.

제2부
회 고

아버지의 유서

이인성 전 서울대학교 교수·장남

사람은 누구나 자기가 감당해야 할 일정한 책임을 지고 이 세상에 태어나는 것이다. 그러므로 자기의 책임을 성실하게 실행하여 자기가 태어날 때보다 조금이라도 나아지도록 노력해야 할 것이다. 그러나 겸손한 태도로 사람과 사귀며 교만한 마음을 가지지 않기를 바란다.

사람이란 원래 약한 존재이다. 마음 속에 절대자에 대한 믿음을 간직하여 올바른 생활에 흔들림이 없기를 바란다.

비록 내 육신은 떠나더라도 마음은 여전히 살아서 함께할 것이다.

내 무덤 앞의 작은 돌에는 다음과 같은 글을 적어 넣었으면 좋겠다.
민족에 대한 사랑과
진리에 대한 믿음은
둘이 아니라 하나다

2004년 2월 1일
이 기 백

이 짤막한 글은 내 아버지의 유서 전문이다. 그것을 이 자리에 공개하는 까닭은, 어쩌면 이런 식의 유서를 앞으로는 보기 어려울 것 같다는 생각이 들어서다. 하관을 마치고 돌아온 자리에서 어머니가 내민 이 글을 읽었을 때, 그 '언어'는 흡사 다시는 못 볼 광활한 낙조의 풍경처럼 내 앞에서 붉게 가라앉는 것 같았다. 내 머릿속에는 "참 마지막까지 아버지답구나"라는 일종의 경탄과 함께 "저런 삶의 태도는 이제 아버지 세대가 마지막이겠구나"라는 묘한 회한이 착잡하게 얽혀들었었다. 내겐 그 말들 하나하나가 너무 아뜩했다. 내가 떠나온, 혹은 내가 벗어나려 발버둥쳐온 어떤 먼 자리를 상기시키는 그 말들은 그냥 말뿐인 말이 아니기 때문이다. 그건 아버지가 한 생애 동안 온몸으로 살아낸 말들이다. 태어나면서부터 세상에 대한 공적 책임을 지닌다고 전제된 삶, 그 책임을 올바르게 실천해야 한다고 굳건히 믿으며 전개된 삶!

식민지 시대에 태어나서 기독교적이면서도 민족주의적인 교육을 받고 성장해, 학병으로 끌려가 죽을 고비를 넘기고, 월남민이 되어 다시 6·25 전쟁을 겪은 뒤, 4월 혁명과 군사 독재 시절로 이어지는 파란의 세월을 관통하면서도, 학자로서의 자존과 학문적 진실을 지키려 했던 한 '근대적 선비'―그것이 아마 대략적인 아버지의 초상일 것이다. '근대적 선비'란 말은 필경 모순 결합적 표현이겠지만, 내가 보기엔 그렇다. "평안도 상놈의 집에서 태어났다는 것 이외에 별로 자랑할 만한 재간이 없는 나는 일생 동안 공부나 하며 살기를 원하였다"고 어떤 회고담에 적었을 때, 그 모순은 이미 결합되어 있었다. 왜냐하면 전통적인 선비란 원래 양반이었으니까.

아버지에게 '상놈-선비'의 역할을 가능케 해준 것은 물론 유교를 대체하는 기독교적 계몽주의였을 것이다. 그러나 아버지는 오랫동안 기독교와 계몽주의를 분리해왔던 것 같다. 실제로 어머니를 따라 교회에 나간 기간은 삶의 마지막 10년도 채 안 되었던 것으로 기억된다. 기독교에 회귀할 잠재력은 이미 어린 시절부터 내장되어 있었을지 모르겠으나, 당신은 오랫동안 제도화된 교회를 멀리했었다. 세속적 욕심에 알리바이를 제공하고 스스로도 세속적 권세의 확장에 욕심을 부리며 형식주의에 빠진 교회 풍경을 아버지는 그리 좋아하지 않았었다. 아마 무교회주의자였던 할아버지의 영향도 있었을 터인데, 그렇다고 할아버지의 저 엄격했던 순수 이상주의를 추종하지도 않았었다. 나도 어려서 겪었지만, 할아버지의 기독교는 어떤 면에서 이상하게도 유교주의를 닮은, 때로는 매우 독단적이기까지 한 신앙이었다(아버지도 그게 견디기 힘들었다고 내게 고백한 적이 있다). 그래서 아버지는 그 형식주의나 독단주의를 합리주의로 대체하려 했고 그 실천의 길로 택한 것이 바로 역사학이었다는 게, 내 어설픈 짐작이다. 당신에게 가장 중요한 것은 이 세계를 이성적 논리로 이해하는 것이었고, 그 논리를 통해 역설적으로(?) 절대적 진리를 밝히는 것이었다.

과정은 이성적이며 목표는 절대 진리인 사유 구조, 이것은 '근대인'의 정신적 정체성 그 자체나 다름없다. 철저하고 성실하게 그 사유 구조를 밀고 나간 아버지가 가장 혐오했던 것은, 전 생애를 통해 겪은 체험과도 무관치 않겠지만, 사실 혹은 진실을 왜곡하면서까지 이념의 기치 아래 외쳐지는 거짓 구호들의 선동성이었다. 광신적인 공산주의든 광신적인 민족주의든 모두 마찬가지였다. 그런 의미에서, 아버지를 단순히 민족주의 사학자라고 부르는 것은 그리 적절해 보이지 않는다는 게 내 개인적 소견이다. 역사학자가 아닌 내가 함부로 말할 문제는 아니겠으되, 아버지가 "한국 사학의 방향"을 논하면서 민족주의 사관을 다른 사관들과의 관계 속에 객관화시키고 있으며, 또한 민족주의가 국수주의에 함몰되지 않도록 경계하고 있다는 것은 분명하다(궁극적으로는, "인간이 역사에 참여하는 방식"을 체계화함으로써 한국사를 서술해야 한다는 입장을 취한다). 아버지는 국수주의야말로 식민주의의 다른 가면이라고 말했었다. 내 식으로 이해하자면, 당신은 한국 민족이라는 샘플을 통해 보다 보편적인 세계사적 진리를 찾고 싶어 했다. 묘비명이 이야기하듯, 민족은 가족이나 이웃처럼 사랑의 대상이며, 그 민족을 올바르게 사랑하는 방법은 객관적 진리의 추구를 통해서라는 것이다.

그러고 보면 나는 20세기 한국 지식인의 한 표본 곁에서 성장한 셈인데, 그 과정은 한편으론 혹독한 훈련이었고 한편으론 처절한 도전이 아니었나 싶다……

외람된 소리지만, 젊은 날의 나는 어쩌면 아버지가 추구해온 그 이성적 진리라는 것을 원천적으로 부정하기 위해 문학에 뛰어들었었는지도 모르겠다. 아무튼, 어느덧 문학이 곧 삶이 되어버린 자의 입장에서, 나는 위 유서의 어법이랄까 문체의 특성에 대해 말하고 싶은 욕망을 느낀다.

우선, 행간을 사이에 둔 앞쪽 단락은 세 문단 여섯 문장으로 구성되어 있는데, 처음 두 문장과 마지막 문장에서는 각각 확신·소신·결심을 표현하는 '것이다'라는 술어가 되풀이되고('~이다'라는 서술격 조사가 사용된 네 번째 문장도 거의 같은 어조다), 세 번째 문장과 다섯 번째 문장을 종결하는 술어로는 거듭 '바란다'라는 동사가 쓰이고 있다. 당연하지만, 이것은 당신이 세상과 삶에 대해 얼마나 확고한 신념과 염원을 품고 있었는지를 증명한다.

다음, 첫 번째 문단의 두 번째 문장에서 '그러므로'라는 접속사를 쓰는 것은 금방 이해를 하겠는데, 세 번째 문장에서 하필 '그러나'라는 접속사를 쓰는 것은 왜일까? 더 나아지려는 노력이나 열정 혹은 욕망이 교만으로 변질되기 쉬우니 잘 경계하라는 뜻을 강조하는 어법이 아닐까?

그다음, 두 번째 문단에서, 아버지 입장에서 보면 '하느님'이라고 쓸 수도 있는 어휘를 굳이 '절대자'라고 표현한 까닭은 무엇일까? 당신의 실존적 종교는 기독교지만 자신을 좀 더 객관적으로 드러내려는 학자적 사유가 여기에 섬세하게 개입했다고, 나는 판단한다. 그것은 종교를 달리할 수 있는 타자에 대한 배려이기도 하다(아버지가 책임 편집을 맡았던 『한국사 시민강좌』에 남긴 마지막 육필 원고의 첫머리에 굳이 법정 스님의 말을 인용한 것도 같은 맥락이라 할 수 있다).

다시 그다음, 세 번째 한 문장짜리 문단에는, '누구와' 함께 할 것이란 표현이 생략되어 있다. 가령 '너희들과'라든가 '가족과'라는 표현이 왜 빠졌을까? 너무나 당연해서? 아니면, 더 넓게 '이 세상과'라는 표현을 쓰고 싶었는데, 그렇게 쓰면 너무 교만해 보일까봐서? 두 마음은 아마도 겹쳐 있지 않았을까?

마지막으로, 행간 아래쪽 단락의 묘비명 세 줄은 평범한 듯하면서도 아주 오랫동안 글귀를 가다듬었다는 느낌을 준다. 정형시처럼 간결한 음률을 통해 의미 병렬 및 대조가 느껴지도록 구성되어 있고, 각 행이 모두 8자이며 각 줄의 띄어쓰기도 두 군데씩이라서 시각적 모양새도 단단한 직사각형을 이루고 있다(이 기하학적 시각 효과는 묘소에 세워진 묘비를 보면서 새삼 확인될 수 있었다). 내용과 형식의 일치, 전체적 균형감각을 중시하는 아버지의 글쓰기가 평소 그랬다.

위 유서는, 가로로 푸른 줄이 간 리포트 용지 같은 종이에 자필로 적혀 있었다. 또박또박 적힌 그 단정한 글자체는 어루만지고 싶다는 생각을 들게 하고, 또 마지막 죽음의 문턱을 넘어선 아버지의 얼굴을 떠올리게 했다. 결코 잊을 수 없을, 지극히 맑고 평온하게 죽음을 받아들인 얼굴이었다. 죽음의 그림자가 분명하게 드리워져 있던 어느 날, 병상에 누워 아버지가 말했었다 : "착하게 산 사람은 품위 있게 금방 죽는다는데, 나는 착하게 못 산 모양이다. 이젠 얼른 저 세상으로 갔으면 좋으련만 주변에 폐만 끼치고, 마지막 순간이 치사하게 길구나……" 그런 순간에 아버지 입에서 '치사하게'라는 어휘가 튀어나온 게, 나로선 아버지 속에

숨어 있는 어떤 순진함을 엿본 것 같아 야릇했었다. 오로지 죽음을 받아들이는 과정이었던 마지막 3개월이 아버지에겐 아득히 길었을 것이다. 그러나 내겐, 너무도 오랜 세월을 말없이 지냈던—나이 들어서는 그 말 없음 속에서도 뭔가 나눈 게 있었다고 믿지만— 아버지와 생애 최초로 모든 속을 털어놓고 나눌 수 있었던, 너무도 짧은 시간이었다. 나중에 한 술자리에서, 나는 친구들에게 내 진심을 농담 삼아 말했다 : "나는 아버지 속을 지독히도 썩여드렸지만, 아버지가 내 속을 썩이신 적은 한 번도 없었어." 그래요, 아버지, 아버지는 너무도 착하고 바르게 사셨고, 아버지가 뜻하셨던 것처럼 끝까지 인간적 품위를 잃지 않고 죽음을 맞으셨어요…… 죄송하고 고맙습니다, 아버지……

　　* 이 글은 『대산문화』 2008년 겨울호에 게재되었던 원고를 부분적으로 다시 가다듬은 것이다.

이기백 선생님을 추모함

이만열 숙명여자대학교 명예교수·전 국사편찬위원장

이기백李基白 선생님의 탄생 100주년을 맞아, 최기영 학형의 권유로 기념문집에 참여하게 되어 기쁘다. 선생님과의 인연을 몇 자 적어 추모의 뜻을 남기고자 한다.

선생님을 처음 대한 것은 1960년대 초다. 대학 입학 후 여러 선배들이 선생님에 대해 언급한 적은 있다. 사학과 두 해 선배였던 한영국 형은 선생님과는 인척관계에 있나고 하여 선생님의 가성사를 간혹 늘려주었다. 그 무렵, 선생님은 학계의 대선배이실 뿐만 아니라 대학의 선배라고도 들었다.

선생님을 가까이 접하게 된 것은 1961년 군에서 제대, 선생님의 강의를 수강하면서부터다. 1957년에 사학과에 입학한 후 나는 역사 공부에는 별로 뜻이 없었다. 중 고등학교 때 주변의 권유로 목회자의 길을 가겠다고 결심했기에, 역사공부는 하나의 징검다리라고 생각했다. 때문에 입학 후 역사 공부보다는 종교학이나 철학 등에 더 관심을 가졌다. 사학과에서는 서양사 강의를 주로 수강하려 했다. 신학 공부와 관련있다 하여 다른 학과에서 개강한 라틴어나 희랍어 과목을 기웃거리기도 했다. 그러다가 2년 후 군에 입대했고, 국사공부에 거의 무관심했던 2년간의 대학생활 때문에 군에서 크게 곤욕을 치렀다. 그런 사건이 있고 난 뒤

목회자가 되더라도 자기 역사를 제대로 알아야 한다는 깨달음을 갖게 되었다.

대학 3학년에 복학, 그 때부터 국사 과목 수강에 열심을 내려고 했다. 유홍열 한우근 김철준 허선도 선생의 강의를 듣는 한편, 선배들의 권유로 당시 강사로 출강하시던 선생님의 한국고대사 강독도 수강했다. 그 때 선생님은 『삼국지 위서 동이전』(보통 '위지 동이전'이라 함)을 같이 읽자고 했다. 7-8명의 수강생이 다른 강의실을 이용하지 않고, 국사합동 연구실에서 빙 둘러 앉아 매주 읽어 나갔다. 교재는 조선사편수회에서 간행한 조선사 사료편의 고대 부분을 구해 사용했다. 첫 시간에 선생님은 '위지 동이전'의 사료적 가치에 대해 말씀하시면서 한국 고대사 연구를 위해서 이 책을 강독해야 하는 이유를 자세히 설명해 주셨다.

군에서 전역한 후 한국사 공부를 위해 한문 공부를 새로 시작했다. 그러나 서툰 한문실력이었지만, 선생님과 한 학기를 보내는 동안 많은 것을 깨닫고 배웠다. 잔잔한 음성에 한 시간 동안 몇 마디 하지 않으셨지만, 큰 가르침이었다. 강독에는 문해력에다 사건의 전후 맥락을 살펴야 한다. 저자인 진수陳壽가 왜 이 책을 썼으며, 어떤 자료를 이용했는가, 그걸 이해하기 위해서는 당시의 국제관계가 어땠는가, 또 『위지 동이전』은 『후한서 동이전』보다 다룬 시기는 후대였지만 그보다 먼저 쓰여졌기 때문에 사료적 가치가 높다는 것, 『삼국사기』 등 국내기록과의 관계 등을 간간히 설명해주셨다. 선생님은 그 앞뒤의 한국 고대사 자료를 통해 부여夫餘 고구려高句麗 한韓 등의 동이족東夷族의 상황과 국제관계 등을 파악토록 이끌어주셨다. 이 강독을 통해 한국고대사는 물론 중국 고대사와의 관련성에 대해서도 많은 깨우침을 받았다. 필자가 한 때 한국고대사에 관심을 가졌던 것도 선생님의 이 강독이 크게 영향을 미쳤기 때문이다.

필자가 복학할 즈음에 선생님의 『국사신론國史新論』(태성사, 1961)이 간행되었다. 이 책은 출간되자마자 사학도는 물론 한국 지성계를 흥분시켰다. 필자는 군에서 겪은 사건을 계기로 복학 후 국사 공부에 비중을 두었다. 목회자가 되더라도 자기의 역사를 제대로 알아야 한다는 각오에서다. 당시 1960년대 초까지는 한국 사학계가 이병도 박사의 『국사대관國史大觀』(1947)이나 1960년대 전후에 간행된 진단학회의 『한국사』(7권)의 수준을 크게 넘어서지 못하고 있었다. 그런 학적 풍토에서 『국사신론』이 간행되자 가히 한국사 이해의 '혁명적' 선풍을 일으키게 되었다. 한국사 인식의 체계화도 새로웠지만 무엇보다 큰 충격은 이 책의 서론에 해당하는 「한국사의 새로운 이해」 부분이었다. 선생님은 서론에서 과거 일제 식민사관논자들이 갖고 있던 식민주의사관의 핵심(반도적 성격, 사대성, 정체성, 당파성 등)을 지적하고 비판을 가했다. 말하자면 선생님께서 『국사신론』을 저술하고자 하는 의도는 바로 식민주의사관을 통렬히 비판히고 한국사를 새롭게 조명하는 계기를 마련하셨다는 것이었다.

전역 후 한국사 공부에 다가가기로 한 내게는 선생님의 『국사신론』이 남달랐다. '식민사관'이란 말을 들어보기는 했으나 그 본질이 어떤 것인지 제대로 알지 못하던 내게 일제 어용학자들의 식민주의사관을 비판하면서 새롭게 한국사의 관점과 체계를 세우려는 선생님의 『국사신론』은 충격 그것이었다. 『국사신론』은 "한국전쟁 이후 한국사학계에서 바이블 격의 지위를 누리고 있던…『국사대관』이 넘지 못한 벽을 일거에 허무는 계기를 마련"했던 것이다.

『국사신론』은 그 학문적 내용 못지않게 문장의 수려함도 역사학도의 글쓰기의 좋은 모범이 되었다. 여담이지만, 그 몇 년 후 『국사신론』 서문이 서울대 입시의 지문으로 등장했던 것은 그 내용과 문장의 뛰어남을 웅변적으로 말해주는 것이었다. 이 책은 그 뒤 『한국사신론』이라는 이름으로 개정판을 거듭하면서, 일제 식민사관에 찌든 한국사를 새롭게 인식토록 하는 결정적인 계기를 마련해 주었고 신수판新修版(1990), 한글판(1999)도 나왔으며, 영어·일본어·중국어·스페인어·러시아어 등으로 번역, 한국사의 세계화에도 크게 공헌했다.

1960년대 들어 학회 등에서도 선생님을 뵐 수 있었다. 그 때 흔치 않던 역사학대회 같은 곳에서도 뵐 수 있었고, 자주는 아니었지만 몇 몇 학자들이 '고려사 연구' 모임을 가졌을 때 방청한 기억도 있다. 당시 서울대 문리대 사학과에는 국사학·동양사학·서양사학 합동연구실이 있었다. 연구동 1층 남측 모서리에 국사학 합동연구실이, 2층 북측 모서리에 동양사학 합동연구실이, 중앙도서관 뒷편이자 연구동 중앙복도 우측에 서양사합동연구실이 있었다. 평소 학생들이 자유롭게 드나들면서 합동연구실 조교의 도움을 받았다. 당시 윤병석(국사) 민두기(동양사) 차하순(서양사) 선생이 조교로 계셨다. 합동연구실에는 그렇게 넓지는 않았으나 천정에까지 닿는 묵직한 서가들에 원서로 된 자료들이 많아, 그것을 들쳐보는 것 자체가 큰 자극이 되었지만, 언제 그런 원서들을 읽을 수 있나 하는 일종의 좌절감도 없지 않았다. 제대 후 국사합동연구실을 출입하면서 『조선사朝鮮史』와 『사학잡지史學雜誌』 등에 곁눈질했다. 연구실 안에는 테이블이 놓여 있어서 10여명 이상이 둘러앉아 토론도 할 수 있었다. 앞에서 언급한 선생님의 『위지 동이전』 강독도 이 연구실에서 진행되었다.

그 무렵 '고려사' 연구와 관련, '기인其人제도'가 학자들 사이에 쟁점으로 떠올랐다. '기인제도'는 '사심관事審官제도'와 함께 고려 초기 중앙집권화 과정에서 나타난 쟁점으로 부각되었다. 신라말 호족 세력이 할거하던 상황에서 호족세력에 불과했던 왕건王建이나 그 후예들이 왕권을 강화하는 과정에서 '기인제도'와 '사심관제도'를 활용했다. 특히 '기인제도'에 대해서는 고려사 연구자들이 깊은 관심을 갖고 있었다.

그 무렵 국사합동연구실에서는 고려사 연구자들이 모여 '기인제도' 등 고려시대사에 대한 토론을 종종 했다. 이기백 선생님을 비롯하여 성균관대의 이우성李佑成 교수, 고려대의 강진철姜晋哲 교수가 주로 참석했고, 김성준金成俊 교수와 김철준金哲埈 교수, 그 밖의 학자들이 간혹 참석하곤 했다. 이렇게 국사합동연구실에서 선학들이 고려사에 대한 토론회를 할 때 관심있는 학생들이 방청하기도 했다. 조곤 조곤 학문적 관심사에 집중, 토의하는 모습을 보면서 후학들이 깊은 감동을 받았다. 이런 토론을 통해 연구 심화된 내용이 학술 발표회에서 발표되기도 했다.

선생님은 남강 이승훈李昇薰 선생의 방계로서, 부친 이찬갑李贊甲 선생의 기독교적 전통과도 어느 정도 관련이 있을 듯하다. 그러나 선생님의 신앙생활 자체에 대해서는 아는 바가 없다. 사모님께서는 어느 감리교회의 장로로 활동하셨던 것으로 안다. 한번은 사모님이 출석하시는 교회의 담임 배상길 목사의 요청을 받고 내가 강의한 적이 있다. 그 날 저녁 선생님께서 그 모임에 참석하셔서 내 강연을 경청해 주셨다. 송구한 마음을 금할 수 없다.

선생님께서 종로구 누상동에서 강남으로 이거하실 무렵에 종종 세배한 적이 있다. 그럴 때마다 선생님은 한복으로 단아하게 갖춘 채 맞아주셨고 학문 관련 대화도 이끌어 주셨다. 그 무렵 내게 '한국 무교회주의 신앙사'에서 큰 봉우리를 이루고 있는 노평구盧平久 선생의 전집(『노평구전집』) 한 질을 주시면서 연구에 도움이 될 것이라고 하셨다. 이로 보면 선생님은 김교신金敎臣 함석헌咸錫憲 노평구로 이어지는 한국 '무교회' 전통과 어느 정도 관련이 있지 않나 하는 느낌을 받았다.

간혹 졸저를 증정하면 서신으로 격려도 해 주셨다. 1970년대 중반

KBS의 '한국사강좌'를 엮은 『강좌 삼국시대사』(지식산업사, 1976)는 차마 드리지 못했는데도 업적으로 소개해 주셨다. 대우학술총서로 『한국기독교의료사』(아카넷, 2003)를 드렸을 때는 친서를 보내시면서, "이 선생은 아직 연부역강하니 앞으로 더 좋은 업적을 남길 수 있을 것"이라고 격려해 주셨다.

    두서없는 글을 통해 선생님과의 이런 저런 인연을 그려보았다. 지난 시절 필자에게 각인된 몇몇 사례로써 선생님께 대한 추모의 뜻을 담았다. 선생님을 추모하는 글이라면서 혹시 결례는 아니었는지 두렵다. 선생님의 학문적인 업적과 단아하면서도 때로는 단호하신 모습에서 학자의 길과 인간의 길을 새삼 떠올리게 된다. 선생 나신 지 100년, 한국 사학계와 지성계가 선생의 학은을 잊을 수 없기에 몇 마디 글로써 감사와 추모의 뜻을 대신한다. [2024.6.20]

이기백 선생의 학술 봉사활동

민현구 고려대학교 명예교수

1. 머리말

이기백 선생은 20세기 후반기의 한국사학을 이끈 대표적 역사가 가운데 한 분이다. 해방 이후 배출된 제1세대의 한국사학자로서 고대와 고려시대를 대상으로 독창적 연구 성과를 거두어 수많은 논저를 내는 동시에 한국사의 체계화에 힘써 『한국사신론』이라는 명저를 저술 출간하였다. 선생의 방대하고 두드러진 연구 업적은 근래 16책으로 완간된 『이기백한국사학논집』 속에 응축되었다.

선생은 연구와 저술 이외에 교육자, 스승으로서 강의와 학생 지도에도 각별한 정성을 쏟았다. 40여 년에 걸친 교수생활을 성실로 일관함으로써 학생들에게 깊은 인상을 심어주었다. 특히 서울대에서 강의를 시작해, 이화여대 교수로 취임했다가 서강대에서 오래 재임하고 한림대에서 교수직을 마칠 때까지 한국사를 전공하는 수많은 후학 제자들을 훌륭히 지도 육성하여 유수한 한국사 연구자 다수를 배출시킨 것은 한국사학에 대한 선생의 또 다른 공헌이다.

이기백 선생은 그 밖에 학술관련 활동으로서 학회의 운영을 맡아 헌신하였고, 대학 연구소 업무에도 적극 참여하였으며, 만년에는 『한국사 시민강좌』를 창간해 한국사의 대중화에 힘을 쏟았다. 이처럼 연구와 저술뿐만 아니라 학문, 즉 한국사학과 관련된 저변의 업무를 성실히 수행하고, 연구 성과의 사회적 확산에 정성을 기울였던 것도 선생이 지닌 중요한 모습이다.

나는 대학생으로서 선생과 강의실에서 첫 대면을 한 이후 40여 년간 깊은 학은을 입으며 가까이 모시는 행운을 누렸다. 많은 가르침과 커다란 배려에 대한 추억과 소회가 많지만, 앞서 얘기한 선생의 학술 봉사활동을 지근거리에서 지켜보면서, 또 나 자신이 참여하거나 도와드리면서 느끼고 깨달은 바도 적지 않았다. 그러므로 선생의 이 방면 활동에 대해 그 중요성을 일깨우며 실상을 추적하는 것도 중요한 일이고, 상당 부분 직접 목도한 나의 진솔한 기술이 어느 정도 의미를 지니리라는 생각에서 이 글을 쓰게 되었다. 나의 견문과 직접 들었던 선생의 말씀, 그리고 관련 기록에 입각해 기술하되 객관성을 지니도록 노력할 것이다.

2. 학술연구단체의 운영과 봉사

(1) 고려사연구회의 결성

이기백 선생은 1958년 4월 이화여대 사학과에서 교수생활을 시작했다. 일본 와세다대학早稻田大學 사학과 재학 중 징병을 당했다가 해방으로 풀려나 신생 서울대학교 사학과를 제1회로 졸업하였고, 그 후 중학교 교사, 6·25 전란 때는 육사 교수로 근무한 끝에 34세의 나이에 안정된 연구직을 얻을 수 있게 된 것이다. 그 후 한국고대사와 고려 병제를 중심으로 많은 논문을 발표하였다. 그러다가 1963년 11월 강진철, 김성준, 이우성 교수와 '고려사연구회'를 결성하였고, 이 학술 모임은 약 6년간 지속하였다.

  6·25 전란으로 크게 위축되었던 한국사학은 다시 살아나 1960년대에 이르러 점차 활기를 띠게 되었다. 당시 고려시대 연구는 고대사나 조선시대 연구에 비해 학문적 관심이 뒤졌고, 그에 대한 반성의 기운이 싹터서 1961년 한국사학회는 특별히 '고려사회의 성격'이란 주제의 학술회의를 열어 주의를 환기시킨 바 있다. 또 이 무렵 일본 하타다 다카시旗田巍 교수의 고려사회에 대한 신선한 연구 성과가 국내 학계에 자극을 주기도 하였다. 이런 여건 아래, 고려 병제사 연구를 축적했던 이기백 선생은 고려시대 연구에 관심이 컸던 세 분과 규합하였던 것이다. 강진철 교수는 군인전을 중심으로 고려토지제도를 연구하였고, 김성준 교수는 기인其人·향리·정방政房과 관련해 고려 인사제도를 고찰하였으며, 이우성 교수는 사대부의 기원을 찾아 고려 사회계층을 추적하였다. 이때 4인이 '고려사연구회'로 묶일 수 있었던 데에는 미국 하버드-옌칭 연구소 Harvard-Yenching Institute의 연구비 지급도 영향을 끼쳤는데, 그 일을 이 선생이 주선하였다.

  이 연구회는 회원 4인의 『고려사』 강독 모임이었다. 강진철·이우성 교수가 식화지食貨志를, 김성준 교수가 선거지選擧志를, 이기백 선생이 병지兵志를 맡아 격주로 토요일 오후에 모여서 약 3시간 동안 윤번으로 각자가 준비한 부분의 한문 원문을 먼저 읽고, 이어서 번역과 주해의 원고를 읽어 내려가는 방식으로 진행되었다. 번역도 그러하지만, 특히 주해를 둘러싸고 날카롭고 열띤 토론이 자주 벌어졌는데, 그 장면들이 실상 이 연구모임의 진수였다. 약 6년에 걸친 연구 토론의 성과로 이 선생의 『고려사 병지 역주 (1)』(고려사연구회, 1969)가 나왔고, 김성준 교수도 뒤에 「고려사 선거지 전주銓注 역주」를 수차례에 걸쳐 학술잡지에 실었다.

나는 이기백 선생의 권유로 이 모임에 출석하였다. 1961년 1학기에 서울대학교 문리과대학 사학과에서 선생의 '한국중세사' 강의를 수강하면서부터 지도와 조언을 받았는데, 군복무를 마치고 대학원에 복학한 뒤인 1967년 봄부터 본격적으로 고려사연구회에 나갈 수 있었다. 김윤곤·하현강·김광수 씨 등도 함께 방청하였다. 약 2년간 여기에서 나는 한국사학의 현주소, 고려시대의 다양한 문제점, 성실하고 날카로우면서도 겸허했던 네 분 선학들의 학문적 자세 등을 중심으로 많은 것을 느끼고 배웠다. 공동연구의 장으로서의 '고려사연구회'는 그 자체 뜻깊은 모임이었고, 그 모임을 주선하고 이끈 이 선생의 노고와 배려는 잊을 수 없는 것이었다.

(2) 역사학회의 존속과 발전을 위하여

이기백 선생은 1963년 9월 서강대 사학과 교수로 부임하였다. 정예의 신흥대학으로 발돋움하며 우수 교수 초빙에 적극적이었던 이 대학은 특히 탄탄한 사학과 교수진으로 주목받고 있었다. 이 선생으로서는 좋은 연구여건에 대한 매력과 새롭게 훌륭한 사학과를 키우겠다는 의욕이 함께 작용한 결과, 직장을 옮기는 중대한 결정을 내렸을 것이다. 실제로 그로부터 22년에 걸쳐 이 대학에 봉직하는 동안 선생은 뛰어난 연구 성과를 발표하고, 많은 제자를 양성하면서 서강대 사학과의 발전에 크게 기여하였다. 학술연구단체에 대한 봉사활동도 대부분 이 시기에 이루어졌는데, 앞서 말한 '고려사연구회'도 기획과 준비 단계를 거쳐 구체적 활동을 시작한 것은 이 대학에 부임한 직후였다.

이기백 선생은 1967년 3월 역사학회 대표간사로 선임되어 2년간 일하였다. 앞서 미국 하버드-옌칭 연구소에 1년간 연구교수로 초빙되어 종전의 『국사신론』을 새롭게 『한국사신론』으로 고쳐 쓰는 일을 마치고 1967년 2월에 귀국한 지 오래지 않아 중책을 맡은 것이다. 역사학회는 6·25 전란 중 부산에서 설립된 역사학 분야의 중추적 학회로서, 선생은 삼국시대 불교전래 문제를 다룬 첫 논문을 비롯해 많은 논문을 이 학회에서 발간하는 『역사학보』에 실은 바 있고, 또 상임간사로서 학회 업무를 맡아보기도 하였다. 이제 한국사학의 중진학자로서 역사학계의 중심에서 활동하게 된 셈이지만, 실상 이 선생은 6년 뒤에 다시 대표직에 중임되어 역사학회를 전후 4년간 이끌어나감으로써 업적을 남긴 것이다.

이기백 선생이 책임을 맡아 일하는 동안 『역사학보』에 몇 가지 변화가 있었다. 우선 1967년부터 연 4회 발간이 정착되었다. 그동안 오래 소망해온 연 4회 발간의 목표에 도달해 이 선생 재임 2년간 학보 8책이 나오고, 그 이후 그대로 지켜짐으로써 정기간행 학술잡지로서의 지위를 굳힐 수 있게 되었다. 그리고 〈회고와 전망〉 특집의 전통이 처음 세워졌다. 이 시기의 『역사학보』 제39집이 〈(19)67년도 회고와 전망〉 특집으로 꾸며져 한국사·서양사·동양사 각 분야의 비평 논문 총 17편이 게재되었다. 이로부터 한국 역사학이 『역사학보』를 통해 기왕의 연구 성과를 소개 평가하고 앞으로의 과제를 전망하는 전통을 지니게 된 것이다.

이 무렵 이기백 선생은 역사학회의 존속 문제와 관련해 어려운 입장에서 힘겨운 노력을 기울였다. 1967년 12월 한국사연구회가 창립될 때 선생은 그 취지에 흔쾌히 찬동했다. 이미 서양사학회와 동양사학회가 세워져 활동하는 상태에서 종합적인 역사학회와 별도의 한국사 분야학회를 세우는 일은 타당하다고 본 것이다. 그러나 새 학회의 창립을 주도하는 쪽에서는, 현실적으로 『역사학보』에 실리는 논문 대다수가 한국사 분야의 것이란 점에 비추어 한국사 연구역량을 집중시킨다는 취지에서 역사학회의 활동을 중지하고 그쪽으로 합류하는 것이 바람직하다는 입장을 취하였다. 결국 선생은 한국사연구회 참여 의사를 번복하고, 여러 가지 어려움을 극복하면서 역사학회 업무에 더욱 힘썼다.

이기백 선생이 두 번째로 대표직을 맡았을 때 역사학회의 사정은 좋지 않았다. 학보에 게재할 논문의 투고 상황이 저조하였고, 학회 재정은 거의 고갈된 형편이었는데, 그동안 큰 도움이 되었던 미국 하버드-옌칭 연구소의 재정적 지원이 직전에 중단되었던 것이다. 선생이 여러모로 노력하여 논문은 서양사와 미술사 쪽에서 수준 높은 것들이 실리게 되었고, 재정 문제는 역사학회가 학보 발간으로 역사학 발전에 공헌한 점을 인정받아 중앙문화대상을 받음으로써 어느 정도 해결되었다. 당시 얼마나 힘든 여건 아래 학회를 이끌었는가는 『역사학보』 제72집(1976년 12월) 〈회고와 전망〉란 한국사 분야의 6항목 가운데 총설, 고대사, 조선 후기의 3항목 필자가 모두 이기백 선생인 점으로도 추찰할 수 있다.

선생은 뒤에도 종생토록 역사학회를 위해 헌신하였다. 자주 논문을 투고했고, 월례발표회에는 어김없이 참석하였다. 역사학회 창립 30주년을 기념하는 자리에서 "학문이란 학회를 중심으로 성장 발전하는 것"이요, 학회의 임원은 "심부름꾼이라는 의식으로" 일해야 한다는 견해를 피력하고, "학문의 독립을 지켜나감으로써 역사학회는 오늘의 우리나라 학계의 등대요 소금이어야 한다"는 소신을 밝혔다.

나는 1968년에 석사학위 논문을 『역사학보』에 게재함으로써 당시 학회를 이끌던 선생과 더욱 친숙해졌고 선생의 추천으로 〈회고와 전망〉의 집필도 여러 번 맡았다. 전남대에 취직했다가 국민대로 전임된 직후인 1977년부터 나는 이기백 선생에 뒤이어 역사학회 대표직을 맡아 헌신한 이광린 교수 아래에서 총무간사로 2년간 일했는데, 그때 학회에 배어 있는 선생의 노고를 엿볼 수 있었다. 1998년 8월에 내가 회장으로서 역사학회 특별 심포지엄 기조발표를 부탁드렸을 때, 이 선생은 병환 중임에도 불구하고 기꺼이 수락해 교외의 회의장에까지 원행하여 소임을 다하였는데, 이것이 역사학회 행사에 마지막으로 참석한 것이 되고 말았다.

(3) 진단학회 대표로서의 진취적 노력

이기백 선생은 1972년 3월부터 2년간 진단학회 대표간사직을 맡아 활동하였다. 1934년에 창설된 유서 깊은 이 학회는 1960년대 『한국사』 7책의 완간을 절정으로 그 후 침체의 늪에 빠져 있었다. 이병도 박사를 위시한 노학자들이 운영을 주도하는 체제였는데, 그들과 함께 학회도 노쇠해서 『진단학보』 제32호가 1969년 12월에 간행되었으나 다음 호는 수년째 나오지 못하는 형편이었다.

그러다가 1972년 4월 진단학회는 이기백 선생을 대표간사로 하는 새 임원진을 구성하고, 수개월 뒤에 『진단학보』 제33호를 간행하였는데, 그때부터 학보는 새로운 모습으로 되살아났다. 이때의 진단학회 개편은 이미 편집위원으로 학회에 참여한 바 있는 이기백 선생이 이병도·김재원·이숭녕 박사 등 원로를 설득한 결과였다. 한국 인문학의 효시라 할 진단학회에 활력을 불어넣기 위해 그 조직을 이원화하여 이병도 박사가 평의원회 의장으로서 대외적으로 학회를 대표하고 자신은 실무를 맡는 대내적인 운영책임자가 된 것이다.

이기백 선생이 진단학회 대표간사로 2년간 재임하는 동안 나타난 변화로서 먼저 『진단학보』가 매년 두 번씩, 6월과 12월에 간행됨으로써 정기 학술잡지로 확립되었다는 점을 들 수 있다. 한동안 두껍게 부정기적으로 나오다가 그나마 수년째 미간이던 잡지가 200면 안팎으로 편집되어 되살아나는 동시에 정기적 간행이 정착된 것이다. 다음으로 학보를 구독회원제로 운영하여 많은 사람이 쉽게 구입할 수 있게 되었고, 이것은 진단학회 회원의 확충으로 이어졌다. 이러한 학회의 개방화는 많은 사람의 참여를 유도해 그 저변의 확대로 이어졌고, 자연히 많은 젊은 학자가 논문을 게재하기에 이르렀는데, 이것은 이 선생을 필두로 한 새 임원진의 진취적 노력의 결과로써 학회에 큰 활력을 불어넣었다.

그리고 진단학회의 특별 학술행사로서 '한국고전심포지엄'이 시작되었다. 1973년 3월 '삼국유사의 종합적 검토'라는 주제로 열린 이 행사는 주요 한국 고전을 내세워 역사, 어문학, 민속 등 각 분야의 연구자가 함께 발표와 토론을 벌이는 것으로서, 진단학회의 종합성을 살려 고전을 학제적으로 고찰한다는 점에서 큰 주목을 받았다. 이때 시작된 '한국고전심포지엄'은 지금껏 매년 빠짐없이 진행되고 있으며, 그 내용은 학보에 그대로 실린다. 이기백 선생은 대표간사직에서 물러난 뒤에도 진단학회에 깊은 관심을 갖고 종생토록 도움을 주었다. 여러 차례 논문을 투고했고, 학술행사에도 자주 참가하였다. 진단학회 창립 60주년을 기념하는 행사 때에는 기념 강연을 통해 한국의 역사와 문화 속에 내재한 보편성에 주의를 환기시켰다. 선생은 진단학회의 원로를 대표하는 두계학술상 운영위원장직을 지닌 채 별세하였다.

나는 선생이 진단학회 대표간사로 재임할 때 그 추천으로 고려 불교와 무신정권의 관계를 고찰한 논문을 게재함으로써 학회와 인연을 맺었고, 그 후 논문 게재와 심포지엄 참가 등으로 관계를 이어갔다. 그러다가 대표간사 및 회장으로 4년간 일하였는데, 그때마다 선생은 전폭적인 도움을 주었다. 특히 1991년 8월 목포에서 국제학술회의를 개최하였을 때, 이기백 선생은 한우근, 전해종, 고병익, 이광린, 황원구, 강신항, 김완진 등 원로학자들과 함께 참가하여 사회자의 소임을 맡아 그 행사의 진행을 적극 후원한 바 있다.

3. 대학 연구기관에의 적극적 참여와 활동

(1) 서강대 인문과학연구소의 창설과 운영

이기백 선생은 서강대 교수로 부임한 후 4년이 지난 1967년 9월에 이 대학 부속기관으로 인문과학연구소가 설치되면서 그 소장직을 맡았다. 개교 당시 사학과를 비롯해 철학과와 영문학과가 있었고, 뒤이어 독문학과와 국문학과가 증설되면서 인문학 교수진이 강화되자 인문과학연구소가 설치되었고, 한국사학자로서 명망을 쌓아가던 이 선생이 그 운영을 맡았던 것이지만, 사학을 앞세워 이 대학을 인문학 연구의 중심으로 키우려는 선생 자신의 뜻이 연구소의 설립에 적지 않게 작용하였다. 선생은 평생토록 평교수로서 일체 대학의 보직을 사양하면서도 연구소장직은 마다하지 않았는데, 실제로 이 연구소가 초창기의 기틀을 마련하는 데 큰 힘을 쏟았다.

그러나 대학이 세워진 지 오래지 않은데다가 별다른 재정적 지원이 뒤따르지 않는 상태에서 새 연구소를 이끄는 일은 쉽지 않았다. 그러한 가운데 이기백 선생은 주목받을 학술서를 연구소 명의의 인문연구 전간 專刊으로 세상에 내놓음으로써 그 존재를 드러낼 수 있다고 생각하여 자신의 연구서인 『고려병제사연구』를 1968년 6월에 그 전간 제1집으로 출간했는데, 『한국사신론』을 발행한 일조각과 협의해서 거기에서 냈다. 뒤이어 다음 해에 이광린 교수의 『한국개화사연구』를 전간 제2집으로 냈다. 위의 두 책은 독창성이 높고 내용이 건실한 우수한 학술연구서로서 한국사학의 수준 향상에 기여하였다. 이 책들의 출간으로 서강대와 인문과학연구소는 그 존재를 더욱 드러내게 되었다.

이기백 선생은 연구소의 내실을 다지면서도 별도의 독자적 학술잡지의 간행은 시도하지 않았다. 학계의 전반적 사정과 당시 서강대의 상황을 고려할 때 수준 높은 학술잡지를 내는 일이 결코 쉽지 않고 바람직하지도 않다는 현명한 판단을 내린 결과였다고 여겨진다. 이 선생은 약 3년간 일한 뒤에 인문과학연구소장직에서 물러났지만, 그 후 연구소는 점차 크게 성장하였다. 그리고 선생은 이 시기 서강대 도서관이 충실한 한국학 관련 장서를 갖추도록 각별한 관심을 기울였고, 특히 대학원에 사학과가 설치되도록 힘썼으며, 뒤에는 대학원 강의와 학생지도에 열과 성을 바쳤다.

나는 앞서 말한 대로 '고려사연구회'와 관련해 이 무렵 선생을 뵈올 기회가 많았고, 서강대 연구실에서 이광린 교수를 처음 만나 인사를 드린 적이 있으며, 서강대 인문과학연구소에서 당시 하버드대 대학원생으로서 학위논문을 준비 중이던 유영익 간사와도 상면하였다. 『고려병제사연구』 출간 때에는 교정을 도와드려 그 책 서문에 내 이름이 오르기도 했다. 이 선생이 서강대 인문과학연구소를 맡아 운영하던 시기는 역사학회 대표간사로 일하던 시기와 상당 부분 겹치는데, 이렇듯 선생은 학회와 대학에서 두루 학술봉사활동에 큰 힘을 쏟았다.

(2) 한림대 한림과학원 역사학 연구 책임자로서

이기백 선생은 오랜 동안의 서강대 근무를 마감하고 1985년 3월에 춘천의 한림대 사학과 교수로 부임하였다. 지방 명문사학의 건립을 목표로 많은 중진 원로 교수를 초빙해 화제를 뿌린 이 대학에 환력을 갓 지난 이 선생이 종신교수직 대우를 약속받고 옮겨 온 것이다. 50대 중반에 만성간염의 지병을 얻어 다소 지친 상태에 놓인 선생은 조용한 지방의 대학에서 노후의 보장을 받고 낙향의 여유를 맛보면서 만년의 연구생활을 마무리 짓고 싶었을 것이다. 하지만 내심 신생 대학에 다시금 연구 중심의 사학과와 연구소를 새로 세우고자 하는 의욕도 상당한 작용을 하였을 것이다.

이기백 선생의 한림대 교수생활은 약 14년간 계속되었다. 정확히 얘기하면, 처음 만 70세까지의 10년간은 사학과 교수로서, 1995년 3월부터 1998년 8월까지는 한림과학원 객원교수로 재임하였는데, 건강상태가 나빠져 강의가 힘들어지자 종신교수의 자리를 사퇴하고 아주 물러났다. 그동안 대학이 제공한 춘천 아파트에 매주 2, 3일씩 사모님과 머물면서 교수로서의 소임을 수행하였다. 이 시기에도 대학원생을 지도하여 수 명의 박사를 배출하였다.

이기백 선생은 1990년 1월 한림대에 한림과학원이 설립됨에 따라 이 연구기관을 통해 새로운 학술활동을 펼쳤다. 그에 앞서 이 대학 설립자로서 평소 학문의 사명과 학술 진흥에 크게 유의했던 윤덕선 이사장이 이 선생에게 한국 청년의 올바른 역사관 수립과 관련해 한국사 연구에 대한 특별한 관심과 지원 의사를 나타낸 바가 있었다. 이에 인문·사회 분야 학문 연구의 본산으로 한림과학원이 세워져 이사장이 직접 운영위원장으로 재정적 지원을 맡게 되면서 이 선생은 그 운영위원으로서, 또는 역사학 연구부장으로서 적극 참여하게 되었고, 구체적으로 한국사연구 프로젝트 책임자가 되어 한국사의 체계화를 위한 쟁점 중심의 많은 연구를 진행시킬 수 있었다.

한림과학원에서 이기백 선생이 기획하여 그 책임 아래 공동연구로 진행 출간된 책은 6책에 달하거니와 그중 4책은 선생이 공동 저자이다. 연구 기획과 진행 성과를 중심으로 몇 가지 특징을 살피면, 우선 한국사상 중요한 공통의 관심사를 문제로 삼았다는 점으로, 사관, 사회발전, 정치형태, 시대구분, 역사교육 등이 다루어졌다. 다음으로 공동 연구 참가자 대다수를 한림대 바깥의 전국 대학에서 널리 찾아 연구를 진행케 함으로써 수준 높은 성과를 거두도록 하였다. 그리고 일단 연구가 끝나면, 그 주제의 연구 참가자들뿐 아니라 연관이 있는 동양사·서양사 분야 학자들까지 포함되는 비평자 다수가 참석하여 이 선생 주재主宰 아래 토론회를 온종일 열고 그 속기록을 책에 실음으로써 연구서의 충실을 기하도록 했다. 또한 연구 참가자들에게는 최고 수준의 연구비를 지급해 우대하였다.

이와 같은 한림과학원 주관의 한국사 분야 주요 쟁점 연구는 전국의 사학자 다수가 참여하여 큰 반향을 일으켰고, 특히 공동 연구방법의 진전이라는 점에서 주목을 받았다. 이기백 선생은 이처럼 한림과학원을 토대로 약 10년간 만년의 학술 봉사활동을 알차게 전개하였는데, 당시 고려대에 재직 중이던 나는 비평자로서 또는 이 선생이 간접적으로 간여하는 프로젝트에 공동연구자로 참여하여 이 선생의 활동을 엿볼 수 있었다.

4. 역사 교양잡지 『한국사 시민강좌』의 창간과 책임편집

이기백 선생의 책임편집으로 『한국사 시민강좌』 제1집이 1987년 8월 일조각 발행으로 세상에 모습을 드러냈다. 한림대로 전임한 후 약 2년 뒤의 일인데, 이 선생은 이로부터 별세하기까지 17년간 이 역사 교양잡지의 편집 간행에 큰 힘을 기울였다. 특히 한림대를 아주 그만둔 뒤 6년간은 지병의 악화로 건강상태가 좋지 않았음에도 불구하고 이 잡지에 매달려 제35집까지 선생의 책임편집으로 출간될 수 있었다. 이 선생은

60대 중반 이후의 만년을 『한국사 시민강좌』를 통한 한국사 대중화 운동에 바쳤다고 말할 수 있다.

이기백 선생은 원래 학문이란 진리를 탐구하여 사회를 밝히는 등불이 되는 것이요, 한국사학의 중요한 사명은 역사의 진실을 밝혀 그 성과를 일반 시민과 공유해 건실한 사회를 이룩하는 데 있다고 생각하였다. 이러한 입장에서 일반 교양인을 상대로 많은 사론을 썼다. 그런데 군부정권 아래 민족을 내세워 역사를 왜곡하고, 민중사학을 주창해 정당한 역사인식을 저해하는 현상이 나타나 혼란이 커지자 선생은 한국사학이 위기에 처한 것으로 진단하고, 그럴수록 일반 시민에게 성실한 연구 성과를 기초로 올바른 역사 지식을 전달하는 일이 매우 긴요하다고 생각하였다. 이러한 배경 아래 『한국사 시민강좌』 창간이 추진되었다.

1987년 3월경 이기백 선생은 가까운 후학·제자인 유영익·민현구·이기동·이태진·홍승기 교수를 편집위원으로 삼아 책임편집을 맡는 선생과 편집진을 갖춘 후, 곧 창간 작업에 들어갔다. 『한국사 시민강좌』라는 책명, 중요한 쟁점을 특집으로 꾸미고 '연구생활의 회고', '역사학강의' 등의 고정란을 두는 편집체재, 연 2회의 정기적 간행 등 주요사항은 대부분 선생이 이미 구상한 바에 따랐고, 원고료 등 필요한 자금도 선생의 지원금으로 충당토록 하였다. 제1집의 특집 주제인 '식민주의사관 비판'과 제2집의 '고조선의 제문제'도 선생이 구상한 것이었다. 출판사는 당연히 선생과 인연이 깊은 일조각으로 정해졌다. 편집위원들은 당시 한국사학의 혼돈상에 비추어 이 잡지 발간의 중요성에 십분 공감하면서도 그 성공 여부를 예측하기 어려운 상황에서 조심스럽게 선생을 도와드린다는 입장을 취하였다.

그러나 잡지가 나오자 반응은 뜨거웠다. 당시 군부정권의 무거운 분위기가 가시지 않은 가운데 한국사의 절실한 쟁점을 문제로 삼아 진지하게 다루면서 서양사학자의 글을 통해 민족주의 사학과 민족문화를 감싸던 국수주의적·폐쇄적 경향을 비판한 것이 상당한 호응을 받았던 것 같다. 물론 양식 있는 한국사학자로서 명성이 높은 이기백 선생이 책임편집을 맡은 믿을 만한 읽을거리였다는 점이 독자들에게 쉽게 다가서게 했을 것이다. 기대 이상으로 판매 실적이 양호하였고, 그에 따라 편집회의는 고무된 분위기에서 진행될 수 있었는데, 이러한 상태가 상당 기간 계속되었다.

이기백 선생은 3개월에 한 번씩 열리는 편집회의를 주재하면서 항상 유쾌하게 말씀하였다. 매번 일요일 저녁 6시에 모여 먼저 식사하면서 환담을 나누고 뒤에 회의를 했는데, 3월과 9월에는 바로 직전에 나온 잡지를 평가하고, 다음다음 호의 특집 주제를 논의 결정하였다. 그것은 편집위원들에게 쟁점사항 5개 이상씩 제출케 해서 이 선생이 자신의 것과 종합하여 수기로 정리해 각자에게 나누어준 일람표 가운데에서 선택하는 방식을 취하였다. 6월과 12월의 편집회의 때는 먼저 수집된 원고를 확인 검토한 다음, 이미 결정된 특집 주제의 세부내용을 확정 짓고, 그 밖의 고정된 난의 내용도 확정 지으면서 필자 선정 작업을 진행하였다. 항상 6월과 12월의 편집회의가 오래 걸렸다.

『한국사 시민강좌』의 책임편집을 맡은 이기백 선생은 투고된 모든 글을 읽었다. 내용은 필자가 책임질 사항이지만 글 속에 논지의 전개상 문제가 있거나 사실의 착오가 있을 경우, 필자에게 직접 시정을 요구하였다. 선생은 모든 글을 읽고 그것을 정리해 잡지 첫 장의 '독자에게 드리는 글' 속에 함축시켜 읽는 사람에게 도움이 되게 하였다.

『한국사 시민강좌』가 창간된 지 15년이 지나 제31집이 나올 때부터 편집위원이 차례로 편집을 맡았다. 선생의 건강이 더욱 나빠져 편집을 전담하기 어렵게 된 때문이다. 그러다가 다시 2년이 지나 나온 제35집은 표지에는 '책임편집 이기백'으로 되어 있지만, '독자에게 드리는 글' 말미에 선생의 '6월 2일 별세' 사실을 싣고 있다. 그 내막을 살피면, 그동안 선생의 지병이 간암으로 바뀌면서 건강상태가 악화되어 2004년에 접어들자 병세가 깊어지면서 출입이 부담스럽게 되었다. 그러나 선생은 3월 초순 복수腹水가 가득한 위중한 병구를 이끌고 『한국사 시민강좌』 제35집 편집회의에 참석해 편집과 간행에 대한 사항을 획정해 '책임편집'의 소임을 다했고, 그 직후 입원하여 투병하다가 이 책의 발간 전에 별세하였던 것이다. 이기백 선생은 이렇게 최후까지 『한국사 시민강좌』에 정성을 쏟다가 생애를 마감하였다.

나는 『한국사 시민강좌』의 탄생을 지켜보면서 앞서 얘기한 대로 편집위원으로 선생을 도왔다. 이 잡지에 커다란 열정을 쏟는 만큼, 선생은 그에 대해 매우 자랑스럽고 보람되게 여겼다. 선생이 별세한 다음 다른 편집위원과 함께 유지遺志를 받들어 『한국사 시민강좌』를 계속 발간하는 동안, 나는 이 잡지가 "세상의 빛과 소금의 구실을 충분히 감당하도록 노력"하라는 당부를 잊지 않았다. 그리고 평생 한국사 연구에 진력하는 동시에 한국사학을 뒷받침하는 학술 봉사활동에 ─ 『한국사 시민강좌』를 통한 한국사 대중화 운동을 포함해 ─ 온갖 정성을 다했다는 양면을 충분히 이해함으로써 이기백 선생의 진면목에 다가갈 수 있다는 점을 확신하게 되었다.

5. 맺음말

이기백 선생은 한국사의 연구와 저술을 떠나서 학회·연구소의 창설 육성과 교양잡지의 창간 편집에도 큰 힘을 기울였다. 구체적으로 고려사연구회, 역사학회, 진단학회 등 대소의 연구단체에 간여하고, 서강대와 한림대의 연구기관과 관련을 맺으며『한국사 시민강좌』를 창간해 책임편집을 맡는 등 다양한 학술 봉사활동을 벌여 큰 족적을 남겼다. 이 방면의 활동은 한국사학자로서의 이 선생이 지닌 또 다른 모습을 보여준다고 할 수 있다. 이러한 학술 봉사활동을 통해 이기백 선생은 한국사학의 기초를 굳히고 저변을 넓히는 데 크게 기여할 수 있었다. 특히『역사학보』를 가꾸고 키워서 정기간행물로 자리 잡아 한국을 대표하는 국제적 학술잡지로 발전할 수 있게 하였고, 유서 깊은 진단학회를 소생시켜『진단학보』가 정기적으로 간행되어 한국학 각 분야의 종합 학술잡지로 자리 잡아 의미 있는 학술행사를 열 수 있게 하였다. 또한 서강대에 인문과학연구소를 출범시켰고, 한림대의 한림과학원이 쟁점 중심의 한국사연구를 수행케 하였다. 이러한 점들은 한국사학을 키우고 발전시키는 기초를 닦는 뜻깊은 일이었다.

선생이『한국사 시민강좌』창간을 통해 벌인 한국사 대중화 운동도 직접적 연구 못지않게 중요한 의미를 지닌다. 학문의 연구가 사회적 의미를 외면할 수 없듯이 한국사 연구도 궁극적으로는 역사의 주인공인 시민과의 유대를 떠나 존재의미를 찾기 어렵고, 그렇기 때문에 전문적 연구 성과는 사회와의 소통을 필요로 하는데, 바로 그것을 겨냥한 역사 교양잡지로서의『한국사 시민강좌』를 간행해 한국사의 대중화 운동을 펼쳤던 것이다.

나는 오랜 동안 이기백 선생을 가까이에서 관찰하면서 선생의 학술

봉사활동이 철저히 봉사 정신에 입각해 이루어지고 있음을 확인할 수 있었다. 학회의 임원은 '심부름꾼'이요, 그 활동은 '봉공정신'에 따라야 한다는 주장이 그대로 실천되었던 것이다. 수많은 학회 또는 연구소에서의 활동을 통해 선생이 보여준 모습은 근면, 성실, 겸손이었다. 그렇기 때문에 선생의 학술 봉사활동은 원활하게 이루어져 큰 성과를 얻을 수 있었고, 이 점은 한국사학의 발전을 이해하는 데 결코 놓칠 수 없는 대목이라고 나는 굳게 믿는다.

[『한국사 시민강좌』 50, 2012]

이기백 교수 추모의 글

정구복 한국학중앙연구원 명예교수

1. 머리말

금년은 餘石 이기백 교수의 탄신 100주년이어서 선생님의 탄생은 역사학계만이 아니라 우리나라에 있어서 커다란 축복이라고 생각한다. 선생은 역사학자로서 비단 20세기 우리나라만의 불세출의 인물일 뿐만 아니라 세계사적으로도 추앙받을 만한 역사학자라고 믿는다. 선생은 민족을 사랑했고, 진리를 탐구함에 온 정열을 다 쏟으셨기 때문이다.

한복을 입은 선생의 모습은 마치 고고한 백학과도 같고, 잡념이 전혀 끼지 않은 청정한 인성을 느끼게 하고 카랑 카랑한 목소리는 변함없어 나이를 무색하게 하는 것 같았다. 선생의 글은 물 흐르는듯하며, 논리 정연하다. 이를 따라가다 보면 어느새 높은 산정에 오르는 기분을 느끼며. 순수하고 따뜻한 인간적인 정열을 느끼게 한다.

이런 위대한 선생님 문하의 말석에서 대학원 강의를 받게 된 인연은 나에게는 엄청난 축복이고 행운이었으며, 또한 서강대학의 성실한 동료 학자들을 만나게 되는 행운을 가졌다.[1] 그 제자들은 선생님을 인격적으

---

1 서강대학교와 나와의 인연에서 꼭 밝혀두어야 할 일이 있다. 나는 1966년 서울대학교 대학원 석사과정에 입학했다. 그때 서강대학교 출신인 이현손이란 학우

로 존경할 뿐만 아니라 자신의 학문에서도 학적 태도를 배워 자신이 견지함으로 소위 '서강학파'[2]라 할 수 있는 학문적 전통을 키우고 있다.

필자는 1975년에 서강대학교 사학과 박사과정에 입학하여 1977년까지 3년간 수강하였다.[3] 전북대학교에 재직 중이어서 금요일 하루만을 상경하여 수업을 받았다. 그런 관계로 선생님의 수업은 겨우 한 강좌를 들었다. 그런데 감히 문하생(문생)이라 칭하기에 스스로 민망함을 느낀다. 그러나 선생님으로부터 12책의 선생님의 논집('이기백한국사학논집')을 증정받았고, 선생님의 부름으로 도곡동 아파트에 들린 적도 한 두 번 있다. 특히 한국사학사 연구를 주제로 삼은 본인에게는 선생님은 넘을 수 없는 태산과 같은 스승이시다.

선생님의 탄신 100주년 기념 추모문집에 변변찮은 글을 올리자니 79세에 돌아가심에 더욱 안타깝고 아쉬움을 느낀다. 선생은 한국사학사학회를 무척 소중하게 여기셨고, 학회 창립총회에서 '한국사학사연구의 방향'이란 제목으로 창립기념 특강을 해주셨다. 한국사학사학회 제9회 발표회에서는 '나의 역사연구'에 한우근 교수를 모시도록 했는데 발표 직전 갑자기 돌아가심으로 이를 선생이 대신 채워주셨다. 이 내용은 『한국

를 만났다. 그 친구는 석사과정을 한 학기만에 포기했다. 그로부터 나는 「반계수록」, 동국문화사본, 단기 4291 영인본을 인수받았다. 말이 많지 않은 성실한 학우였다. 10여년 후 여주에서 도자기 사업에 종사할 때 찾아가 만났다. 그의 도자기는 백화점에 납품할 정도로 수준이 높았다. 그 후 그는 암으로 젊은 나이에 생을 마감했다.

2 이 용어는 차하순 교수가 이기백 교수를 서강대에 모시는 계기로 이 학과가 생겼다고 사용했다(「여석과 그의 역사 세계」, 『한국사시민강좌』 50, 2012 참조). 이 학과의 특징과 성격은 사학사적으로 아직 정립되지 않은 것으로 알고 있다.
3 본인이 처음으로 이기백 선생님을 직접 뵈운 것은 서강대 대학원에 입학하기 전이다, 신문로 한글회관에서 개최된 역사학회였던 것으로 기억하고 있다. 아마 내가 서울대학교 석사과정에 있었던 때(1966-69)로 짐작된다.

사학사보』 제1집에 '나의 역사 연구' 란에 게재되었고, 한국사학사학회 편 『우리시대의 역사가』 1에도 다시 실려 간행되었다(경인문화사, 2011). 또한 자신이 남기신 글인 「학문적 고투의 연속」(『한국사 시민강좌』 4, 1989)은 선생이 학문외적으로 불편함을 당한 일이 실감나게 실려 있다.

선생님에 대한 연구는 제자 노용필 박사에 의해 『이기백한국사학기초연구』라는 책으로 이미 출간되었고(2016. 일조각), 또한 노 박사의 주관 하에 선생님의 10주기 추모사업으로 국제학술회의를 개최하였다. 그 결과는 『이기백한국사학의 영향』(한국사학, 2015)으로 출간되었다. 선생님을 생전에 모셨던 한림대학의 김용선 교수가 중심이 되어 10주기 추모 자료집으로 『민족과 진리를 찾아서 ― 10주기 추모이기백사학 자료선집』(김태욱외 편, 한림대학교 출판부, 2014)이 출간되었다. 또한 서강대학과 한림대학 제자들은 선생님의 수십 년 전 이화여대에서 강의하신 강의안 자료를 복원하여 『이기백한국사학논집』 제15권으로 『한국사학사론』을 일조각에서 출간하였다.

위 '10주기 추모자료선집'에는 책임 편집자인 선생이 직접 쓴 『한국사 시민강좌』에 실린 '독자에게 드리는 글'을 모두 실었다(30호까지). 끝으로 35집에 실린 2004년 3월에 써진 '한국사 시민강좌를 떠나며'라는 선생의 글을 실었다.

선생은 2004년 10월 세상을 떠나셨다. 이 글은 선생님의 임종을 알리는 마지막 유언 같기도 하다. 선생님은 자신의 사망을 미리 알고 유언을 남기신 선승과 같다고 할 수 있다. 이런 내용들은 선생님의 일대기를 재구성할 수 있는 자료이고 파란만장한 선생의 일대기는 가히 영화화해도 좋을 자료라고 할 수 있다.

2. 민족에 대한 사랑

선생은 일찍이 『한국사 시민강좌』 제20집의 '독자에 드리는 글'(1997.2)에서 "민족에 대한 사랑과 진리에 대한 믿음은 둘이 아니라 하나다. 그러므로 진리에 대한 믿음에 의하여 뒷받침되지 않은 민족에 대한 사랑은 헛된 것이다"라고 했다.

여기서 민족이라 함은 무엇을 뜻하고 역사학에서 '진리'란 무엇을 뜻하는가를 우선 살필 필요가 있다. 선생이 태어난 일제시대에는 민족이란 개념에 비록 정의를 내리지 않아도 그 개념에 대해 누구도 토를 달지 않았다. 이는 일제의 지배를 당하는 전 민족이 지칭되었기 때문이다. 선생은 민족사의 발전과정을 연구함이 목표였고, 식민 지배를 받은 상황에서 민족의 각성을 촉구함에 진력하였다.

선생의 역사학은 19세기의 민족주의의 역사관을 비판하면서 이루어진 것이므로 당연히 민족주의의 역사관이라고 할 수 있겠다. 그러나 선생의 역사관은 '열린 민족주의 역사관'이라 하였듯이 한국사 서술과 이해에서 배타적 관점을 벗어나려 하였고, 과거의 위대한 역사상을 고집하지 않았다. 역사해석에서 어느 한 가지 법칙이나 이론을 고집하지 않았다.

'민족'이란 것에 대한 사랑은 선친으로부터 영향을 강하게 받았다. 신채호의 「조선역사상 1천년래 제1대사건」과 함석헌의 『성서의 입장에서 본 한국사』에서 '민족'은 가슴깊이 새겨진 용어가 되었다(이기백, 「학문적 고투의 연속」, 『한국사 시민강좌』 4, 1989).

따라서 선생은 민족의 역사를 체계화함을 자신의 임무로 굳게 생각했다. 이는 『국사신론』, 『한국사신론』으로 나타났다. 이 책의 서장은 한국사의 새로운 이해를 위해 일제 식민주의 사관을 논리적으로 타파함에 노력했다, 그리고 한국사의 새로운 이해를 위해 근대 역사관의 비판을 거쳐 역사에서 보편성과 특수성을 함께 살펴야한다는 점에서 자기중심적, 내지 배타적 민족주의 사학도 비판하였다. 선생이 생전에 자신의 논저를 사학논집으로 재정리하였는데 제1집부터 제4집까지가 근대의 민족주의 역사학에 대한 비판적 사론이었다. 이는 한국근대사학사논집이라고 할 수 있다. 선생의 민족에 대한 사랑은 민족이 형성되어가는 과정보다는 현재의 민족의 상황, 그리고 민족문화, 민족의 전통을 앞으로 발전시킴에 관심이 더욱 집중되었다.

3. 진리에 대한 믿음

선생이 즐겨 쓴 '진리'라 함은 무엇일가?

역사학이란 학문은 진리를 추구하는 것이라고 한 점에서 그 개념이 들어나고 있다. 다시 말하면 학문에서 '진실을 밝히는 것을 뜻한다고 할 수 있다. 진실은 '사실'이라고도 하였다.[4] 역사학에서 과거의 사실은 실증에 의해 밝히는 것이고 실증은 자료의 연결고리를 맞추는 해석 작업이라고도 했다. 이런 역사학의 해석을 위해서는 적용하는 여러 가지 법칙이 있다고 했다. 역사학에서 법칙이란 용어는 현재의 우리에게는 조금 생소한 느낌을 준다.

역사에서 법칙의 문제를 거론하고 있음을 유물사관의 영향이 간접적으로 투영된 것으로 생각한다. 마르크스의 유물사관론을 신봉하는 역사

---

[4] 역사학의 '진리'가 역사적 '진실'을 밝히는 것이며 이는 곧 '사실'이라는 명제는 앞으로 많은 토론이 필요한 문제라고 생각한다.

학자들은 "역사는 과학이라고 주장하고 합법칙적이어야 한다"고 주장하고 있다. 선생은 유물사관론자들이 형식적인 틀로 역사를 일반화하려 한 점을 강하게 비판했다. 그러면서 자신의 역사학에서도 '법칙'이란 말을 자주 언급한 것은 유물사관의 역사학에 대한 비판에서 반사적으로 투영된 것으로 판단된다. 자신의 법칙 적용에는 다원적이라고도 했다. 역사학이론으로 선생은 서양사와 동양사를 연구하는 교수들의 이론 설명을 존중했고, 비교역사학이란 용어를 즐겨 사용했다. 선생의 역사에 대한 관심은 현재에 대한 인식에서 출발했다고 하였다. 선생이 추구한 이상적 국가는 인권이 보장되는 자유민주주의 체제였다. 선생의 역사학에 대한 최초의 총평은 차하순 교수의 「여석과 그의 역사세계」이다(『한국사 시민강좌』 50, 2012 참조).

4. 역사 연구에 기여한 점

선생은 역사 중에서도 사상사 분야를 적극적으로 연구했다. 전문적 연구서는 논집 제5책에서 제9책까지이고 제10책이 『한국사신론』이다. 선생의 연구대상은 고대와 고려사회에 관한 연구이다. 이런 전문적 연구는 논외로 하고 선생의 역사학 연구의 특징을 들면 다음과 같다.

논집 제12책은 '한국의 고전'이란 제목으로 『삼국유사』에 대한 논설과 고려사 병지 역주가 실려 있다. 『삼국유사』에 대한 논문은 한국사학사의 중요한 성과라고 할 수 있다. 『고려사』 병지 역주의 서문은 강진철 교수가 썼는데 이는 고려사 연구자 강진철, 김성준, 이우성, 이기백 4인이 '고려사 읽기' 모임을 매주 6년간 했다는 말이 우리에게 큰 충격적인 감각을 준다. 이에는 젊은 후배들도 참여하게 했다. 공동연구의 실상을 보여준 예라고 할 수 있다(민현구, 「이기백 선생의 학술 봉사활동」, 『한국사 시민강좌』 50, 2012 참조).

4.1. 20세기 한국사학사 연구의 제1인자.

선생이 지금까지의 역사학을 사학사적으로 비판한 업적은 '이기백사학논집' 1, 2, 3, 4 즉 제1책의 『민족과 역사』, 제2책의 『한국사학의 방향』, 제3책의 『한국사상의 재구성』, 제4책의 『한국고대사론』을 들 수 있다. 선생은 신채호의 민족주의 역사관과 최남선의 역사학을 비판함에서 출발하여 20세기에 있었던 역사학을 비판하는 사론을 썼다. 이는 선생의 역사관을 살피기 위한 제1의 자료이다. 선생의 사학사적 발전은 초기의 사학사 강의안을 옮긴 선생의 논집 15 『한국사학사론』에서는 이 문제까지 이르지 못했다.

4.2. 독특한 한국사 시대구분론

선생은 『한국사신론』에서 지배세력을 중심으로 시대구분을 시도했다. 이는 한국사의 4시대 구분론에 대한 반기를 든 것이다. 이는 이미 한국사 개설서의 시대구분론을 검토한 논문 「한국사의 시대구분론」(한국경제사학회 편, 『한국사시대구분론』, 을유문화사, 1970 ; 논집 1에 재수록)에 바탕을 둔 것이다. 이는 『한국사신론』에 적용되었다. 시대마다 지배세력이 교체 또는 확장되어 왔다고 했다. 이 개설서에 한국사 각 분야의 연구 성과를 수렴하려고 무던히 애쓴 선생의 노력은 가위 초인적이라고 할 수 있다. 이 책은 선생의 분신이었다.

현대사의 지배세력으로 민중을 주목했으며, 민중을 계도하기 위한 작업의 일환이 『한국사 시민강좌』라고 할 수 있다. 이 책에는 '독자에게 드리는 글'을 직접 써서 각 호의 편집에 대한 친절한 안내를 했다. 그리고 선생의 주도 하에 편집했지만 후배 및 제자로 구성된 편집진의 적극적인 협조를 받았다. 편집진은 유영익, 이기동, 민현구, 이태진, 홍승기 교수로서 학계의 대들보와 같은 연구자들이었다. 이는 선생이 35집에 책임편집의 임무를 손에서 떼지 않을 수 없는 상황을 언급했다. 이는 전적으로 선생의 건강 악화에 기인한 것이다. 편집진들은 선생의 숭고한 뜻을 잇기 위해 출간을 계속하다가 50호로 종간되어 학계에 많은 아쉬움을 남겼다.

선생이 『한국사 시민강좌』를 편집하여 출간함에는 한국사 연구에서의 문제점을 다루어 이에 대한 역사이해를 대중에게 확산하도록 함과 역사학자들의 연구 성과를 시민에게 알리는 일, 그리고 역사학 방법으로 '역사학 강의'를 꾸려 이에 서양사 동양사의 대가의 글을 실음에 진력하였다. 이는 민중에게 한국사학의 지평을 넓히기 위한 방편이었다.

5. 맺음말

선생은 한국사 연구자로서만이 아니라 행동에 있어서도 실천적 지성인으로서 존경을 받았다는 점을 지적해야 할 것이다. 이는 선생이 단군신화에 대한 정확한 이해를 설득시키기 위해 국사편찬위원으로서 국회에 참석하여 인격적 수모를 당하기도 하였고, 한국사의 국정교과서에 대해서도 깊은 관심을 가졌다. 학회에 대한 약속도 철저히 지킨 점에서 주위의 학자로부터도 존경을 받았다. 선생의 일생은 몸과 정신 양면으로 한국사 연구와 집필에 온통 바쳤다. 이런 점에서 선생은 일생동안 '역사했다'는 용어를 써도 좋을 듯하다.

선생은 20세기 한국이 낳은 가장 대표적인 역사학자로서의 역할을 다했다. 한국사학의 수준을 한 단계 크게 높였다. 선생의 학문은 앞으로 더 깊이 연구되어야할 태산과 같이 높고 크고 바다와 같이 깊다고 할 수 있다.

선생의 역사정신을 후배들이 길이 계승해야할 것이다. 선생은 한국사학의 수준을 현대화하고 세계에 알리는 큰 일을 하신 분이다. 역사가의 평가는 사학사 분야에 속한다고 할 수 있다.

[2024. 6. 그믐 정구복 삼가 올림]

餘石 李基白 선생님께 올립니다

박경자 대진대학교 명예교수

    1972년 3월 첫째 주 수요일(?)에 대학원 수업을 받기 위해 처음으로 餘石 李基白先生님을 찾아뵈었다. 이미 『韓國史新論』(그 이전에 『國史新論』이었다), 『高麗兵制史硏究』, 『新羅政治社會史硏究』 등의 저작으로 명성이 높으신 분이었기에 그 분께 배울 수 있다는 것만으로 얼마나 큰 기쁨이고 영광이었던지!

    餘石 李基白 先生님은 『한국사신론』을 통하여 잘 알려져 있다시피 식민주의적 한국사관을 철저하게 비판하고 인간 중심의 역사관을 바탕으로 한 새로운 시대 구분법을 제시하셨고, 한국사의 흐름을 주체적이고 역동적으로 서술하는 등, 한국사학계에 막중한 업적을 남기신 분이었다. 그렇기에 그런 분께 강의를 듣게 되었다는 것이 얼마나 가슴 두근거리고 밤잠이 설쳐졌던지 이 글을 쓰게 된 지금도 그때의 흥분과 설레임이 되살아난다.

    당시 선생님께 수강하는 학생은 필자인 나와, 서강대 졸업생인 남학생 한 명이었다. 당시만 해도 남학생이건 여학생이건 대학원 진출자가 그렇게 많지 않았다. 따라서 대학원 수업이라는 것이 어떻게 진행되는지도 모르고 그저 선생님께 배울 수 있는 영광이 주어졌다는 데에만 가슴 벅차했던 것으로 기억되는 첫 수업이었다.

수요일 2시로 기억된다. 그 때 주신 강의계획서를 얼마 전까지 간직했었는데 다 정리해버린 이후에 선생님을 회고할 수 있는 기회가 주어짐이 안타깝기 그지없다.

어떻든 그렇게 나의 대학원 시절이 시작되었고, 그 때 그 설렘과 가슴 벅참은 50년이 훌쩍 지난 지금도 뚜렷하게 떠오른다.

수업방식은 매주 주어진 주제에 맞게 논문을 읽고 발제를 해서 발표하는 방식이었다. 근엄하시기만 할 줄 알았던 여석 선생님은 몹시 인자하고 온화한 분이셨다. 이런 선생님께 강의를 들을 수 있었다니 얼마나 큰 기쁨이고 행운이었던가!

대학원 수업은 시작하면서부터 난관에 부딪쳤다. 한국학자들의 논문을 읽고 발제하기도 버거웠는데 末松保和 선생의 「新羅の村主について」와 旗田巍 선생의 「高麗王朝 成立期の'府'と豪族」 등, 일본학자들의 논문 등을 읽고, 발제하여 일주일 후에 발표를 해야 했다. 이 수업방식은 정말 버거웠다. 당시 우리는 제2외국어로 독어, 불어, 중국어가 있었고, 일본어는 아예 커리큘럼에도 없었기 때문에 일본어를 공부할 생각은 전혀 하지 못하고 있었다. 따라서 일본어를 접하지 못했던 나로서는 너무 당황스럽고 황당했지만 난색을 표할 수도, 일본어를 배운 적이 없어 발제하기 어렵겠다고 以實直告 할 수는 더더욱 없는 상황이었다.

그런데 보니까 같이 공부하는 서강대 졸업생은 일본어를 잘하는 것 같았다. 그때의 난감함이란, 그리고 나의 무지함과 무능함이란… 그러나 어떻게든 해내야 했었다.

그래서 과제를 받은 날, 일본어를 잘하는 지인을 찾아가서 과제로 주어진 일본학자들의 소논문을 번역해줄 것을 부탁하고 나는 그 옆자리에 앉아서 밤 세워 번역을 받아썼다가 그것을 토대로 리포트를 작성하기도 했던 기억들이 오랜 시간이 지난 지금에도 너무나 생생하다.

그리고 그 매운맛을 본 이후로 나는 종로학원에서 새벽 6시에 시작하는 일본어 초급반을 수강하면서 근근히 일본어 논문을 읽어가며 공부했던 기억이 새삼스럽다. (당시만 해도 일본어논문에 한자가 많았기 때문에 그나마 읽어볼 엄두라도 낼 수 있었던 것이다.)

당시 대부분의 대학원생들이 그랬듯이 나 역시 숙명여대 사학과의 조교로 있으면서, 대학원 석사과정을 밟았기 때문에 여간 시간에 쪼들리는게 아니었다. 그렇게 나의 뒤늦은 晝耕夜讀의 시절이 시작되었던 것이다. 이런 경험 이후로 대학원에 진학하는 후배들에게는 일본어 공부를 반드시 할 것을 적극 권장했던 최초의(?) 일본어 길라잡이 선배가 되기도 했었다.

지금 생각하면 너무 당연한 과정이지만 50년 전의 대학에서는 일본어 논문을 읽고 과제문을 발제한다는 건 매우 어려운 일이었다. 어떻든, 그렇게 내 일본어 공부는 시작되었고, 진행되었다. 지금 생각하면 너무 어이없지만 당시의 나로서는 지독한 열정의 결과물이 아닌가 싶기도 하다.

매주 여석 선생님께 공부하러 가는 길은 늘 기쁘면서도 두려웠다. 그때를 회상하니 빼놓을 수 없는 에피소드가 떠오른다.

2시부터 시작되는 선생님의 '한국중세사' 강의는 5시까지 연속되었다. 그 중간에 딱 10분, 커피 타임이 있었다. 팽팽한 수업의 긴장에서 잠시나마 벗어날 수 있는 휴식시간(수업 중간 커피를 마시는 동안의 휴식)이었기에 내게는 꿀맛 같은 시간으로 여간 기다려지는 시간이 아닐 수 없었다.

당시만 해도 커피는 아주 귀한 음료였다. 게다가 진귀한 풍경은 하늘같이 느껴지는 여석 선생님께서 손수 커피를 타주시는 것이었다. 그때의 그 황송하고 감사한 심경은 지금도 이루 표현할 수가 없다. 요즘 학생들은 "교수님, 차 좀 사주세요, 술 사주세요" 등과 같은 말로 친근함을 표시하곤 하지만 당시만 해도 선생님께 의사 표시를 한다는 것은 언감생심(焉敢生心), 생각지도 못할 일이었다. 그런데 더구나 이기백 선생님께서 타주시는 커피라니!!

어떻든 선생님께서 타주시는 커피를 잠시 동안의 휴식시간에 마셔야 했는데, 워낙 긴장되고 엄숙한 자리였기에 뜨거운 것을 빨리 마셔야 하는 짧은 휴식시간이 아쉽기만 했고 커피가 한 모금씩 넘어갈 때마다 '꼴깍 꼴깍' 목젖을 건드리는 소리에 어찌할 바를 몰랐었다. 그 기억은 50여년이 지난 지금도 나를 미소 짓게 한다.

그렇게 신기하고 엄숙한 분위기 속에서 허둥지둥, 우여곡절을 겪으며 한 학기를 마치고 '高麗 初期의 豪族'이라는 제목으로 한국 중세사 리포트를 제출했었다. 그리고 2학기에 선생님께 갔을 때, 선생님께서는 1학기 때 제출했던 리포트를 돌려주시면서 '박 선생은 이 분야로 석사논문을 썼으면 좋겠다.'라고 하셨다.

그렇게 얼떨결에 석사 논문 제목이 결정되고 선생님 말씀대로 나는 1974년 2월에 「高麗 鄕吏制度의 成立」이란 제목으로 석사학위를 받았다.

1981년 대학원 박사과정을 밟기 전까지 나는 모교(숙명여대)에서 '한국중세사' 등의 강의를 하였다. 당시의 시대적, 학문적 분위기는 석사를 마친 후 강의를 통한 실전을 몇 년 동안 쌓은 후 지도교수님의 추천 하에 박사과정을 밟는 것이 일반적인 분위기였다.

따라서 나도 1980년까지 6년 동안 모교에서 실전을 쌓은 후 지도교수님의 추천으로 1981년 3월, 드디어 박사과정을 밟게 되었다. 이후 3년의 수학기간(총 36학점)과 두 종류의 외국어시험을 포함한 종합시험에 합격하고, 그리고 나서, 3년 이내의 논문 작성 기간(총 6년의 수학기간)을 거쳐서 박사학위를 받을 수 있었다.

나는 1987년 2월 『高麗時代 鄕吏硏究』라는 제목으로 박사학위를 받았는데 이는 결국, 석사과정 1학기에 제출했던 '고려 초기의 호족'이라는 리포트가 기본이 되어 이를 발전시킨 결과『고려시대 향리연구』라는 제목의 박사학위로 이어졌으니 餘石 선생님께서 나에게 주신 恩惠는 이루 말할 수 없이 크다.

그러니까 선생님은『고려시대 향리연구』를 통하여 고려 왕조 성립기에 광범하게 등장한 豪族勢力이 새로운 사회 현실에 적응해 나가기 위해 당시 중앙, 지방 세력과 더불어 혹은 갈등하고, 혹은 타협하는 과정에서 얼마나 중요한 역할을 했던가 하는 점에 눈을 뜨도록 指針을 주신 것이었다. 그렇게 선생님은 나의 碩·博士課程을 이끌어 주셨던 것이다.

지금 생각하면 감사에 감사를 거듭 드릴 따름이다. 그리고 그 이후로 박사과정을 함께 밟은 前 이화여대 총장 이배용 선생과 함께 1년에 두세 번 정도는 꼭 선생님을 찾아뵈면서 안부를 여쭙곤 했었다.

그리고 2004년 6월 선생님이 召天하시기 며칠 전, 찾아뵈었을 때 평소처럼 여전히 단아하고 의연한 자세로 우리를 맞이해 주셨는데, 그러시던 선생님의 소천소식을 불과 며칠 후에 듣게 되었다. 그 때의 그 허망하고 慌忙함은 이루 표현 할 수가 없다. 어쩌면 선생님의 생전 모습을 마지막으로 뵌 제자가 아니었던가 싶기도 하다.

그렇게 선생님을 황망하게 보내드리고 어언 20년이 지났다. 이 글을 쓰려하니 같이 공부하며 여러 가지 도움을 주었던 서강대 졸업생들 이야기를 빼 놓을 수가 없다.

본교 출신이 아니었음에도 불구하고 자료 등을 아낌없이 구해주었던 사람에서부터 지금까지 본교 출신 못지않게 여러 가지로 살펴주고 토닥여주는 사람들에 이르기까지 이 지면을 빌어 고마움을 표한다. 특히 선생님 가신지 20년이 지났지만 여전한 친근함으로 학계소식을 전해주곤 하는 노용필 선생에게는 정말 고마움을 표하지 않을 수 없다.

다음은 1997년 대진대학교 사학과 가을 학기에 '전통문화의 계승과 현대'라는 주제로 특강하시는 대강의 내용을 발췌, 정리한 것이다.

이 강의 내용은 1997년도 당시에는 카세트테이프로 녹음, 보관되었던 것인데 오랜 시간이 지나면서 많이 희미해지게 되었던 것 같다. 그러나 선생님의 육성을 복원, 기록하는 것이 의미가 있을 것 같아 이를 복원하기 위하여 여러 가지 노력을 하였으나 복원이 어려웠다. 그러다가 마지막엔 AI 복원 절차를 거쳐 겨우 그 대강을 발췌할 수 있게 되었다. 따라서 특강내용이 매끄럽지 않게 전달되는 부분도 있다는 점을 미리 밝혀 두고자 한다.

餘石 李基白 선생님의 '傳統文化의 繼承과 現代'

현재 우리나라 사람들이 전통문화에 대해 깊은 관심을 많이 가지고 있는 것을 알 수 있습니다. 언젠가 이에 대해 말할 기회가 있어 "전통문화라고 하는 것 중에는 계승해야 할 것도 있지만 버려야 할 것도 있다"라는 내용으로 이야기를 하면서 학생들이 "전통문화에 대한 생각을 일상생활에 잘 조화시켜 공익적으로 이해하는 노력이 부족하지 않나"라는 생각을 하게 되었습니다.

왜냐하면 전통문화가 젊은 학생들에게 중요한 관심사가 되어야 하는 것은 현재 우리가 건설하는 문화가 나중에 우리 후손들에게 좋은 전통문화가 될 것이기 때문에, 전통문화를 계승하면서 현대 문화를 어떻게 한국적인 문화로 전통을 이어 내려가면서 건설해 나갈 것인가 하는 것이 필요하다고 생각되기 때문입니다.

우선 "문화라는 것은 그냥 쉽게 창조되는 것이 아니다"라는 이야기를 해주고 싶습니다. 그러니까 전문가들이 있어 자기 당대, 혹은 자기의 제자, 그리고 또 그 제자로 이어 내려가면서 한국적인, 문화적인 전통을 한 곳으로, 또 한 곳으로 이어 내려가며 발전시켜야 한다는 것이지요.

구체적인 예를 들어 보면 성덕대왕의 신종을 들어 볼 수 있겠습니다.

성덕대왕 신종에 기록된 부분을 보면 실제 만든 중요한 기술자들의 이름이 나오는데 그들의 관등을 보면 대나마 등으로 상당히 높은 지위의 사람들이 이것을 만든 것을 알 수 있습니다. 그리고 기술적으로도 어려움을 겪었다는 것을 알 수 있습니다.

따라서 이러한 과정을 보면 시행착오를 통해 많은 기술의 축적이 있었음을 느낄 수 있습니다. 이는 지금 세계에 내놔도 부끄러움이 없는 자랑스러운 기술자들이 힘을 모아서 만든 그 과정과 노력을 볼 때 오랫동안 이것을 만들기 위한 과정에서 굉장히 애를 먹었다는 사실—다 알고 있는 바와 같이 기술적으로 어려움이 있어 여러 번 실패를 거듭하다가 결국엔 사람을 거기다 넣어서 비로소 그 종이 만들어졌다—는 전설이 있을 정도로 어렵게 만들어진 우리 문화유산입니다.

이렇듯 피나는 노력이 쌓이고 쌓여서 이런 위대한 문화가 창조되고 그것을 후대 사람들은 '우리나라의 전통문화다'라고 합니다. 얼마 전에 독일의 유명한 학자가 와서 이 종을 보고 감탄에 감탄을 거듭하면서 독일 같으면 이 종 하나만 가지고도 박물관 하나를 만들 수 있겠다고 극찬을 했습니다. 그런데 우리의 현실은 어떤가요? 경주 박물관에 공각 하나 달랑 만들어 그것에 메달아 놓고 있을 뿐입니다.

또 우리가 세계에 내놓고 자랑할 수 있는 위대한 문화유산인 불국사, 석굴암 등을 들 수 있는데 석굴암의 조각들이 얼마나 아름다운 조각들인가?

세종대왕이 만든 한글도 이전의 전통을 이어받아 순전히 우리글을 만들겠다는 세종대왕의 노력에서 비롯되었다는 것은 알려진 바와 같습니다. 그러나 이 세상에 알려진 것 이상으로 학자들이 반대하니까 왕 혼자서 밤낮으로 그걸 연구하는데 눈이 아파서 약수터로 여행을 가는데 여행을 가는 도중에도 품속에서 훈민정음을 꺼내어 보고 연구를 했다고 하는 사실은 알려진 것보다 더 노심초사했다는 것을 의미한다고 봅니다. 그러나 세종대왕이 이토록 노심초사했다는 사실은 잘 알려지지 않았습니다.

그렇게 한글이 만들어진 뒤에 계승이 잘되지 않고 내려오다가 오랜 세월이 지나서야 세종대왕이 만든 그것을 기초로 해서 그걸 다듬고 또 다듬어서 현재 우리가 쓰는 편리한 한글이 되었던 것입니다.

　이를 통해서 우리가 알 수 있는 것은 노력 축적의 산물, 피나는 노력 축적의 결과 문화의 창조-전통문화의 창조가 이루어졌다는 그런 얘기가 가능하지 않나 싶습니다.

　그밖에도 도피안사의 철불, 고려청자, 소수서원, 옥산서원, 도산서원 등을 들 수 있습니다.

　서원중에 최초 서원이 소수서원 아닙니까? 여러분 다 잘 아시죠? 그 소수서원이 원래는 절입니다. 그 소수서원 기둥에 연꽃무늬를 보고, 또 한 고려청자를 보고 우리나라의 가을 하늘이 아주 청명하고 맑은데 그 맑은 하늘 때문에 고려청자의 아름다움이 나왔을 것이라고 설명합니다. 그러면 저는 그럽니다. "그렇다면 조선시대에 와서는 그 아름다운 가을 하늘이 하얀 하늘로 바뀌었냐?"고. 물론 농담이지만. 청자에서 백자로 바뀌어 간 것은 시대적인 요구가 있었기 때문이었을 것입니다.

　다른 말로 표현하면 그 당시에 문화 창조를 담당하던 사람이 바뀌었다는 것을 의미하는 것은 아닐까요? 이것은 역사를 창조하는, 역사에 참여하는 지배 세력이 바뀌었다는 이야기가 된다고 하겠습니다.

　현대로 내려오면 내려올수록 역사를 주도하는 세력이 민중으로 바뀌면서 문화에 대한 욕구가 달라지고 따라서 이 문화는 우리의 전통문화가 바뀌어 가는 원동력이 되는 것입니다.

　이렇게 문화가 바뀌어요. 문화가 바뀐다는 것은 전통문화가 바뀐다는 뜻이죠. 전통문화가 바뀐다는 뜻은 우리 입장에서 보면 신라시대 우리의 전통문화 중에서 신종이나 불국사가 제기되는데 고려시대 들어와서는 청자가 되고 글이 되니까 한글이 되고 그 다음에 백자가 되고 혹은 그 다음에 실학이 되고 점점 문화가 간소화가 되고 이런단 말이죠.

　이런 식으로 우리의 전통문화가 자꾸 바뀌어 왔어요. 이런 변화에 대해 관심을 가진 분이 계셔요. 여러분 아마 아실 걸로 생각합니다만 문일평 선생님! 일제 강점기에 문일평 선생님이 민족주의 사학자로 역사에 대해 관심을 가지고 있는데 이 분이 쓴 「조선 문화에 대한 고찰」이란 글을 보면 "과거에는 가족이라는 조그만 울타리 안에서 문화가 발생했는데 이제는 개인이 중요하다는, 개인에 대한 존중 또 민족에 대한 생각, 사회에 대한 생각, 민중에 대한 생각 이런 것을 많이 하게 되었다. 그러니까 가족이라는 조그만 울타리를 뛰어넘고 개인과 민족과 사회와 민중을 새로 파견한 시대가 되었다" 이랬습니다.

따라서 역사의 발전에 공헌하는 문화, 이것이 새로운 전통문화가 되겠는데 그 새로운 전통문화에는 긍정적인 것과 부정적인 것, 이 둘이 있어 가지고 긍정적인 것은 결국은 창조적인 정신의 틀을 가진 정신에 의해서 만들어진 것이고 창조적인 정신이라는 건 어떻게 생각하는 거냐 사람이 바뀌니까 그 사람들이 새로운 활력이 된단 말이죠. 자신의 뭔가 요구에 자주 사회적인, 역사적 요구에 적합한 그런 문화를 새로 창조해내는 그런 거 아니겠습니까?

이게 그렇게 계속 내려왔어요. 계속 내려왔으니까 비록 바뀌더라도 그 근본에 이런 창조적 정신이 항상 밑에, 기저에 깔려 있어 그에 따라서 오늘날 우리가 실학을 물론 굉장히 높이 평가하는 것만 해도 실학자들이 말한 개혁안, 사회개혁안을 현재 우리 사회에서 그대로 개혁을 하자 이러면 이거 웃을 거예요. 맞지 않습니다. 하지만 역시 오늘날과 비교하기에는 다 이건 뒤진 거거든요. 여기 시대적으로 만들어 낸 실학이라는 새로운 문화는 새로운 구도, 그 새로운 문화를 창조해낸 그 정신. 이거는 오늘날 우리가 그대로 이어받을 수 있도록 그러니까 전통문화 그럴 때 구체적으로 무슨 신학이다, 청자다, 한글이다 혹은 뭐다 이런 구체적인 문화가 이거 다 귀하고 그것이 다 창조적인 노력의 소산이니까 하나라도 소홀히 할 게 없습니다.

하나라도 반드시 그렇게 아주 기술적으로 우수한 거 혹은 학문적으로 수준이 높은 것뿐만이 아니라 그렇지 않은 것이라도 다 우리에게는 소중한 문화유산이고 또 소중한 전통문화인 것입니다. 그러나 그런 구체적인 것을, 그런 구체적인 전통문화를 그대로 오늘날에도 재현하자는 것이 아니라 그것을 만들어낸 그분들의 창조적 정신은 그대로 이어받자. 그렇게 해서 우리가 오늘날 우리의 생활에 적합한 새로운 문화든, 그 문화에 적합한 현대 문화든 창조했을 때 그것이 우리 자손들을 위해서 한국에 유리한 전통문화입니다. 전통이라는 게 시대가 지나면

다 전통이 되는 거니까 이게 전통문화예요.

그런 과정에서 필요하면 외국 문화도 받아들여야지 외국 문화까지 배척한다. 우리 것만, 우리 고유한 것만이 좋다. 이렇게 생각하면 참 곤란합니다. 그렇다고 우리 거는 다 좋다는 건 아닙니다. 최대한으로 귀중한 걸로 우리가 최대한으로 살려야겠습니다.

결론적으로 전통문화를 오늘날에 그대로 재현하자는 것보다는 그것을 만들어 낸 창조적 정신을 그대로 이어받자. 그리고 우리가 오늘날 우리 생활에 적합한 새로운 문화인 한국문화를 창조했을 때 우리 자손들을 위해서 한국에 유리한 전통문화가 될 수 있을 것입니다. 그런 과정에서 외국 문화도 필요하면 받아들여야 합니다. 외국 문화를 배척하고 "우리 고유한 것만이 좋다"라고 하면 곤란합니다. 그런 노력과 함께 무엇보다 귀중한 것은 그런 문화를 이끌어 낸 우리 선조들의 창조적 정신, 그 자체를 귀중하게 생각하고 이어나가는 자세가 현대인들에게 필요하고 중요한 관심이라는 것을 강조하고 싶습니다.

그런 노력과 함께 무엇보다도 귀중한 것은 그런 문화를 이끌어 낸 우리 선조들의 창조적 정신 그 자체를 좀 더 귀중하게 생각하고 이어나가는 그런 자세가 현대인들에게 필요하다. 이런 얘기가 되겠는데 그것이 제가 여러분한테, 말씀드리자면 기억된 자리가 되었으면 합니다.

1997년 10월 어느 날

　　첨부한 사진은 1997년 내가 봉직하고 있었던 대진대학교 사학과의 가을학기 특강 때 초청받아 '전통문화의 계승과 현대'라는 주제로 강의하시는 모습이다.
　　선생님께서는 이 못난 제자를 위하여 멀리 포천에 있는 대진대학교까지 오시는 것을 사양하지 않고 기꺼운 마음으로 오셔 이 자리를 빛내주셨다. 다시 한 번 깊이 감사드린다.
　　당시 대진대학교 사학과 학생들은 『韓國史新論』의 저자이신 이기백 선생님의 특강을 직접 들을 수 있게 된 것을 매우 자랑스럽게 여겨 열심히 강의를 들었다고 자랑하곤 했다.
　　이때 만해도 이렇게 정정하고 온화함이 느껴지던 선생님이셨는데 그 후 10년도 채 지나지 않아 소천하신 것이다. 새삼스레 황망함이 느껴진다. 선생님! 永眠하소서!!

2024년 7월 제자 朴敬子 삼가 올립니다.

민족에 퍼 나른 진리는 학은의 강물이 되다

김두진 국민대학교 명예교수

1. 늦은 인연은 길을 이루고

　이기백 선생은 참 선비시다. 흔히 선비 하면 딸깍발이를 떠올리지만, 선생의 고고한 모습이 마치 학 같다. 민족사를 연구하면서 오로지 진리만을 추구한 것이 그렇게 보였을 듯도 하다. 자찬 묘지명에 '민족에 대한 사랑과 진리에 대한 믿음은 둘이 아니라 하나다'라고 했다. 그래서 선생을 민족에 진리를 퍼 나른 학으로 부르고 싶다. 나는 학부를 졸업하기까지 선생의 가르침을 받지 못했다. 대학원 과정에서 처음으로 선생을 만났고, 석사논문을 작성하면서 개인적으로 지도를 받았다. 지금 생각하니 나의 생애에 큰 전환점이 되었다.

　학부 3학년 때 정만조와 나는 몽골의 고려 침략에 관심을 가진 말레이시아대학 교수 한 분과 은사인 전해종 선생을 따라, 강화도를 답사하면서 잔심부름하였다. 그 뒤 삼전도비 탁본을 부탁받아 서강대학으로 옮긴 전해종 선생을 가끔 방문했는데, 그때마다 겸해서 이기백 선생을 찾아뵈었다. 그러다가 주로 이기백 선생을 만나고자 서강대학에 들렀고 돌아오면서 전해종 선생께 잠시 인사를 드렸다. 사실 나는 선생의 「삼국시대 佛敎傳來와 그 사회적 성격」을 많이 참고하여 학부 논문인 「한국 고대 巫敎사회에 전래된 불교신앙의 영향」을 작성하였다.

처음 나는 학부 논문에서 석사학위논문의 주제를 잡고자 하였고, 선생께 삼국시대에 전래한 불교신앙에 관해 자주 질문을 드렸다. 그런데 선생은 당신의 학부 논문인 「불교전래고」를 탐탁하게 여기지 않는 듯했다. 그 후 가르침을 받으면서 역사적 개별 사실이 중요할 뿐만 아니라 논문 주제도 구체적이어야 함을 깨달았다. 관심 분야를 질문하다 보면 내 생각을 드러낼 때가 있었는데, 가끔은 선생이 그 근거를 물었다. 처음엔 당황하기도 했지만, 구체적 개별 사실의 정확성을 계속 염두에 두게 하였다.

실제로 선생은 명효가 원효라든가, 왕건이 오대산 불사를 완성했다는 데 대해 그 이유를 물었다. 나는 명효와 원효의 문제가 너무 닮아서라고 대답했는데, 수긍은 했어도 확신하지는 않았던 느낌이다. 반면 민지의 「五臺山聖迹幷新羅淨神太子孝明太子傳記」를 보고 선생은 오대산 불사가 경덕왕대에 시작되었을지라도 고려 태조 때에 완성된 것이 맞는다고 하였다. 나는 학부 때까지 빈곤한 한국고대사 사료의 한계를 극복하고자 인접 학문의 이론을 중시하는 분위기 속에 수학하였다. 대학원에서 이병도 선생의 강의를 수강하면서 역사학이 냉엄·정확·과학적이어야 함을 배웠고, 이기백 선생의 지도를 받으면서 엄격한 실증을 이정표로 삼았다.

학부 졸업 후 나는 토착신앙이나 불교사상에 관심을 가졌다. 그런데 이병도 선생은 고고학 등 이론을 역사적 사실 규명에 부차적인 것으로 인정하였고, 이기백 선생도 실증을 요구하였으나 그 해석에 도움을 주는 이론을 은근히 용납하였다. 나는 무불관계사에서 우선 불교사상 연구로 방향을 잡았다. 불교사상에 대한 이해는 이제 역사학에 발걸음을 들어놓은 초보자로서는 힘겨운 작업이다. 화엄이나 유식 등의 교학사상은 그 자체로도 심오하고 방대하다. 이런 사정은 나의 석사학위 논문 주제를 선종사 쪽으로 한정하게 했다.

나말여초 30여 개의 선사비명을 정리하면서 9산문에 관심을 두었는데, 우연히 최치원의 『사산비명』을 구해보고는 9산문 중 「낭혜의 성주산문에 대하여」를 석사학위논문으로 작성하였다. 이렇듯 구체적 문제로 논문 주제를 정하기까지에는 선생의 영향이 크게 작용하였다. 이 논문은 뒤에 「낭혜의 선사상」으로 『역사학보』에 게재되었다. 그러기까지 먼저 선배인 민현구 교수가 꼼꼼히 읽고 내용을 수정해 주었으며, 다시 이기백 선생이 논리나 문장까지 다듬어 주었다. 이때부터 나도 문장을 애써 중시하는 버릇이 생겼다. 사실 학보에 실린 나의 첫 논문은 두 분 선생의 도움을 받았던 것이고, 그 뒤 「순지의 선사상」이야말로 독자적으로 이룬 나의 첫 논문이라 할 수 있다.

2. 잔잔한 정이 은혜가 되어

이기백 선생은 자애로운 어버이 같다. 범접할 수 없도록 고고하면서도 잔잔한 정을 지녔다. 으레 전공에 관해서만 질문하다 보니 사담할 기회가 별로 없었는데, 언젠가 자녀 문제를 들을 기회가 있었다. 그 후론 혼사를 비롯한 선생께 개인적 문제로 의논을 드렸다. 내가 한참 신라화엄사상사 등 사상사 공부에 열중하고 있을 때, 선생이 차남인 이인철의 역서 『中國法律文化探求』(일조각, 1996)를 건네주었다. 딱히 나의 전공 분야도 아니어서 서문을 읽고 대충 내용을 훑어보았는데, 중국의 법제와 이론을 사회사상사로 연구한 저서였다.

아버지를 닮아 이인철의 완벽한 모습이 그 책에 나타나 있었다. 내용이 논리적이고 번역한 문장이 매끄러울 뿐만 아니라 주석을 일일이 원문과 대조하여 바로잡는 수고를 아끼지 않았다. 칭찬할 만도 했으나 선생은 차남의 완벽한 모습을 오히려 걱정하였다. 서울대 동양사학과 박사 과정을 수학하고는, 학위논문 작성을 끝내지 않은 차남에 대한 염려도 조금은 들어 있었다. 그가 학위논문 수준에 대해 스스로 만족하지 못했기 때문인데, 그 걱정은 자식 잘되기를 바라는 애틋한 부정을 느끼게 했다.

학위논문 초고를 요구했으나 가져오지 않는다고 이인철의 지도 교수인 이성규 교수가 전언해주었다. 그는 국민대학에도 출강하였다. 마침 내가 문과대학 학장이던 때에, 우연히 그의 강의평가서를 본 적이 있었다. 전공강의 평가는 매우 우수하였는데 의외로 교양강의 평가는 별로였다. 바로 이런 면이 그의 완벽함 때문인 것 같았다. 고고했지만 가만히 자식에게 쏟은 선생의 정을 새삼 생각하게 했다. 나도 이기백 선생의 잔잔한 정을 받은 적이 한두 번이 아니다. 전남대학에서 국민대학으로 옮겼을 당시 식사 후 소화가 잘 안되어 고생하였는데, 마침 선생이 가끔 이용하는 병원을 소개해 주었다.

누상동에 있는 깨끗한 동네 내과 병원이며, 원장은 70세에 가까운 노인이고 간호사 한 분이 보조하고 있었다. 흔한 X-Ray 장비도 없이 주로 청진기와 진맥으로 진단하므로 마치 한방 병원에 온 듯했다. 진료 후 원장은 정말 친절하게 결과를 설명해 주었다. 구식 진료이지만 순수 경험을 알려주는 내용은 퍽 만족스러웠다. 완치하기 위해 마음을 편히 가지라고 했는데, 바로 이 말은 이후 나의 생활에도 도움이 되었다. 내 집이 병원에서 멀리 떨어져 있어서 10일분의 약을 처방해 주었고, 이후 한 번 더 지은 약을 받고는 정말 씻은 듯이 나의 속병이 나았다.

이기백 선생은 최신 의료 장비보다도 직접 경험에 의한 진단의 믿음직스러움을 소개해 준 셈이다. 하얀 가운을 입고 욕심 없이 진료하는 노원장의 모습도 마치 선생을 연상하게 한다. 나는 여름 방학 중에 부산 처가에 들렀다가 돌아오는 기차간에서 우연히 이기백 선생 부부를 만났다. 뜨거운 모래를 밟는 것이 무좀에 좋으므로 매년 해운대 해수욕장을 들린다고 하였다. 사실 나도 무좀이 있었으나 선생이 일러준 모래 밟기를 실행하지는 못하였다. 대신 선생은 집에서 하얀 무명 양말을 신고 있어서 나도 흰 양말을 주로 착용하였다.

조금은 억지스러울지라도 하얀 양말을 이기백 선생과 연관 지어 생각하였던 때문이다. 선생이 외출할 때 흰 양말을 신었는지는 모르겠으나, 나는 사철 흰 양말을 애용하였다. 친구들 모임에 흰 양말을 착용하였다가 어색하다는 충고를 들은 적도 있으나, 이를 개의치 않았다. 그러다가 선생으로부터 조그만 백자를 받았다. 한정식집인 삼청동 용수산에서 선생이 제자들 부부를 초청하여 저녁을 먹은 적이 있다. 연배로 보아 유영익 교수부터 내 또래까지였는데, 식사가 끝나 돌아갈 때 이 도자기를 각 부부에게 선물로 주었다.

팔면으로 된 백자는 안이 원통을 이루어서 각진 것 같으나 전체적으로 둥근 모습이다. 모나지만 원만하며 순백이지만 조금은 우윳빛을 띠고 있어, 은은한 자태가 마치 이기백 선생의 잔잔한 정을 전하는 듯했다. 조그마해 앙증스럽기도 해서 나는 책상머리에 두고 펜꽂이로 사용해 왔다. 지금도 이 백자를 보고 있으면 나는 선생 댁을 방문하고 돌아갈 때, 누상동 집 문밖까지나 또는 도곡동 아파트 일 층 현관까지 나와 배웅하던 당신을 떠올린다. 등 뒤에 전하는 잔잔한 정이 어찌 은혜롭지 않았겠는가.

3. 학은의 강물로 흐른다

불교사상사 연구를 우선 선종에서 출발하였지만 나는 점차 교학사상을 깊이 이해하려고 했다. 선종이 논리를 부정하기보다 초월하려 했으며, 나말여초의 선종사상은 교종사상과 교섭하는 경향을 보였기 때문이다. 화엄이나 법화사상과 교섭하는 순지의 선사상을 밝힌 후, 우선 화엄사상에 관심을 가졌다. 실제로 번다한 유식에 비해 공관에 대한 파악이 간명하면서도 교학의 진수에 접근할 수 있다. 이리하여 나의 화엄사상 연구는 먼저 균여 사상에서 시작하였고, 규장각 장서 속에 현전하는 균여 저술을 모두 복사하여 그 내용을 집중적으로 분석하였다. 마침 나는 미국 燕京학회의 연구비를 받아, 균여의 화엄사상을 열심히 밝혔다.

이기백 선생이 나의 균여 관계 논문을 체계적으로 엮어 단행본으로 출간하도록 종용하였고, 한국연구원 총서 중 하나인 『균여화엄사상연구』로 간행하는 데 도움을 주었다. 이 책이 계기가 되어 『의상, 그의 생애와 화엄사상』이나 『신라화엄사상사연구』를 저술하였다. 그중 전자는 대우재단의 학술총서로 기획된 균여인데, 선생과 상의하여 주제를 바꾸어 제출한 저술이다. 후자는 서울대학 출판부가 한국의 탐구 시리즈로 의상을 선정하여 나에게 의뢰한 것인데, 그 내용을 확대하여 저술한 단행본이다. 나의 학문이 성장하는 데 잔잔하게 전하는 선생의 학은을 생각하지 않을 수 없다.

「신라의 宰相제도」나 나말의 호족에 관한 木村誠이나 江原正昭 등 당시 일본인 학자의 논문은 쉽게 구하기 어려웠는데, 나의 연구에도 꼭 참고해야 할 연구 업적이다. 사정을 안 이기백 선생이 이런 논문을 구해 주기도 했다. 나는 무불관계사에 관심을 가져 토착신앙의 제의나 건국신화를 『한국고대의 건국신화와 제의』로 저술하였다. 이 책을 출간한 이후이긴 하지만 선생은 유물론으로 국문학을 연구하는 김태준의 「단군신화연구」, 『역사과학』 5, 2~4, 1936)를 복사하여 건네주었다. 참 귀한 자료였고 뒤에 단군신화 연구사를 정리하면서 참고하였다. 돌이켜 보면 이기백 선생은 은근히 나의 공부를 독려하였다.

이후 선생은 Marshall D. Sahlins의 『Tribesmen』(Prentice-Hall, 1968)을 전하면서 번역하기를 권하였다. 책을 받아 검토해보니, 『원시종교론』을 번역한 지도 20여 년이 넘어서인지 잘 진척되지 않았다. 바쁘기도 하여 다시 선생께 『Tribesmen』을 돌려 드렸더니, 일조각에서 보낸 책이라 그대로 가지라고 하였다. 또한 『강좌 한국사』(6책, 일조각) 중의 연표를 홍승기 교수와 함께 작성해서 간행하도록 권하였다. 내가 고대와 최근세를, 홍승기 교수가 고려와 조선시대를 맡았는데, 이 또한 초고만 작성하고 완성하지 못하였다. 말없이 도우면서도 좀처럼 권하지는 않는데, 두 건 모두 잘 마무리하여 드리지 못해 선생께 죄송한 마음이다.

이기백 선생은 학회 활동을 중시하였고 특히 역사학회를 사랑하였다. 나는 회원으로 또는 이사로 역사학회 모임에 주로 참석하였는데, 그때마다 좌중의 맨 앞 자석에 선생이 자리하고 있었다. 말석에서 선생을 바라보는 것만으로 학회 활동에서 보람을 얻었다. 그러다가 내가 총무이사가 된 해부터 선생과 그 동년 분들이 역사학회 모임에 참석하지 않았다. 2004년 신년 인사 때 선생은 나의 차기 역사학회 회장 소식을 전언해 듣고 내심으로 반겨주었는데, 실제로 내가 회장 임무를 수행하는 것을 보지 못하고 그 해 세상을 떠나셨다. 회장으로서 열심히 역사학회 모임을 주관하였지만, 무언가 허전한 마음이 없지 않았다.

나는 불교사상을 구조기능적 방법으로 연구하여 사회사상사를 정립시키려 했고, 그 성과를 민족문화의 創達과 연결하여 이해하였다. 이런 나의 학문은 이기백 선생의 학은을 입고 성장하였다. 전남대학에 재직

할 때 선생은 홍승기 교수를 통해 『한국민족사상사대계』(3책, 李瑄根 등 편, 1971-1974, 亞細亞學術研究會)를 전해주었다. 심화한 연구는 아니었어도 이 책은 내가 민족문화 전통에 눈뜨게 하였다. 자료뿐만 아니라 선생의 사상사 연구 방법은 바로 나의 사상사 연구의 토대가 되었다. 특히 선생은 사상의 어떤 면이 특수한 시대 상황 속에서 어떤 사회적 세력에 의해 관심의 대상이 되었는가를 밝혔다.

    선생은 사회사상사 연구의 기초를 비로소 마련하였다. 『신라정치사회사연구』(1974)와 한 물체의 두 면이라 할 수 있는 『신라사상사연구』(1986)는 신라 사회를 깊이 이해한 바탕에서 거기에 포용된 사상을 추구한 저술이다. 나는 선생의 연구 방법을 계승하면서, 한편으로 사상의 변화에 따른 사회 변혁을 밝히려고 하였다. 또한 필연적으로 존재할 수밖에 없는 이유를 들어 개별 사실을 설정하려 하였다. 이는 민족문화의 창조와 연관되는데 역사적 사실, 곧 진실과 진리의 추구 과정이라 할 수 있다. 둘러보면 선생의 학은이 강물처럼 흐름을 느낀다. 그러나 진리의 파수꾼인 선생의 삶을 따르기는 아직도 힘들기만 하다.

이기백 선생님의 더없이 큰 은혜와 가르치심에 감사드린다

이종욱 서강대학교 명예교수

1. "실망했네."

하시고 선생님은 노트를 덮으셨다. 그 순간 나는 서강과의 인연이 끝나는 것을 감지했다. 1974년 6월 1학기 대학원 수업 마지막 두 주 수업 여섯 시간 동안 신라의 촌주에 대한 석사학위 논문을 준비하여 발표하도록 되어 있었다. 그런데 첫 발표 몇 분 만에 그 학기 수업을 끝내시며 하신 말씀이다. 내가 보아도 준비가 안 된 발표를 하려던 것이다. 그때 선생님은 그 학기 과제로 신라 촌주에 대한 모든 논문을 정리하여 6월 말 제출하고 7월 초 어느 날 12시에 과제를 받으러 오라 하셨다. 12시는 사학과 선생님들이 식사를 하러 가시는 시간이다. 따라서 나는 그때 이제 나는 서강에서 끝이라는 사실을 생각했다.

그 일로 나는 역사 공부를 포기하고 다른 길을 가야 하겠다는 결심을 하고, 선생님께 말씀드릴 새로운 길을 가는 이유도 준비했다. 그러나 역사 공부를 하기 위해 서강에서 몇 년을 보냈는데 학위는 못 받더라도 논문 한 편은 써야겠다는 마음을 먹었다. 그렇게 하여 촌주에 대한 발표를 준비하며 생각했던 「남산신성비를 통하여 본 신라의 지방통치체제」

라는 제목의 과제를 작성하여 제출했다. 과제는 완성된 것이 아니었다. 다만 5개 절 중 남산신성비의 인원 분석, 남산신성비 축조를 위한 역역체제를 작성하고 신라 중고의 지방행정기구, 촌락구조, 지방민의 신분제는 절의 제목만 생각한 것이었다.

과제를 제출하였더니 선생님께서 크게 노하시며 지시한 제목의 과제가 아니라 마음대로 과제를 쓴 예가 두 번째라 하셨다. 며칠 후 12시에 과제를 받으러 갔다. 그런데 선생님께서 반갑게 웃으시며 앉으라고 하시고 차를 끓여 주시며 논문이 되겠다고 하셨다. 다만 학점은 나의 잘못이 있어 B를 주시겠다고 했다. 그렇게 서강에서 인연이 끊길 번 한 나는 다음 학기 경주를 오가며 정말 미친 듯 논문작성에 매달렸다. 그때 나는 경주가 아니라 신라로 가고 싶었다. 신라 사람을 만나 나의 생각이 타당한지 묻고 싶었다.

그렇게 생각해 낸 것이 신라 지방에서는 행정촌(직경 10km 정도, 현재의 면 정도)과 자연촌(직경 3km 정도, 현재의 리 정도)이 구별되었고, 왕경에서는 부(직경 10km 정도)와 리(직경 3km 정도)가 구별된다는 것이었다. 이 같은 생각을 하고 보니, 신라 중고의 지방행정조직, 촌락구조, 신라의 왕경과 지방인의 골품 신분에 대한 정리를 할 수 있었다.

우여곡절 끝에 제출한 석사학위 논문은 나의 한평생 학문의 길을 열어주는 열쇠가 되었다. 이 논문은 『역사학보』(64집, 1974. 12)에 「남산신성비를 통하여 본 신라의 지방통치체제」로 게재되었고, 일본에서 번역되어 2회에 걸쳐 『한韓』(57, 1976 : 58, 1977)에 게재되었다.

2. "아무에게도 말하지 말고 즉시 귀국하라."

석사학위를 마친 나는 캐나다 브리티쉬 콜럼비아대학교 인류학 및 사회학과 대학원 석사과정에서 인류학·고고학·사회학을 공부하고 있을 때였다. 나에게 1976년 말 선생님의 편지가 왔다. 영남대학교 국사학과에 전임강사로 갈 수 있다고 하셨다. 그때 UBC의 지도교수 피어슨 교수는 일본에 출장을 갔기에 누구에게도 말못하고 혼자 입술이 타들어 가도록 일주일을 고민하다가 귀국을 결심하고 이기백 선생님께 연락을 드렸다. 그렇게 하여 1977년 1학기부터 영남대에서 한국사를 가르치게 되었다.

3. 박사학위와 논문

1979년 3월에 서강대 박사학위 과정에 입학, 1982년 2월 학위를 받았다. 학위논문은 『신라국가형성사연구』였다. 그런데 특기할 사실은 박사학위 논문은 두 가지 장벽을 넘어 작성되었다는 것이다. 하나는 『삼국사기』 신라 내물왕 이전 기록을 사료로 인정하지 않는 통설 장벽을 부순 것이다. 다른 하나는 소위 실증사학의 벽이다. 그 중 첫 번째 장벽은 쓰다 소키치가 1919년에 쓴 「삼국사기의 신라본기에 대하여」(『고사기』 및 『일본서기』의 신연구』, 1919)에서 비롯된 것이다. 나는 통설과는 달리 삼국사기 내물왕 이전 기록을 사료로 인정하고, 고고학 자료도 이용했으며, 인류학 이론을 받아들여 분석의 틀을 마련해 이 논문을 작성했다.

여기서 밝힐 사실은 근현대 한국 사학을 만들어 온 연구자들이 사료로 인정하지 않던 삼국사기나 삼국유사의 신라 건국 신화부터 내물왕

이전의 기록을 적극적으로 이용했다는 사실이다. 이는 1919년 진전좌우길이 신라본기 내물왕까지 기록이 날조된 것이라고 한 뒤 이병도 선생 등이 그 주장을 받아들였던 것과 다른 것을 의미하는 것이다. 나는 『한국 고대사의 새로운 체계』(1999)를 발표하기 전에는 쓰다 소키치나 그를 추종한 이병도 선생 등의 내물왕 전후까지 기록 뭉개기에 대해 식민사학이라거나 황국사관이라는 바판을 하지 않았다. 다만 쓰다 소키치와 달리 삼국사기나 삼국유사의 건국 신화를 포함한 초기 기록을 그대로 인정하며 신라사를 탐구했다. 그렇기에 당시는 문제가 되지 않았다.

나의 박사논문은 석사학위 논문에서 출발했다. 국가 형성 이전 촌장들이 다스리던 서라벌 6촌을 추장사회로 보았고, 혁거세 세력이 6촌을 통합해 소국을 세웠으며, 경상북도 일대의 소국들이 진한 소국을 형성했고, 1세기 중반부터 3세기 중반까지 사로국이 진한 소국을 모두 정복했다고 보았다. 이 같은 정치적 성장을 한 신라의 지배 세력과 골품제의 기원을 보았고, 신라의 중앙정부 조직과 지방통치조직의 발전에 대해 다루었다. 한국사신론과 다른 이 같은 주장을 학위논문으로 인정해 주신 것은 선생님이 나에게 학문적 자유를 주셨던 것이다.

이 논문은 일조각에서 같은 제목으로 1982년 2월 출간되었다.

4. 『화랑세기』를 공부하지 말라신 이기백 선생님의 교시

1995년 11월 23일 이기백 선생님은 나에게 『화랑세기』를 4~5년은 공부하지 말라고 하셨다. 노태돈 선생의 부정론에 나오는 위서들의 존재를 보면 『화랑세기』도 박창화가 쓴 위서라 생각하신 것이다. 그리고 내가 쓴 인통姻統에 대한 논문도 강하게 비판하셨다.

　선생님은 모두들 위서라고 하는 『화랑세기』를 김대문의 저술로 보는 때문에 필자를 보호하기 위해 공부하지 말라고 하신 것이라 생각된다. 그러나 『화랑세기』가 위작일 수 없다는 근거는 많다. 다만 신라 당대의 관점에서 당대의 시각으로 보면 『화랑세기』가 신라인의 저술이라는 사실을 알 수 있다. 한편 선생님은 『화랑세기』에 나오는 "화랑지사花郞之史 불가부지야不可不知也" 라는 구절을 가지고 당대에 모두 아는 화랑의 역사에 대해 알지 않으면 안 된다고 한 것도 문제 삼으셨다. 그러나 이것도 『화랑세기』의 저자들이 가졌던 필요에서 나온 말임을 생각할 필요가 있다. 다름 아니라, 5대에 걸쳐 신라 화랑 중의 우두머리 화랑인 풍월주를 배출하던 화랑도제가 폐지되는 상황에서 김대문의 가문을 지키기 위해 『화랑세기』를 편찬했다는 사실을 생각하면 그런 구절을 밝힌 것도 이해가 된다.

5. 쓰다 소키치津田左右吉의 사관은 황국사관이 아니라는 이기백 선생님의 교시

　1999년 9월 나는 『한국고대사의 새로운 체계』를 출간하며, 쓰다 소키치가 일본 황국사관으로 사료를 읽어 왜의 한국 남부 지배와 같은 역사를 만들었는데, 이는 그가 황국사관과 식민사관을 동전의 양면처럼 가진 역사가였음을 보여주는 것으로 이야기했다.

　이에 대해 1999년 12월 4일 이기백 선생님은 필자에게 진전좌우길津田左右吉의 사관은 황국사관이 아니라고 가르쳐 주셨다. 그리고 1999년 12월 10일 이병도 선생의 10주기 모임에서 이름은 밝히지 않았으나, 황국사관과 실증사학을 구별하지 못하는 연구자가 있다고 말씀하셨다는데 모두 그가 이종욱이라는 사실을 알았다고 한다.

솔직히 말해 그때나 지금이나 나는 일본의 황국사관이 어떤 것인지 모른다. 사실 황국사관이란 용어도 만들어진 지 오래된 것이 아니다. 여기서 먼저 쓰다 소키치가 황국사관과 무관한지 보도록 하겠다. 이와 관련하여 세키네 히데유키 교수의 「'쓰다사학津田史學'의 신대사神代史 해석과 한·일 민족의 계통관계」(『일본사상』 12, 2007)과 「쓰다 소키치의 황국사관과 한반도 도래인」(『일본인의 형성과 한반도 도래인』, 2020)을 볼 수 있다.

쓰다 소키치는 일찍부터 천황 중심의 역사를 밝혀왔다고 한다. 다만 그는 『고사기』와 『일본서기』의 신화 내용의 불일치나 모순 등을 지적하면서 신대사가 천황이 일본 군주가 된 후에 그 지배적 지위를 정당화하기 위해 만들어진 '가공된 이야기'임을 주장했다. 그는 중애천황仲哀天皇(재위 192-200) 이전의 기술을 믿을 수 없다고 주장하였다고 한다. 그런 이유로 1940년 필화사건으로 그가 저술한 4권의 저서가 판매금지 처분되고 출판법 위반으로 유죄판결을 받아 대학에서 해임당했다. 이 같은 사실 때문에 쓰다 소키치는 황국사관과 맞선 연구자이며 실증사학자의 대표적인 연구자로 인정된 것도 사실이라고 한다.

쓰다 소키치의 견해는 제2차 세계대전이 끝난 후 사학자들로부터 절대적인 지지를 받았을 뿐만 아니라 국가 권력으로부터 탄압받은 비극의 영웅으로 평가받았고, 그의 학설이 옳았음을 평가받게 되면서 그의 위치가 재구성되며 학계에 정착되었다고 한다. 이로써 쓰다 소키치는 실증주의사학의 최고 역사가로 평가받게 되었다는 것이다. 그러나 쓰다 소키치는 1946년 4월에 발표한 「건국사정과 만세 일계의 사상」이라는 글에서 뜻밖에 천황제를 옹호하는 글을 발표했다. 이로써 쓰다 소키치의 정체를 새롭게 보게 된 것이다.

현재 일본에서는 황국사관을 두 가지로 나눈다. 하나는 에도시대 이후 만들어진 황국사관으로 광의의 황국사관이며, 다른 하나는 협의의 황국사관으로 1931-1945년 사이에 대두한 광신적 황국사관을 의미한다. 쓰다 소키치의 천황 중심의 역사관도 황국사관과 친화성을 가진 것으로, 신대사를 부정하는 것으로 황국사관 중에는 별종이라고 보기도 한다. 그리고 쓰다 사학의 본질은 황국사관 정립의 방편이었다는 견해도 있다고 한다. 이기백 선생님이 말씀하신 실증사학과 황국사관을 구별하지 못했다고 할 때 황국사관은 협의의 광신적 황국사관을 의미할 것이다. 그와 달리 내가 쓰다 소키치를 황국사관은 광의의 황국사관이라 하겠다.

그러면 쓰다 소키치의 신라사 연구는 실증사학의 산물일까. 그리고 소위 쓰다 소키치의 실증사학은 식민사학과 무관한 것일까? 그렇지 않다는 데 문제가 있다. 예를 들 수 있다. 첫째, 쓰다 소키치는 4세기 후반에서 5세기에 걸쳐 아국我國(왜)이 신라 서쪽의 가야를 근거로 삼아 신라와 맞섰다는 사건에 대한 기록이 「신라본기」에 없다는 사실을 주목하여 「신라본기」 그때까지의 왜에 대한 기록 나아가 다른 기록도 조작된 것이라 보았다. 만일 「신라본기」에 나오는 것과 같이 왜가 동쪽에서 신라를 침범한 사실을 그대로 인정하면 왜가 임나를 정복했다는 역사 날조는 성립할 수 없기 때문이다. 결국 소위 말하는 신라 서쪽의 임나를 왜가 정복하는 역사는 허구로 만들어진 것이다. 그 자체가 식민사관과 무관하지 않다. 이것이 쓰다 소키치의 실증사학의 정체라 하겠다.

둘째, 그는 신라 건국 신화를 뭉갠 것을 볼 수 있다. 혁거세가 알에서 태어났다는 것은 설화라 하며 이로써 건국의 기사는 모든 점에서 믿을 수 없다고 했다. 이 같은 주장을 보면 그는 신화의 속성을 몰랐거나 알면서 뭉갠 것이라 하겠다. 그리고 이 같은 주장을 따르면 신라 건국 신화 속에 나오는 종성과 육부성의 존재를 인정할 수 없게 된다. 신라 건국 신화를 역사적 사실이 신화화된 것으로 인정하면 일선동조론 등의 주장은 성립할 수 없게 된다. 여기서 쓰다 소키치가 신라 건국 신화를 뭉갠 것은 식민사관의 한 단면을 보여주는 것이라 하겠다.

  그러면 쓰다 소키치의 광의의 황국사관은 그의 실증사학과 식민사학과 무관한가? 신라사에 대한 쓰다 소키치의 황국사관은 그의 실증사학과 식민사학의 바탕이 된 것이라 하겠다. 문제는 이병도 선생 등 와세다 대학에서 쓰다 소키치에게 역사를 배운 연구자들이 1945년 해방 후 제대로 된 한국사 개설 한 권 없던 시절 한국사를 만들던 과정에 쓰다 소키치가 만든 날조된 신라사를 거의 그대로 받아들여 신라사를 만들었다는 것이다. 그 결과 지금도 쓰다 소키치가 시작한 신라의 역사가 중고등학교 한국사 교과서에 삼한론 등의 모습으로 수록된 것을 볼 수 있다. 스승의 주장을 그대로 이어가는 것은 스승을 욕되게 하는 것이라는 말을 들었다. 누가 스승을 욕되게 하는 중일까? 이기백 선생님 탄신 100주년 기념 문집을 통해 오늘의 필자를 만들어 주신 선생님께 더없이 큰 감사를 드린다.

주위선 鶴같은 분, 제자들에겐 공포의 대상

김당택 전남대학교 명예교수

　이기백 선생님께서 한림대학을 그만두시기 직전, 나의 동기 몇 사람은 선생님과 점심식사를 함께 할 기회를 가졌다. 그 자리에서 선생님은 "한림대학 학생들은 다들 나를 인자한 할아버지라고 하는데, 임자들은 (선생님은 우리를 늘 그렇게 부르셨다) 왜 그렇게 어려워 하는지 모르겠어"라고 하셨다. 제자들도 나이를 먹어 친구처럼 허물없이 지내고 싶은데, 자꾸 어려워만 하니까 섭섭하시다는 말씀처럼 들렸다. 사실 선생님은 항상 온화한 미소를 띠고 계신다. 흥분하시거나 막말을 하신 것을 한 번도 본적이 없다. 남을 비하하는 말씀을 하신 적은 더구나 없다. 굳이 한림대학 학생들의 표현을 빌리지 않더라도 선생님이 인자한 할아버지라는 사실을 부인할 사람은 없다.
　그런데 선생님으로부터 학문 지도를 받은 선배 동기들로부터는 선생님이 인자하시다는 말을 한 번도 들은 적이 없다. 다들 선생님 앞에서 기를 펴지 못하는 것을 보면, 선생님은 오히려 공포의 대상이었다고 해야 맞다. 이러한 현상은 대학의 교수들이 되고, 나이를 먹어 백발이 될 때까지 변함이 없었다.
　내가 박사과정에 들어가 선생님께 처음 제출한 레포트 제목은 '昔脫解'였다. 선생님의 지도로 석사학위를 받은 후였고, 또 그 레포트를 쓰면서 선 후배들의 도움을 많이 받았으므로, 비교적 자신이 있었다. 그런데 나를 연구실로 부른 선생님께서는 "석사논문은 어찌해서 운이 좋아서 쓴 것 같고, 이제 임자의 능력을 알았으니 학교를 그만두는 것이 좋을 듯하다'고 하셨다. 당시 한국사를 전공하는 대학원생들은 서로를 '基白敎 신도'라고 부르거나, 선생님의 누상동 댁을 방문하면서 '聖地巡禮' 간다는 표현을 쓰기도 했다. 그러한 분으로부터 능력이 없으니 학교를 그만두라는 말을 들은 나는 아무 대답도 하지 못하고, 그저 고개만 숙이고 있었다. 당시의 광경을, 조교로서 우편물을 전하기 위해 선생님의 연구실에 들어온 尹熙勉 현 전남대 명예교수가 목격했다. 그는 후일 "두 사람의 관계가 마치 고문하는 사람과 고문당하는 사람 사이 같더라"고 전했다. 그날 나는 퇴계로에 있는 대한극장에 가서 혼자 영화를 봤는데, 내용은 물론 제목도 기억하지 못했다. 그러한 고문을 어찌 나 혼자만 당했겠는가.

서강대학 출신이 아닌 분들로부터 "이기백 선생은 학같은 분"이라거나, "이기백 선생이야말로 이 시대의 師表다"는 말을 나는 가끔 듣는다. '君子'라는 표현을 쓰신 분도 계셨다. 선생님의 인품에 대해 잘 알지 못할 그 분들이 무엇을 근거로 그런 말씀을 했는지는 잘 모르겠다. 제자인 내가 듣기 좋으라고 한 소리가 아닌가 생각된다. 그런데 크게 틀린 말은 아닌 것 같다.

나는 선생님과는 다른 학문적 견해를 발표하였다. 당연히 그래야 한다고 생각하면서도 한편으로는 죄송하다는 마음이 생겼다. 그래서 그러한 점을 편지로 말씀드렸더니, "학문의 발전을 위해서 바람직하다"는 회답을 주셨다. 자신과 학문적 견해를 달리한 제자를 배척하기는커녕 격려하신 것이다. 쉽지 않은 일일 것이다.

나는 공부하는데 필요한 자질이 부족한 사람이다. 이는 나와 함께 학교를 다닌 친구들이 인정한 바이다. 그러한 내가 선생님의 영향을 받아 공부하는 것을 직업으로 삼고, 대학교수가 되어 학생을 가르쳤다. 이는 선생이 학생을 얼마나 크게 변화시킬 수 있는가를 보여주는 구체적인 예가 될 것이다. 이렇게 된 데에는 물론 선생님이 잘 이끌어주신 때문이기도 하지만, 내가 선생님을 존경하고 모방하려고 노력했기에 가능한 일이기도 했다. 따라서 나는, 학생은 선생을 존경해야 공부를 잘할 수 있다는 확실한 믿음을 가지고 있다.

『동국지리지』 논문 이야기

윤희면 전남대학교 명예교수

1980년 7월에 겨우 졸업논문이 통과되어 대학원을 졸업할 수 있었다. 서강대 사학과에서 한국사 한 강좌를 배려해 주어 2학기에 처음으로 대학 강단에서 강의를 시작하였다. 처음하는 일이라 매일 강의노트 만드는 것이 일이었다. 형편없이 헤메던 한 학기 강의가 끝났다. 대학원 박사과정 진학을 위해 학교에 나와 준비하던 중에 김당택 선배님이 내년부터 전남대학교에 와서 강의를 해달라는 부탁을 하셨다. 1년 정도 시간강사를 하다가 자격이 되면 전임교원으로 발령을 내준다는 조건이었다. 갑작스런 제안과 멀리 광주까지 가서 객지생활을 해야 한다는 걱정에 얼른 확답을 안드렸는데, 어디서 들으셨는지 이광린 선생님에게 당장 호출을 당해 좋은 조건을 왜 마다하냐는 꾸지람을 단단히 얻어들었다.

1981년 3월부터 전남대학교에 내려와 시간강사를 하였다. 전남대 역사전공 교수님들의 내규에 논문 2편을 발표해야 전임발령을 신청할 수 있다고 정해놓았다. 대학원 졸업논문은 이미 발표를 하였으니 한편만 더 발표하면 되었는데 이게 처음 공부하는 사람으로서는 쉬운 일이 아니었다.

이기백 선생님의 1981년 1학기 대학원 과목은 한국사학사였다. 강의 첫날 미리 정해오신 제목을 나눠주셨는데 말씀 끝에 『동국지리지』가 서강대 도서관에 고서로 보관되어 있다고 해서서 냉큼 이걸로 정했다. 광주에서 매주 수업 받으러 올라 다니는데 자료 찾는 수고를 덜 수 있겠다는 얄팍한 속셈이 우선 컸다. 수업이 끝나자마자 도서관에서 『동국지리지』와 문집인 『구암유고』를 복사하였다. 『동국지리지』에 관해서는 본격적으로 다룬 논문은 겨우 한편 정도였고 인물에 대해서는 소론 몇 개 정도였다. 역사지리서의 선구, 실학의 선구라 강조한 논문들과는 조금은 다르게 다루어야겠다는 판단이 서서 우선 내용분석을 철저히 해보기로 방향을 설정하였다. 자료들을 꼼꼼히 읽어보고 이 궁리 저 궁리한 끝에 발표를 준비하였다.

종래의 편년체 역사서술에서 벗어나 역사지리에 관심을 둔 『동국지리지』는 국가 강역의 변동, 강역내 지역의 변화, 그리고 현재의 위치를 알아보려는 노력을 기울이고 있다. 지역, 고을, 지명, 산천 등의 위치를 '愚按'이라 덧붙이면서 고증하고 있는데, 내가 특히 주목한 것은 고증의 방법이었다. 종래대로 여러 기록들을 비교하는 방법, 지역의 형세로 위치 고증, 형세에다 유적이나 읍호를 감안하여 고증, 音似로 고증, 거리라든가 생산물, 위치 방향 등을 감안해서 하는 고증, 그리고 위의 방법 등을 모두 동원해서 하는 고증 등 여섯 가지로 분류하여 고증방법을 설명해보았다. 아울러 고증을 통해 위치 비정을 하면서 결론을 내리는데는 상당히 신중한 입장을 보이는데, 음사, 형세, 유적 등을 이용하여 고증할 때는 '恐', 막연히 추정할 때는 '未知是否', 통설에 의문을 표시할 때는 '更詳之', 그러다가 자료를 다양하게 이용하면서 고증하여 확실하다고 판단이 선 경우는 '결코 올바른 위치를 얻을 수 없다'든가, '어찌 그리 틀릴 수 있는가' 하면서 자신에 찬 견해를 나타내기도 하였다.

수업이 거의 끝날 시간이 되었는데 선생님은 고증방법에 특히 관심을 가지셨는지 "시간이 되었지만 좀 더 들어볼까요" 하시면서 시간을 연장해 주셔서 한백겸의 비판적이면서도 실증적인 학문 태도를 더 설명하고, 역사지리서 형태를 띤 것은 끊임없이 외적의 침입을 받게 되는 역사적 원인을 영토의 축소에서 찾아보려는 목적에서, 그리고 위협으로 떠오르는 여진족을 대비하기 위한 현실적인 목적에서였다고 저술동기를 추측해보았다.

선생님에게 듣는 수업이 군대를 제대하고 나서부터 석사과정을 포함하여 이때까지 네 번, 발표가 졸렬하여 다시 발표시키신 경우도 있어 낯이 뜨겁고 죄송스런 마음이 한 두번이 아니었는데 칭찬 비슷한 말씀은 처음 듣는 것 같아 속으로 다행이다 싶었다. 수업이 끝나고 의례 몰려가던 신촌로타리 근처의 천지문이라는 허름한 맥주집에서 홀가분함과 기쁨이 넘쳐 늦게까지 마시다가 막차 시외버스를 타고 집으로 내려왔다.

학기말에 발표문에 살을 부쳐 글을 만들어 내고 제출 전날까지 원고지에다 수정을 가해 지저분하기 짝이 없는 상태로 기말리포트를 겨우 낼 수 있었다. 새학기가 되어 선생님 연구실로 찾아뵈었더니 여러 군데를 지적해주신 리포트를 돌려주시면서 내용이 괜찮으니 학술지에 실어도 좋겠다고 말씀하시면서 고쳐서『역사학보』로 보내보라고 하셨다. 원고를 받은 역사학회에서 월례발표회를 해야 한다고 연락이 와서 10월에 동국대에 가서 발표를 하였다. 준비해간 요약문을 그저 읽어대는 바람에 예정시간도 채우지도 못하고 끝나버려 민망한 일도 있었다. 학보가 그해 말에 나올 줄 알았는데 다음해 3월로 또 5월로 미루어졌다. 학교에서는 서류를 빨리 마련해내라고 재촉을 하여 서울에 있는 인쇄소에 직접 찾아가 가제본한 학보와 별쇄를 받아와 겨우 기간을 맞출 수 있었다. 그리하여 6월에 전임발령을 받을 수 있었다. 7월경인가 연구실로 선생님이 전화를 주셨다. 일조각에서『동국지리지』를 영인 간행하려는데 해제로 논문을 이용하고 싶다고 말씀하셨다. 영인 서문에 "동국지리지가 지니는 학문적인 특징이나 가치에 대해서는 윤희면교수의 해제를 참고

하기 바란다. 그의 차근차근한 해설은 이 책을 이해하는데 큰 도움을 줄 것임을 믿어 의심치 않는다"라고 써주셔서 황공하기만 할 뿐이었다. 선생님이 학기말 리포트를 논문으로 살려주셔서 학보에도 실리고 전임발령도 받고 해제로도 이용되어 일거에 세 가지 기쁜 일이 한 해 사이에 생긴 셈이었다. 그리고 무엇보다 기쁜 것은 처음으로 선생님에게 조금이나마 인정받은 논문을 써서 냈다는 일이었다.

『동국지리지』는 이후에도 또 인연이 계속되었다. 1987년인가에 진단학회로부터 연락이 왔다. 제15회 한국고전심포지움에 '동국지리지의 종합적 검토'라는 제목으로 학술회의를 하기로 했으니 발표자가 되어달라는 전갈이었다. 『동국지리지』는 다른 분이 담당하고 나는 한백겸의 학문에 대하여 다루어달라는 것이었다. 그리하여 전에 슬쩍 참고만한 『구암유고』를 자세히 살펴 「한백겸의 학문과 『동국지리지』 저술동기」라는 제목으로 서울에서 발표를 하였다. 한백겸의 기존 학설에 구애받지 않는 비판적인 학문태도, 주소註疏보다 경서를 더 중시하는 문헌고증적 학문자세로 주자의 견해라도 서슴없이 의문을 제기하는 학문 자세를 지적해 보고, 17세기에는 주자학 일변도가 아닌 다양한 당색의 학풍이 공존하고 있으니 이를 연구과제로 삼아야할 것이라는 제안을 해 보았다. 선생님이 사회를 맡으신 질의토론시간에 사학사와 관련된 『동국지리지』에만 질문이 집중되었고 나에게는 달랑 한분만 질문을 하여 별다른 어려움 없이 발표를 마칠 수 있었다. 이것이 그해 진단학보에 게재되고 일조각에서 영인 간행한 『구암유고 동국지리지』에 해제로도 수록되었다.

10년 뒤인 1997년에 선생님이 주간하시는 『한국사 시민강좌』 제22집에 한국의 역사가로 한백겸을 다루어달라고 원고청탁을 받았다. 앞서 역사학보와 진단학보에 발표한 내용을 합쳐 알기 쉽게 문장도 다듬고 내용도 조금 더 보충해보았다. 원고를 받으신 선생님께서 엽서를 보내주셨다.

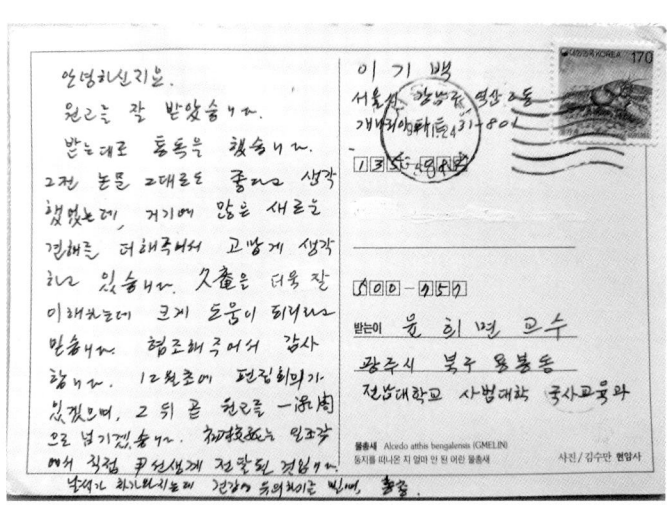

    한백겸의 『동국지리지』 논문은 대학원 수업시간에 엉성한 내용으로 제출한 학기말리포트를 선생님이 손질을 더해주신 골격에서 크게 벗어난 것은 아니었다. 덕분에 여러 차례 학술논문으로, 해제로 이용하고 교수로도 임용될 수 있었으니 이 모든 것이 선생님의 은덕임은 두말할 필요가 없을 것이다. 일본 조동종 도겐道元선사의 「정법안장수문기正法眼藏隨聞記」에 "공부하는데 명심할 점은 내 가슴에 어긋나더라도 스승의 말을 성스러운 가르침의 도리로 알고 오로지 이에 순종하여 본디의 자기의 견해를 버리고 고쳐나가야 한다. 이런 마음이 공부하는 첫째 태도이다"라는 구절이 눈에 들어왔다. 처음 공부하는 대학원 학생들에게 당부하고 싶은 말이기도 하고 나의 경험이기도 해서 덧붙여본다.

[2024년 3월]

李基白 선생님을 回憶함

변동명 지역사연구소장·전남대학교 교수 퇴임

1. 선생님과의 처음 인연

　　지난 90년대 초반 언젠가의 일로 기억한다. 과정의 중반을 한참이나 지나도록 학위논문의 주제조차 제대로 정하지 못해 허덕이며 나날을 보내던 즈음이었다. 무슨 일로인가 선생님을 연구실로 찾아뵈었는데, 말씀 끝에 문득 나무람을 하시는 거였다. 공부말고 딴 일에 어지럽게 얽히는 건 옳지 않다는 취지의 말씀이셨다. 함자만 대면 알 만한 고인이 된 어느 분을 돌아보시면서, 다른 일에 관심을 돌린 세월이 다소 길었던 탓에 훌륭한 학문적 자질을 제대로 발휘하지 못한 듯싶어 안타깝다는 회고담까지 곁들이셨다. 한 길로 학문에만 오로지 집중해야 함을, 부드러운 어조이지만 거듭 힘주어 말씀하셨다. 그렇게 해도 뜻한 바를 이루기가 결코 쉽지 않다는 가르치심이었다. 제법 호된 꾸중이었다. 변명이랍시고 몇 마디 우물거리며 여쭙고 물러나왔지만, 당시만 하더라도 철없이 혈기만 넘치던 시절인지라 뼈가 시릴 만큼 아프게 느끼며 깊이 새겨 반성할 마음까지 내지는 못하였다. 아마도 몸담은 지역사회에서 몇몇 동료와 모임을 갖곤 하던 일을 전해 들으셨던 듯싶거니와, 세월이 흐를수록 그때 일을 떠올릴 적이면 불현듯 등골에 찬바람이 인다. 식은땀이 돋는다. 엄정하면서도 자애롭던 자태가 그립다. 나지막한 음성의 자상한 훈계를 듣던 그 시절이 문득문득 생각난다.

선생님을 처음 뵌 것은 1988년 역사학회 월례발표회장에서였다. 그해 10월 8일 한글회관에서의 일인 바, 나의 석사논문을 학회에 선뵈는 자리였다. 앞서 여름방학 때 김당택 선생님께 이끌리어 문제의 학위논문을 들고 댁을 찾았으나, 마침 출타 중이시어서 직접 뵙지는 못한 터였다. 이후 선생님의 추천하심을 입어 예의 발표회 단상에 오른 것이거니와, 황감하게도 그 자리에까지 몸소 왕림하시어 무척 놀랐다. 사진으로는 벌써 뵈었던지라 크게 낯선 느낌은 아니었지만, 단아한 체구를 감도는 기품에 눌려 뜻 모를 긴장감으로 움츠러들며 더듬거렸던 그때가 잊히질 않는다.

이튿날 선생님 댁으로 찾아뵈었다. 몰골이 말이 아닌 상태로였다. 술에 흠뻑 젖었던 간밤의 행적이 고스란히 드러난 차림새였다. 어이없는 행색의 무뢰한이었으되, 정갈한 한복의 선생님께서는 조금의 내색조차 없으셨다. 그저 가만가만 말씀을 이어가셨다. 다음에는 무슨 주제로 공부를 하겠느냐 하문하셨던 정도가 기억에 남는다. 횡설수설하고는 황망히 물러나왔다. 있을 수 없는 일을 저질렀던, 떠올리고 싶지 않으나 그래도 추억이라면 추억인 한심스러운 한때였다. 이후 선생님께서는 밥을 사주실 적이면 거의 빠짐없이 함께 술을 챙겨주곤 하셨다. 참으로 너그러우신 처분이었다. 철딱서니 없이 구는 제자를 향해 베푸신 더할 나위 없이 깊은 보살핌이요 사랑이었다.

그 일이 있고 한 해 남짓이 흐른 뒤, 선생님께서 만년에 봉직하신 한림대학교로 진학하였다. 지도교수로 모시며 훈도를 입는 행운을 누렸다. 편달을 앙망하며 매달려서 얻게 된 행복이었거니와, 지금에 와서 생각하면 선생님께는 그것이 거의 재앙에 가까운 일이었을 듯싶다. 연로하신 데다 병마로 고초를 겪으시던 분께서, 우둔하고 게으르며 더욱이 술

마시고 놀기를 좋아하는 늦깎이 제자로 인해 자못 노심초사하시던 게 어제 일인 듯 선하다. 그럼에도 뵈러 갈 적이면 선생님께서는 늘 웃음 띤 얼굴로 따뜻이 맞아주시면서 또한 반드시 고기에 밥을 사주셨다. 당신은 입에 대지 못하시면서 반주를 내리는 것도 잊지 않으셨다. 못난 놈이 혹시나 좌절할까봐 용기를 북돋우는 서신을 내리신 것만도 여러 번이었다. 분에 넘쳐 감당하기 어려운 사랑이었다. 제자 아낌이 남다른 스승이셨다.

2. 건실한 학풍을 견지하라

새삼스레 입에 올리는 것조차 쑥스럽기 짝이 없지만, 선생님께서는 학문 앞에 더할 나위 없이 엄격하셨다. 가령 논문을 지도하실 적이면, 인용 사료의 출처를 찾아 일일이 그 원문을 대조하며 정확히 따왔는가의 여부를 세밀히 살피셨다. 『역대한국사론선』을 편집하실 적에 일부 자료의 번역을 도와드린 적이 있었는데, 이미 익숙히 보아오신 자료였을 터임에도 역시나 원문을 한 자 한 자 짚어가며 번역의 적절성을 거듭 확인하셨다. 긴장으로 온 몸이 굳어져 어쩔 줄 모르며 쩔쩔매던 기억이 생생하다.

당시만 하더라도 아직 컴퓨터가 널리 보급되기 전이었다. 손 글씨가 흔하였다. 그런데 누군가의 글에서 漢字의 획 하나가 잘못 들어간 곳이 눈에 띄었다. 그러자 선생님께서는 어김없이 그것을 지적하며 정정해주셨다. 일견 사소한 듯싶은 일에도 예외가 없음을 보여주심은 물론이거니와, 아마도 학문하는 첫 걸음에서부터 올바로 익히는 일의 중요성을 일깨우시려는 깊은 배려가 작용하였으리라는 게 당시의 생각이었다. 무엇 하나 소홀한 게 없으셨다. 언제인가 어떤 연구자 하나가 사료를 원문과 다르게 잘못 인용하고서는 그 사료가 틀렸음을 길게 논증한 사례를 거론하시며, 자못 어이없어 하시던 표정이 여직 선하다.

또한 본시 지극히 당연한 일임에도 일부에서 때로 경시하는 듯 보이는 바, 그 시대적 배경을 도외시한 채 사료를 자의적으로, 더욱이 특정한 이념이라든지 이론에 꿰맞춰 과장하거나 축소하여 무리하게 해석하려 드는 자세를 단연 배격하셨다. 어느 수업에서였던 것으로 기억하거니와, 『제왕운기』의 특정 구절을 두고 단군의 지배 영역이 한반도의 남부에까지 미쳤음을 보여주는 증거로 사용하려 든다든지, 또는 신화 그대로를 실제 역사적 사실로 받아들이려는 등의 일부 경향을 비판하며 보이시던, 다소 격렬하게까지 느껴지던 그 단호하신 표정이 오래도록 뇌리에서 사리지지를 않는다.

선생님의 지도를 받던 처음 학기 첫 수업에서의 일이었다. 한 학기 강의계획을 설명하신 다음, 첫 주제발표자로 나를 지목하셨다. 바로 다음 주 강의시간에 발표하라는 말씀에 눈앞이 아득하였다. 선생님의 대학원 강의에서는 본시 그처럼 첫 시간에 수강생 각자의 한 학기 주제를 정하며, 또한 그 1주일 뒤 곧장 발표에 들어간다는 사실을 전혀 몰랐었다. 아무런 준비도 없이 덜렁대고 들어갔다가 날벼락을 맞은 격이었다.

그리하여 수업 준비로 헤매던 어느 날, 우편물 하나가 광주의 집에 도착하였다. 나의 발표 주제로 결정된 책자가 담긴 소포였다. 선생님께서 소장하시던 바의 일제 하 조선고전간행회에서 간행한 영인본과 해제를 보내주신 거였다. 구하기 쉽지 않은 자료였다. 남달리 돈후하신 제자 사랑에 더해, 혹시라도 이 무디고 게으른 신참이 찾아내지 못해 빼먹는 잘못을 범할까봐 미리 안배하신 일임을 단박에 알아차렸다. 기왕의 연구를 하나라도 빼놓아서는 안 된다는 지엄한 가르치심이었다. 시간이 흘러 박사 논문을 준비하는 과정에서는, 구미에서 출간된 최신의 관련 저술을 구하여 역시 소포로 부쳐주신 적도 있었다. 더 이를 나위가 없는 일임에도 연구사 검토의 중요성을 재삼 환기하셨거니와, 이 역시 일부에서 나타나곤 하는 바의 그에 철저하지 못하며 심지어는 고의로 무시하는 듯한 잘못된 흐름을 몹시 경계하신 나머지에서였을 터이다.

엄정하셨던 만큼, 선생님께서는 제자의 글을 검토하는 데에도 정말 많은 공력을 쏟으셨다. 그 구성이라든지는 애초에 이를 나위가 없거니와, 사료며 인용된 글의 원문을 찾아 일일이 대조하고 관련 연구성과를 점검하는 등 많은 시간을 할애하셨다. 연세가 높으신 데다 더욱이 병고에 시달리시는 분께 지나친 부담이 아닐 수 없었다. 글을 쓴 다음 찾아뵙고 점검해주시기를 청할 적이면, 늘 죄짓는 심정이었다. 체력이 소진되어 힘겨우심에도 애써 감추며 격려를 아끼지 않으시던 모습을 잊을 수가 없다. 건강이 좋지 않아 읽는 데 시간이 필요할 것 같다며 되레 양해를 구하는 서신을 내리신 데에는 참으로 몸 둘 바를 모를 지경이었다.

연구자의 논문이란 그에 관심을 지닌 전문가를 위한 글이라는 게 선생님의 말씀이었다. 그러한 전문적인 독자가 설령 한 사람에 지나지 않을지라도 그러함을 설파하셨다. 해당 주제를 잘 알아 올바로 읽어내며, 그리하여 그것을 제대로 평가할 능력을 지닌 연구자가 찬찬히 들여다볼 것을 전제로 논문에 임해야 함을 가르치셨다. 어느 것 하나 가벼이 넘겨서는 안 되며, 전문가로서의 건실한 학풍을 견지하는 데 추호도 소홀함이 있어서는 안 됨을 애써 강조하셨다. 자칫 준비가 부족한 채로 이러저러한 핑계 속에 서둘러 글을 쓰기도 했던 지난날을 돌아보며, 문득문득 모골이 송연하다. 선생님의 가르치심을 올바로 받들지 못한 죄인으로서 차마 낯 들기조차 부끄럽다. 두렵기 짝이 없다.

3. 전진적인 요소를 중시하라

　역사를 연구하면서는 그 발전하는 측면에 한층 유의해야 한다는 게 선생님의 지론이었다. 객관적인 사실 파악을 전제로, 전진적인 입장에서 형세를 헤아리며 역사적 실상에 다가섬이 마땅하다는 가르치심이었다. 학위논문을 준비하는 과정에서 우둔한 제자가 갈피를 못 잡고 헤매자, 보다 참신한 주제를 찾아보는 게 어떻겠느냐는 서신을 내리셨던 것도 그와 매한가지였다. 역사를 전진시키는 무엇 내지는 그것이 가리키는 새로운 방향에 착안하라는 당부의 말씀에 다름 아니었다. 낡은 시대의 잔재보다는 새로운 시대로 나아가는 발전적인 요소에 관심을 기울이며, 동일한 대상이라도 역사적 환경을 염두에 둔 가운데 보다 진취적인 시각으로 그에 접근해 다뤄야 함을 일깨우신 훈계였다. 오죽 답답해서 그러한 서신을 내리셨을까 되돌아보면 참으로 죄민스럽기 그지없다.

　언제인가, 선혀 예상하시 못한 규제와 관행으로 시도조차 해보지 못한 채 좌절을 겪은 어떤 사건을 말씀드린 적이 있었다. 못 뵈었던 동안의 일들을 이것저것 나불대던 중 무의식중에 불거진 얘기였다. 아마도 마음 속 저 깊은 곳에, 당신께 하소연하고픈 감정이 똬리를 틀었다가 불쑥 튀어나온 것인지도 모르겠다. 한데 그것은 어찌 되었든, 생각 이상으로 무척 안타까워하시며 한숨과 함께 위로하고 용기를 북돋워 주시는 바람에 도리어 당황했던 기억이 새롭다.

　더욱 놀란 것은 그 다음이었다. 뵙고 며칠이 지나지 않았는데도 다시 서신을 내려 거듭 격려하기를 마지 않으셨다. 茶山을 거론하시면서 오랜 유배생활이 아니었던들 오늘 우리가 아는 그가 있을 수 없었을 것이며, 그런 만큼 지금 마주한 수난이 나의 학문적 성장에 약이 될 것이라면서 힘써 정진할 것을 권면하셨다. 이후 연구주제의 선택이나 서술에도 그러한 경험이 반영될 터이며, 그것이 또 하나의 도약의 발판이 되리라는 기대 섞은 덕담까지 덧붙이신 데서는 황감함에 몸 둘 바를 모를 지경이었다.

그런데, 한편으로 이는 고난이라든지 역경을 밑거름으로 삼아 개인이나 사회 그리고 국가라든지 민족 나아가 인류가 성장하고 발전해 왔다는, 역사적 교훈을 되새겨주신 것이었다. 그리하여 역사 연구에서 진취적인 시각으로 그 전진적인 측면에 유의해야 함을 가르치심에 다름 아니었다. 전진적인 사실에 적극적으로 역사적 의미를 부여해 마땅함을 재삼 일러주신 것이었다. 어리석은 제자를 아끼며 이끌어주시는 따스한 손길이 눈물겹다. 돌아보건대, 고난과 역경을 극복하며 한국의 역사가 성장 발전하였음을 밝히는 데 아무런 도움이 되지 못하였다. 우물쭈물 허송한 나날이었다. 기대하심에 부응하는 것은 고사하고 가르치심에도 멀리 미치지 못한 채 허덕이는 게으르고 못난 제자로서, 선생님을 떠올리는 일조차 죄스럽고 부끄럽다.

다음 시대의 새로운 요소들이 성장하는 과정은 갈등의 연속일 수밖에 없다. 새로운 시대를 향한 전진은 낡은 시대의 잔재와 대립하며 그것을 극복하고 교체해 가는 양상으로 나타나게 마련이다. 선생님께서 역사 속의 개혁적인 움직임이라든지 민족의 자주성을 더듬는 등의 연구에 관심을 보이신 것도 그러한 데 말미암은 일이었을 터이다. 그러한 접근이 역사를 앞으로 이끄는 요소를 밝히는 데 도움이 되는 것으로 판단하셨음 직하다. 가령 원 간섭의 시기에 부원배를 공격하며 개혁을 주장하던 세력의 등장과 활동이며 저들의 성향이나 그것을 뒷받침하는 사상이라든지, 혹은 그러한 가운데 찾아지곤 하던 자주적인 요소를 겨냥하는 나의 글에 긍정적인 반응을 보이신 것도 그러한 데에 기인하였을 성싶다. 개혁적인 쪽의 활약이 곧장 기득권 세력을 압도하며 그 성과를 거둘

만큼 도드라지지를 못하거나 혹은 당시에는 실패하여 좌절한 듯 보이더라도, 그러한 움직임이 있었다는 사실을 밝혀 드러내야 한다는 게 선생님의 가르치심이었다. 역사연구자는 모름지기 다음 시대를 이끄는 새로운 요소들이 성장하는 과정을 중요시하는 전진적인 입장에서 사실을 해석해 마땅함을 일러주곤 하셨다.

나아가, 그처럼 역사를 전진시키는 데에는 인간들이 저마다 각자의 방식으로 그에 참여하고 기여하는 것으로 선생님께서는 생각하셨다. 가령 일제의 침탈에 저항하는 데에는 무장투쟁은 물론이고 경제활동이나 언론·문필활동이라든지 학문연구 등 다양한 방식으로 저마다의 처한 상황에 맞게 그에 참여하며, 그리하여 연구자라면 그러한 사정을 잘 따져 살펴야 함을 일깨우셨다. 어느 연구발표에서 나온 바 梅泉이 저술활동을 통해 일본의 침략에 저항하였다는 내용에 자못 공감을 표하시던 말씀이 아직 기억에 또렷하다. 일제의 탄압으로 폐간을 당한 신문의 종간호를 소중히 간직하신 데서도 그것을 엿볼 수가 있다. 그 일면에 게재된 탐스러운 포도송이 사진이 민족의 단결을 촉구한 것이며, 그 역시 항일활동의 소중한 자산임을 잊지 말도록 당부하셨다.

그와 동궤이려니와, 역사의 뒤안길에 묻혀 잘 드러나지 않거나 이름 없는 사람들에게도 선생님께서는 남다른 관심을 보이셨다. 자료 등의 문제로 인해 논문으로 작성하기 힘든 경우가 대부분이라 이르시면서, 짧은 대로나마 그 존재를 드러내는 글을 쓰고 싶다는 바람을 드러내곤 하시었다. 비록 독립된 책자로 엮어내지는 않으셨지만, 상당한 분량의 관련 소품을 남기시어 염두에 두신 바의 편모나마 짐작할 수가 있어 참으로 다행이다.

아직 끓는 피를 주체하지 못하던 시절의 일이다. 서울의 모 출판사에서 격월간을 기획한다며 아는 선배를 통해 접촉이 들어왔다. 일반 대중을 독자로 삼아 한국의 역사상 인물을 연재하고 싶은데 참여해달라는 전언이었다. 언감생심이었거니와, 철없는 만용에다 선배의 부탁을 핑계로 그만 응하고 말았다. 속된 말로 이른바 덜컥수였는데, 다만 논의하는 과정에서 주제를 '역사 속에 묻힌 사람들'로 한정할 계획임을 전함으로써, 체계적인 일반사 서술의 부담에서 벗어나 그 범위를 좁힌 게 다행이라면 다행이었다. 섣부르나마 그런 사례를 모아 글로 써보면 어떨까 떠올리곤 하던 평소의 막연한 바람이, 미처 준비할 새도 없이 때 이르게 성사된 셈이었다.

첫 회를 연재한 뒤였던가, 선생님을 뵙던 중 불쑥 그러한 글을 쓰게 된 경위를 여쭈었다. 가만히 들으시던 선생님께서는 역사의 그늘진 면을 드러내는 것이 중요하다시면서, 사실을 밝히는 데 더해 전체를 조감하고 체계적으로 인식하는 일을 놓치지 말아야 하며, 그리하여 역사의 진실에 다가설 것을 조용조용 당부하셨다. 정확한 사실의 체계적 인식을 새삼 깨우치며 잊지 말도록 거듭 단속하신 셈이거니와, 더불어 힘없는 이들이라든지 소외된 삶을 향한 당신의 남다른 공감과 애정을 꾸밈없이 내비치시어 감명이 깊었던 게 어제 일인 듯 생생하다. 이름도 남기지 못하고 사라져간 저들의 희생으로 인해 세상이 이 정도로나마 유지되어왔다는 탄식어린 말씀에서는, 역사의 발전이 곧 저들 눈에 잘 띄지 않는 사람들의 숨겨진 노력에 힘입어서이기도 함을 새삼 되새기기도 하였다. 이름없는 이들을 향한 선생님의 남다른 관심이 저들을 연민한다든지 아끼고 공감하는 인간애의 차원과 함께, 더욱이 역사를 조감하고 체계화하는 가운데 그 전진적인 요소들을 통찰하신 데서 연유하였음을 능히 헤아릴 수가 있는 것이다.

요즘 들어 소일거리 삼아 지역사 관련 자료를 찾아 뒤적이는 게 나의 일상이다. 대체로는 지금 몸담고 살아가는 고장의 지난날을 몇몇 후배들과 함께 띄엄띄엄 더듬거리다가 그치기 십상이거니와, 다만 그러는 중에도 그늘진 데서 평생을 보내며 그 이름조차 남기지 못하다시피 한 지역사회의 잊힌 인간들의 삶에서, 역사 발전의 한 측면을 찾아볼 수가 있지 않을까 하는 기대도 없지는 않다. 중앙 중심의 역사에서 소외되어 그 흔적마저 좇아가기가 버거운 지역민들의 지난날을 찬찬히 되짚어 음미하며, 그에서 역사를 전진시켜 온 힘의 일단이나마 가늠해보고자 하는 바, 이 무디고 더딘 걸음이 선생님의 가르치심에 멀리 미치지는 못하겠지만 그에서 아예 벗어난 일만은 아니기를 바라는 마음 간절하다.

4. 바래지 않는 그리움

이제 와 뒤돌아보면 선생님께서는 무척 외로우셨던 듯싶다. 자전적 소품에서 이미 당신의 깊은 고독감을 토로하셨던 바, 새삼스러울 게 없는 얘기이기는 하다. 다만 그 글을 처음 마주하던 당시만 하더라도, 그에 심각히 반응하거나 공감할 만큼 인생을 차분히 되짚으며 관조하는 것과는 거리가 먼 나날을 보내던 참이었다. 지금이라고 해서 크게 달라진 건 아니지만, 단지 살아온 세월만큼 선생님의 심중을 조금이나마 감지하는 정도의 촉각은 자랐는지도 모르겠다. 당신의 고백하듯 피력하신 소회를 곰곰이 삭이며 되새겨 마땅하거늘, 그저 심상히 지나치고 말았던 그때의 철없음을 깊이 반성한다. 지난한 학자의 길에서 고투하며 풍상을 겪으신 어른의 예사로운 회고 정도로만 여긴 경박함의 죄가 크다.

나이를 먹어갈수록 선생님의 외로움이 가슴에 사무쳐온다. 절대를 실감하며 진리를 부르짖는 선각자가 떠오른다. 학문이란 진리를 찾아 세상에 드러내는 일이며, 당신은 그처럼 진리를 찾아 드러내는 한 사람의 심부름꾼이라 자처하셨다. 진리를 외면하면 민족이고 인류고 망하고 만다는 선생님의 경고가 추상같다. 진리를 먹고 사는 존재라 스스로 규정하신 학자로서 그리 힘들게 투쟁하며 평생을 보내셨기에, 진실을 찾아가는 길은 외롭기 마련이라며 이 우둔한 제자를 타이르고 다독이셨던 것일까. 한사코 보살핌을 받기만 했을 뿐이다. 멀리 미치지 못하는 대로나마 성심을 다한다면, 비록 가당찮은 응원일망정 그러한 게 필요할 수도 있다는 사실을 조금도 자각하지 못한 채, 시시덕거리며 허송했던 지난날을 뉘우쳐 마지않는다. 당신의 외로운 투쟁을 헤아리며 가슴 저려 할 줄 몰랐다. 후회막급이요 그저 그리움만 깊어 간다.

지난 90년대 후반의 어느 때였을 것이다. 무슨 말씀인가의 끝에 문득, "그때 자네 아이들과 사진이라도 한 장 촬영했어야 하는 걸 그랬어." 이 무디고 놀기 좋아하는 제자가 어찌어찌 겨우 학위를 받던, 그 식장에서의 일을 떠올리신 것이었다. 당시 대여섯 살배기 어린 아들놈이 식장의 애비를 향해 "아빠! 아빠!" 불러대자, 단상에 계시던 선생님께서 바라보며 가만히 미소지으시더라는 얘기를 앞서 들은 터였다. 우리 가족과의 기념촬영을 당신께 앙청드릴까 망설이다 그만두었던 그때를 생각하며 참으로 기뻤었다. 집으로 돌아와 아내에게 자랑하면서 함께 찾아뵙자 다짐했었다. 하지만 그걸로 끝이었다. 이런저런 핑계로 미루며 시일을 허송하다 그만 때를 놓쳐버렸다. 처자식서껀 선생님 내외분을 모시고 촬영한 사진을 거실에 걸어 과시하리라던 꿈은 한낱 망상에 지나지 않았다. 아둔하고 게으른 작자에겐 과분하기 그지없는 꿈이었다. 돌이킬 수 없는 잘못이며, 두고두고 가시지 않을 한이다. 자상하면서도 정이 깊으신 선생님께서는 이후로도 서신을 내리실 적이면 종종 못된 제자의 가정에 평안과 행복이 깃들기를 축원하셨다.

고향이 전남 장성임을 말씀드린 얼마 뒤였다. 그곳에 양회공장이 있지 않느냐는 말씀에 적이 놀랐다. 고속버스를 타고 지나는데 공장이 보이더라며 돌가루 분진을 염려하시는 거였다. 세심하신 관찰이야 익히 아는 바이지만, 못난 제자의 고향이기에 더욱 마음을 쓰셨던가. 또 어느 날엔가는, "산지니 수지니 해동청 보라매라도 쉬어 넘는 高峰 長城嶺 고개" 운운의 사설시조에 나오는 '장성'을 화제에 올리셨다. 어리둥절해 하는데, 『한국사신론』에서 조선후기 예술의 새로운 양상을 서술하는 가운데 인용한 시조라며 웃으셨다. 무식한 제자놈의 까막눈을 틔우시며, 제 고향과 관련될 수도 있는 한 대목을 일러주신 거였다.

어느 눈 내리는 겨울날이었다. 댁으로 찾아뵙는데, 별 생각 없이 고속버스를 탔다가 폭설 탓에 예정된 시각보다 많이 늦게 되었다. 중간휴게소의 공중전화에도 사람들이 길게 늘어서, 늦게 된 경위를 미처 말씀드리지 못한 채 댁 부근에 가서야 전화를 드렸다. 죄송스러워 쩔쩔매는데, 돌아갈 적에는 고속버스말고 열차를 이용하는 게 좋을 거라며 되레 안전을 염려해주셨다. 더불어 경부선에는 고속전철이 놓였는데 호남선은 그대로여서 시간이 많이 걸려 불편할 거라며 안타까워하셨다. 예의 세심하면서 따뜻하신 성품이야 다시 이를 나위가 없을 터이다. 다만 호남선도 기존 철로를 전철화하는 방향으로 추진되어 장차 사정이 나아질 것임을 말씀드리자, 그나마 다행이라면서도 무언가 마뜩찮은 듯한 기색을 거두지 아니하셨다. 악귀의 저주나 다름없는 지역차별이며 갈등이라든지가 못내 마음에 걸려 못마땅한 나머지이셨으리라는 게 무딘 제자의 어쭙잖은 생각이다.

점심을 사주시겠다며 사모님께서 운전하시는 자동차로 이동하던 중이었다. 앞자리에 앉아 계시던 선생님께서 이러저러한 말씀으로 길 안내 겸 안전운행을 훈수하셨다. 매사에 철저한 분이심을 새삼 새기면서, 운전을 못하는 내가 아내 차의 조수석에 앉아 온갖 간섭을 해댄 전력이 있는지라, 절로 불쑥 가로대 "그 자리에 앉으면 누구나 불안해하며 그러하답니다" 내뱉는 도중에 벌써 그 언동의 어처구니없는 무엄함에 스스로 놀라 움찔하였다. 이미 쏟은 물, 주워 담을 수가 없다. 그리도 조용조용하시던 사모님께서 활짝 웃음을 터뜨리셨고, 선생님께서는 그저 아무런 말씀이 없으셨다. 참으로 진땀나는 경험이었다. 선생님을 향해 그 따위 언사를 주절거리다니… 당신의 인자하심에 기댄 방자함의 극치였다. 죄업막심이다. 그리 못돼먹은 자임에도 용기를 잃지 말도록 거듭 격려의 서신을 내리시면서, 안타까움에 '가슴이 저려올 때가 있다'고까지 제자의 처지를 염려해주셨다. 송구스럽기 그지없다.

나이가 많이 어린 제자에게도 선생님께서는 경칭을 쓰셨다. 서신에는 늘 감당키 어려울 만큼의 경어와 겸사가 이어진다. 댁을 방문하고 나올 적이면, 승강기를 타고 아래까지 내려오시어 반드시 건물 밖에서 배웅하신다. 궂은 날씨라며 들어가시도록 그리 말씀드려도 예외가 없다. 단정한 댓님의 새하얀 한복 차림으로 잘 가라 손짓하신다.

돌이켜 보면, 선생님의 마음을 전혀 헤아리지 못하였다. 삼가 기린다.

亭亭巨松跨蒼穹
洋洋大海受千江
宗匠學德萬人稱
只羞後生未紹尙

李基白 선생과 나의 첫 논문
「高麗後期의 外居奴婢」

김세윤 신라대학교 교수 퇴임

    1979년은 암울하였다. 1972년부터의 유신통치는 그 해 들어 종말을 향해 치닫고 있었다. 결국 10.26으로 유신체제는 종식되었지만, 12.12가 일어나면서 더 가혹한 군부지배가 시작됨을 예고하였다. 지금 돌이켜보아도 언제나 어둡게만 기억되는, 암담하기 그지없는 시대였다.

    나의 생활도 이에 못지않았다. 1978년에 학부를 마치고 대학원에 진학한 뒤, 네 학기 동안 이기백, 이광린 두 분 선생님의 수업과정은 참으로 힘들었다. 석박사과정의 통합수업이었기에 더욱 그러하였다. 선정된 주제에 대한 구두발표, 선생님과 선배들의 날카로운 지적, 이를 참고하고 정리하여 학기말에 논문형식을 갖추어 제출하는 리포트 등, 모든 것이 학부 때와는 달리 정말 감당하기 어려운 일이었다.

    이뿐이 아니었다. 네 학기 과정 동안, 발표나 리포트에서 단 한차례의 긍정적 평가를 받은 적이 없었다. 오직 질책만 받았다. 그리고 석사학위 논문준비도 전혀 되어 있지 못한 상태였다. 1979년 여름방학 동안 논문 주제인「大院君의 書院撤廢」에 관한 초고를 작성해 보았지만, 초고라고도 부를 수준의 글이 못되었다. 지도교수인 李光麟 선생님으로부터 몇 차례 호된 꾸지람을 듣고 석사과정 마지막 학기의 논문 제출은 단념하였다. 정말 고전의 연속이었다.

1979년 12월부터 하숙집에 들어박혀 논문자료를 면밀하게 검토하기 시작하였다. 그렇지만 두 선생님으로부터 학문적 가능성을 전혀 인정받지 못한 열패감, 대학원에 진학한 것이 제대로 된 선택이었나 하는 회의감, 과연 앞으로 이 모든 어려움을 이겨낼 수 있을까 하는 불안감 등으로 말미암아 부진할 수밖에 없었다.

1980년 1월 초순, 오랜만에 학과사무실에 들렀다. 조교인 김수태 군이 이기백 선생님에게 연락드렸냐고 물어 "무슨 연락?"이라고 하니, 선생님이 찾으신다고 한다. 순간 몰려드는 긴장감. "무슨 일로 그러신다는지?"라고 하니, 리포트 때문인 것 같다고 말한다. 보통 학기말 리포트는 선생님이 읽으시고는 평가내용을 별지에 구체적으로 적어서, 제출된 리포트와 동봉하여 학과사무실에 맡겨두셨다. 그런데 리포트 관계로 찾으시다니, 정신이 하나도 없고 온몸이 휘청거린다.

댁으로 전화를 드렸다. 리포트 때문에 그러니 오라고 하신다. 얼마나 엉망이면 댁으로까지 부르셔서 직접 꾸짖으려고 하시는가. 누상동 댁으로 가는 길은 참으로 힘들었다. 학부 졸업하던 해에 동기들과 세배드리러 한번 가본 적밖에 없어 길도 낯선데다가, 이제 홀로 그 길을 오르자니 온갖 불안한 생각에 사로잡혀 댁을 찾는 것도 쉽지 않았다.

방에 들어가 인사를 드리고 꿇어앉았다. 선생님 앞에 리포트가 놓여 있다. 추위가 더 느껴진다. 무슨 말씀을 하실까. 어떻게 답변을 드려야 하나. 고개를 들 수가 없다. '임자'하고 선생님이 말씀을 떼신다. "이번 리포트는 괜찮은 것 같아" 고개를 드니 선생님이 미소 띤 얼굴로 말씀하고 계신다. 순간 혼란스러워진다. "학술잡지에 게재하는 것이 좋겠네. 一志社에 얘기해 두었으니 가서 원고를 넘기게" 야단이 아니라 칭찬이 아닌가. 그것도 논문게재라니. 있을 수 없는 일이다.

말씀을 이어가신다. "곧 홍승기 씨가 학위논문을 제출하는데, 임자 글이 그 논문과 다소 다른 주장을 하고 있어 재미있구먼. 글 가운데 고쳐야 할 부분은 지적해 두었으니 참조하게. 그런데 노비 소유주의 權能이라는 용어가 적절할까." "홍승기 선배의 논문에서 그렇게 쓰고 있어서"라고 말씀드리니, "權能이라는 것이 하느님의 權能이라고 할 때나 쓰지, 노비 소유주에게 무슨…" 머리를 숙이며 "네, 알겠습니다."

1979년 2학기 이기백 선생의 대학원 수업은 '古文書 硏究'였다. 첫 시간에 선생님이 나누어주신 강의계획서에 여러 주제가 나열되어 있었다. 주제를 수강생들이 선택하게 하셨는데, 내가 정한 것이「國寶131號 李太祖戶籍」이었다. 그것은 이태조호적이나 고려시대 노비에 흥미를 가져서가 아니었다. 이 주제가 다른 주제에 비해 시대가 가장 뒤늦은 문서인 관계로 자연히 발표를 제일 나중에 할 수 있었기 때문이었다. 석사논문 준비을 위해 이기백 선생 수업의 발표를 최대한 늦추어 시간을 벌어야 했다.

그 학기의 석사논문 제출을 포기한 뒤에야「이태조호적」을 검토하기 시작하였다. 그때가 10월 중순 쯤이었다.「이태조호적」이 이성계의 호적이 아니라는 사실도 그때 처음 알았다.「이태조호적」의 제1폭이 고려말 이성계에게 지급된 노비 호적인 관계로 그렇게 불려진 것이다. 문득 석사과정 첫 학기 수업이 떠올랐다. 강의명이 '金石文 硏究'였는데, 나의 주제는 '慶州 南山 新城碑'였다. 그때보다도 훨씬 난감하였다.「이태조호적」에 대해서는 허흥식 선생의 논문을, 고려 노비에 관해서는 홍승기 선생의 여러 글을 참조하면서 그 이해의 폭을 조금씩 넓혀나갔다.

10월 26일, 박정희가 김재규 총에 맞아 죽었다. 비상계엄에 휴교가 되었다. 바깥세상은 시끄러웠지만 하숙집은 조용하였다. 노비호적을 어떻게 분석해야 하나. 며칠 궁리하던 차에 南山 新城碑에 관한 이종욱 선생의 논문이 생각났다. 첫 학기의 '金石文 硏究' 시간에 이종욱 선생 논문의 핵심은 碑文을 表로 만든 데에 있다고 이기백 선생이 말씀하신 바 있다. 「이태조호적」에 나오는 노비호적을 각 戶별로 나누어 表로 정리하였다. 보니까 좋았다. 이종욱 선생은 新城碑 논문을 작성할 때 여러 차례 경주박물관에 가서, 소장된 新城碑 앞에서 시간을 보낸 적이 있다는 정두희 선생의 말도 기억났다. 그래서 「이태조호적」이 소장된 藏書閣을 찾아갔다. 당시 藏書閣은 창경원 안에 있었는데, 을씨년스런 초겨울 날씨에 어깨를 움츠리며 혼자 찾아간 기억이 떠오른다. 國寶인 관계로 복사가 어렵다고 하는 담당자에게 매달려 어떻게 겨우 사진 복사본 한 부를 받을 수 있었다. 허흥식 선생의 판독과 비교해 보니 거의 일치하였다. 다만 여러 戶의 끝부분에 판독하기는 어렵지만 희미한 글씨 자국이 남아 있어, 실제 노비의 숫자는 더 있을 수 있다고 생각하였다.

11월 말 쯤부터 학교를 출입할 수 있어서 수업이 재개되었다. 휴교 동안 발표를 하지 못한 수강생도 여럿 있어서 나는 종강시간이 되어서야 다른 수강생과 함께 발표하는 기회를 가졌다. 기존연구에 대해서는 간략하게, 내가 처음 찾아낸 부분은 表를 중심으로 다소 자세하게 설명하였다. 「이태조호적」은 고려후기 외거노비의 존재형태를 이해하는 데 도움을 주는 유익한 자료라는 점을 입증하려고 하였다. 발표가 끝난 뒤, 이기백 선생은 表를 더 분석해 보는 것이 좋겠다고 말씀해주셨.

다음 숙제는 리포트 작성이었다. 보름 남짓의 마감시간 동안 어떻게 기말과제를 완성시킬 수 있을까. 홍승기 선생의 연구는 필자의 든든한 바탕이 되었다. 선생의 여러 논문을 숙독하면서 감탄하지 않을 수 없었다. 어쩌면 이렇게 노비에 관한 영세한 자료들을 철두철미 이용할 수 있을까. 리포트의 기본적인 내용과 구성은 전적으로 선생이 밝혀놓으신 연구성과를 따르기로 했다. 리포트의 序言 첫 단락도 선생의 논문에서 그대로 옮겼다. 다만 외거노비에 관련한 홍승기 선생의 견해에 대해서는, 호적을 통해 나타나는 점을 근거로 조금 다른 생각을 곳곳에서 적었다. 그리고 다른 선학들의 주장도 가능한 한 비판적 입장에서 보았다. 그렇게 하니까 당연히 억지스런 부분이 꽤 있었다. 선생님만 보시는데 어쩌랴 싶었다. 이기백 선생은 평소 比較史의 중요성을 강조하였다. 그래서 책을 구입하고는 한 번도 펼쳐보지 않은 『唐王朝の賤人制度』도 인용하여, 고려시대 노비제도를 중국의 천인제도와 비교하는 시도도 부분적으로 해보았다.

　정서한 뒤 읽어보니 글의 모양은 어느 정도 갖춘 것으로 보였다. 하지만 내용은 여전히 허술하였다. 더 이상은 능력 밖의 일이라 그냥 낼 수밖에 없었다. 그렇게 제출한 리포트가 이기백 선생으로부터 인정받고 또 선생님의 추천으로 논문으로 발표(「高麗後期의 外居奴婢」, 『韓國學報』 18輯, 1980 봄)까지 되다니. 도저히 믿어지지 않았다. 주위의 여러 선후배로부터 많은 격려를 받았다. 특히 학위과정 동안 나의 부진을 너무나도 잘 알고 있던, 친형과 같은 김용선 선배는 첫 자식을 낳은 것과 같은 일이라고 기뻐하고 축하해주었다.

　그렇지만 논문의 한계는 곧 드러났다. 홍승기 선생은 자신의 박사학위 논문을 바탕으로 펴낸 『高麗時代 奴婢硏究』(韓國硏究院, 1981)에서, 나의 이름을 본문에서 직접 거명하면서 해부하듯이 조목조목 철저하게 반박하였다. 선생의 저서 索引에서 人名으로는 나의 이름이 가장 많이 나올 정도였다. 선생의 그 반박 내용을 보고 나는 전적으로 수긍할 수밖에 없었다. 완벽하고도 논리적인 지적이었기 때문이다. 고려사회와 그 신분제도에 대한 전반적인 이해 없이 자료를 자의적으로 해석하고 선학의 견해를 무리하게 비판하는 것이 얼마나 비학문적 자세인지를 깨닫는 좋은 기회가 되었다. 홍승기 선생에게 죄송스럽고 고마울 따름이다.

이 논문을 계기로 나는 주위의 여러분으로부터 적지 않은 관심을 받았다. 노비 논문을 재미있게 읽었다는 인사를 받기도 하였고, 대선배의 견해에 맞서도 괜찮냐는 우려 섞인 걱정도 들었다. 석사과정에서 어떻게 그런 논문을 쓸 수 있냐고도 하였다. 심지어 고려시대가 전공분야인 줄 아는 분도 있었다. 나중에 취직하게 되는 釜山女子大學(현 新羅大學校)의 교수초빙 면접에서는 고려시대와 조선시대 가운데 어느 분야가 전공이냐는 질문을 받기도 하였다. 그럼에도 불구하고 당시 나의 마음 한 구석에는 착잡한 감정이 다소 남아 있었다. 이 논문이 전공분야로 삼은 조선시대와 시기적으로 거리가 있으며, 또 석사논문의 모양도 아직 제대로 갖추어지지 않았기 때문이다. 하지만 그 뒤로도 나는 이 글의 주제인 고려시대 노비에 대해서 관심의 끈을 놓지 않았다. 초라하여 내어놓기 부끄러운 논고이지만, 뒷날 고려시대의 寺院奴婢와 萬積의 亂에 관한 두 편의 글을 발표할 수 있었던 것도 첫 논문에 가지는 애착 때문일 것이다.

　이 논문은 나의 유용한 자산이 되었다. 1980년부터의 5공정권은 지방대학의 증과증원 정책을 실시하여, 지방대학은 많은 교원을 필요로 하였다. 특히 한국사는 모든 대학의 필수과목이었기 때문에 한국사 전공자에 대한 수요가 더욱 많았다. 당시 교수초빙 지원자는 갓 석사학위를 받은 사람들이 대부분이었다. 이러한 상황에서 나는 1982년 부산여자대학에 응모할 때 이 논문과 석사논문 두 편을 제출할 수 있었다. 연구업적 평가에서 좋은 점수를 받았을 것으로 믿는다. 더욱이 이기백 선생의 추천서도 큰 힘이 되었다. 당시 부산여자대학의 학장이 이기백 선생의 학문과 인품을 매우 존경하고 있다는 김한규 선생의 전언을 들었다. 이기백 선생에게 말씀드리니 지도교수가 아니심에도 추천서를 학장 앞으로 흔쾌히 보내주셨다. 선생님의 學恩을 이렇게나 받을 수 있다니.

선생님 앞에 꿇어앉아 부들부들 떨면서 가르침을 받던 그 장면이 아직도 선명하게 떠오른다. 탄신 백주년을 맞이하여 차린 잔치상 앞에서 삼가 큰절을 올립니다.

"사서삼경을 공부하는 것은 몸에 至寶를 지니는 것입니다"

하영휘 가회고문서연구소장

 나는 1975년 3월 영문과에 입학하자마자 바로 입대하여 군복무를 마치고, 1978년 3월 복학했다. 복학 후 나의 학교생활은 착실하지 못하고 겉돌았다. 무엇보다도 영문학에 재미를 붙이지 못하고, '내가 이걸 해서 뭐하나?'는 생각이 자꾸 들었다. 그리하여 주로 낮에는 C관 바둑실에서 바둑을 두며 시간을 보내다가 해가 지면 술집으로 향하는 날이 많았다.
 그렇게 한 해를 보낸 후, 사학과로 전과하고 싶은 생각이 들었다. 가까운 친구나 선배들의 조언을 구했으나, 전과에 대하여 모두 부정적인 답을 주었다. 그럴수록 내 마음은 더욱 확고해졌다. 이왕 들어온 대학이니 하고 싶은 공부를 해보자는 생각이 있었고, 그 밑바탕에는 내가 발을 딛고 있는 현실이 있게 된 그 과거를 알아야 되겠다는 생각이 있었다.
 1979년 1학기 중 어느 날 전과를 승인하는 도장을 받기 위하여 사학과 학과장의 방문을 노크했다. 당시 학과장이 이기백 선생님이었다. 처음 뵌 선생님은 천생 학자의 모습이었다. 이것저것 물으시더니, 사학과에서 뭘 전공하고 싶으냐고 하셨다. 한국사상사를 공부하고 싶다고 천연스럽게 말씀드렸다. 무슨 말씀을 하셨는지 기억나지는 않지만, 빙그레 웃으셨던 것 같다.

1981년 2학기, 어수선한 분위기 속에서 그럭저럭 마지막 학기가 되었다. 대학원 진학을 생각해보지 않은 건 아니었지만, 차분히 앉아 공부해 본 적이 없는 내가 대학원에 갈 자신이 없었다. 나는 취직 쪽으로 마음을 굳혔다. 일단 직장에 다니며 사회경험도 하고, 그 다음은 그때 가서 생각하기로 했다.

그런데 그 학기에 이기백 선생님의 '한국금석학'이 개설되었다. 취직 문제로 바쁠 것 같아 망설여졌지만, 관심이 있던 과목이라 나는 수강신청을 했다. 내가 첫 발표를 맡았던 것 같다. 내 주제는 '광개토대왕비문'이었다. 나는 어려운 비문과 씨름하며 두세 번에 걸쳐 번역하여 발표를 했다. 간혹 선생님께서 수정해주기도 하셨다. 내 발표가 끝난 다음, 수업시간에 선생님께서 서예관련 잡지에 실린 광개토대왕비문의 번역문을 가져오셔서, 다시 꼼꼼히 읽으며 틀린 부분을 바로 잡아 주셨다. 그리고 번역자 임창순을 소개하며, 서당을 열고 한문을 가르치고 있는데 그곳이 좋은 곳이라고 하셨다. 그때 나는 임창순 선생님과 지곡서당을 처음 알게 되었다.

그 학기 중에 나는 대기업에 입사시험을 쳐서 합격통지를 받고, 곧 신입사원연수에 들어가야 했다. 그것을 선생님께 차마 직접 말씀드리지 못했다. 11월부터였던가 나는 무단 결석자가 될 수밖에 없었다. 내가 연거푸 결석하자 선생님께서 물으셨고, 사정을 아는 학생이 사실대로 말씀드렸다고 한다.

1982년 1월 2일 신년하례식이 C관 교수식당에서 열렸다. 이기백 선생님께 인사드리자, 잠시 보자고 하시며 나를 조용한 구석으로 데리고 가셨다. 여러 말씀은 하지 않으셨는데, 기억나는 건 이 말씀이다. "하군, 사람이 한 번 결심하면 그걸 위해 노력해야 돼요." 나는 초점이 흐려진 눈으로 멍하니 있을 뿐이었다. 아무 말씀도 드릴 수 없었다.

나는 애초에 직장생활을 오래 할 마음이 없었다. 실제로 경험하면서 내게는 직장생활이 어울리지 않는다고 생각했다. 일 년 쯤 되자 다른 길을 모색하기 시작했다. 이것을 눈치 챈 상사가 대학원 시험기간에 일부러 장기출장을 만들기까지 했다. 그러나 나는 대학원은 별로 생각하지 않고 있었다. 어느 날 신문을 뒤적이다가, 한학자 임창순이 숙식을 제공하며 사서삼경을 가르치는데 곧 선발시험이 있다는 기사를 읽게 되었다. 나는 쾌재를 불렀다. 시험을 통과한 후, 1983년 1월 초에 이불보를 싸서 지곡서당에 들어갔다.

지곡서당은 이기백 선생님의 말씀대로 좋은 곳에 있었다. 천마산, 주금산, 서리산, 축령산으로 이어지는 능선이 둘러싸 분지를 이루고, 산에서 흘러내린 물이 모여 분지를 가르며 흐르는데 九雲川이라고 한다. 물이 하도 좋아 그쪽 사람들은 '물골안'이라 불렀다. 지곡서당은 구운천이 한 번 휘돌아나가는 곳에 내를 굽어보며 자리 잡고 있었다. 내가 갔을 때는 산과 들에 눈이 쌓이고 내까지 얼어붙어 그야말로 은세계였다.

공부는 『논어』부터 시작했다. 월, 수, 금 오전에 수업이 있었는데, 한 수업에 한 편씩 공부하고 외는 것이었다. 예컨대, 월요일 오전에 學而편을 배우면 그것을 계속 읽어 수요일 오전 수업 시작하기 전에 선생 앞에서 학이 편을 다 외어 바쳐야 했다. 외지 못하면 바로 보따리를 싸는 것, 이것이 지곡서당의 엄격하고 유일한 불문율이었다.

나는 이기백 선생님께 편지를 썼다. 회사를 그만 두고 지곡서당에 공부하러 온 것을 말씀드리고, 서당에서 하는 공부와 서당생활의 정취도 덧붙였다. 며칠 후 선생님의 우편엽서를 받았다. 서당에 오는 우편물은 우선 임창순 선생님이 계신 紅葉山居에 배달되었는데, 임 선생님께서 그 엽서를 우연히 보신 모양이었다. 며칠 후 학생들과 회식하는 자리에서 임 선생님이 이기백 선생님이 엽서에 쓰신 말씀을 그대로 인용하며 열심히 공부하라고 격려하셨다. "사서삼경을 공부하는 것은 몸에 至寶를 간직하는 것입니다"라고 쓴 문구였다. 이 말씀이 내게 얼마나 격려가 되었는지 모른다.

1984년 12월 22일 퇴계로 LCI예식장. 나의 결혼식 날이었다. 예식시간이 되었는데 주례 임창순 선생님께서 오시지 않았다. 게다가 눈발까지 날리고 있었다. 나는 초조하게 현관에서 주례 선생님을 기다렸다. 20분이 지나자 이기백 선생님께서 나오셔서 "임 선생님이 안 오시는데, 나라도 준비를 할까"라고 말씀하셨다. 내가 10분 만 더 기다려 보겠다고 말씀드렸다. 30분 가까이 지나서야 임창순 선생님께서 나타나셨다. 식이 끝나고 두 분이 인사할 때, 임 선생님이 이 선생님께 말씀하셨다. "이 주례는 이 선생이 하시는 건데 그랬어요."

이듬해 설에 처와 선생님께 세배를 드리러 갔다. 꽃시장에 들러 곱게 핀 영산홍 분을 사가지고 갔다. 신부가 영산홍처럼 예쁘다며 좋아하시던 모습이 눈에 선하다. 그리고 임창순 선생님의 수례사가 좋았다고 서듭 말씀하셨다. 그 주례사의 줄기가 된 말은 『논어』의 "학자는 뜻이 크고 의지가 굳세지 않으면 안 된다. 책임이 무겁고 길이 멀기 때문이다士不可以不弘毅 任重而道遠"였다.

선생님이 한림대에 계실 때 춘천에 갈 일이 있어서 뵈러 갔다. 반가이 맞아주시고, 춘천 생활을 자세히 이야기해 주셨다. 꽤 오래 앉아 있었던 것 같다. 선생님과 그렇게 오래 대화를 나눈 것이 처음이자 마지막이었다. 이윽고 당신은 저녁 공부가 있으니 저녁은 길현모 선생님과 먹으라고 하시며, 길 선생님 연구실에 데려다 주셨다.

내가 아단문고에 근무할 때 두세 번 자료를 부탁하셔서, 보내드린 적이 있었다. 어느 날 선생님에게서 우편물이 왔는데, 『한국사신론』의 영역본이었다. 간단한 사연을 쓴 200자 원고지도 들어 있었다. 이것이 선생님과 나의 마지막 소통이었다.

　이기백 선생님께 나는 논문지도는 물론 대학원 수업도 받은 적이 없었다. 그러나 지금 생각해보니, 선생님은 늘 내 곁에 계셨다는 생각이 든다. 나를 학문의 길로 인도하시고 격려해 주셨다. 내 인생의 어느 대목에서 선생님이 아니었다면, 내가 어느 길로 갔을까 생각해본다.

문일평 연구와 이기백 선생님

최기영 서강대학교 명예교수

　내게 이기백 선생님은 가깝게 하기에는 너무 먼 분으로 기억된다. 선생님께서 남다르게 대한 것도 아닌데, 항상 어려운 어른으로만 기억되고 있다. 공부 이야기 말고는 선생님과 개인적으로 이야기를 나눈 기억도 많지 않다. 석사를 마치고 방위병으로 군대에 갔다 온 뒤, 박사과정에 진학하였을 때 선생님께서는 한림대학교로 옮기셨다. 선생님을 지도교수로 어말선초의 조준을 주제로 학부 졸업논문을 썼지만, 논문과 관련하여 따로 찾아뵌 적도 없었다. 그저 잘 되었다는 정도의 말씀을 들었을 뿐이다. 석사과정에서도 아둔한 제자여서, 수업 중에 특별한 칭찬을 들어본 기억도 없다. 그래서 더욱 선생님을 어려워하지 않았을까 생각한다. 매해 세배 가서도 그랬다. 같이 간 동료들에 묻혀있었다고 할까. 간혹 선생님이 가지고 계신 책을 빌리거나 추천서를 부탁드리고자 따로 뵙는 정도였다.

　그런 내게 선생님이 보내신 편지와 엽서가 몇 장 있다. 이인영 선생이 집필한 중등교과서를 복사해 보내며 주신 편지를 제외하면, 모두 문일평 자료와 관련된 것이다. 기간은 1993년 1월부터 1995년 12월까지 3년이다. 이인영 선생의 교과서는 돌아가신 김성준 선생님이 『학산이인영전집』(전 4권, 국학자료원, 1998)을 내면서, 혹 이기백 선생님이 사회

생활과 교과서인 『우리나라의 생활』(금룡주식회사, 1949)을 소장하고 있는지 알아봐달라고 내게 말씀을 주신 적이 있었다. 선생님은 찾아보니 없다고 하였다가, 춘천에서 찾았다고 복사를 해주신 것이다. 그때 복사물과 함께 보내신 편지는 날짜가 없지만 1999년의 일일 것이다. 다만 그 교과서는 전집이 간행된 뒤에 찾아 전집에 포함하지는 못하였다.

내가 문일평에 관한 글을 쓰고 자료집을 만들게 된 것은 선생님의 말씀 때문이었다. 1993년 가을이나 겨울에 선생님이 『한국사 시민강좌』의 '한국의 역사가' 난에 문일평을 쓰라는 전화를 주셨다. 당신이 쓸 생각이었는데, 건강이 여의치 않아 쓰기 어렵게 되었다는 말씀이었다. 선생님이 문일평에 대해 특별한 관심이 있는 것을 아는 나로서는 무척 부담되는 일이기도 하였지만, 선생님의 말씀을 따르기로 하였다. 선생님이 주신 엽서를 보니, 그해 정초에 내가 문일평이 쓴 글을 선생님께 보내드린 적이 있었던 모양이다(1993년 1월 17일자 소인 엽서). 선생님이 미처 알지 못한 자료들도 있어 큰 도움이 되겠다고 하셨다. 전혀 기억이 나지 않는데, 날짜로 봐서는 선생님께 세배드리러 갔다가 무슨 말씀을 듣고 자료를 찾았던 것 같다. 선생님은 문일평에 관한 글을 쓰게 될지 체력이나 시간이 허락하지 않는다는 말씀을 엽서에 덧붙였다. 이런 일이 있어선지 선생님은 문일평을 소개하는 글을 내게 쓰라고 하신 것 같다.

문일평에 관해서는 이미 선생님도 글을 썼고, 이광린 선생님도 『한미오십년사』 교주본을 탐구신서의 하나로 간행한 바 있었다. 나는 먼저 『조선일보』의 색인을 통하여 문일평의 글을 찾았다. 마침 조선일보사에서 학예기사와 항일기사의 색인집을 발행하였고, 『동아일보』 등의 색인도 이용하는 등, 문일평의 글들을 목록화하고, 그것의 『호암전집』 수록 여부를 확인하였다. 그리고 1900년대의 『태극학보』를 비롯하여 1910년대의 『학계보』, 1920-30년대의 『동광』이며 『조광』과 『신동아』 등 잡지에 게재된 그의 글이며, 『조선명인전』(조선일보사출판부, 1939)과 같은 단행본에 수록된 글을 찾았다. 『조선일보』 마이크로필름을 보며 출력하고, 잡지 등을 복사하여 자료를 확보하였다. 그렇게 하여 문일평의 연보와 저술목록을 1994년 4월 초까지 작성하였고, 선생님께 보내드렸던 모양이다.

> 호암연보와 저술목록을 잘 받았습니다.
> 거의 완벽한 것이어서 최 형에게 부탁하길 잘했다는 생각이 굳어집니다. 제 목록에는 여럿이 빠져 있었습니다. 좋은 글이 될 것으로 믿습니다.……
> 저는 호암이 중국서 귀국한 연도를 알려고 무척 노력하였었는데, 연보에 의하면 1914년 봄에 귀국한 것으로 되어 있어서 새 사실을 알게 된 것을 기뻐합니다. 기회가 있으면 전거를 알려주기 바랍니다.
> 많은 기대를 가지고 귀고를 기다리겠습니다.(1994년 4월 15일자 선생님 편지)

이 편지에서 선생님은 『조선지광』 1927년 1월호에 실린 「경제관계로 본 조선문명」을 오래 찾지 못하였다고 내게 구할 수 있는지 따로 말씀하였다. 이 논설을 구하여 선생님께 보내드렸는데, 잡지를 많이 소장한 아단문고의 관리를 동기 하영휘 선생이 맡고 있어, 그곳에서 이 논설을 복사할 수 있던 것으로 짐작한다. 1994년 5월 2일자 소인의 엽서에는 그 논설을 받은 일에 고맙다는 말씀과 함께, 선생님의 문일평에 대한 평가를 적고 계셨다.

> 보내준 호암 관계 자료, 특히 「경제관계로 본 조신문명」을 보내주어 감사합니다. 호암은 분명히 연구의 대상으로서 좋은 주제가 된다고 생각하며, 특히 제가 늘 관심을 가지게 되는 것은 그가 고민하는 역사가

였다는 사실입니다. 어느 한쪽에 쉽게 몰입하여 변화가 없으면 단순한 것은 좋으나, 인간적인 매력은 느끼지 못합니다. 그런데 호암은 고난의 시대를 고민하며 살아간 대표적 역사가가 아니었나 합니다. 한번 열심히 연구해보기 바랍니다.

저를 위한 원고는 미안하기 짝이 없으며, 물론 보탤 말도 없습니다. 총총.

선생님은 문일평을 고난의 시대를 고민한 역사가였다고 평가하였다. 시대를 고민한 역사가, 아마도 선생님 역시 시대를 고민하고 있다는 말씀이기도 하였다. 엽서의 뒤에 "저를 위한 원고"라는 것은, 『한국사 시민강좌』의 원고를 작성한 뒤에, 그해 계획된 선생님의 고희기념논총에 문일평의 생애와 저술을 논문으로 만들어 제출하겠다는 뜻을 전해 올린 것에 대한 말씀이었다.

나는 1994년 8월에 간행된 『한국사 시민강좌』 제15집에 「문일평」을, 그해 12월에 간행된 『이기백선생 고희기념 한국사학논총』 하권(일조각)에 「호암 문일평의 생애와 저술」을 발표하였다. 선생님은 내가 문일평을 주제로 계속 연구하기를 기대하셨다. 나는 먼저 확보한 자료를 정리하여 문일평 전집을 출판하는 일이 필요하다고 생각하였다. 문일평 사후 1939년 조선일보사출판부에서 간행한 『호암전집』 3권에 수록되지 않은 자료가 상당 분량 확보되었기 때문이다. 그래서 『호암전집』 3권에 이어 2권을 추가하여 모두 5권의 '호암문일평전집'을 발간하고자 하였다. 제4권은 문일평 사후 간행된 『호암사화집』(인문사, 1939)과 『소년역사독본』(조선일보사출판부, 1940), 그리고 『한국학보』에 소개된 「고려개사」를 합하여 '역사 사화편'이라 편목을 붙였다. 「고려개사」는 발굴자라 할 수 있는 신용하 선생님에게 수록을 허락받았다. 제5권은 '신문 보유편'이라는 제목으로 주로 『조선일보』와 잡지에 발표된 글들과, 『조선명인전』에 수록된 6편, 앙게이드와 좌담, 그리고 사상 기사와 주모사 등을 수록하였다. 마지막에 해제를 내가 『이기백 선생 고희기념논총』에 실은 글을 기본으로 작성하였다. 출판은 당시 자료 영인을 많이 하던 민속원이 맡아주어 1995년 10월 말을 간기로 간행하였다. 출판사에서는 편자로 내 이름을 넣겠다고 하였으나, 『호암전집』 3권이 포함되었기 때문에 내 이름을 넣지 말라고 하였다.

> 지금 『호암문일평전집』 역사사화편을 잘 받았습니다. 애써서 만든 것을 이렇게 베풀어주어서 감사하단 말을 이루 다 할 길이 없습니다. 지난번에 보내준 보유편과 함께 참고할 때마다 두고두고 형을 생각하겠습니다. 거듭 감사의 뜻을 전합니다.…… (1995년 12월 14일자 선생님 엽서)

전집 5권이 모두 한 번에 간행되었다고 기억하고 있었는데, 선생님의 엽서를 보니 그렇지 않았던 모양이다. 선생님께 먼저 나온 '신문 보유편'을 보내드리고, 그 뒤에 '역사 사화편'을 보내드렸던 것 같다. 아무튼 『호암문일평전집』은 생각보다 많이 판매되어 중쇄도 찍었다고 들었으니 출판사에 손해를 끼치지는 않았던 셈이다. 바꾸어 말하면 문일평에 관심이 학계에서 적지 않았음을 보여주는 일이기도 하였다.

선생님은 내가 문일평을 계속 공부하여 좋은 성과가 있기를 기대하였지만, 나는 문일평에 이어 권덕규에 관한 논문을 쓰고서 관심을 사학사보다 독립운동사 쪽으로 돌리게 되었다. 문일평에 관련된 논문이나 자료가 찾아지는 대로 모아두는 등 관심을 두고는 있었지만, 그와 관련된 작업을 하지는 못하였다.

그러나 문일평과의 연결이 끊어지지는 않았다. 문일평의 저술이 간행되어 나올 때, 직간접으로 관계되었다. 문일평이 쓴 예술가들에 관한 글을 모아 2001년에 간행한 『미술의 성직 : 역사를 빛낸 우리 예술가들』(열화당)의 해제를 쓰기도 했고, 선생님이 돌아가신 뒤인 2006년에는 조선일보사용 탁상일기에 쓴 문일평의 한문일기(1934년) 번역과 관련하여 자문하기도 하였다. 그 일기는 조선일보사 기자 이한수 번역으로 『문일평 1934』(살림, 2008)이라는 제목으로 간행되었다. 『소년역사독본』의 첫 면에 수록된 1939년 1월 23일자 탁상일기에 쓴 한문일기와 연관시키면, 문일평은 적어도 조선일보사에 재직하던 1930년대에는 회사에서 제작한 탁상일기에 한문으로 일기를 썼다고 짐작된다. 아마도 아들 문동표가 월북할 때 그 일기들을 가지고 갔다가, 1934년분만 중국 쪽으로 나오게 된 것이 아닌가 한다. 독립기념관 한국독립운동사연구소에서 독립운동가 열전의 하나로 간행한 박성순 선생의 『'조선심'을 주창한 민족사학자 문일평』(역사공간, 2014)도 감수를 보았다.

2017년 12월 동경의 명치학원대학 그리스도교연구소 초청으로 '문일평과 명치학원'이라는 강연을 하기도 하였다. 명치학원 중학부를 문일평은 이광수와 함께 다녔다. 강연 후 문일평의 성적표를 볼 수 있었다. 2013년 11월 명치학원 창립 150주년 기념 '이광수는 누구인가'라는 국제심포지엄의 토론자로 참여하였을 때, 문일평의 성적표를 명치학원 중등부의 후신인 부속 고등학교의 도서관 사서에게 부탁한 바 있었다. 그러나 자료가 당시 고등학교에 없다는 사실을 확인할 뿐이었다. 다행히 이 강연 뒤에 확보된 성적표를 확인할 수 있었지만, 복사나 사진 촬영은 되지 않아 베낄 수밖에 없었다. 이미 1970년대에 문학 연구자들이 이광수의 학적부를 찾을 때부터 확인되지 않았고, 성적표만을 확인하였다. 2017년 1월 급성신부전증으로 중환자실 신세를 진 이후 논문 작성이 쉽지 않았지만, 이 강연을 준비하며 문일평의 두 차례 일본 유학을 주제로 초고를 약간 작성한 바 있었다. 아울러 중국 망명 부분도 초고로 작성 중이었다. 그렇지만 작성하던 논문이 그 이상 진전을 이루지 못한 지가 7년째이다.

정년한 지 3년째 되는 지금, 공부는 정년 이전부터 그만둔 상태이나 마무리 지을 일로 생각하는 것이 '문일평 평전'이다. 아직도 책장의 몇 칸이 문일평 관련 자료로 채워져 있고, 컴퓨터에도 문일평이라는 파일로 적지 않은 분량의 원고와 자료가 저장되어 있다. 문일평 연구의 출발이 이기백 선생님의 지도로 시작되어, 기초적인 연구와 자료집의 출간은 이루었다. 오래 걸리는 일이겠지만, 평전이랄까 학술 전기를 아직 시작하지 못하고 있다. 선생님을 기억하며, 천천히 출발할 수 있었으면 좋겠다는 생각이다.

2003년 10월의 대면 담화와 우송 소포

노용필 한국사학연구소장

10월 9일 선생님과의 대면 담화

선생님께서 내게 전화를 주셔서 댁으로 찾아뵌 것이 2003년 10월 9일 한글날이었다. 이날 선생님께서는 '이기백한국사학론집'에 포함시킬 『한국사산고』・『한국현대사론』・『한국사학사』등의 원고 뭉치 봉투를 내게 내놓으시며 입력하여 정리해서 출간하는 작업을 차례대로 진행하라고 말씀하셨다.

그 세부적인 작업에 관한 구체적인 논의를 하던 중 선생님께서는 여간 힘든 일이 아닐 터이니 하나씩 가져가서 차근차근하는 게 덜 부담스럽겠다고 하시면서, 일단 제13집 『한국사산고』의 원고만 먼저 가져가라고 하셨다. 그래서 그렇게 진행하게 되었다. 한 달이 채 지나기 전 입력을 모두 마치고 말씀드렸더니 일조각에 직접 전하라고 해서, 이후 그 작업은 비교적 순조롭게 진행되었지만 그 앞의 제12집 『한국고전연구』의 작업이 지체되면서 어쩔 수 없이 미뤄졌다. 그리고 중간에 내가 외국에 자료 조사차 다녀오는 동안에 선생님께서 『한국현대사론』의 정리는 다른 이에게 맡기셔서 그렇게 진행되었다.

안타깝게도 선생님께서는 하루가 다르게 위중해지셨고, 2004년 6월 2일에 끝내 소천하셨다. 시간이 지나면서 제12집 『한국고전연구』, 제13

집 『한국사산고』, 제14집 『한국현대사론』이 차례대로 간행되었고, 이후 선생님의 遺稿를 정리하는 과정에서 사모님께서 나머지 원고 뭉치를 차남 이인철 선생을 통해 내게 내주시면서 정리하라는 당부가 있으셨다. 그중의 하나가 선생님의 〈친필 기획서〉가 표지에 있고, 원문 모두를 각각의 책에서 복사해서 그 일련 페이지를 하단에 적어 정리한 상태로 그 뒤에 묶여 있었던 『현대 한국사학과 민족·사회』였다. 2024년은 선생님의 탄신 100주년이 되는 해이며, 소천 20주년이 되는 해이기도 하므로, 비로소 선생님의 유지를 받들고자 이 책을 소천하신 날을 발행일로 하여 '이기백한국사학론집' 별책으로 일조각에서 e-book으로 간행하였다 (이상의 내용은 발문 「선생님의 원고를 정리해 출간을 마무리 지으며」; 李基白, 『韓國史散稿』, 一潮閣, 2005 및 「선생님의 친필기획서에 따라 이 책을 출간하며」; 이기백, 『현대 한국사학과 민족·사회』, 일조각, 2024 참조).

이날 애초에 선생님께서 『한국사산고』를 위시한 『현대 한국사학과 민족·사회』 등의 원고 뭉치 봉투 전부를 내게 내놓으셨다가 내 부담을 덜어주시고자 『한국사산고』의 원고만 탁자 위에 올려놓으시고 먼저 가져가라고 하신 후, 나머지들은 서재로 다시 가지고 들어가셨다. 그 잠시 사이에 나도 모르게 깊은 생각에 잠겼던 것 같다. 너무나 조용한 정적이 흐르고 있음을 깨달아 놀라서 내가 눈을 들었을 때, 선생님께서는 이미 소파에 앉아 내 마음의 내면을 들여다보고 계신 듯한 깊은 바다와 같은 눈길로 나를 바라보고 계셨다. 옅은 미소를 띠신 눈빛으로 무슨 생각을 그렇게 골똘히 하고 있는가 하고 물으시는 것이 부지불식간에 느껴졌다.

마치 그로부터 불과 5개월 전인 스승의 날 무렵 선생님을 댁으로 찾아뵈었을 때와 진배없는 상황이 전개된 것이었다. 선생님께서는 소파에 앉아서 담소를 나누다가 대화 중에 거론된 책을 잠시 서재에 찾으러 들어가셨는데, 그날도 내가 잠깐 상념에 젖었다가 선생님께서 자리로 돌아오시기에 다시 눈을 마주치며 바라보게 되었다. 그때 선생님께서 내 눈빛을 보시면서 거두절미하시고 "자네도 그걸 알았어?"라고 말씀하시는 게 아닌가! 그리고 그다음에, "나도 불과 얼마 전에 알았어"라고 하셨다. 그 얼마 전에 나도 '성읍'이라는 용어가 성경에 빼곡하게 등장한다는 사실을 천주교·개신교의 한글판은 물론이고 중국어본 및 일본어본에서도 모두 찾아서 확인하고 장차 '城邑國家論'의 比較史의 심층 연구에 반영하고 싶다는 생각을 지니게 되었음을 말씀드리고 싶었는데, 그걸 선생님께서 마음으로 이미 읽으셨던 것이었다.

그때는 그것이 무척 기뻐서 당장이라도 踊躍할 것 같았으나, 5개월 후인 이때에는 전혀 달랐다. 하여 아무 말씀도 드릴 수가 없었다. 그러면서 한동안 침묵이 흘렀다. 정신을 간신히 가다듬고 마음을 다독였으나 어쩔 수 없이 눈자위에 습기를 머금으며, 내 마음의 내면을 들여다보고 계신 듯한 깊은 바다와 같은 선생님의 눈길을 바라보면서 간신히 말씀드렸다. "한 분의 일생이 너무나 짧은 것 같습니다"라고. 그러자 선생님께서는 잔잔한 深淵의 표면 마냥 편안하신 모습으로, "내가 생각해도 그래"라고 말씀하셨다.

이날의 선생님과 나눈 이런 對面 談話가, 그런데 이 세상에서의 마지막이 될 줄이야! 전화 통화와 선생님의 서신 수신은 이후에도 이루어졌으나, 대면 대화는 이후에 하지 못했다. 2004년 스승의 날에도 선생님 아파트의 주차장까지 가서 전화를 드렸지만, 선생님께서 통화도 힘들어 하신다고 전화를 받으신 사모님께서 말씀하시기에 어쩔 수 없이 그냥 돌아오려고 하였으나, 사모님께서 잠시 기다리라고 말씀하셔서 그렇게 하였다. 잠시 후 사모님께서 내려오셔서 전해주신 선생님의 의중을 듣고는 눈물을 흘리지 않을 수가 없었다. 그리고 사모님께서 누구와 누구는 주장해서 얼마 전에 뵙고 갔다고 하시면서 "노 선생이 정 원하면, 선생님을 뵙게 해드리겠다"라고 말씀하셨지만, 그러지 않겠노라고 말씀드리고 마련해간 꽃다발만 전해드리고 발길을 돌렸다. 선생님 앞에서 눈물을 흘려 마음 상하게 해드리지 않을 자신이 도저히 서지 않았기 때문이었다. 그래서 10월 9일 선생님과의 대면 담화가 결국 이 세상의 마지막 대면 담화가 되고 말았다.

10월 30일 우송하신 소포 속 선생님의 친필 서한

10월 9일 귀가한 이후 선생님의 원고 『한국사산고』를 입력하는 일에 매진하였다. 그러던 중 선생님께서 보내신 10월 30일 우체국 소인이 찍힌 소포가 내게 우송되어 왔다. 두툼한 상태로 보아 그 안에 혹여 원고 뭉치가 들어있는 게 아닌가 싶어 열어보았더니, 원고 뭉치가 아닌 2권의 책이 들어있었고, 그 책의 표지에 클립으로 고정된 선생님의 친필 서한이 첨부되어 있었다. 그 서한의 실물을 스캔으로 본뜬 것이 <u>〈寫眞 1〉 2003년 10월 22일 작성 李基白 親筆 書翰</u>이다.

우송 소포 겉봉의 우체국의 소인은 10월 30일(목)이지만, 정작 친필 서한의 작성 날짜는 이 사진에 보이듯 10월 22일(수)이다. 이날 10월 22일은 선생님의 생신인 10월 21일 바로 다음 날이라는 사실이 눈에 밟혔다. 그리고 며칠을 두고 또 꺼내 보고 또다시 읽어보아도, 선생님께서 생신을 맞아 많은 상념 속에서도 아마도 특히 선친 생각을 평소보다도 더욱 깊이 하셨을 성싶었다. 그러시면서 주제넘게 내가 "한 분의 일생이 너무나 짧은 것같습니다"라고 말씀드렸던 바를 떠올리시며, 선친께서도 역시 그러셨겠구나 하는 생각을 하셨을 법하다고 느껴졌다.

〈寫眞 1〉 2003년 10월 22일 작성 李基白 親筆 書翰

　　그간 선생님과 참으로 많은 대화를 나누어 왔지만, 나는 선생님의 가족과 관련된 대목을 일체 대화의 소재로 삼은 적이 없었다. 그 이유는 매우 간단하다. 조교 시절에 당시 학과장이셨던 李普珩 선생님께서 점심을 신촌역 부근 고박사 냉면집에서 사주셔서 여럿이 같이 식사하던 중에 언뜻, "이기백 선생이 참 효자이시다. 아버님께서 편찮으셔서 길을 잃어 댁을 못 찾는 것 같다는 기별이 댁에서 오면 학교에 계시다가도 곧바로 아버님을 찾아 나서시고는 했다"라고 말씀하시는 것을 들은 적이 있었기에 그랬다.

　　그래서 선친과 관련한 어떤 일도 거론하지 않는 내게 선생님께서 "혹 관심이 있지 않을까 하는 생각이 언뜻 들기에" 참고되라고 '선친에 관한 책'을 보내주신 것이어서 한편으로는 참으로 놀랍기도 하면서 한편으로는 송구하기조차 하였다. 내심 남들처럼 관심이라도 보였더라면 이런 일로 노고를 끼치지는 않았을텐데 하는 반성도 되었다.

그러나 선생님의 이 글을 읽어내려가면서 어느 무엇보다도 가슴이 먹먹해진 것은 "완연한 가을이라 낙엽이 딩구는걸 보면 쓸쓸한 기분이 듭니다"라고 쓰신 대목을 접하면서였다. 이러한 선생님의 내면을 진솔하게 담아내 써서 보내주신 私信을, 선생님의 탄신 100주년 기념문집인 이 책의 글에서 이렇게 공개하는 게, 과연 이래도 되는가 하는 생각에 많이 망설이기도 했고, 그래서 썼다가 지웠다가 하기를 몇 날 며칠을 하였다. 하지만 선생님께서 쓰신 「學問的 苦鬪의 연속」 속의 다음과 같은 대목을 기억하기에 용기를 내어 이렇게 실행하는 것이다.

"조약돌 같은 나의 人生과 學問"

鄭芝溶의 「조약돌」이라는 詩에는 처음과 마지막에 되풀이해서 다음과 같은 구절이 나온다.

조약돌 도글 도글 ……
그는 나의 魂의 조각이러뇨

"비 내리는 異國 거리를 탄식하며 헤매"다가 착상이 떠오른 것으로 보이는 이 시는, 아마도 발길에 차여 도글도글 굴러가는 조약돌에서 자기의 모습을 연상한 것이 아닌가 싶다. 나도 이 시인과 비슷한 경험을 갖고 있다. 東京에 유학하던 시절 토요일 아침 시간에 강제로 듣게 되어 있는 時局講演을 듣고 나면 기분이 울적하여져서 동경 거리를 정처 없이 헤매었었다. 어떤 때는 비를 흠뻑 맞고 기숙사에 돌아와서 이불을 뒤집어쓰고 실컷 운 적도 있다. 그 이후에도 어째서인지 나는 인생의 고독을 되새기며 살아온 듯한 기분에 젖어드는 때가 많았다. 내 詩라는 것도 대개 이런 때에 쓰어졌다(『한국사 시민강좌』 4, 1989 ; 『硏史隨錄』, 일조각, 1994, p.250).

선생님은 이 글에서 비로소 역사학자이면서 또 詩作에도 열심이었던 진면모를 진솔하게 드러내셨다. 선생님께서는 1967년 『한국사신론』 초판에서는 찾아볼 수 없었으나 1976년 개정판에서는 여러 편의 詩 원문을 직접 본격적으로 인용하기 시작하였고, 그 대표적인 事例로 〈現代文學의 성장〉에서 尹東柱의 『하늘과 바람과 별과 詩』의 「序詩」를 인용하고 "민족의 한 구성원으로서의 인간의 양심을 지키려는 몸부림을 나타내었다"라고 기술한 대목을 꼽을 수가 있다. 이후 1990년 『한국사신론』 신수판에 이르러서는 더욱 詩를 많이 인용하셨는데, 〈解放〉에서 "이로써 한국은 35년간의 일본 제국주의의 학정으로부터 해방된 것이다. 이 민족의 환희에 대한 서술은 다음의 詩로써 대신하고자 한다"라고 기술하고는 尹石重의 거듭 읽어도 가슴 벅찬 「해방의 날」 전문을 인용하였을 정도였다.

이렇듯이 詩作도 지속하면서 역사적 사실과 직결된 다른 詩人들의 詩도 폭넓게 탐독하여 『한국사신론』의 확충에 적합한 내용을 엄선해 반영하기 위한 작업을 끊임없이 하셨음이 분명하다. 이러한 연유에서 선생님께서는 내면의 진솔한 감정을 詩에 담아내는 글쓰기를 體得하셨기에 내게 쓴 편지에도 그러한 일면을 드러내 보이셨던 것으로 가늠이 된다.

선생님께서 이러한 내용의 편지를 동봉하여 2003년 10월 30일(목)에 우송하신 '선친에 관한 책 2권' 속에 있었던 『산 믿음의 새 생활』(증보, 시골문화사, 1994)을 11월 2일(토) 받는 즉시 다 읽지는 못했다. 그것을 읽는 것보다는 『한국사산고』의 원문 입력과 교정으로 일조각을 드나드는 일에 집중해야 했다. 그러다가 『산 믿음의 새 생활』을 비로소 꼼꼼하게 읽기 시작한 것은 선생님께서 召天하신 이후 1주기가 그것도 한참 지나 마음을 어느 정도 추스르고 나서부터였다.

그리고 그 내용을 내 나름대로 분석하여 논문으로 「이찬갑의 풀무학교 설립을 통한 인간 중심 사상의 구현」을 작성하였다. 다만 완성 후 지니고만 있고 어디에 게재하거나 어느 학회에서 발표하지 않다가 『韓國近現代社會思想史探究』(韓國史學, 2010)에만 포함하고 말았다. 그 제4절 〈이찬갑의 교육자로서의 결실 및 아버지로서의 영향〉의 마지막 부분에서, 선생님께서 훗날 자신의 分身으로 여길 정도로 평생 심혈을 쏟아 집필했던 『한국사신론』에 담긴 인간 중심의 이해는 선친의 '인간 중심 사상'으로부터 깊은 영향을 받은 것으로 생각한 바가 있다.

[點睛]
앞에서 말한, 선생님께서 소포로 내게 보내주신 『산 믿음의 새 생활』(증보, 시골문화사, 1994)의 내용을 분석하여 글을 쓰면서 초판본도 인용하여야 하겠기에, 백방으로 찾았으나 찾을 수가 없었다. 선생님께서 소천하신 이후 遺稿를 정리하는 작업 중에 사모님을 댁으로 찾아뵈었던 어느 날 조심스레 여쭈었더니 1부가 더 있노라고 하시면서 즉시 내게 내주셨다. 내가 알기로는 선생님의 韓國史學論集이 서재에 1질, 그리고 안방에도 사모님 전용의 1질이 갖춰져 있었는데, 아마도 선친의 저서들도 그랬던 것 같고, 사모님께서는 안방의 그것을 기꺼이 내게 내주셨던 듯싶다. 그리하여 『산 믿음의 새 생활』(시골문화사, 1983)의 내용도 증보판과 일일이 대조하여 脚註에 반영할 수 있었다.

이기백 선생님의 가르침과 나의 학문

곽승훈 동광불교문화연구소장

1. 대학 시절

한국사 개설과 『삼국유사』

이기백 선생님으로부터의 배움은 대학 2학년 『한국사신론』을 교재로 1년간 강의를 들은 것으로부터 시작되었다.[1] 이를 통해 나는 한국사에 흥미를 느꼈고, 결국 서양사에 대한 관심을 한국사로, 정치에 대한 관심을 대학원 진학으로 방향을 바꾸게 되었다.

매우 흥미롭게 강의를 들었으면서도 40여 년이 지난 지금에 와서 다시 돌이켜 생각하기에 어려움이 많다. 예전에도 그 때를 생각하며 대학 강의를 준비해보기도 했지만, 좀처럼 생각나지 않는다. 근래에 동기들과 통화하고 만나서 얘기를 하다 보면, 잊혔던 일들이 조금씩 기억되어 되살아나는 형편이다. 다행한 일이 아닐 수 없다.

당시 선생님께서는 수업을 매우 정치하게 진행하셨다. 매 시간마다 세 개의 작은 항목을 설명하셨는데, 매주 세 차례에 걸쳐 수업하였으므로 주마다 하나의 절을 마쳤다. 당시에는 이를 몰랐는데, 대학원 졸업 후 대학 강의를 준비하고 진행하면서 알게 되었다. 선생님은 매 시간 철

---

1 李基白, 『韓國史新論』 改正版, 一潮閣, 1976.

저한 수업준비를 하시고, 또 그 결과를 세심히 적어놓으셨다고 한다. 『한국사신론』의 탄생은 바로 그러한 선생님의 철저한 준비와 강의를 통한 정리로 이루어진 것이다.

제자들의 질문이나 의문에 대해서는 잘 이해되도록 설명해주시기도 했지만, 본인이 직접 궁금증을 해결하도록 유도하셨다. 학기 초에 선생님께서 유리왕의 출자와 관련되어 설명해주신 적이 있었다.[2] 이때 나는 흥미롭게 들으면서 질문했었는데, 그 내용은 기억나지 않는다. 선생님은 나에게 이를 읽어서 수업시간에 설명하도록 했다. 아무것도 모르는 나는 그 내용에 더하여 도서관을 뒤져 이러저러한 책을 찾아 나름대로 설명하고자 했다. 수업시간에 김용선 선생님의 글을 발표하고, 나름대로 준비한 『신단실기』의 내용을 설명하려 하자, 교단에서 곧바로 내려오게 했다. 대학원을 다니면서 그 뜻을 알게 되었지만, 이는 조금이라도 불필요한 것에 시간을 낭비할 필요가 없기에 그러신 것이다.

한편 이때의 수업시간에 『삼국유사』와 관련된 설명을 듣고 흥미를 느꼈었다. 마침 내가 헌책방에서 우연히 사두었던 것이 기억이 나 주말에 대전의 집에서 가져다가 한 며칠에 걸쳐 꼼꼼히 읽었다. 이는 내가 사상사에 관심을 갖게 된 계기가 되었다.

한국 고대사 강독과 금석문

3학년에 들어와 강독 수업을 받았다. 수업 진행에서 발표자를 지정하지 않았지만, 먼저 우리를 시켜 해석토록 하고 선생님께서 틀린 부분을 교정해주셨다. 당시 선배들의 조언에 따라 공책에 원문을 적고 단어를 찾아 해석을 써놓고, 또 수업을 통해 교정하였는데, 적지 않은 시간을

---

2 金龍善, 「高句麗 琉璃王考」, 『歷史學報』 87, 1980.

할애해야 했다. 그 공부한 것이 아까워 비록 필체가 엉망이지만 오래도록 보관하다가 책이 늘어나면서 버렸는데, 가끔은 아쉬운 생각이 든다.

한 학기에 꽤 많은 분량을 나갔다. 「동이전」, 「광개토왕비문」, 「궁예전」, 「견훤전」 등이 기억나는데, 이외에도 몇 가지 더 있었다. 이 수업은 주로 한문을 정확히 해석하는 방법과 아울러 사료를 보는 시각을 배웠다.

다음 학기에는 금석문에 대한 수업을 받았다. 답사를 통해 일찍부터 금석문에 관심을 기울였던 나로서는 좋은 기회였다. 매 시간마다 각자가 맡은 금석문을 발표했는데, 당시에는 역주가 없어서 부지런히 공부해서 발표해야 했다. 이때 나는 진흥왕의 「마운령순수비」를 맡았는데, 며칠을 전전긍긍해서 해석을 매끄럽게 하여 발표하니 선생님께서 감탄하셨던 기억이 있다.

이때의 학업은 정신이 없었다. 새로 부임한 홍승기 선생님께서 수업을 발표 방식으로 진행했다. 주 3회 매 시간마다 문제점을 찾아 발제해야 했고, 논리적 근거를 제시토록 했다. 그것도 두 과목이었으니, 금석문을 포함 매주 세 과목 9회의 수업에 매달려야 했다. 회고하면 그 뒤의 대학원 수업보다 많은 양을 소화한 듯하다. 그 결과, 다른 수업(교양과 부전공)은 제대로 손대지 못하기도 하였다. 이때의 고생은 뒤에 학문 연구를 하는 데 많은 기초적 바탕이 되었다.

『무구정광대다라니경』과 금석문 연구

대학에 다니면서 흥미를 갖고 연구를 시도해본 것이 있는데, 선생님의 강의와 답사 자료집을 만든 것이 계기가 되었다.

석가탑에서 발견된 『무구정광대다라니경』에 대한 관심이다. 일찍부터 세계 최고의 목판본임을 자랑하던 것이어서, 도대체 그 안에 무슨 내용이 있기에 중요한가 궁금했다. 그래서 도서관에 가서 목록을 뒤지니, 불국사에서 문고판으로 간행한 서적이 찾아졌다. 석가탑에서 발견된 기념으로 원문과 함께 번역을 실어 놓았다. 그 내용을 보니 탑을 만들어 세우는 공덕신앙에 대한 내용을 담고 있었다. 더욱 논저목록들을 살펴 보았지만, 아무도 그 내용에 대해 검토하지 않은 것 같아 어린 마음에 논문을 쓰고자 주목하였다. 그런 가운데 1년여 지날 때를 즈음해서 새로운 연구 성과가 나오면서 포기하였다.[3] 이는 뒤에 『보협인다라니경』을 연구하는 데 참고가 되었다.

    나의 금석문에 대해 관심은 중고신라시대 자료들로 눈길이 옮겨 갔다. 당시에는 경북대 대학원에서 집중 수업하여 발표를 하였는데, 그 논문들을 부지런히 복사하여 읽었다. 또한, 대학원에 가서 그것들을 살피려 했는데, 연구 성과들이 쌓이면서 크게 의미 있는 연구를 얻기 어려울 것 같아 방향을 바꾸었다. 그리고 이때의 공부를 토대로 「신라 진지왕의 개혁정치와 중고 신라사회」라는 글을 기어코 썼다. 이를 교지에 응모하였는데, 홍승기 선생님께서 호평해주신 덕택에 학술대상(1985년도)을 받았다. 내용은 「무술오작비」에 기록된 승려들이 관등을 받은 사실에 착안하여 진지왕이 왕위에서 쫓겨난 이유가 황음荒淫이 아니라, 그들을 등용하여 개혁정치를 추진하려 하는 데에 대해 귀족세력들이 반발하여 일어난 것으로 보았다.

---

3 張忠植, 『新羅石塔研究』, 一志社, 1987 참조.

2. 대학원 석사과정

『수이전』 연구의 교훈

대학원 수업에 들어와 제일 먼저 들은 것이 사학사였다. 선생님은 사학사를 맨 처음에 시작하는 것을 기본 바탕으로 하셨다. 각자의 전공을 배려해서 하나는 지정된 주제를, 하나는 선택해서 두 차례에 걸쳐 발표토록 하였다. 나는 지정 주제로 『수이전』을, 선택 주제로는 『당의통략』을 발표하였다. 둘 다 좋은 발표 결과를 얻지 못하였다.

『수이전』을 가지고 기말에 과제로 제출하고자 부지런히 원고지를 메워 나갔다. 결과는 엉망이었다. 부름을 받고 서울 선생님 댁에 들어갔다. 처음에 차를 내어 주시고 이야기를 하시었다. 이어 검토하신 원고를 내어놓으셨는데, 무릎을 꿇고 자세한 가르침을 받았다. 원고지에는 전체 내용에서의 문제 각 부분마다 나타나는 문제, 또 설명하는 문장의 곳곳에서 나타나는 논리 문제는 물론 맞춤법 문장의 연결 등에 이르기까지 모든 것을 지적해 놓으셨다. 그리고 각 부문을 지적하시면서 뜻이 맞는가 하는 설명을 요구하셨다. 이미 선생님의 서릿발 같은 기상에 얼어붙어 있고, 또 하시는 말씀이 다 옳으신데, 내가 무어라고 할 답변이 있었겠는가? 그런데도 선생님께서는 계속 요구하셨다. 그래서 부득이 답변하면 그것이 여기에 맞는가? 다른 사람들이 읽어서 그렇게 이해하겠는가? 등 도무지 정신이 없었다. 문장의 서술이 전혀 맞지 않은데, 대학 시절 졸업논문 지도는 받지 않았는가? 학교 다닐 때 글쓰기도 배우지 않았나, 기초가 없이 학교를 다녔나? 하면서 혼쭐이 났다.

그때가 아마 7월 하순이었는데, 정신없이 혼나는 바람에 더운 줄은 물론 시간이 한참 흘렀다고 여겨졌다. 한 시간 가까이 혼났는데, 일어날 때는 다리가 펴지지 않아 넘어질 뻔하였다. 선생님의 권유로『문장강화』(이태준)를 여러번 읽으면서, 문장을 익혔다. 이를 통해 글을 지을 때, 주장하려는 논지에 대한 논리적 근거를 명확히 하고, 또 문장을 서술하는 데에도 정확히 표현해야 한다는 문제의식을 갖추게 되었다. 그 결과, 뒤에는 문장이 많이 개선되어 괜찮다는 평을 얻을 수 있었다.

『수이전』 연구는 뒤에 거듭된 검토를 통하여 기초 작업을 마쳤다.[4] 이를 통해『수이전』 연구가 중요함을 다소 알 수 있었다. 그래서 새로 자료집을 만들고 세밀한 분석으로 그 의미를 알고자 하였는데, 차일피일 미루어져 후속작품을 내지 못하였다. 책으로 엮어서 선생님께 올려야 한다는 부담을 안고 있다.

정법전과 승전 연구

정법전政法典 연구에 대한 관심은 학부 시절『한국금석전문』이 간행된 뒤, 내용을 유심히 살펴보면서 주목하게 되었다.[5] 일찍부터 금석문에 관심을 갖고 살폈지만, 일제가 만든『조선금석총람』을 보는 것이 불쾌했다. 그래서 그동안 모아놓은 금석문을 종합 정리한『한국금석전문』이야말로 다른 것을 일일이 살피지 않아도 좋은 것이어서 도서관에 신청하여 읽어보았다. 또 연대순으로 정리되어 있어서 흐름을 알기 좋았는데, 여러 번 읽어 금석문의 내용들을 대체로 머리에 잘 기억해두었다. 졸업에 임하여 이를 한꺼번에 구입하기가 어려워 고대편만 별도로 복사하였다. 그 뒤 이를 가지고 군에 입대하기 전까지 두 달 동안 부지런히 줄을 그으면서 살폈는데, 눈여겨 둔 것이 정법전의 승관인 정법대통 정

---

4 곽승훈, 「『殊異傳』의 撰述本과 傳承 연구」, 『진단학보』 111, 2011.
5 許興植, 『韓國金石全文』, 亞細亞文化社, 1985.

법대덕 등의 글귀였다. 뒤에 박사과정 중에 이를 정리하여 정법전 연구를 마쳤다. 이 논문은 선생님께서 이기동 선생님께 논평을 부탁하여 교시를 받아 마무리 지어 학보에 발표하였다.[6]

　2학년에 들어와 대학원생들을 모이게 하고 점심을 사주셨다. 이때 선생님께서 나에게 석사논문을 무엇을 쓰겠는가? 물으시면서 승전僧傳을 연구해보라고 하시었다. 본래 나로서는 위의 정법전을 염두에 두고 있었는데, 선생님의 물음에 차마 빨리 답변할 수 없었다. 그래서 승전을 쓰기로 하고 검토하기 시작했다. 처음에는 선생님께서 일찍이 지적한 바 있던 여섯 가지를 중심으로 검토하면서 『삼국유사』에 있는 다른 승전들도 찾아보았다. 『삼국유사』에 있는 내용들마다 승전이라 할 수 있는데, 그렇게 보면 이는 방대한 내용이다. 그 안에 들어 있는 것으로 통일신라시대에 저술된 승전들을 살피는 것인데, 이를 명확히 하지 않고 모두 승전으로 생각하여 대상으로 삼았다. 말하자면, 고려시대에 저술된 승전들도 포함시킨 것이다. 학기 중간에 간략한 보고를 드렸는데, 당시 논문 내용이 제대로 구성되지 않았었다.

　가을 학기에 들어와 선생님께서 수업시간의 발표를 통하여 학위논문으로서의 틀을 만들어 나가고자 하였다. 그래서 수업시간에 그 내용을 정리 발표하였는데, 사학사 연구에서 가장 근본적인 문제이자, 중요한 문제로서의 '책'을 도외시하고 논지를 전개하는 것에 대해 선생님께서는 매우 답답해하시었다. 그러면서 내가 그 문제를 깨닫고 나오도록 기대하셨는데, 좀처럼 진전이 없자 결국은 한 말씀 하셨다. 대체로 사학사의 경우, 다른 시대는 책들이 남아 있어 굳이 책의 존재를 증명하지 않아도 되지만, 고대사의 경우 이를 증명하지 않으면 안 되었다. 따라서

6　곽승훈, 「원성왕의 정법전 정비와 그 의의」, 『진단학보』 80, 1995.

이를 체득하고 나오기를 바라셨고, 또한 그것을 유도하셨는지 모르겠다. 두 번째 발표에서 "사학사에서 중요한 것이 무엇인가?"라고 물으시면서 답답함에 화를 내셨다. 순간 머릿속에 '책입니다'라는 생각이 스치면서 답할까 하고 있는데, 이내 "책이잖아" 하시었다. 결국은 그나마 답변을 통하여 조금은 모자라지 않은 면이 있음을 보여드리지도 못했다. 이 글을 적으며 지금 돌이켜보건대, 그 순간 나의 머리에 떠오른 사실은 나 역시 신기하게 생각된다. 어떻든, 그리고 나서 이를 바탕으로 다시 조사 정리하여 발표하였고, 이후 가르침을 받아 과정을 마칠 수 있었다.

학문의 기초를 갖추게 한 석사과정

선생님으로부터 『승전』과 『수이전』을 공부하게 된 것이 내가 고대사는 물론 고려시대를 연구하게 되는 바탕이 되었다. 이 자료들은 지금 전하는 것들이 아니어서 힘들었다. 그 결과, 승전 연구에서 책에 대한 고증을 소홀히 해 혼나기도 했다. 하지만 이는 조선시대에 비해 사료가 상대적으로 빈약한 고대사와 고려시대를 연구하는 데 도움이 되었다. 뒤에 사료를 보는 안목이나 내용을 분석하는 데에 많은 훈련이 된 것이다. 그리고 이 두 학기의 수업을 통해 실은 선생님으로부터 한국사 연구 방법에 대한 모든 것을 다 배웠다고 생각된다. 다만 내가 둔한 관계로 이를 일찍이 파악하지 못한 것이다.

선생님께서는 수업시간 발표를 통해 논문을 지도하는 것은 겉으로 당신께서 힘들어서 그런다고 하시었다. 하지만 이는 발표를 통해 내용의 강약을 조절하여 의미를 조절하고 내용을 가감케 함으로써, 그러한 과정을 수강하는 우리 모두에게 일깨워주는 가르침이었다. 이를 통해 우리는 많은 것을 간접적으로 체득하였다고 회고된다. 선생님께서 우리들의 발표내용을 조정하다 보면 어느덧 의미가 없던 것도 중요한 연구 성과를 내는 것으로 바뀌었다. 크게 줄거리를 바꾸는 것도 없었다. 아니 별다른 내용을 바꾸는 것도 없었다. 그저 관련된 내용 가운데 하나를 더 하거나 빼고, 목차를 한 번 조정하고 나면 중요한 연구 성과물들이 되었다. 이를 보면서 우리는 어느덧 학문 연구의 방법을 익혔던 것이다. 선생님께서 왜 대학자이신가를 새삼 실감하지 않을 수 없었다.

언젠가 누군가 이기백 선생님이 가르친 제자가 얼마나 되는가 물어온 적이 있다. 기준을 무엇으로 보아야 하나 생각해본 적이 있는데, 논문 지도로 말하자면 조선시대를 전공하는 선배들은 제자가 아닌가 하여 스스로 의문을 제기해보았다. 지금 와서 생각해보면 선생님께서는 대학원 수업에서 모든 것을 가르쳐 주셨다. 이렇게 볼 때 석사과정을 선생님께 배웠다면 학문적으로 바로 제자가 된다고 생각한다.

3. 대학원 박사과정

중앙 귀족들의 불사활동 연구

이 연구는 내가 그동안 많은 관심을 가져왔던 금석문이 토대가 되어 이루어졌다. 경덕왕대에 불사활동이 많은 사실은 여러 유물과 『삼국유사』, 금석문 기록 등을 통해 살필 수 있다. 승전을 연구할 때 눈여겨 보았다가, 박사과정 수업에서 그 양상을 정리하여 발표했다. 선생님께서도 흡족해 하셨지만, 기말에 과제를 제출하는 과정에서 내가 다소 개인적인 일로 어려움이 있어 제출하지 못했다.

개학 후 선생님께 크게 야단을 맞았는데, 중대 경고를 받았다. 그리고 내용을 완성하여 연말에 제출하고 대죄待罪를 청하는 글을 올렸다. 과제를 받으시고 읽어보신 다음에 전화를 주시면서 "열심히 하니까 되잖아"라고 말씀하시었다. 결국은 용서를 받았다. 참 너그러우신 일면을 느끼지 않을 수 없었다. 이듬해 개학 후 내용을 검토하신 뒤, 나에게 글을 어디에 투고할까를 물으셨다. 나는 곧바로 선생님의 고희논총에 실었으면 한다고 대답하였다. 그러자 선생님께서는 잠시 난감해 하시었다. 『역사학보』에 실게 하시려고 했던 것으로 생각된다. 나의 석사논문을 『역사학보』에 싣지 않았기에 그러했던 것 같다. 당신의 고희논총에 싣기에 아깝다고 여기셨지만 허락하셨다.[7]

『한원』 연구

『한원』을 역주해보시고자 하였다. 그동안 중국 정사에 실린 한국 관계 기사에 대해서는 1980년대에 국사편찬위원회에서 역주가 종합적으로 정리되어 나왔으나, 『한원』은 없다고 하시면서 수업을 진행하셨다. 이것을 하게 된 것은 당시 석·박사과정을 합쳐서 수업한 관계로 시대별로도 여럿이 있을뿐더러, 그들에게 고대사의 기초적인 지식을 함양시킬 필요가 있다고 생각해 선택하셨던 것 같다.

나는 신라 부분을 하였고, 나머지 삼한 백제 고구려 부여 등을 다른 동학들이 맡아 진행하였다. 모두 2회에 걸쳐 발표한 까닭에 완성하지 못했고, 다음 학기에는 선생님께서 강의를 맡지 않으신 관계로 중지되었다. 이때 신라 부분에 대한 원고를 놓아뒀다가, 2000년 초 뜻이 맞는 여러 대학들의 동학들과 이를 공부하기로 하여 부족하나마 나머지 부분에

---

[7] 곽승훈, 「新羅 中代 末期 中央貴族들의 佛事活動」, 『李基白先生古稀紀念 韓國史學論叢』, 一潮閣, 1994.

대한 역주를 마쳤다.[8] 하지만 다른 친구들이 세속 일에 바쁜 관계로 진전을 보지 못했다.[9]

나의 연구는 신라에 한정되었지만, 『한원』을 역주하면서 선생님께서 시도하려 한 뜻을 알게 되었다. 『한원』의 서술은 각 나라 초기 기사의 경우, 기왕의 중국 역사서에 실린 내용이어서 새로운 의미는 적었다. 하지만 이어 실린 내용들은 당시로서는 최신 정보로서 기존의 정사서에 없는 것이었다. 대학원 수업에서는 앞 부분의 기사에서 멈춘 관계로 이를 알 수 없었다. 선생님께서는 우선 『한원』에 대한 역주가 없다고 하셨지만, 수많은 사료와 연구논문들을 섭렵하신 까닭에 『한원』이 지닌 중요한 의미를 파악하셨던 것으로 판된 된다.

『삼국유사』 연구

『삼국유사』에 대한 검토를 지시하셨다. 사상사를 하는 나에게는 중요한 요소이므로 이를 지도하시기 위함이었다. 이때 『삼국유사』의 각 편篇은 물론, 목目에 이르기까지 면밀한 검토가 필요하다고 말씀하셨다. 나는 우선 의해편義解篇을 검토했는데, 일연의 편목 구성과 중국 고승전들의 각 편 구성을 검토하였으나, 뚜렷한 결과를 얻지는 못했다. 내가 분석을 잘하지 못했는데, 선생님의 미완성 연구인 『삼국유사론』에서 그 함축된 의미를 나타내셨다.[10] 내용을 보니 이미 다른 저술 속에서도 분석하는 방법을 간혹 말씀하신 것이 눈에 들어왔다. 생각해보면 당시에 나는 선생님의 연구업적도 제대로 소화하지 못하고 있었다.

---

8 곽승훈, 「한원 신라전연구」, 『한국고대사연구』 43, 2006.
9 그 뒤, 동학 중 한 사람인 윤용구가 후학들을 데리고 교감 역주를 내어 발표하였다(동북아역사재단 한국고중세사연구소, 『譯註 翰苑』, 동북아역사재단, 2018).
10 李基白, 『韓國古典研究』, 2004, 一潮閣.

그 후, 『삼국유사』『해동고승전』『수이전』에 기사를 살피면서, 어느 정도 그 이해의 폭을 키워 왔다. 이 역시 여러 사정으로 지연되어 오늘에 이르고 있다. 이 세 책에 대한 이야기가 풀어지면, 사학사의 또다른 경향을 알게 될 것이다. 하지만, 시일을 기다려 완성해야 할지 후학에 미뤄야 할지 모르겠다.

고려시대 간기 연구와 자료집성

고려시대에 많은 책들이 간행되었는데, 지금까지 전하고 있는 대장경을 비롯하여 불교 관련 서적들이 대부분이다. 이 가운데 간기가 들어 있는 것이 확인되어 간행 동기를 알 수 있는 것들이 있다. 선생님은 이들 자료들을 정리 연구해야 한다면서 수업에서 진행시켰다. 이를 연구시킨 것은 불교 자료가 많은 때문이었던 것 같다. 당시에 간행된 것으로 현재까지 남아 있는 책들을 살펴보니, 대장경을 제외하고 대략 60종에 가까운 것이 우선 파악되었다.

유학과 관련된 서적들은 비교적 적었다. 고려 말기에 유학자들이 성리학의 보급을 위해 간행한 책들의 경우에는 남아있지 않지만, 『동문선』과 개인 문집에 전하는 발문을 통해 당시에 간행된 사실을 알 수 있는 것이 다수 확인되었다. 이 역시 간행 자료로 볼 것인가는 나중에 판단하기로 하고 우선은 목록으로 정리했다.

이 수업에서 선생님은 『보협인다라니경』을 검토토록 하셨다. 그런데 마침 그 내용이 내가 전에 공부했던 저 유명한 『무구정광대다라니경』과 같은 성격의 조탑공덕경이었다. 그래서 이를 대조하고 또 탑을 조성한 신라와 고려를 비교해가면서 발표하였고, 선생님께서는 흥미롭게 여기시었다. 이를 김두진 선생님께 논평을 부탁하고, 그 결과를 바탕으로 나에게 정리해보도록 하셨다. 그리고 이를 『역사학보』에 발표시키려고 하였는데, 마침 대전에서 역사학회 월례발표회를 갖기로 한 적이 있었기 때문이다. 급히 전화하셨는데, 나는 최영희 선생님 고희논총에 싣고자 하여 선생님께서 또다시 아쉬움을 가지셨다.[11] 그리고 『호법론』의 간행을 발표했는데, 뒤에 논문으로 완성하라고 말씀하셨다. 이는 곧바로 이루지 못하였고, 2011년에 들어와 탈고하였다.[12]

통일신라시대 사지연구

불교가 번성한 통일신라시대에 여러 사찰마다 사지寺志를 간행한 것은 『삼국유사』를 통해 확인할 수 있다. 고려시대에 간행된 사지를 보고 신라시대에서도 있었으려니 생각해본 적이 있었는데, 선생님의 말씀을 듣고 보니 충분히 공감이 갔다. 그래서 고려시대 사지를 정리한 허흥식 선생님이 간략히 언급한 내용을 바탕으로 『삼국유사』와 『법화영험전』을 조사 정리하여 발표했다. 이 글은 선생님께서 학위를 취득한 이후에 말씀하신 것이었다. 이를 염두에 두었다가 한국사학사학회에서 요청이 들어와 발표 후 정리하여 연구로 완성했다.[13]

---

11 곽승훈, 「고려 전기 『一切如來心秘密全身舍利寶篋印陁羅尼經』의 간행」, 『아시아문화』 제12호, 한림대학교 아시아문화연구소, 1996.
12 곽승훈, 「고려 말 환암선사의 호법론 간행」, 『한국민족문화』 40, 부산대 한국문화연구소, 2011.
13 곽승훈, 「통일신라시대 사지 편찬」, 『한국사학사학보』 9, 한국사학사학회, 2004.

4. 나의 학문 연구

선생님의 가르침

지금까지 살펴온 선생님의 가르침을 정리해보면, 참 신기하지 않을 수 없다.

첫째, 『삼국유사』에 대한 연구이다. 이를 통하여 승전과 사지 그리고 편목 구성을 연구시켰는데, 이는 각 사료를 정확히 판단하는 안목을 길러주는 것이었다. 이를 미루어 나는 문헌에 실린 금석문 자료를 정리하고 연구할 수 있었다. 또한 이를 통하여 인용된 내용을 보아 용어의 변경 등이 이루어진 것이라든가, 여러 가지 사실을 파악하는 능력을 갖게 되었다. 선생님께서 그 자료들이 통일신라시대에 이루어진 것임을 파악하시는 분석방법에서 배울 수 있었기 때문이다.

둘째, 고려시대에 대한 연구이다. 처음 사학사에서 『수이전』을 연구시키고, 뒤에 간기 자료들을 연구시켰다. 불교와 관련된 내용이 많은 자료들이어서 우선은 나에게 필요하다는 생각에서였을 것이다. 하지만 이는 내가 사상사에 관심을 갖고 있기에 그 흐름이 이어지고 있는 고려시대도 공부할 필요가 있으므로 편중되지 않도록 하기 위함이었다. 그렇지 않다면 『삼국유사』만 부지런히 검토하여도 좋았을 것이기 때문이다.

셋째, 금석문과 『삼국사기』에 대한 연구는 진행하지 않으셨다. 금석문에 대해서는 한림대로 떠나시기 전인 1984년 12월 자료집을 정리하고 싶다고 하신 바 있었다. 그러신 선생님께서 수업을 하지 않은 것은 이미 고려묘지명의 연구를 통해 일가를 이루신 김용선 선생님께 수업을 맡긴 때문이었다.

『삼국사기』에서는 나를 위해 「김유신전」을 역주토록 해야 한다고 하셨다. 하지만 혼자 하기에는 너무 부담이 크다고 하시면서 결국 하지 않으셨다. 아마도 이는 다른 연구를 진행하게 되면서 『삼국사기』를 참조하게 될 것이고, 또 연구 분석에서도 다른 문헌 등을 연구하면서 사료를 보는 안목을 가질 수 있을 것이라고 여긴 때문에 굳이 우선하지 않았다고 판단된다. 「김유신전」에 대한 역주가 왜 필요한지 당시에 그 의미를 조금은 생각해볼 수 있었다. 지금에 와서 회고해보면, 선생님께서 왜 해야 하는지, 또 어떻게 해야 하는지를 내가 스스로 깨닫도록 하시려 했던 것 같다. 하지만, 많은 시간이 필요한 일이라, 엄두를 내지 못하겠다. 뛰어난 후학을 기다릴 뿐이다.

나의 학문 연구

선생님으로부터 학부 수업과 더불어 석·박사과정을 마치었다. 이 과정에서 선생님은 교육자와 학자로서 여실한 모습을 보여주었다. 하지만 내가 게을리 하여 선생님으로부터 많은 가르침을 받을 기회를 잃기도 하였다. 선생님께서는 모든 연구에 제목만 제시하실 뿐이었다. 혹 연구된 결과를 보여드리면 교정해서 바로잡아 주시고, 또 좋은 논문으로 이루어지도록 촉매역할을 하시었다. 그렇지만 하지 않는 것에 대해서는 전혀 신경을 써주시지 않았다.

선생님께서는 대학원 수업에서의 발표를 통해서 사료를 보는 안목을 가르치셨다. 나의 박사과정은 수업은 대체로 혼자이거나 둘이 수업을 받았다. 그래서 보다 많은 가르침을 받을 수 있었지 않는가 할 수 있다. 하지만 생각해보면 그렇지 않았다. 다른 동문들이 발표하면서 좋은 점, 잘못된 점과 이를 바로잡고, 또한 더욱 좋은 글로 만드시는 과정을 통해 많은 가르침을 받을 수 있었기 때문이다. 즉 여러 사람의 발표를 들음으로써 다양한 지식을 얻을 수 있는 것이다. 물론 선생님께서는 힘이 부치시는 일이었다. 또한 당신의 학설을 강요하지 않으셨다. 선생님께서 생각하시는 견해가 있더라도, 제자가 조금 다르게 생각하더라도, 근거가 엉터리가 아니면 부정하지 않으셨다.

이처럼 선생님으로부터 다양하고도 자유롭게 가르침을 배운 까닭에, 나는 역사를 바라보는 안목을 키울 수 있었다. 그 하나의 예를 들어 본다. 수업 발표와 관련하여 『삼국사기』「녹진전祿眞傳」을 검토한 적이 있다. 그 내용에 주인공 녹진이 인사문제로 고민하는 충공忠恭에게 건의하는 말을 담겨 있음은 주지의 사실이다. 녹진의 건의에 대해 보통은 골품에 구애받지 말고 능력에 의한 인재 등용을 주장한 중요한 사료로 근거를 들고 있다. 나 역시 수업 발표 시에 그러한 입장에 있었다. 이에 대해 선생님께서는 놀라시며, "자네는 그렇게 생각하는가?" 하시었다. 그러면서 "나는 그것이 김헌창 세력을 내치라는 것으로 보았는데" 하시면서 강요하지 않으셨다. 수업을 마치고 나와 「녹진전」 기록을 살피면서 선생님의 말씀이 옳음을 깨달을 수 있었다. 또한 부여의 '단형옥해수도斷刑獄解囚徒'에서 '단斷'이 '결단決斷'으로서 사면과 처벌 두 가지를 담은 것이라고 논증하셨는데, 이 역시 선생님께서 사료를 정확히 보고 계심을 알려 준다. 이러니 내가 수업을 통해서도 많은 가르침을 배우고 느꼈음은 더할 나위 없다.

『신라고문헌연구』와 『신라금석문연구』

이상과 같은 과정을 겪으면서 나는 사료를 읽는 안목을 어느덧 키울 수 있었고, 이를 바탕으로 여러 연구 성과를 낼 수 있었다. 이 두 책은 그러한 과정을 거쳐 나온 연구 성과를 모아 두 개의 주제로 나누어 정리한 것이다.

　이 책에 실려 있는 논문들은 대학원 수업과정에서 선생님의 교시를 바탕으로 이루어진 것들을 모은 것이다. 우선 신라시대 것으로 한정하였으며, 『수이전』과 고려시대 간기자료 연구는 다음으로 미루었다.[14]

　『신라금석문연구』에 실린 논문들은 선생님의 가르침을 미루어 시야를 넓히어 쓴 글이다.[15] 승전을 연구하면서 살펴두었던 것으로 문헌에 실린 금석문을 정리 연구한 것들이다. 여기에 수록된 연구들은 대체로 지금은 남아 있지 않지만, 당시에 만들어진 문헌과 금석문을 대상으로 이루어졌다. 대부분이 처음으로 고증되는 것이어서 사료집의 성격도 띠고 있다. 더하여 사료들에 대해서도 간략한 역주를 겸하여 앞으로의 연구에 도움이 되도록 하였다. 이런 점에서 두 책에 실린 내용들은 대체로 신라사 연구에 필요한 기초 지식을 담았다고 하겠다.

통일신라시대 불교연구

　이 연구는 역사상에 나타난 사례들을 통해 볼 때, 사회적인 변화가 이루어지면 사상에도 변화가 일어났다는 점을 유의하였다. 이에 따라 신라 중대로부터 하대로의 정치 변동이 불교에 어떠한 변화를 가져다주었는가를 살폈고, 그 결과, 하대 전기의 불교에 대한 이해가 결여되었음을 알게 되었다. 그리고 연구를 통하여 당시 원효를 비롯한 여러 고승추모비들이 세워졌고, 또 그것이 흥륜사에 조성 봉안된 십성十聖과 관련 있음을 파악하게 되었다. 나아가 그것이 당시 널리 유행하게 되는 미륵하생신앙과 관련되어 있는 점도 살피었다. 그 결과를 정리하여 1998년

---

14 곽승훈, 『신라 고문헌 연구』, 한국사학, 2006.
15 곽승훈, 『신라 금석문 연구』, 한국사학, 2006.

가을 『신라 하대의 불교와 정치변동』이라는 제목으로 박사학위논문을 제출하였다. 그리고 당시에 미흡하다고 여겨졌던 부분에 대한 연구를 계속 진행, 새로운 내용을 추가하고 취지에 걸맞도록 보완하여 책을 내었다.[16]

최치원 연구

이 연구는 신라 하대 말법사상末法思想의 유행에 대하여 6두품 유학자들이 어떻게 생각하였는가를 목표로 시작되었다. 이를 검토하는 과정에서 유학자들의 대상 범위와 자료가 많아 부담을 느끼게 되면서, 대상을 최치원으로 한정하였다. 이어 그 저술을 분석하면서 사산비명으로 대상을 축소하는 한편으로, 세밀한 분석을 시도하였다. 그 과정에서 비문 찬술을 위해 역사 사례를 많이 인용하는 것을 알 수 있었다. 다시 그 내용들을 파악하고, 당시의 시대 배경과 함께 경향의 변화도 살피었다. 그 결과, 나말여초의 금석문들을 새롭게 바라보는 연구방법을 얻을 수 있었다. 그 후 이에 대한 연구를 진행시켜 책으로 간행하였다.[17]

이처럼 새로운 연구방법을 시도하여 얻은 최치원 연구는 선생님으로부터 상당한 칭찬을 받았다. 선생님께서 돌아가시기 전에 칭찬의 말씀을 나에게 직접 해주신 것은 이때가 처음이자 마지막이었다. 그 이전에 간혹 다른 동문들에게 간접적으로 세 번 정도 말씀하신 바를 듣기도 했다. 하지만 내가 좀 덜렁대는 데가 있어 직접적으로는 말씀하시지 않으셨다. 이 연구는 국내외의 여러 선학들로부터도 좋은 평가를 받았다. 멀리서 편지를 보내주시기도 하고, 혹 직접 만나게 될 때에도 여러모로 아

---

16 곽승훈, 『통일신라시대의 정치변동과 불교』, 국학자료원, 2002.
17 곽승훈, 『최치원의 중국사 탐구와 사산비명 찬술』, 韓國史學, 2005.

낌없는 칭찬과 격려를 해주었다. 그래서 선생님의 가르침을 받아 헛되지 않게 공부했구나 하는 마음을 얻을 수 있었다.

간기 자료집성

박사과정 수업에서 다짐했던 고려간기자료집성은 여러 사정으로 늦어지다가, 순천대 지리산권문화연구원에서 비로소 시작하게 되었다. 당시 연구원에서는 지리산권의 불교 관련 자료를 모으고 있었고, 나는 간기 자료의 집성을 제안하였다. 지리산권역에 있던 사찰에서 간행된 자료집으로 제한되었지만, 보람있는 일이었다.[18] 이를 통해 한국 불교 신앙의 흐름을 파악하게 된 때문이다

고려간기자료 집성은 2010년대에 들어와 본격적으로 시도하였다. 하지만, 생계 문제와 파일 관리문제로 몇 년이 지연되었다. 또, 내용 구성에 있어 책이 전하지 않는 간행 기사는 수록했다가 다시 도표로 만들고 또 삭제를 반복하다가, 자세한 간행 연기가 들어 있는 것은 드러내고, 제목만 전하는 것은 도표로 정리하여 마무리 지었다. 낱장으로 이루어진 다라니 자료도 넣고 빼고를 반복하다가 수록하였다. 그리하여, 책의 제목을 본래 취지가 담긴 '간기자료집성'에서 '전적자료집성'으로 바꾸었다. 지난至難한 작업이었는데, 선생님의 가르침을 받아 이룬 의미 있는 작업이었다.[19] 이어 원문의 역주 작업을 준비하여 놓았는데, 생계 문제로 미루어졌다.

....
18 곽승훈 김아네스 홍영기 共編, 『지리산권 불교자료 1 간기편』, 심미안, 2009.
19 『高麗時代典籍資料集成』, 혜안, 2021.

5. 학자와 교육자

학자와 교육자

대학 4학년 2학기 때이다. 나는 대학원 진학을 선생님을 쫓아 한림대로 가고자 했다. 이 일로 서남희 선배와 우연히 이야기를 나눈 적이 있다. 그때 선배는 반대 의사를 내었다. 선배는 교수란 학자와 교육자 두 가지를 지니고 있는데, 선생님께서는 학자로서의 욕심이 많으시다. 제자를 생각하는 교육자라면 많은 서강대 제자들을 두고 어찌 한림대로 가실 수 있겠느냐? 라는 주장이었다. 그러면서 차라리 서강대의 젊은 선생님 밑에서 하는 것이 낫지 않는가 하였고, 또 나에게 설득력이 있게 들렸다.

그러나, 선생님을 따라가기로 한 것은 일찍부터 생각했던 터라 그 이야기가 들리지 않았다. 교육자로서의 선생님보다는 학자로서의 선생님을 생각하고 있었다. 자기가 원하는 분야에서 뛰어난 선생님을 찾아 공부해야 한다고 생각한 때문이다.

어떻든 나는 군대를 다녀온 후, 그것도 재수를 거쳐 한림대 대학원에 들어가 수업을 받았다. 수업을 받으면서 선생님으로부터 학자로서의 모습과 교육자로서의 모습 모두를 찾을 수 있었다.

수업 준비

선생님께서는 수업을 진행하시기 힘들다고 하셨다. 보통 생각하기에 이 말씀은 연세가 드신 까닭에 몸이 약해지서서 그렇다고 여길 것이다. 하지만 그보다는 새로운 연구 성과를 찾아 읽고 정리하여 강의에 반영하시다 보니 힘드시지 않을 수 없었던 것이다. 게다가 1980년대 대학이

증설되면서 연구자와 그 성과물이 늘어난 것도 부담이 되셨다.

선생님께서 수업을 준비하시면서 틈틈이 정리하신 새로운 연구 성과들은 『한국사신론』에 반영되었다. 1976년 개정판을 내었고, 1989년에는 신수판을, 1999년에는 한글판을 내면서 반영하였다. 신수판에서는 고고학 분야가 대거 새로이 반영되어 있음을 본다. 한글판을 낸 뒤에도 새로운 연구 성과들을 계속 반영하여 고치셨다. 그렇지만 이를 2판, 3판하는 식으로 판본을 바꾸지 않았고, 또 얼핏 보아서는 티가 나지 않아 자세히 대조하지 않으면 잘 알 수가 없다. 이는 자꾸 판형을 바꾸게 되는 경우에 생기는 독자들의 부담을 배려한 것이다.

대학원 발표와 촉매제로서의 교수 역할

학위논문의 지도에서 선생님께서는 대학원 수업시간에 논문의 개요를 발표토록 하셨다. 이 역시 선생님께서는 (연로하셔서) 논문을 자세히 검토해주시기 힘들어서 그런다고 하셨다. 이 점이 없지 않겠지만 실상은 그렇지 않았다.

수업에서의 발표는 다른 학생들에게도, 발표자의 내용이 논리적으로 전개되는 과정과 사료를 정확히 해석하고 판단하는 안목 등을 인식시키기 위함이었다. 그리고 발표에 대해 지적하시는데, 구체적으로 개입하여 조목조목 지적해나가는 일은 없었다. 주장하는 논지에 문제가 없으면 일단 논문으로서의 틀을 만들도록 몇 마디 거드는 정도였다. 발표자의 논지가 새로운 의미가 있는 것은 우리도 발표하면서 혹은 들으면서 충분히 이해되었다.

하지만 우리가 놀라는 것은 전혀 그렇지 못한 것으로 생각되는 발표들이다. 발표자나 듣는 나머지 학생들도 안타깝게 생각하고 있는 가운데 선생님이 한두 번 지적하면 무언가 새로운 의미로 변화되고 있었다. 그러면서 중요한 성과를 낼 수 있는 취지로 바뀌었다. 참으로 신기했다. 정확하게 무엇이었는지 기억을 더듬어 사례를 들어 제시할 수 없음이 안타깝다.

이는 선생님께서 많은 준비와 연구를 바탕으로 이룬 학문적 역량을 가지신 때문이 아닐 수 없다.

과제물의 교정

선생님께서는 매 학기 수업을 진행한 뒤, 과제물을 받으시면 일단 읽고 평가하신다. 이어 과제물들을 꼼꼼히 검토하신 뒤, 개학 후 불러서 여러 말씀과 함께 돌려주신다. 이 과정에서 선생님께 혼이 나면서 호출을 무서워하고, 또 멀리서 뵐라치면 급히 몸을 숨겼다는 여러 동문 선배들의 이야기를 듣는다. 그도 그럴 것이 선생님의 지적에 어찌 틀린 것 있으랴. 나 역시 예외가 아니어서 첫 학기 과제물을 받을 때는 혼쭐이 나서 참으로 정신이 없었다.

선생님의 과제물 교정은 대체로 다음과 같이 이루어졌다. 먼저 문장을 명확히 작성토록 하여 본인이 주장하고자 하는 논지를 정확히 전할 수 있도록 훈련시킨다. 다음 연구 주제에 대해 철저한 연구사 검토가 이루어졌는지 확인한다. 이어 논지를 전개하면서 인용한 사료들이 올바르게 인용되고 해석되었는지를 보신다. 마지막으로 각 절의 내용을 검토하고, 그것이 논문 전체의 연결과 주장에 어떠한 문제가 있는지를 판단하신다.

이 같은 과정을 거치고 난 뒤, 그것으로 충분하면 학술지에 발표토록 한다. 이러한 지도는 여러 면에서 학생들의 실력을 함양시킨다. 요즈음 새로이 진출하는 학자들 가운데 간혹 문장의 의미를 정확히 하지 않거나 한자를 잘못 적는데, 미처 교정하지 못한 것이 아니라 잘못 알고 쓴 것도 조금은 보인다. 게다가 연구사 검토를 너무 소홀히 한 것도 눈에 띈다. 많은 연구 성과가 나와 살피지 못한 것도 있겠지만, 기왕의 연구 성과를 베끼는 일이 자행되고 있다. 참으로 문제인 것은 선생님의 논문을 고대사 연구자들이라면 모두가 읽었을 것인데, 이를 각주에 달지 않고 전재하다시피 한 글이 학술지에 실리고 있다. 이는 연구자의 개인적인 문제이기도 하지만, 대학원 수업이 얼마나 부실하게 이루어지고 있는가를 잘 알려주는 단면이다.

학설에 대한 고집

학자들은 항상 말한다. 자신에게 반대되는 주장이라도 언제든지 수용할 의사가 있고, 또한 이를 수용하여 도리어 자신의 견해를 새롭게 변화할 수 있다고 말이다. 그렇지만 이에 대하여 언행일치가 이루어는 학자들이 얼마나 있을까?

선생님께서는 새로운 학설을 수용하기에 애매하더라도 의미가 있는 것은 항상 이를 소개하고 논문을 꼭 읽어서 이해하도록 말씀하셨다. 고려시대의 관료제사회설이 가장 대표적인 예이다. 그리고 학계에서 논문을 통해 반론이 제기된 것 가운데, 문제가 있는 것은 역시 논문을 통해 정중히 반론하셨다. 그렇지만 논의 자체가 무의미한 것에 대해서는 언급하려 하지 않으셨던 것으로 추측된다.

선생님의 이러한 모습은 제자들의 연구에도 나타났다. 제자들의 새로운 주장에 논리적으로 문제가 없으면, 당신이 생각하는 바와 다르더라도 학위논문을 통과시키고 또한 발표시켰다. 단 논리적으로 전혀 엉

뚱한 주장을 하는 것에 대해서는 화를 내셨다. 하지만 이들에 대해 강력하게 말씀하시거나 자주 하지는 않으셨다. 관련된 내용의 수업 중에 가볍게 말씀하셨는데, 두 번 정도로 거의 없었다.

이처럼 선생님께서는 당신의 학설을 고집하지 않으셨다. 나에게도 당신의 학설에 얽매이지 말고 공부해나가라고 직접 말씀하시었다. 이에 나는 선생님 학설에 맞추려고 한 것은 아니라고 했다. 선생님의 학설에서 문제점을 찾기도 어렵다고 했다. 사실 그동안 연구해오면서 선생님의 학설에 어긋나지 않게 하고자 하지도, 반대로 새로운 학설을 만들어 내고자 하지도 않았다. 대체로 연구하다보면 어느새 선생님께서 주장한 것에 이르지 않을 수 없어 도리어 기가 막혔다. 왜냐하면, 나중에 자세히 보면 결론적인 내용을 이미 다른 글에서 간략하게 언급하신 것을 간혹 목격하기 때문이다.

그런데 다른 학교에서 공부하는 동학들의 이야기를 들어보면 선생님 같은 이야기는 먼 나라의 이야기다. 수업시간에 학자들의 주장에 반대되는 내용을 발표하면 당장 난리가 날뿐더러, 그 후로는 눈에 벗어나 대학원을 중도 포기하는 일도 있다고 들었기 때문이다. 제자들의 반론을 통하여 학설이 보다 진보하게 되면, 도리어 '청출어람靑出於藍'으로 평가되는 것이 아닌가 생각하는 나로서는 진정 학자로서의 선생님께 수업을 받은 것이 무척 행복한 일이었다.

좋은 선물

선생님은 선물 드리는 것을 달갑게 여기지 않으셨다. 물론 이는 제자들에게 부담을 주지 않기 위해서였을 것이다. 선생님께 개인적으로 선물을 올린 것은 석사학위를 받은 때와 박사학위를 받은 때 부모님께서 드린 것 두 번이었다. 그나마 혼날까 두려워서 작은 것으로 준비했다. 그 외에 선물을 들고 선생님을 찾아뵙는 일은 새해 초 드리는 세배와 스승의 날에 인사드린 것이 고작이다. 선생님께서 화려한 것을 마다하신 것을 익히 들어왔기에 혼나지 않을 저렴한 선물을 그것도 둘 혹은 셋이서 마련하여 가지고 인사를 드렸다. 혹 호출을 받게 되어 가게 되어도 빈손으로 갔다.

대학원 수업 때의 일이다. 한 선배가 집에서 오징어 한 축을 가져왔는데, "자네들은 뭐 좋다고 이런 것을 가져오나" 하면서 야단치시고 도로 가져가라고 하셨다. 이에 그 선배가 사온 것이 아니고 집의 어머니께서 손수 가져다 말린 것을 올리는 것이라 하자, 그렇다면 받겠다고 하셨다. 부모님께서 보내는 것으로, 또 작지만 정성이 담긴 것일 때만 받으신 것이다. 그래서 더더욱 선물을 올리는 것은 어려웠다.

선생님께서 좋아하신 것은 선물이 아니라 좋은 연구 성과였다. 새로 완성된 연구논문을 보여드리거나 또는 학보에 실리어 별쇄본을 드리게 되면 항시 "수고했어요. 고마워요"라는 말씀을 해주셨다. 이런 때 참 당혹하지 않을 수 없었다. 내 글이 선생님의 연구 실적으로 나가는 것이 아니기 때문이다.

그런데 요즈음에 와서는 그 말씀이 귀를 맴돈다. 내가 대학원생을 지도하는 것은 아니지만, 학부생들을 가르치면서 많은 느낌을 받기 때문이다. 내가 강의를 잘하던 못하던 간에 열심히 듣고 공부해서 좋은 답안을 쓰는 학생들을 보면 기쁘고, 또한 고마움이 절실하게 느껴진다. 선생님께서는 제자들을 가르친 보람을 바로 좋은 연구에서 찾으셨던 것이다. 이 어찌 선생님을 진정한 학자이며 교육자가 아니라고 하겠는가?

가르침의 계승과 실천

돌이켜보면 선생님의 가르침을 어떻게 말할 수 있을까? 한마디로 어렵다. 참으로 오묘하다. 처음부터 내가 어느 정도의 능력을 가졌는지 무엇을 할 만한지 알고 계셨을까? 위에서 살펴온 바를 생각해보면, 마치 나를 훤히 내려다보시고 가르침을 내린 듯한 느낌이다. 참 신기하다.

이처럼 선생님의 가르침을 받은 나로서는 이를 계승하고 실천해야 할 것이다. 하지만 이를 한다는 것은 참으로 부담을 느끼지 않을 수 없다.

선물을 거절하는 일은 쉬운 일이어서 잘 실천하고 있다. 또 과제물을 검토하여 돌려주어야 하겠다. 전에는 강독 과목에서 주로 해왔는데, 과제를 내지 않는 학생들이 종종 있어서 안타까웠다. 그러다가 다른 과목을 맡게 되고, 여기 저기 출강하게 되면서 바쁘다는 핑계로 중단했다. 다시 교양 수업에서 시도하여 보람을 느끼기도 하였지만, 인터넷에서 내용을 베껴 오는 학생들로 인하여 실망도 하였다. 이용하여 다른 사람들의 글을 베껴 제출해오는 것을 알 수 있었다. 그래도 약속한 대로 시간을 내어 교정해 주었다.

좋은 글을 쓰는 것도 어느 정도 가능한 일이다. 하지만 글을 쓰는 것이 간단한 일은 아니어서 얼마나 좋은 글을 많이 쓸 수 있을까 부담이 많다. 간혹 가벼운 글을 써달라는 청탁이 오는데, 쓰다보면 마음이 들지 않아 결국은 무거운 글을 쓰게 된다. 그래서 학술지 외의 글은 가급적 쓰지 않기로 했다. 게다가 대강 쓰고자 하면 선생님께서 "이놈" 하시는 것 같아 힘이 든다.

* 이 글은 『신라 고문헌 연구』, 한국사학, 2006에 실린 「이기백 선생님의 가르침과 나의 학문」을 2024년 시점에서 수정하고, 그 이후의 연구성과를 반영 증보한 것이다.

한 일본인 역사학도가 본 이기백 선생

다케다 유키오武田幸男 전 도쿄대학 명예교수·작고

1. 이기백 선생과의 만남

역사의 진실을 추구하고 그것을 통해 역사와 서로 공감하게 되는 것은 무릇 역사학도가 꿈꿔 보는 것이요, 계속 구원求願하는 바로서 곧 큰 기쁨과 통하는 길이다. 더구나 그것이 한국사학의 발전에 연결되는 공통의 길이 된다면, 앞으로 일·한관계의 전개방향을 살펴볼 때 그 기쁨은 한층 더 커질 것이다. 이기백 선생은, 그분과 운명적으로 만나게 된 한 일본인 역사학도인 나에게, 그 가능성을 최대한으로 보여준 한국인 역사학자이었다.

이 선생을 처음 뵙게 된 것은 선생이 다카마쓰즈카高松塚 고분 국제 합동조사단의 일원으로 일본에 온 1972년, 선생께 동 고분에 관한 발표를 종용했을 때였다. 거의 40년 전의 일이 되는데, 연단 위에 섰던 이기백 선생의 단정하고 온화한 모습이 나에게는 인상적이었다.

생각해보면 도쿄도립대학의 하타다 다카시旗田巍 선생이 주최한 고려사연구회에 참가를 허락받아 『고려사』에 대해 손으로 더듬으며 공부하면서 『고려사』 식화지의 역주를 시도하는 대학원생이었던 우리는 그 이전부터 서울에도 같은 명칭의 고려사연구회가 있는 것을 알았으며, 이 연구회도 또한 『고려사』 지류志類의 역주를 진행하고 있다고 듣고 있어 적지 않은 관심을 갖고 있었다.

이윽고 논문 별쇄 등의 교환이 가능하게 되어 이 선생을 포함하여 강진철, 이우성 등 여러 선생의 논저를 통해서 해방 후 새로운 고려사 연구에 접할 수 있게 되었다. 이 선생의 연구는 그분이 보내주신 『고려사 병지 역주 (1)』와 『고려병제사연구』를 통해서 배울 수가 있었다.

1981년 3월 내가 문부성 재외연구의 명을 받아 김포국제공항에 내렸을 때 일부러 출영 나오신 여러 분 가운데 웃음을 띤 이 선생의 모습을 발견했다. 이것이 그 뒤 오랜 기간에 걸친 선생과의 새로운 만남의 시작이었다.

2. '이기백한국사학론집'을 앞에 놓고

그 무렵의 이기백 선생은 나에게는 고려사 연구의 외경할 만한 대선배였고 특히 고려병제사에 관한 착실하고도 명석한 개별적 연구의 저자로서 인식되었다. 하지만 이 선생이 평소 추구해온 것은 체계적인 새로운 한국사를 구축하는 것이었고, 선생의 전 생애에 걸친 한국사학 연구의 전모는 선생 스스로 편찬한 방대한 '이기백한국사학론집' 전 15책에 집대성되어 있다. 이 선생은 논집이 발간되면 곧바로 각 책을 보내주셨다. 제13·14책은 제자들의 손을 빌려 선생이 작고한 뒤 간행되어 유족이 정중하게 보내주신 것이다. 이 논집의 어떤 장절을 읽더라도 그때마다 선생이 마지막까지 한국사학의 장래에 걸었던 큰 기대를 느끼게 되어 새삼스레 선생의 강한 의지와 뜨거운 원망願望을 인지할 수 있다.

(1) 『신라정치사회사연구』와 신라사연구회

논집 전 15책은 정말이지 너무나도 방대하여 논점은 한국 역사상의 신고新古 여러 사상事象에 미치고 있으며 다방면에 걸쳐 매우 깊은 사려와 풍부한 함축이 응축되어 있어 내가 현명하고 적절한 독자라고는 생각되지 않는다. 다만 논집 전책을 앞에 놓고 본다면 이기백 선생과의 장기간에 걸친 교류 속에서 몇 가지 특별하게 인상에 남는 것이 있다.

그 하나는 신라사 연구의 명저인 논집 제6책인 『신라정치사회사연구』이다. 나는 고려사 연구를 기반으로 하여 그 전부터 스에마쓰 야스카즈 末松保和 저 『신라사의 제 문제』를 좌우에 두고 숙독하면서 하나하나 고찰 연구했는데, 그 무렵 『신라정치사회사연구』의 일본어 번역 의뢰가 날아들었다. 본서를 읽어보니 앞으로 신라사 연구의 방향을 지시하는 도표道標가, 그것도 확실하고 새로운 도표가 이제 한 가닥 수집되어 있는 것처럼 생각되었다. 종래의 연구성과를 비판적으로 계승하고 새로운 연구동향의 흐름 속에서 신라사 연구를 발전시키는 데 다시없는 기회라고 생각했다.

당장 젊은 연구자들에게 권유하여 신라사연구회를 시작해서 각자 분담하여 번역 작업에 몰두하게 했다. 제1회 연구회는 1974년 6월, 본서의 「영천 청제비菁堤碑 정원貞元 수치기修治記의 고찰」을 택했다. 번역 작업은 곧 연구 행위 그것이다. 우리는 번역을 목적으로 작업을 시작했으나, 그렇다고 반드시 번역에만 전념하는 번역자 집단은 아니었던 듯하다. 자주 본서 각 장의 논제를 떠나서 그곳에서 제기된 이런 저런 문제에 대해 그때마다 의논하는 장면이 적지 않았기 때문이다.

그 때문에 원저자와 출판사에 큰 폐를 끼치게 되어 본서의 일본어판은 제1회 발표회로부터 8년을 경과한 뒤에 출판되었다. 우리 신라사연구회는 『신라정치사회사연구』를 주요한 계기로 삼아 출발한 바로 우리의 신라사 연구는 본서에서 많은 것을 배워 발걸음을 진전시켰던 것이다.

(2) 『민족과 역사』의 실천적 명제

또 하나는 논집의 첫머리를 장식하는 『민족과 역사』라고 이름 붙인 책으로, 이기백 선생의 사론집 제1집이다. 본서는 앞에서 쓴 『신라정치사회사연구』 간행과 같은 해에 일본어 번역본(東出版, 1974)이 간행되어 널리 일본 독자들에게 소개되었다. 나는 일본어판에 해설문을 부치도록 요청을 받았는데, 본서는 한국 해방 후 새로운 사학 사조思潮 속에서 특히 주목할 만한 것으로 저자인 이 선생을 '신민족주의 역사학'의 뉴 리더로 평했던 듯 기억한다.

이기백 선생은 당시 한국 사학계를 떠받드는 오피니언 리더의 한 사람으로 본서에서 식민지시대에 창궐한 식민주의 역사관, 사대주의론, 정체성이론이랑 민족성론을 철저하게 비판했다. 또한 유행하는 교조적인 사회경제사학(유물사관)이나 체계화를 무시하기 일쑤인 실증사학의 단점을 지적했다. 그 위에 전통적인 민족주의사학을 중시하면서도 한편으로 그것이 내포하는 문제점을 간과하지 않았다.

본서의 일본어판을 통람할 때 먼저 이 선생이 민족을 기반으로 하고 민족을 중시하는 철저한 민족사학자임을 알 수 있었다. 내가 착실하고 명석한 개별적 연구자로서 보았던 선생의 사학사상의 핵심에 민족주의 사학이 자리하고 있음을 발견한 것이다. 하지만 내 마음에 남은 것은 "과거의 민족주의사학을 계승 발전시키면서도 그것을 극복 지양하는 길"을 모색하는 유연한 사고이며, "인류의 한 가족으로서의 한국의 발견"을 기반으로 하고 있다는 점이다. 선생은 다른 사람에 뒤지지 않는 민족주의사학자이지만, 그러나 당시 많은 민족주의사학자의 주장과는 이질적異質的이라고 느껴졌다. 선생은 인류 공통의 것에 유의하여 세계를 향해 개방된 한국 사학자로 첫째가는 역사학자라고 생각되었다. 나는 그 점에 주목하여 느낀 대로 이 선생의 사학사상을 '신민족주의사학'이라고 평한 것이다.

이기백 선생이 그것을 어떻게 받아들였는지는 알 수가 없다. 그 뒤 선생의 사론 제2책 『한국사학의 방향』, 제3책 『한국사상의 재구성』, 제4책 『한국고대사론』, 제11책 『한국전통문화론』 등에 수록된 여러 논고 가운데 몇 편을 읽을 적마다 나는 부끄러운 생각을 금할 수 없었다. 선생은 한국사학의 여러 조류 가운데 손진태 씨의 학풍을 중시하여 그것을 일찌감치 '신민족주의사학'이라고 이름 붙이고 한국사학은 그것을 '도약대'로 하여 발전시켜 나아갈 것을 호소했다. 다른 기회에 『민족과 역사』를 다시 읽어보니 본서는 이미 신민족주의사학의 중시를 시사했던 것이다.

논집 제1책인 본서에서 정면으로 씨름한 '민족'과 '역사' 문제는 이기백 선생이 연구생활을 통해 고구考究하고 숙려熟慮를 거듭한 중요한 학문적 과제이며 또한 생애를 통해 추구하고 줄곧 격투를 벌인 실천적 명제였다고 생각된다.

(3) 『한국사신론』과 일본어판

또 하나는 세평이 높은 통사 개론, 논집 제10책인 『신수판新修版 한국사신론』(1996)이다. 나는 젊은 연구자들과 상의하여 본서의 일본어판(1979)을 간행할 수 있었다. 일본어판은 최신 연구성과를 토대로 한 표준적인 한국사 개설서로 기대되었는데 그 기대에 충분히 부응할 수 있었다고 생각된다.

본서의 번역 과정에서 우선 소박하게 느껴졌던 것은 상세한 연구문헌을 각 장 각 절의 각 항목마다에 게재했는데, 그것들은 한국 해방 이전이건 이후이건 묻지 않고 일본인을 포함한 외국인 연구자의 논저를 다수 포함했다는 점이다. 그것에 의해서 나는 당면한 새로운 연구동향의 흐름을 알게 됨과 동시에 선생이 갖고 있는 국제적인 넓은 시야, 그 넓은 시야를 불가결하다고 보는 선생의 학문적 태도를 감득할 수 있으리라 여겼다.

다음으로는 본서의 다채로운 내력이다. 주지하듯이 본서의 전신은 『국사신론』(1961)이지만, 그 6년 뒤 대폭적으로 개정 증보하여 『한국사신론』을 써냈다. 그 9년 뒤에 개정판, 그 20년 뒤에 신수新修 중판을 간행했다. 우리가 번역한 일본어판은 개정판 중판(1979)을 원본으로 하여 바로 그해에 『한국사신론(개정신판)』(學生社)으로 간행한 것이다.

이기백 선생은 항상 넓은 시야에서 내외 각종의 논저에 주목하여 그것들을 비판적으로 받아들여 그때마다 본서의 기술을 개정 수정했다. 끝을 알 수 없는 개정 수정의 도정道程은 일찍이 "일종의 학문적 고투를 계속"(일본어판 서문)한 것이었다고 회고했다. 하지만 학문적인 고투는 그 뒤에도 계속된다. 이를테면 논집본(신수판 중판)의 장별 편성은 선생 독자적인 시대구분론에 따라 일찍이 일본어판(개정판 중판)에서 제시한 제4장을 개제한 것이다. 그 일상적인 고투의 흔적은 개정·신수를 거듭한 본서 『한국사신론』의 다채로운 내력에 반영되어 있다. 생각건대 본서는 문자 그대로 '나의 조그만 분신'(1984)으로 선생이 제창한 사론을 구체화한 것이며, 선생의 한국사학을 응축시킨 것에 다름 아니다.

이기백 선생은 '일본어판에의 서문'에서 학문적 신념을 솔직히 피력했다. 일찍이 야나이하라 다다오矢內原忠雄 씨로부터 "어떠한 개인이나 국가도 진리의 터전 위에 서야 하며, 이로부터 벗어나면 존립할 수가 없다"라는 신념을 배웠다고 소개하고, 특히 "일본 독자들에게서 진리를 추구하는 같은 입장에서 우러나오는 공감을 얻게 되기를 희망"하며 "이 책이 (야나이하라) 선생의 나라에서 소개되는 것을 저자는 기쁘게 생각하는 것이다"라고 술회했다. 이 서문에 선생의 몸 속에서 차츰 순화되어 간 진리 지상의 이념이 이미 명언明言되어 있는 것이다. 본서 독자의 한 사람으로서, 번역에 종사한 한 사람으로서, 또한 일본인 역사학도의 한 사람으로서 이 서문에 제시된 이념에 강하게 공감하는 바가 있다.

3. 1981년 한국에서

(1) 한국 사학자와의 교류

1981년의 한국은 나의 연구생활 가운데 특별한 한 시기로 기억하고 있다. 그해 3월부터의 문부성 재외 연구는 한국에서 시작되어 서울대학교 인문대학 방문교수로 맞아들여졌는데, 결국 일관해서 한국에 체재하게 되었다. 별안간 신장염을 앓게 되어 구미 방문의 예정을 중지했기 때문이다.

이해의 한국 유학은 그 뒤의 내 연구생활에 큰 영향을 미쳤다. 치료에 전념하는 동시에 서울대학교 교수 여러 선생이랑 주위의 많은 분의 도움을 받아 서울을 비롯한 한국 각지의 자연이랑 인정에 접하고, 대학교·박물관 등 많은 사적을 방문했는데, 그곳 현장을 답사한 체험은 진실로 다시 없이 귀중한 것이었다. 그것들과 경중의 차이는 없지만, 특히 마음에 남는 것은 이기백 선생을 친히 접할 기회를 혜택받은 점이다.

먼저 옛 고려사연구회의 여러 선생께 인사드릴 작정이었는데, 그에 앞서 너무 이르게 역사학회 3월 발표회, 한우근 선생 퇴직기념회에 참석하여 많은 한국사 연구자 여러분을 한꺼번에 만나 뵙게 되었고 거기에서 이기백 선생과도 환담할 수 있었다. 같은 달에 옛 고려사연구회의 강진철 선생이랑 이우성·이기백 선생이 주선하여 이광린·천관우 선생도 자리를 함께하는 나의 환영회를 열어주었다. 왁자지껄하게 토론하는 가운데 실내의 옅은 불빛 사이로 드러나는 여러 선생의 열기 뿜은 얼굴이 인상적이었다.

그 뒤에도 회재晦齋(이언적李彦迪) 선생 유적순례단, 하버드대학 교수 와그녀 선생 환영회 등에 참석하고, 중원(충주) 고구려비 등의 답사나 내 병의 쾌유 축하 혹은 몇 차례의 개별적인 초대 등 이기백 선생으로부터 음으로 양으로 또한 공사 간에 깊은 배려를 받았다. 재외 연구가 끝난 뒤에도 각종 학술대회나 국제공동연구 등으로 방한할 때마다 주최측의 일방적인 편의에 따라 서울에서 혹은 춘천까지 떼 지어 몰려가서 선생을 뵈었는데, 개인적으로 또는 동행자와 함께 뵐 때마다 베풀어주신 호의와 학은은 헤아릴 수 없을 정도이다.

1981년 당시의 메모를 들춰보면 서울에 체재한 10개월 동안 선생을 28회 정도 직접 뵌 것을 알 수가 있다. 선생은 언제나 요청이 있으면 "누구하고라도 만나려고 하고 있다"라고 말했거니와, 선생의 학술교류에 대해 널리 개방된 태도가 선생의 성실·겸허한 인품과 더불어 이제 다시금 생각나는 바이다.

(2) 적성비赤城碑와 광개토왕비와

잊기 어려운 회상이라고 한다면 이 선생에 이끌려 한강 연안의 백제 유적이랑 적성산성비를 탐방한 것도 그러하다. 적성비를 찾아 나선 것은 하와이대학 강희웅 교수와 함께였는데, 우리는 길을 나서 5월 이른 아침에 청량리역에서 중앙선의 객이 되어 옛날 백제에서 고구려로, 신라·가라 제국으로 통했던 옛길에 생각을 달리다가 단양역에서 하차, 보행길에 밝은 이기백 선생을 선두로 하여 급한 산길을 기어올라 적성비의 비각에 도착했다. '잠시 숙시熟視'라는 한 구절이 그때 나의 메모이다. 또 산성 성벽 끝에 올라가 눈앞에 "6세기 중엽의 신라와 고구려의 공방전이 방불하다"고도 기록하고 있다. 메모와 사진을 보고 있노라면 그때 적성산 위에서의 소박한 고양감이 바로 어제 일처럼 떠오른다.

한국의 경제발전에 수반하여 그 무렵 각지에서 신라 고비의 발견이 잇따랐다. 나도 적성비에 관한 소론小論을 발표한 뒤였다. 이 선생은 그 점까지 염두에 두고 일부러 비의 탐방 여행을 권유하셨을 것이다. 그것을 하나의 계기로 하여 나는 신라 고비 연구에 파고 들고, 다시 광개토왕비 연구에 깊숙이 들어가는 원인遠因이 되었다고 생각된다. 거기에는 또 하나의 체험이 겹쳐졌다.

7월의 어느 날 이 선생을 따라 이병도 선생 댁을 방문하여 인사를 드린 뒤 이야기가 활기를 띠는 가운데 이병도 선생이 서에 잡지『서통書通』창간호 부록의 광개토왕비 사진을 보여주셨다. 이것은 원석 탁본이 틀림없다. 선생 댁을 물러나자 곧바로 이기백 선생과 함께 돈화문 근처의『서통』발행 서점으로 급행했다. 또한 이 잡지에는 또 하나 임창순 선생 소장 탁본의 부분 사진이 게재되어 있었다. 틀림없이 원석 탁본이다. 뒷날 또다시 이기백 선생과 동반하여 임 선생을 남양주의 태동고전연구소로 방문, 쾌히 허가를 해주어 탁본을 보았다. 나의 광개토왕비 연구는 이들 원석 탁본 2본을 불가결의 기본자료로 해서 진행되었다.

이기백 선생은 그 뒤의 사신에서 내가 '집념'을 갖고 광개토왕비를 연구하고 있는 듯하다고 평하셨다. 나는 그것을 매우 좋은 의미로 해석하고, 지금까지도 선생의 격려의 말씀으로 인식하고 있는 터이다.

4. 앞으로 당부하신 것

한국 체재 중 이기백 선생이 갑자기 누설하신 것이 있다. "얼마 전에 국회에서 진술했거니와 학문의 길은 험하고 멀다"라는 듯한 말씀이었다고 기억한다. 뒤에 조사해보니 그것은 그해(1981) 11월 27일의 '국사교과서 개편 청원에 대한 국회 문공위에서의 진술'에 틀림없다.

선생은 학문 본연의 자세와 정치 현실에 큰 괴리를 실감하여, 이를 계기로 교과서의 개편문제에 그치지 않고 한층 더 학문적 진리에 충실해져야 한다고 생각했다. 주위의 동지들과 의논하여 1987년 『한국사 시민강좌』를 발간했는데, 그것은 투철한 사고를 하는 선생이 뜨거운 생각을 표출한 것이리라. 온화한 인품, 겸허한 태도와 표리일치하여 선생은 학구생활을 통해서 추구한 '학문적 진리'를 위해 싸울 강한 의지를 표명하고 실질적 과제에 몰두하게 된 것으로 생각된다.

선생은 지적한다. "진리를 배반하면 그 결과는 패망으로 이끌게 될 것이다"라고(1995). 또한 논제 「한국사의 진실을 찾아서」를 싣고, "민족은 결코 지상이 아니다. 이 점은 민중의 경우에도 마찬가지이다. 지상은 진리이다. 진리를 거역하면 민족이나 민중은 파멸을 면하지 못한다"라고 선언한다(2003년 10월 제2회 한·일 역사가회의에서의 발표, 『한국사 시민강좌』 제35집, 2004. 8).

나는 자신의 연구생활을 회고하는 가운데 이기백 선생의 사실상의 절필인 앞에 적은 「한국사의 진실을 찾아서」에 언급하여, 선생의 이 선언은 "추상적인 일반론이 아니다. 구체적인, 실제적인 긴급한 과제를 앞에 둔 말 붙이기라고 생각한다. 위기감이 넘치는 호소이다. 선생의 이 말 붙이기, 호소는 조선사학을 둘러싼 민족주의 이데올로기의 문제이다. 학문으로서의 조선사학의 본질과 관련된 문제이다"(『동양문화연구』 9,

2007)라고 부연했다. 선생은 진실·진리의 추구는 보편적인 학문 일반의 본질과 관련되며 민족과 민중의 명운과 직접 관련되는 것이라고 확신하고 있었던 것이다.

선생은 2002년 10월, 연래 건강이 염려되는 가운데 포스코 국제한국학 심포지엄에 축사를 보내 "민족에 대한 애정과 진리에 대한 신뢰는 둘이 아닌 하나이다"라고 술회했다고 한다. 그리고 은근히 놀란 점은 선생의 뜻에 따라 선생의 묘비명에 이 축사와 똑같은 명제가 돌에 새겨져 있다는 점이다. 선생이 앞날을 당부한 것을 신뢰하고, 선생에게서 부탁받은 사람들을 신뢰하면서 앞으로 계속 지켜보고 싶다.

나는 선생의 별세를 애도하여 2009년 11월 신라사연구회에서 '이기백 선생을 그리워함'이란 제목으로 "이기백 선생과 같은 시대에 살아 이국에 있으면서 선생과 우연히 만나 선생을 존경하고 경애할 수 있는 행운을 음미하면서 선생의 명복을 빌고 싶은 생각"이라고 추도했다.

처음에 선생을 한국의 이름 높은 한국사학자로서 여겨 존경했던 나는, 선생에게서 많은 것을 배우고 선생의 흔들림 없는 학문적 태도에 접하며 선생의 온화·성실한 인품과 접촉하는 가운데 일본인 역사학도의 한 사람으로서 역사학자로서의 선생에 깊이 공감하며 경애하기에 이른 자기 자신을 발견했다. 한국에서 생명을 받아 한국에 살며, 그리고 한국을 사랑하여 한국사의 진실을 추구한 한국사학자로서, 더욱이 비판적·반세속적인 역사학의 보편적인 진실과 진리를 계속 추구하려고 한 역사학자로서의 선생을 그리워하며 이에 새삼 추도하고 싶은 심정이다.

[『한국사 시민강좌』 50, 2012]

이기백 선생 — 나의 스승, 우리 모두의 교사

에드워드 슐츠Edward J. Shultz 하와이대학교 명예교수

1. 첫 만남

1970년 5월 말, 신촌에 이르러 버스에서 내린 나는 노고산 기슭을 걸어 올라가 서강대학 구내로 들어섰다. 당시 서강대학은 대여섯 빌딩만이 있었는데 이기백 교수의 연구실은 과학관에 자리하고 있었다. 거기서 나는 처음으로 그를 만났다.

당시 나는 동서문화교류센터에서 주는 장학금을 받아 하와이대학 마노아 캠퍼스에서 공부하고 있었는데, 1년간 현장에 가서 공부하는 것이 허용되었다. 그래서 1년간 서강대학에 유학할 결심을 했던 것이다. 내가 받은 장학금은 충분하여 나는 1년간 대학원 학생으로서 공부에 전념할 수 있었다. 1970년 당시 한국 대학에는 좋은 사학과가 많았지만 그 가운데 내가 굳이 서강대학을 택한 데는 여러 이유가 있었다.

당시 나의 하와이대학 지도교수였던 강희웅 교수가 서강대학을 강력하게 권했는데, 그 이유는 그곳에서 내가 이기백 교수의 지도를 받을 수 있을 뿐만 아니라 한국사의 이광린 교수, 서양사의 길현모, 차하순 교수, 그리고 미국사의 이보형 교수 등으로 대표되는 훌륭한 교수진을 갖추고 있어서이기도 했다. 특히 이기백 교수는 나의 연구에 도움을 줄 수 있는 최상의 연구자였다. 그의 연구는 고대사와 중세사에 초점을 두고 있었

는데 이것은 내가 연구하고자 하는 분야와 일치하는 것이었다. 그는 또한 한국사 개설서로서 가장 명쾌하고 가장 널리 읽히는 것 가운데 하나인 『한국사신론』을 막 출판한 터였다.

나에 앞서서도 외국의 학생들이 이 교수를 찾았을 터이지만, 나에게는 남다른 점이 있었다. 내가 미국인이란 점이 그러했고, 평화봉사단을 통해 이미 한국에 대해 알고 있었다는 점이 그러했다. 내가 석사과정 학생이었을 때, 중국과 일본에 대해 약간 공부를 했는데 이 두 나라의 문화를 한국의 관점에서 바라보았다. 나는 한편으로 내 전공분야 공부에 착수할 준비를 하면서 다른 한편으로는 서강대학의 여러 교수를 존경심을 가지고 대했다.

이기백 교수는 나를 많이 환영하면서, 이광린 교수와 의논하여 이광린 교수의 연구실에 책상 하나를 마련해주었다. 그런데 그때가 마침 학기가 끝나가는 시점이어서 나는 어느 과목도 수강을 신청할 수가 없었다. 이기백 교수는 대학원 학생 한 명을 내게 소개하고 내가 여름 내내 그와 함께 작업을 할 수 있도록 배려해 주었다. 첫날의 일이 끝났을 때, 이 교수는 내가 어떻게 하숙집으로 돌아가는지를 묻고 서강대학에서 새로 얻은 학교버스를 함께 타고 나가자고 권했다. 그러면서 이 교수는 내게 이 버스가 교수들이 매일 편히 출퇴근하는 데 쓸 수 있도록 박정희 대통령이 학교에 준 선물이라고 설명했다.

2. 가르침을 받다

곧 여름이 가고 9월 초에 새 학기가 시작되었다. 나는 이 교수가 강의하는 과목 둘을 신청했다. 하나는 학부의 고려시대사이고 다른 하나는 대학원의 세미나였다. 대학원 세미나에 등록한 학생은 세 명밖에 되지 않았지만, 이들과의 우정은 지금까지도 지속되고 있다. 이 교수의 학부 강의실은 만원이었다. 그의 강의를 통해 한국의 역사가 우리 모두에게 생생하게 다가왔다. 그는 한국 역사에 관한 흥미를 크게 불러일으켜 주었고, 학생들은 한국의 과거에 흥미를 느꼈다. 그의 저작이 그러하듯이 그의 강의도 간결하고 분명했다. 나는 그가 말한 것을 전부 알아듣지는 못했지만, 그가 흑판을 사용하고 일정한 속도로 체계를 잡아 강의를 했기 때문에, 사뭇 편안한 느낌을 가질 수 있었다.

겨울이 시작되자 이 교수는 한복을 차려 입고 강의실에 왔는데 많은 학생이 그의 옷차림에 즐거워했다. 한복 입기는 한국과 그 고상한 전통을 간명하게 드러내는 일이었다. 이 교수는 한국의 역사를 가르쳤을 뿐만 아니라 배우는 방법을 가르치기도 했다. 기억하기에, 내가 그에게 질문을 하나 했는데 그는 그에 답하는 것 대신에 나에게 답을 찾아내는 방법을 보여주었다. 그는 가능한 자료를 통해 해결에 이르도록 나를 이끌었다. 그 이후 이 방법으로 나는 학생들을 가르쳐왔다. 내가 이 교수에게 그때의 가르침을 영원히 감사하는 까닭이다.

고적 답사는 대부분의 사학과에서 인기 있는 교과과정의 하나였다. 9월말, 이 교수가 관동지역의 고적 답사를 이끌었다. 우리는 박정희 대통령이 학교에 선물로 준 버스를 타고 10시간이 걸려 목적지에 도착했다. 나는 답사를 하며 재미있는 일을 많이 경험했다. 그 가운데서도 내 기억에 남아 있는 것은, 상원사 종이나 낙산사 같은 유물과 유적에 대한 이 교수의 설명을 편한 마음으로 듣던 때이다. 또 인상에 남아 있는 것 중 하나는, 나와 동료 학생들은 겨우 따라갈 정도인데, 이 교수는 어떻게 힘도 들이지 않고 설악산 등성이를 오를 수 있었을까 하는 점이다.

사람들은 이 교수를 사무적이고 품위를 중시하는 분으로 생각할지 모른다. 그가 품위를 지키는 분이었다는 것은 분명히 맞는 말이다. 그러나 그는 학생들과 있을 때면 격식을 따지지 않고 편하게 해주었다. 그날의 답사에서도 그는 답사팀의 일원처럼 행동했다. 답사 도중에 뜻밖의 사고 하나가 일어났는데, 우리가 타고 다니던 버스가 길가로 미끄러져 처박히고 말았던 것이다. 다행히 사람이 다치지는 않았고, 이 교수는 사고를 차분하게 처리했다. 그날의 답사 이후에 이 교수나 그의 동료가 답사를 이끌고 갈 때면 나는 언제나 즉시 참가를 신청했다. 한국의 과거를 공부하는 데 답사보다 더 좋은 방법이 어디 있겠는가?

박사학위 논문을 완성하기 전인 1973년에 나는 한 번 더 한국에 와서 이 교수의 지도 아래 연구를 다시 하게 되었다. 고려시대에 대한 그의 연구와 이해가 고려 무인집권시대에 대한 나의 초기 연구에 크게 영향을 미쳤다. 내가 새로운 자료를 찾아냈을 때, 그는 나의 발표를 흔쾌히 들어 평가해주고 내가 잘못했다고 생각하는 바를 바로 잡아주었다. 나는 그가 다른 연구자의 업적에 의지해야 하기 때문에 『한국사신론』과 같은 개설서를 쓰기가 얼마나 어려운지 이야기한 것을 기억하고 있다. 나는 그가 개설서보다는 신라나 고려에 관한 논문을 쓰는 것을 훨씬 편하게 느꼈다고 생각한다. 내가 그에게서 배운 교훈은, 나의 해석이 유효하지 않을 때에는 다시 평가해보고 바르게 고치라는 점이다.

또한 지적하고 싶은 것은 앞서 암시한 대로 손님에 대한 이 교수의 환대이다. 이 교수는 파티 베풀기를 좋아하거나 술을 많이 드시는 분은 결코 아니었다. 그러나 그는 동료와 학생들을 만나 함께 시간 보내는 것을 좋아했다. 그의 누상동 저택은 방문객에게 늘 열려 있었으며, 방문객은 이 교수 부부의 환대를 받았다. 시간이 지난 뒤에도 나는 한국에 가면 언제나 이 교수의 집에서건 시내의 식당에서건 그와 식사하는 시간을 가졌다.

3. 『한국사신론』 번역, 그의 유산

　1970년대 말까지만 해도 한국에 관해 영어로 쓰인 책이 거의 없었다. 특히 한국사 교과서가 그러했다. 이 교수가 『한국사신론』을 출판한 것은 1960년대 중반이었는데, 그 책은 한국의 과거를 이해하는 데 새로운 지평을 열어주었다. 나는 이 책을 영어로 번역할 수 있다면 얼마나 좋을까 생각했다. 나는 하버드대학의 와그너 교수와 함께 이 값진 책을 영어로 번역하는 일에 착수했다. 이 영어 번역판이 마침내 출판되기까지는 5년이란 시간이 걸렸거니와, 나는 그러한 노력을 통해 이 교수의 연구와 방대한 역사를 종합하는 그의 능력에 보다 깊은 경의를 품게 되었다.
　번역은 지루한 작업이고, 한국에서 영어판을 내고자 하는 노력은 힘겨운 것이었다. 와그너 교수는 수없이 이 교수를 만나 불분명한 용어에 대해 토론하고, 의미를 명확하게 번역하는 일에 대해 논의했으며, 용어가 안고 있는 역사적 의미에 대해 질의하고 응답했다. 한국의 역사가들은 그 자신이 쓰고 있는 역사 용어를 그 의미를 분명하게 하지 않고 쓰는 경향이 있었는데, 그러한 용어가 지니는 역사적 의미를 명확하게 하기 위해 이 교수가 수행한 정리 작업은 기념비적인 것이었다. 그는 그 모든 일을 열정을 가지고, 그리고 철저하게 해냈다.
　와그너 교수와 내가 『한국사신론』을 영어로 번역하고자 한 데에는 여러 가지 이유가 있었다. 이 교수가 탁월한 역량을 발휘하여 한국의 과거를 체계적으로 설명했다는 점 말고도, 이 책이 한국사에 대한 새로운 학문적인 성과를 잘 반영했다는 점도 중요한 이유였다. 1960년대에서 1970년대 초에 이르는 시기에는 매년 고고학적인 발견이 이어졌다. 이러한 성과에 힘입어 한국 고대사는 시기를 거듭 거슬러 올라가 서술되기에 이르렀다. 게다가 한국의 구석기시대와 신석기시대에 대한 보다

풍부한 해석이 나타나고 있었다. 청동기시대는, 그 전에는 그 존재 자체가 부정되었는데, 이제 새로운 조명을 받기에 이르렀다.『한국사신론』은 이러한 시기를 다루기 위해 새로운 장들을 설정했다.

이 교수의 전문 영역은 신라시대와 고려시대이다.『한국사신론』에서도 그가 전공한 고대사와 중세사의 모습은 자연히 보다 분명하게 서술되었다. 따라서 이 책을 읽는 독자는 비로소 한국의 초기 역사에 대한 훨씬 상세한 이해에 도달할 수 있게 되었다. 조선시대에 대해서는 다른 학자들이 폭넓게 연구했지만, 이 시대의 모습도 이 교수의 탁월한 능력에 힘입어 보다 새로이 생생하게 묘사되어 나타났다. 더욱이 이 교수는 역사 서술의 단락이 지어질 때마다 참고문헌의 목록을 제시함으로써 독자의 보다 깊은 연구를 위해 편의를 제공했다.

또 다른『한국사신론』의 장점은, 이 교수가 한국의 모든 시대를 망라하여 종합적인 안목에서 이 책을 저술했다는 점이다. 그는 처음부터 왕조사를 쓴 것이 아니고, 한국의 모든 왕조를, 그 왕조 내부의 역동적인 변화를 지배세력의 변화라고 하는 관점에서 이해한 것이다. 그리고 그러한 틀 안에서 그는 단순히 제도사뿐만 아니라 문화적·사상적 발전의 자취도 함께 이해한 것이다. 이 저술을 통해 한국의 역사는 역동적인 변화를 보여주게 되었는데, 그러한 변화는 이전 시대의 제약에서 벗어나는 새로운 시기와, 그리고 과거의 문제와 관심에서 벗어나 등장한 새로운 지배세력을 증언했다.

이 교수는 실증을 중시했다. 최근에 몇몇 학자가『한국사신론』에 대해 비판적이기도 하지만, 이 책은 시대의 변화라는 맥락에서 이해되어야 마땅하다.『한국사신론』은 한국의 과거를 보는 새로운 시각을 제시했다. 1960년대 말은 학자들이 한국사를 재발견하는 데 분주했던 시대다. 이 책은 그러한 1960년대 말의 역동성과 낙관론을 반영해 주기도 했다. 이러한 많은 이유 때문에 우리는 이 책이 'A New History of Korea(한국의 새로운 역사)'라는 제목으로 번역되어야 한다고 생각했다. 1984년 영어 번역판이 처음 나온 이래로 영어권 독자들은 한국의 역사와 문화를 내다볼 수 있는 새로운 창을 지녀왔다. 이 점에서 이기백은 서양인들에게 커다란 유산을 물려준 셈이다.

4. 기본 문제의 제기, 기본 개념의 소개

최근에 나는 강희웅 교수와 『삼국사기』의 「신라본기」를 영어로 번역하는 일을 마쳤다. 이 번역 작업을 하면서 나는 다시 한번 신라의 흥기와 팽창을 이해하는데 있어서 이 교수의 선구적인 연구에 깊은 인상을 받았다. 이 교수는 당대의 학자 가운데 신라에 관한 연구를 가장 활발하게 한 학자이다. 그의 연구는 당대인의 신라사 연구에 기초를 놓았고, 많은 신라사 연구자를 양성하는데 있어서도 중요한 역할을 수행했다. 또 그는 신라의 제도사와 문화사의 연구방법론을 최초로 말한 학자이기도 하다.

『삼국사기』와 『삼국유사』를 주의 깊게 읽음으로써, 그는 신라의 토대와 성장을 새롭게 통찰하면서 누락된 부분을 채울 수 있었다. 신라사에 관한 그의 논저 ─ 『한국고대정치사회사연구』 및 『신라사상사연구』 등 ─ 는 아직도 널리 읽히고 있다. 이러한 연구를 통해 그는 신라가 중요한 지배체제를 갖추어가는 과정을 연구했다. 이와 관련하여, 예를 들면 그는 집사성의 성립, 골품제적 사회질서의 확립, 황룡사의 창건, 안압지의 축조 등에 깊은 관심을 기울였다. 오늘날 신라를 심도 있게 연구하려는 학자는, 한국에서건 외국에서건 누구라도 이기백의 선행 연구를 참고하지 않을 수 없다.

　나의 전공 분야는 고려사이다. 이 시대의 연구를 위해서도 이 교수의 연구를 확실하게 이해하는 것은 연구자의 의무이다. 『고려병제사연구』는 그의 초기 저술에 속한다. 이 책을 통해 이 교수는 고려시대의 병제를 검토하고 한국의 오랜 무인 전통에 대한 이해도 구해 보고자 했다. 그의 연구는 후진 학자로 하여금 고려시대에 대한 보다 대국적인 안목을 가질 수 있도록 인도했다. 고려사 연구와 관련하여 서로 다른 해석이 대두했을 때도, 그는 물러서지 않고 자신의 견해를 주장했다. 1970년대 중반 연구자들이 고려사회를 귀족제 사회로 보는 견해와 관료제 사회로 보는 견해를 놓고 둘로 갈려 논쟁을 벌였다. 이 교수는 관료제 사회설에 반대하고 귀족제 사회설을 지지했다. 그는 그뒤 「고려 귀족사회의 형성」이라는 긴 논문을 써서 자신의 주장을 다시 확인했다.

　서양에는 신라와 고려를 연구하는 학자가 몇 명 되지 않지만, 그들의 연구에서 이 교수의 관련 업적을 참고하고 인용하지 않을 수는 없을 것이다. 이 교수는 연구를 통해 한국사 연구자가 아직도 씨름하고 있는 기본적인 문제를 제기했고, 일반 학생들에게는 한국사에 관한 기본적인 개념을 소개했다.

5. 교사, 스승, 친구였던 분

　이기백 교수는 한국사를 연구하는 후진 학자들을 진지하게 안내하고자 했다. 이 점에서 그는 많은 이에게 스승이었다. 많은 이에게 그는 이해를 위한 새로운 문을 열어주고 과거를 보는 보다 명료한 창을 제공해준 학자였다. 한국사 개설 시간에 그가 가르친 학부학생들에게는 한국의 역사적 실체를 재 확립하고 오랜 동안의 일제 통치와 전쟁으로 흐려진 한국 역사의 이미지를 닦아놓은 학자였다는 점에서 존경의 대상이었다. 그의 지도로 공부할 수 있는 특권을 누린 우리 모두에게 그는 교사였고, 스승이었으며, 또한 친구이기도 했다. 그는 새로운 저작이 출판되면 겸손하게 우리를 학형이라고 부르며 책을 보내주곤 했다. 이것은 그가 우리 모두에게 줄 수 있었던 가장 큰 영예였다.

[『한국사 시민강좌』 50, 2012]

여석 이기백 선생 탄신 100주년 기념문집

민족과 진리

2024년 12월 2일 초판 인쇄
2024년 12월 9일 초판 발행

엮 은 이	이기백 선생 탄신 100주년 기념문집 간행위원회
발 행 인	한정희
발 행 처	경인문화사
편 집 부	김지선 한주연 김한별 이슬애
관리영업부	하재일 유인순
출 판 신 고	제406-1973-000003호
주 소	파주시 회동길 445-1 경인빌딩 B동 4층
대 표 전 화	031-955-9300 팩 스 031-955-9310
홈 페 이 지	http://www.kyunginp.co.kr
이 메 일	kyungin@kyunginp.co.kr

ISBN 978-89-499-6827-8 03810
값 30,000원

* 파본 및 훼손된 책은 교환해 드립니다.